DEVETSTO PETNAESTA

DEVETSTO PETNAESTA
TRAGEDIJA JEDNOG NARODA

Branislav Nušić

Globland Books

SADRŽAJ

...	7
I — Poslednji septembarski dani	18
II — Vives les Al...!	35
III — Lađa tone	50
IV — Jedan izbeglički voz	62
V — Skoplje pada	74
VI — Zbeg	85
VII — Poslednja nada	99
VIII — Jedna borba	108
IX — Kraj mangala	130
X — Toplički begunci	142
XI — Bajka	152
XII — Pod lavinom	163
XIII — Stari Kralj	172
XIV — Kroz Kosovo	187
XV — Slikareva tragedija	199
XVI — Priča o Bojku „Malome"	212
XVII — Četrdeset hiljada mučenika	232
XVIII — Roman jednog devojčeta	245
XIX — Gospa u crnini	268
XX — Beograd	276
XXI — Pusta kuća	291
XXII — „Bacajte sami u oganj decu!"	301

XXIII — Majka	313
XXIV — „Onamo! Namo!..."	322
XXV — Slom	329
XXVI — Istorijska noć	346
XXVII — Deca bez Otadžbine	361
XXVIII — Srbija u planinama	373
XXIX — Istorija jednog zarobljenika	385
XXX — Ko je ona?	402
XXXI — Most uzdaha	413
XXXII — Peć	418
XXXIII — Ropac	428
...	446
POGOVOR	451
BELEŠKA O PISCU I DELU	453

... I posle dugih patnja, dugog tumaranja i stradanja po snežnim albanskim planinama, kroz koje smo lutali ne znajući ni puta ni staze i koje smo sejali grobovima naših dragih; izmoreni, izlomljeni, izgladneli, prozebli i ogoleli, počesmo iz raznih klanaca izbijati, sa raznih se strana pribirati i sa raznih visova slaziti ka obalama koje sunce greje.

Na tim pustim obalama provodićemo bele noći i crne dane, čežnjivo pogledajući da nam Evropa dobaci mrve hleba ili da se na zelenome horizontu pojave brodovi, na kojima će se viti zastava koja označava spas onoga, što je preostalo od čitavog jednog naroda.

Sa ostatkom svoje porodice, ujedinjene tugom za grobovima koji su ostali za nama, gazio sam tegobne i besputne staze, peo se na Prokletiju i Rugovo, na Komove i Sutorman, dok nisam sagledao žudno očekivane te obale i kraj njih pitomo mestašce Ulcinj. Tamo ćemo, tamo potražiti sunca, tamo odmora, tamo hleba. Zaklonito je, mirno je, daleko je od onih velikih puteva kojima tutnji nepogoda — tamo će nas možda mimoići dalje nevolje.

Tu, među dobrim ljudima, savili smo gnezdo; tu zaždili vatru na ognjištu, tu se prvi put ogrejali, tu nasrkali sunčana zraka. Tu sam otvorio ja i prvi list ove knjige tuge i bolova i zapisao prve reči na njemu. Verovao sam i nastaviću tu, ispisaću sve listove, iskazaću svu tugu svoju i sve bolove naše. Verovao sam, jer sam mislio da smo na hučnome i burnome moru, našli već jedno tiho i mirno ostrvce gde ćemo se spokojno odati odmoru i tuzi, ali — u trenutku kad smo se tome verovanju podali, zagroktaše topovi otud sa Rumije i mitraljezi sa Možure i uveriše nas da nema više mirna kutka na srpskoj zemlji.

Gasi vatru, nesretniče, što ti je varljiva nada uždila i pođi dalje u neznano, u nedogledno, u beskrajnje more bolova!...

Pa ipak hvala Ulcinju! Pet dana odmora i mira, koliko nam je moglo dati, dugi su bili kao vek čovečji a blagi kao prvi proletnji dan, posle tolikih neprospavanih noći i brižnih, zamornih dana.

* * *

U malome luku, koji izmeđ dve gorice čini ulcinjski zaliv, na peskovitoj obali njegovoj, načetile su se bele kućice novoga kroja a iza njih, u dubini klanca, kojim se na Ulcinj slazi sa Možure, pruža se zbijena gomila starih turskih kuća, izmeđ kojih prolazi drum i oko kojega se pribrala čaršija. Dve gorice, koje se iznose iz mora i čine kao neki okvir panorami ovoga pitomoga gnezda, raznolike su prirode, kao da sobom označavaju dva doba: sumornu prošlost i pitomu sadašnjost. Ona s juga, iako na kamenom podnožju, pokrivena je tamnim zelenilom čempresove šume i uzdiže se veselo, kao vedra, vlasima bogata i raskošno iskićena devojačka glavica. Ona sa severozapada, iako u tako bliskom susedstvu, pusta je i gola. Sam tvrdi kamen, ponikao iz mora i uzneo se i isprsio kamene grudi, gotov uvek da primi teške udarce razbesneloga mora i da im odoli. Na tome kamenu leži i sada pusta i mrtva varoš. To je staro Dulcigno, o čije su se krševe razbijale mletačke galije; sa čijih je bedema sipana kiša strela na oružane brodove, koji su dolazili sa neznanih mora i dalekih strana da pljačkaju i osvajaju pitome jadranske obale; i odakle je Zetom gospodario Đorđe Balšić, čiji grob i sad leži među starim zidinama ovoga drevnoga grada.

Čitav niz nekadanjih mletačkih palata i turskih pašalarskih konaka, popločane ulice i trgovi, hramovi i dvornice, sudnice i tamnice, lagumi i kanali, cisterne i propusti, kule neznanih zapadnjačkih viteza i prostrani arovi osionih istočnjačkih begova. Sve to leži pusto i gluvo; leže mrtva jedno kraj drugoga dva doba istorije. Izgleda ti kao iskopana stara varoš, koju je bila pretrpala lavina događaja, burnih na njegovim obalama kao i na celome kopnu balkanskome. Kad hodiš pustim ulicama staroga Dulcigna, odjekuje ti pod nogama šupljina srednjevekovnih laguma a taj odjek prihvataju pusti kameni dvori i u njihovim se dupljama budi jejina, koja prespavljuje dan i prestravljeno udara krilima o zidine.

Pa ipak nije Dulcigno tako mrtvo. Ima pogdekoja duša u njemu, puši se pogdegde dim kroz razlupani krov. Sirotinja ulcinjska, ona sirotinja bez krova i ognjišta, uvukla se ovde i onde u kakav kutić pustog dvora, izabrala sebi jednu od mnogobrojnih odaja, zatisla kamene prozore senom, krpama i blatom; izlepila hartiju i parčad na đubretu nađenoga stakla na malome otvoru, kroz koji će joj sunce dopirati i tu provodi dane sa sovama i buljinama, koje se legu i šestare po ostalim praznim prostorima pustih dvoraca.

Prve besane noći, kada sam o ponoći pošao prozoru da bacim pogled na uznemireno more, čije su bele pene isprepletane sa mesečinom, izgledale kao prosuto drago kamenje, bacio sam pogled i gore na staro Dulcinjo, kome je mesečina dala čar tajanstvene i čarobne varoši iz onih zanosnih, starih priča, koje su opčinjavale naše detinjstvo. Čarobnost slike me je zanela i bezmalo svake noći — a tako ih je malo bilo — što ih provedoh na ovoj pitomoj obali, dizao sam se o ponoći ili još i docnije, u dubokoj noći, i gledao čarobnu mrtvu varoš. Ako je mesečina izostala, debeli mrak, kroz koji su se nejasno ocrtavale siluete napuštenih dvoraca, davao je mrtvoj varoši neku duboku mističnu draž, što me je zakivalo po čitave sate za mesto, sa kojega sam sliku posmatrao. Takve jedne noći, kada su se nepregledni redovi vojske morskih valova lomili jedan za drugim o snažna pleća, koja su nosila na sebi mrtvu varoš; kroz duboki mrak zapazio sam na jednom od dvoraca svetiljku, koja je, kao utrnula žeravica, jedva prodirala kroz prljavo stakleno okno ulepljeno hartijom.

Šta će ta svetiljka u dubokoj noći? Zar je sirotinja tako raskošna? Ili se to neko Bogu moli ili neko svetlošću odgonja strah od huke, koju talasi raznose kroz lagume i šuplje podrume mrtve varoši?

Raspitao sam se i čuo čudnu priču, jednu od onih večitih priča, koje se kroz sva doba ponavljaju i u knjizi i u životu; jednu od onih priča, koje kazuju toliko puta već kazanu istinu, da je materino srce jednako u sva doba i u svih naroda.

* * *

U jednome kutku, jednoga od pustih dvoraca staroga Ulcinja, stanuje i tetka Stana, samohrana starica, koju su sirotinja i samotinja pre vremena prelomili. Nekada, to je bilo pre mnogo godina, živela je ona sa mužem u Salču, selu više Ulcinja. Tu, nasred druma, u nekoj zađevici, ubiše joj Turci Krajinjani muža i ona osta sama sa detetom na ruci. Povukla se u selo i živela je tu, koliko se moglo i kako se moglo sa ono nešto groša, što joj ostade iza muževljeve smrti a zatim sasvim ogoli i osiroti.

Kad se oslobodi Ulcinj i mače otud turska sila, sleže ona u varoš, ne bi li tu našla zarade te da utoli svoju bedu. I pomagala se a pomagali joj i dobri ljudi. Dali joj te se smestila gore u pustome Ulcinju, gde i danas sedi, našli joj i malo rada te je podržali koliko da prihrani dete i da ga metne na noge. Kad iz deteta izraste momčić, dade ga teta Stane dole, u čaršiju, ne bi li joj olakšao teret i brigu. Dete pravo, zdravo i hitro kao mlad jelen, te teta Stane sa pouzdanjem čeka, gde je ovoliko, još koju godinicu, kada će njegova mlada pleća poneti brigu te ona odmoriti svoje trudne kosti malo. Nije daleko još, i njegova će ruka osnažiti, njegove će se usnice ogariti maljama prve mladosti a njegovo oko zameniti mladićkim žarom izraz detinje blagosti. Nije daleko to doba i ona ga već vidi i vidi kako je njen Novica snažniji no drugi, izrasliji no drugi, lepši no drugi. Bog je dobar, te hoće da ogreje zrakom one koje je pokosio mrazom, pa ako još Novica bude imao malo sreće, zna ona, zna teta Stane, na čija će vrata zakucati. Doći će i njeno proleće i doći će njeno leto, dosta je ona zima i jeseni preturila preko glave. Izvući će se i ona jednoga dana iz hladnih zidina pustih i kamenih dvoraca, gde je drugovala sa sovama i jejinama i spustiće se dole, na pitome ulcinjske obale, gde sunce tako toplo greje.

A što i ne bi sanjala to, kad eto Novica već pristao, stao već u službu ribara ulcinjskih, te zalazi sa njima po bogatome zalivu i otiskuje se dalje, na more, te lovi i prodaje ribu. I kako koji lov, on sve veću paru odvaja i donosi majci. A sretna majka, oblije najpre paru suzom, pa je tutka pod suvu slamu na kojoj spava i čuva je kao što se čuvaju kapi svete vodice, jer će Novica, kad nabere dovoljno, sagraditi sebi čun, kupiti mreže i alate i početi posao sam na svoju ruku. I to će biti doba koje sanja majka, doba kada će on na svoja mlada pleća poneti brigu, te ona odmoriti svoje trudne kosti. Imaće tada ko i Novicu pogledati i njoj pomoći; nije se materinom pogledu moglo sakriti da dole, u dnu Ulcinja, ispod Bijele Gore, gde se već varoš gubi, iza kapije jedne od onih sirotinjskih kućica, vire dva svetla oka kad god Novica tuda prođe. Zna to majka, nije se njoj potkrala tako draga pojava, koja tako lepo dopunjava materinske snove. Sve će biti, sve što je majka u duge, brižne noći zamišljala, sve što je majka i budna sanjala, sve što je priviđala.

A kako koji dan dalje, sve bliže i bliže toj javi, koju je san obećavao, sve više i više raste materino srce a vedri se brigom naborano čelo. Novica već ima svoj čun, svoje mreže i svoje alate, Novica već nije više u službi.

Svako rano jutro, dok još Ulcinj spije, otiskuje se on na svome čuniću na široko more a majka ga isprati blagoslovom i dugo prati pogledom, dok se čunić ne izgubi među nemirne talasiće. Zatim se ona vraća u odaju, pripaljuje kandilo pod ikonom i šapće molitve Bogu za sretan povratak, za bogat lov i dobru sreću Novičinu, koja se s dana na dan sve više pomalja, sve jasnije ukazuje, kao sunce kad s rane zore raste iz mora i sve više se i više uznosi. Kad Novica, svečeri, vraćajući se iz lova, seče čunom svojim mirno ogledalo morsko, on izdaleka još dogleda svoju majku na obali, ona ga radosnim suzama dočekuje, pomaže mu da iznesene lov i da razapne mreže, zalaže ga toplom varenikom, presvlači ga suvom preobukom i pripaljuje ponovo kandilo, blagodareći Bogu što joj je molbu uslišao.

Tako prolaze dani i gomila se sirotinjska ušteđevina pod slamom, na kojoj majka spije i gomila se nada u srcu materinskom.

A jednoga dana, otisnuo se Novica kao i dosad na široko more i majka ga ispratila blagoslovom i pratila pogledom dok mu čunić nije zamakao među sitne vale nestašnoga mora, koje se u ranu zoru, kao dete pri buđenju igralo veselo. Svečeri je sišla na obalu da ga sačeka, ali je more bilo uznemireno kao i materina duša. Neodoljivi mistral, koji je dolazio odnekud sa dalekih strana, zagrlio se sa zlim dusima što počivaju u morskoj dubini i besnu su igru začeli, preteći i nebu i zemlji. Obala je drhtala pod udarcima valova a nebo se mrčilo zlovoljom i besom. Na dalekom horizontu buktao je rumeni plamen kao da se nebo upalilo.

Majka je čekala...

Noć je ranije pala, kao da je zlim dusima smetala svetlost dana, te zarana ugasili sunce ili ga zastrli pokrovom svojih strasti i jeda. I nebo je nisko palo a njegovi mrki oblaci se zagriše sa valima koji su se sve bešnje uznosili.

Majka je čekala...

Na Ulcinj je pao već dubok san, kapci se spustili na prozore, mandali su pritisli vrata a svetiljke se pogasile. Sve se sklonilo od nepogode pod krov, jedva otud, daleko iz mahale, što dopire arlauk psa pred zatvorenim vratima. Sve je zaspalo teškim snom.

Majka je čekala...

Kao na moru, tako se i u njenoj duši podigla besna bura i lomila je udarcima svojih valova mršavi grudni koš tužne majke. Nju su zasipali talasi i kvasili joj topla materinska nedra, na koja je žudno očekivala da pritisne svog jedinca; nju su zasipali talasi i kvasili joj brižno lice te se mešali sa materinskim suzama ali...

Ona je čekala...

Bivalo je i drugi put da Novicu uhvati noć na moru i ona ga je čekala i dočekivala. Ako bi vreme bilo mutno i turobno, ona bi na prozoru svoje izbe palila svetiljku. Taj prozor pustoga mletačkoga dvora gledao je daleko na more i otud, iz daljine, se doglédao. Novica je znao da tu svetiljku žeže njegova majka da mu put pokaže i upravljao je čun svoj ka njoj, znajući da tako pouzdano plovi obali svojoj, kući svojoj, zagrljaju materinom. I noćas će majka da pripali svetiljku, jer ko zna ne luta li Novica po mutnome i burnome moru tražeći puta.

Kako je te noći pripalila svetiljku i sve do bele zore čekala sina, tako od tad, evo već sedamnaest godina, starica svaku noć pali svetiljku i čeka ga. On će doći, on samo ne može da nađe puta po nemirnome moru a, čim spazi svetiljku koju materina briga žeže, krenuće on našim obalama, preseći će on kljunom svoga čuna valove koji mu ometaju put i dospeće on, prispeće, doći će...

Sedamnaest punih godina veruje ona u njegov dolazak, sedamnaest punih godina hrani ona tu veru iz onoga neizmernoga izvora ljubavi koja počiva samo u materinskoj duši; sedamnaest punih godina bdi ona svake noći i čeka. Vetrić kada bi šušnuo, jejina kada bi lupila krilima, val kada bi udario u stenu ili ma kakav šušanj, koji bi joj dopro do uha, njoj bi se činilo da čuje veslo i ona bi grčevito stezala svetiljku i, zaklanjujući je koštunjavom šakom, kroz koju je prodirala rumena svetlost, naginjala bi se na prozor i napinjala oči, ne bi li u dalekoj tami, na pomračenome obzorju, spazila ma kakvu crnu tačkicu. Kad bi je nada obmanula, ona bi se opet vraćala na svoje mesto, ostavljala bi žižak na prozor i nastavljala plesti a umorna joj glava padala na grudi. Žižak je dogorevao a dogorevala je i njena istrajnost. I kad su oboje malaksavali, nastajala bi noć, u kojoj je ona sanjala Novicu. Sanjala ga je; vraća se u čunu okićenom belim ružama; čula bi ga u snu kako peva, otud sa širine morske, i u pesmi priželjkuje materinski zagrljaj. Kad bi se čun približio obali, bele bi se ruže pretvorile u belu penu talasića, koji su nestašno igrali pod čunovim kljunom. Kada je kljun dotakao obalu, on je hitro iskakao i grlio brižnu majku, zatim turao ruku u nedra i vadio otud čarobni, dragoceni prsten, sa dragim kamenom, koji je ulovio u mreži. Zagrljeni majka i sin, svetleći tamne staze, kojima se izmeđ stena i kamena penje sa obale u pustu i mrtvu varoš, zrakom koji se iz dragoga kamena sa prstena rasipa, penju se lagano, korak po korak, svome ubogome dvoru, razgovarajući o velikim i raskošnim dvorovima u kojima će oni od sutra živeti, blagodareći i Bogu što ih je o današnjem lovu tako bogato obdario.

I druge snove sanjala je ljubav materinska u beskrajnim noćima bdenja, istrajnoga nadanja i nepokolebljive vere. Jednom tako, usnila je, kao beli golub doleteo na kućni prag, pa guče. Ona mu iznela na dlan pšenice a golub joj stao na ruku i probira, pa se zatim s ruke penje na rame i širi krila te se tiče obraza materinog i kao miluje ga jedanput, dvaput, triput pa zatim odlete moru na pučinu. Drugi put opet, rumena devojka u belo odevena, rasplete kose, iskićene zelenim kukurekom i modrim sasama, došla joj je punih nedara rumena korala, koji je nabrala na dnu morskome. Pevala je neku čudnu pesmu, sličnu onoj koju mistral peva kad se zaigra sa morskim talasima i posipala je koralima stazu od staričine kuće pa sve dole do obale, do onoga mesta gde je Novičin čun uvek pristajao.

Svi ti snovi kazivali su jedno i isto samohranoj starici, pothranjivali su joj i dalje veru, hrabrili su je i dalje u istrajnosti. Nijednoga trenutka nije se ona podala tuzi. Gde bi žalila živo dete! Nikada ona u crkvi nije pripalila sveću za mrtve, već samo za žive. Svako veče ona namešta Novičinu postelju, svako veče ona greje toplu vareniku, kad stigne da se založi; svako veče na njegovoj postelji stoji suva preobuka, kad stigne, zasut morskim valima sa kojima se toliko borio, da mu odmah suvotom okrepi telo. Kad stignu veliki Božji praznici, ona mete kuću i sprema da bude sve u redu kad on dođe. Slazi dole u sveštenika i zajmi malo bela brašna, te na ulju prži priganice, jer on to voli. Umesiće ih, ispržiti i neće dotaći; ostaviće ih u škrinju, gde stoje već priganice zelene i poplesnivile, što ih je godinama mesila i ostavljala tu.

Njena je vera nije odvojila ni od onih snova koje je nekada budna sanjala, i koje je kao sunčane zrake uplitala u sreću svoga deteta i svoju. Ona i dalje gleda za njega devojku, te da vidi radost materinsku čim se Novica vrati. Nju ništa ne buni što se Vukova Milica — čiji pogled nekad majci nije izmakao — udala i decu izrodila; dorasle su druge devojke, što su tad deca bila, pa je međ njima ona našla sebi snahu. Kad su se i one razudale, dorasle su one koje su bile odojčad kad se sin od majke odvojio, i međ njima je ona našla sebi radost i odmenu. Za nju nije postojalo vreme, Novica za nju živi u onim godinama u kojima se rastao od nje. Može se sve oko nje menjati, on se ne menja, kao što se ne menja ni njena vera i nada u njegov povratak.

Iako žižak njenoga života već dogoreva, tuli se i malaksava, onaj žižak, koji ona svake noći pali na prozoru da joj sinu kaže put, gori uvek podjednakom svetlošću vere i nade.

„On će doći!", postalo je njeno vjeruju, prve reči njene molitve, potka njenih snova, smisao njena života, srž njene snage, lek u bolesti, potkrepljenje u danima briga, uteha u danima nevolje.

„On će doći!", biće joj poslednje reči na samrtničkoj postelji i, duši joj neće se bolje ugoditi, niti materinskoj ljubavi lepši spomenik podići do ako se

sahrani na dogledu mora, kako bi svećica na njenome grobu u noći kazivala put sinu i pod svetlošću te svećice mogle i u noći čitati reči ispisane na krstači:
„On će doći!"

* * *

Čemu li je slična ova priča? Šta je to u njoj što izaziva bol u mojoj roditeljskoj duši; šta li što u njoj razgrće pepeo u koji se pretvorile moje pregorele nade i traži pod njim, tamo duboko u duši, poslednju žišku koja dogoreva, pokušavajući da iz nje raspiri topao žar i plamen?

Da li je odista vera jača od tuge a nada snažnija od bola?

I na mojim je rukama niklo jediniče i ja sam ga, grbeći se i posrćući pod teretom života, prehranjivao i hranio, krepio i branio, negovao i podizao, dok ga nisam spustio na noge. I ja sam imao svojih nada i ja sam imao svojih snova. I ja sam svoga jedinca sa blagoslovom ispraćao i sačekavao ga na obali života, kad bi se otisnuo na more. I ja sam pun nade, pun vere, očekivao sretan dan kada će moj jedinac sagraditi svoj čunić i poći svojim putem, svojom stazom, sekući naporom mlade snage glomazne životne valove. Dogledao sam i ja već kako se taj dan sve više pomalja, sve jasnije ukazuje, kao sunce kad s rane zore raste iz mora i sve se više i više uznosi. Očekivao sam i ja da će doći moje proleće i moje leto, jer sam dosta zima i dosta jeseni preturio preko glave. Verovao sam i ja da je Bog dobar te hoće da ogreje zrakom one koje je pokosio mrazom. Sve sam verovao da će biti, sve što je moje očinsko srce u duge, brižne noći zamišljalo, sve što sam budan sanjao, sve što sam priviđao.

A jednoga dana, otisnuo se i moj jedinac na široku pučinu i ja ga ispratio sa blagoslovom.

Svečera sišao sam na obalu da ga sačekam ali je more bilo uznemireno kao i duša moja. Neodoljiva bura koja je dolazila odnekud sa dalekih strana, zagrljena sa zlim dusima moje Otadžbine, začela je besnu igru preteći i nebu i zemlji. Obale su naše drhtale pod udarcima valova a nebo se mrčilo zlovoljom i besom. Na dalekome horizontu buktao je rumeni plamen kao da se nebo upalilo.

Ja sam ga čekao...

Teška noć je pala na moju Otadžbinu, kao da je zlim dusima smetala svetlost dana te su i sunce ugasili ili ga zastrli pokrovom svojih strasti i jeda, kako ni jedan jedini zračak ne bi dopro da nas zagreje. Nebo je nisko palo i njegovi mrki oblaci zagrlili se sa besnim valima, koji su se sve više uznosili i sve više plavili naše kitnjaste gore i naše pitome dolje.

Ja sam ga čekao...

Na Otadžbinu je moju već pala teška nevolja, krvave su reke počele natapati naša plodna polja, krvave su suze potekle iz očiju majki, krvavim je znakom počeo da se beleži prag svačije kuće. Pođe narod u gore i planine da se sklanja ispred nepogode a u napuštenim selima zazvoniše zvona naopako oglašujući zadnji čas.

Ja sam ga čekao...

Ravna toj besnoj buri, koja se zavitlala nad mojom Otadžbinom, lomila se i u mojim roditeljskim grudima teška bura brige i bolova. Zasipali su me krvavi talasi i kvasili mi topla roditeljska nedra na koja sam žudno očekivao da zagrlim svog jedinca; zasipali su me krvavi talasi i mešali se sa mojim roditeljskim suzama.

Ja sam ga čekao...

Čekao sam ga i čekam ga još! Čekaću ga sve dok se sa mojim životom ne ugasi i svetiljka koju sam uždio u duši svojoj. On će doći, on samo ne može da nađe puta po uzburkanome moru, ali čim spazi svetiljku koju roditeljska vera žeže, krenuće on našim obalama, preseći će on kljunom čuna svoga valove koji mu ometaju put i dospeće, prispeće, doći će...

Sanjao sam i sanjam uvek još kako plovi njegov čunić okićen belim ružama; sanjam kako mu blista u nedrima čarobnom svetlošću dragi kamen, koji je on iz mora krvi izneo; sanjam beloga goluba koji mi slazi na dlan i uzlazi na rame i sanjam devojku u belo odevenu, raspletene kose, iskićene zelenim kukurekom i modrim sasama, punih nedara rumena korala kojim posipa staze kojima će on doći.

On će doći, on je živ, on nije poginuo! On je mladost a mladost ne umire, jer iz čega bi nikao život nov? Mladost je bilo, mišić, osećanje, misao svoga doba; ona misao koja je za veliko delo oslobođenja ponela čitave planine stradanja i prolila mora krvi, sve od orašačkoga sastanka pa do ovih krvavih dana. Mladost je ona misao koja se ne ugiba pod teretom stradanja, koja se ne gasi u mraku sile, koja ne iščezava pod udarima nasilja; ona misao koja ne umire, koja uvek živi, koja nadživljava sve što je trošno, sve što je malodušno, sve što je kratkovremeno; ona misao, koja bačena i u grob, razbija pesnicom grobnu ploču i vaskrsava. Misao je to što gine na našim bojnim poljima za slobodu; misao je to, što pred našim šančevima zida brda mrtvih viteza; misao je to što toplom krvlju rosi naša polja i naše gore.

Tu misao nismo kadri poneti mi, iznemogli životom, profanisani obzirima, omlitaveli malodušnošću. Mladost, mladost neoskrnavljena, čista i nevina, ponosna i uspravljena — njen je izraz, njen je sinonim. I zato je mladost večita, kao što je i misao večita i zato mladost ne umire, kao što ni misao ne umire i zato ti nisi umro, ti živiš, ti ćeš doći!...

Zato se u mojoj duši i ne gasi svetiljka, već je užižem i dalje, užižem je i dan i noć verom i nadom, i čekam te, jer ti ćeš doći!

Ja te čekam... ti ćeš doći!

I — Poslednji septembarski dani

Završile su se ratne ferije, koje su bile nastale posle krvavih ispita na Rudniku i Ceru. Strahovita neman uništenja prespavala je jednu dugu noć, te nam dala maha da danemo, da umijemo lica i operemo ruke od krvi, da pokopamo mrtve i ožalimo pokopane. Sad se opet probudila i pomamno digla glavu; zatreslo joj se telo nabreklo strašću i odmorom i iz razdraženih nozdrva suknuli su crveni plamenovi koji pale i sagorevaju. Iz krvave rumeni, kojom je već četiri stotine dana upaljeno nebo, tamo gde ono na severu naše Otadžbine grli vidik, zasiktale su munje i prolomilo se nebo teškom grmljavinom. Obale Save i Dunava zadrhtale su pod nepogodom tom; gusti oblaci dima pokrili su prostrane banatske i sremske ravni i kroz taj dim bljunula je vatra iz teških čeličnih cevi te kao plameni usov zasula naše gradove i sela, naše gore i polja, naše vinograde i njive, što se nižu kraj zelenih obala ovih velikih reka. Smrt je potegla snažno kosom, koju je nekoliko meseci prevlačila brusom, i počela da reže debele otkose. Zadrhtala je utroba majčina koja je donela i nabralo se čelo očevo koje je zbrinulo a deca njihova, tamo na krvavim obalama, ponesena mladošću, koja sem materinske još druge ljubavi nije okusila, počela su strasno da grle smrt kao prvu svoju ljubavnicu, da je grle i da — padaju.

Rumena se krv izmeša sa mutnim valima Save i Dunava te nekad cvetne i plodne obale njihove, urodiše čudnim jesenjim plodom — lešinama. Gavrani, koji su na Ovčem polju, Kosovu, Moravi i Kolubari probirali zrna na požnjevenim njivama, osetiše daleko otud vonj krvi i krenuše jatima severnim obalama, gačući i pričajući usput među sobom jezovite priče o tome, kako su ispijali oči junacima na Kumanovu i Oblakovu, na Bregalnici i na Ceru. Daleko, u donjoj mahali gradskoj, već zaleleka jedna majka; na jednoj sirotinjskoj kućici, gore iza grada, izveša se crna zastavica a u mome susedstvu, pred kućom iz koje je skoro pošao regrut, zarlauka pas. Zla kob je zašla od vrata do vrata da posećuje nekad mirne i srećne domove i bolom da beleži tragove svojih stopa.

Nešto teško, sumorno i zagušljivo kao omorina, promiče kroz vazduh, razređuje ga i krati nam dah. Kao da i ptice nisko lete, kao da i dim sa kuća poleže po krovovima, kao da se već i naše pouzdanje ugiba i povija naniže. Presekosmo reč koju smo zaustili i oborismo brižno glave koje smo, sve od Rudnika i Cera, visoko nosili.

A borbe su tek počele i oni što se bore i ginu, tek će se boriti i ginuti. Neprijatelj je već prebrodio Savu i Dunav i tu, na našim obalama, sreo se prvi put oči u oči i prsa u prsa, vojnik sa Mazurskih jezera, sa Nemira, Liježa i Anvera, sa vojnikom sa Kumanova i Oblakova, sa Bregalnice i Cera. Sreli su se i odmerili se! I — čudnovato, iz toga susreta niklo je u naših pouzdanje. Moj sin, koji će četiri dana zatim, u jednom krvavom sukobu poginuti, zapisuje pod 26. septembrom u svoj dnevnik, koji je sačuvan i donet meni: „Doživeli smo istorijsku čast da se prvi put, od kad kao narod postojimo, sretnemo na bojištu sa pruskom vojskom koja je, okićena pobedama, došla sa dalekih frontova. Susret je taj ispao na štetu Viljemove pobedonosne vojske. Dok je tu vojsku udaljavala od nas strahovita artiljerijska vatra, strepili smo da iza te vatre nastupa isto tako strahovita vojska. Ovi, što smo ih sreli, nisu vojska iz nemačkih novinarskih legenda, nisu ni vojska koja je Hindenburgu stekla maršalsku palicu a svome imperatoru slavu prvoga vojnika novoga veka. Ovo su slaba i nedorasla deca i iznureni, kržljavi ljudi. Kud je i kamo Poćorekova vojska bila i uglednija i pouzdanija. Pobedićemo ih! Susret sa njima doneo nam je nepokolebljivo pouzdanje, a to je pouzdanje već polovina naše pobede!"

Ovaj zapis ne kazuje samo osećanje jednoga mladića, zanesena slavom smrti za Otadžbinu, to je bilo opšte osećanje naše vojske. Naši su se ratom prekaljeni pozivci, sa roditeljskim sažaljenjem osmehnuli kada su sagledali ove kržljave mladiće i govorili su među sobom: „Šamarima ćemo ih tući!"

Kada je kod Rama prvi zarobljenik Nemac, pao u ruke našima, bili su prema njemu čak i nežni. Podnarednik, koji se noću vratio iz patrole i doveo ga, podviknuo je onima što su se posle dnevne borbe odmarali kraj vatre i zakrčili sva mesta: „Ajde, bre, dig'te se koj, nek se ogreje ovo dete!" Kad je selo među njih grešno dete drhtalo je ne toliko od zime, koja još ne beše ozbiljno pripretila, koliko od straha, verujući da se sad nalazi među divljacima i da je možda to baš ta vatra na kojoj će ga peći. Nemačke su starešine naročito sugerirale takve bajke svojoj nedorasloj vojsci, bojeći se da će se inače ovi nepouzdani dečaci listom predavati, kad se pogledaju oči u oči sa oprobanim ratnicima srpskim, čiju vrednost i hrabrost nisu ni sami Nemci potcenjivali.

— Pitajte ga, more, hoće li da puši? — veli podnarednik onima oko vatre.

Jedan ga zapita srpski, drugi ga zapita vlaški, uveren čim je neko tuđin da mu treba tuđim jezikom govoriti pa će on to razumeti. A kad ni jedno ni drugo pitanje nije razumeo, treći mu pokaza duvan i ponudi. Dečko manu glavom odbijajući i pogleda bojažljivo po preplanulim licima oko vatre.

— Da mu dam, podnaredniče, parče hleba? — pita jedan prosedi pozivac. — Biće da je gladan?

— Daj mu!

— More, da ga ogrnem ovim mojim šinjelom — veli drugi. — Biće pre da je prozebao, a ja sam se razgrejao. Nije naučilo to da ga bije kiša ceo dan.

Dadoše mu i hleba i ogrnuše ga i dete se malo raskravi i oslobodi te prosedi pozivac uze da mu govori:

— Što su te, bre, poslali ovamo na klanicu; nisi ti za taj posao. Bolje da si ti ostao kod kuće, bio bi od pomoći majci i kući, a da je tvoj otac došao ovamo. S njim znaš i podnosi nam da se bijemo, a što s tobom? Je l' ti živ otac?

— More, ne razume te ništa! — smeje mu se drugi.

— Razume, što da ne razume. Ako i ne zna šta mu kažem on vidi da me ga je žao.

— Što ja da ga žalim, kad ga ne žali njegov car?

— Eh, što! Dete je, nije krivo! — rezonuje pozivac. — Bogami, velim, sutra kad počne borba i da ih ne ubijamo nego ovako, da ih zarobimo što više, da ih nahranimo i ogrejemo pa da ih pustimo.

— Da nam je kakva velika ribarska mreža pa da ih lovimo kô ribice! — dodaje drugi.

— More, nemojte baš tako. Nisu tu samo deca, ima tu i ljudi!

— Ima, ama vidi kakvi su. Oni su na Ceru bili bolji, bili su bar vojnici.

O onima na Ceru i druga se priča pričala u našim logorima. Kazivalo se, kako su Austrijanci pri susretu sa Nemcima, na srpskoj granici, rekli ovima: „Izvol'te, sad je na vas red!"

Eto, takvi su se razgovori vodili tamo na frontu, tako je pouzdanje vladalo tamo. I to pouzdanje otuda, poče da se širi polako i postepeno i ovamo u pozadinu. Niko otud nije slao poruke, ni glasnika, niko nije pisao, niko nije javljao što, pa se ipak to pouzdanje širilo nepoznatim putevima i dopiralo do nas te nas poče da obuzima neki novi osećaj, da se budi u nama ono što je pretrnulo i počesmo nanovo da verujemo i dišemo punim dahom, koji smo dotle uzdržavali. Kao posle grmljavine, koja je pretila ognjem i od koje su zadrhtale gore i planine, što prestravljeni danu dušom kad line kiša i nebo se umiri; tako smo i mi sad već pratili krvave borbe sa nekom verom, osećajući čak i izvesnu nelagodnost što smo za trenutak oborili glave. A vesti, koje su stizale sa bojišta, samo su još podržavale to pouzdanje u nama. U sukobima, koji su nastali na našim obalama, Nemci su, nezaštićeni više svojom artiljerijom, koja je ostala s one strane Dunava, a izloženi našim bajonetima, skupo i krvavo plaćali svaku stopu zemlje i, da nije bilo zlokobnoga prvoga oktobra i mučkoga noža u slabinu, ko zna ne bi li se starozavetska bajka i po drugi put ponovila na srpskome tlu, te ne bi li Golijati jednom uvideli da je želja za slobodom malih jača od nasilja velikih.

Pouzdanje, koje su nam vesti sa bojišta pothranjivale, počelo je bivati tako snažno, da smo čak previđali ili bar potcenjivali pojavu gustih oblaka koji su se počeli zbirati na istoku naše Otadžbine. Bugari su objavili mobilizaciju i nama događaj nije bio nepoznat, ali smo prelazili preko njega i potiskivali smo uporno svako pesimističko tumačenje te pojave. Oni među nama, koji su imali kakvih veza sa stranim konzulima — a ovi su često odlazili u Niš ka svojim poslanicima radi obaveštenja — izgleda da su bili još mirniji u tom pogledu.

Svu pažnju obratili smo na vesti sa bojišta i te su se vesti prosto gutale. Te vesti kazivale su da se na frontu naši junački drže, da nemački prelaz preko Dunava počinje bivati njihov poraz i da u Nišu sa pouzdanjem gledaju u situaciju ili bar takvo pouzdanje javno iskazuju. Novine su se nestrpljivo očekivale i grozničavo grabile; telefon, i onaj u komandi i onaj u načelstvu i onaj u centrali, dopunjavali su ono što novine nisu stigle da zabeleže. Svet se na ulicama, na ćoškovima i pred dućanima, okupljao oko onih, koji glasno čitaju krupnim i masnim slovima štampane telegrame s bojišta a u kafanama, oko onih, koji su telefonom saznavali novije vesti.

U skopljanskim kafanama kod „Zrinjskoga" i kod „Slobode" obrazovali su se čitavi klubovi za pribiranje i saopštavanje vesti. Stolovi, na podne i svečeri prepuni i svaki novi gost koji naiđe donosi i novu vest. Tamo kod „Slobode" radoznalci se jatomice zbiraju oko železničkih činovnika. Ovi donose vesti koje su na tasteru čuli od svoga niškoga kolege i one koje putnici sa vozova pronose duž pruge. Oni često puta saznaju vesti pre no što ih i nadležne vlasti prime. Kod „Zrinjskoga" svraćaju oficiri iz komande trupa, koji su zakopčani i malo kazuju ili hoće da potvrde ili demantuju već rasprostru vest; dolaze vojni cenzori i činovnici iz telegrafske centrale i saopštavaju šta je taj i taj telegrafista iz Niša, jutros rano pri predaji dežurstva, kazao tasterom poverljivo svome skopljanskom kolegi a na osnovi depeša koje je noćas otkucao; dolaze najzad i saradnici „Srpskoga juga", i kazuju svoj razgovor koji su još maločas „pre tri četvrti sata" vodili na telefonu sa niškim presbiroom i o poslednjoj depeši koju je maločas načelnik po konjaniku poslao u štampariju, te će se zbog nje i izlazak lista da zadrži nešto.

Sva ta saopštenja novosti prate graja, objašnjenja, dokazivanja, obaveštenja. Onaj tamo dopunjava vesti nekim svojim privatnim saznanjima, ovaj ovamo ne veruje dok ne vidi „crno na belome". Optimista se oduševljava, pesimista bi hteo a nema hrabrosti da mu se pridruži. Oduševljeni naručuje pivo „za sve"; hladni i razmišljeni uzeo mastiljavu pisaljku, umočio je u penu od piva i crta po belome kafanskome čaršavu položaje, što kafedžija popreko gleda ali guta za ljubav povoljnih vesti koje su i njega razdragale.

— Makenzen nek abdicira na svoju vojničku slavu! — uzvikuje onaj što je naručio pivo „za sve".

— Još sad smo u ravnici — objašnjava onaj što nemilostivo šara kafedžijin čaršav. — Nedovoljno smo zaštićeni a ogroman front, od Višegrada do Kladova. Mi moramo nešto malo odstupiti da bi se dočepali novih, viših položaja. Zauzećemo front otprilike ovde, evo ovako... — i tu govornik povlači grdnu debelu mastiljavu liniju, koja se razliva po čaršavu i dobija oblik plave maljave gusenice.

— To je vrlo dugačak front! — primećuje kafedžija, odmeravajući mrzovoljno dužinu mastiljave linije koja ni pranjem ne može iščeznuti.

— Da, još moramo odstupiti, da ih uvučemo što dublje u planine! — pristaje onaj kafanski strateg, pa živo dodaje: — I, onda, odlučna bi bitka bila možda ovde negde, u dolini Morave.

— Kod Bagrdana! — dodaje treći sa pouzdanjem, jer taj Bagrdan, verovatno iz školskih zadataka đaka naše Vojne akademije, prešao je nekako i u svetinu i držao je u zabludi nekoliko generacija, sve do ovog rata, da je on pouzdana zaštita moravske doline i cele južne Srbije.

— To znači Beograd opet da se napusti? — pita pesimista, koji malo učestvuje u razgovoru, jer ga pri svakoj njegovoj primedbi svi žučno napadaju.

— Beograd? — zbuni se crtač gusenica. — Ne mora da se napusti, ja mislim ne mora da se napusti.

— Pa ne možemo držati Beograd ako ćemo na Bagrdanu da ih čekamo! — dodaje suvo i skoro pakosno pesimista.

— Pa najzad i da se napusti! Zašto da se ne napusti! — uzvikuje ohrabren oduševljeni strateg.

Pesimista progunđa nešto kroz zube a oduševljeni uze da brani svoje gledište.

— Prvi put kad je pao, verujte zaplakao sam i sâm, kao da mi je neko najrođeniji poginuo. Ali onda je bilo drugo. Videli smo koliko smo pogrešili što smo ga i toliko branili, jer nam je napuštanje njegovo zatim donelo pobedu.

— Ipak bih ja voleo... — pokušava da kaže svoje mišljenje pesimista ali ga oduševljeni odmah preplavlja masom reči i ne daje mu da izgovori rečenicu do kraja.

— Najzad, ne moramo ni napuštati Beograd. Možda ne mora ni doći do bitke na Bagrdanu, možda ćemo ih ranije skrhati. Pre smo Beograd branili sami, branili su ga žandarmi i trećepozivci, nije ni branjen u stvari, napušten je po naredbi, evakuisan je. Sad je sasvim drugo; na Beogradu su engleski i francuski topovi a po Dunavu i Savi plove mine koje su posejali ruski mineri. Nek izvole sad!

Ovo kazivanje poče dopunjavati jedna skorašnja dobeglica, Beograđanin, i razgovor se najpre zadrža na pitanju o odbrani Beograda, zatim opet siđe u Moravu i zakači se i po drugi put za Bagrdan.

— To je tvrđava, prirodna tvrđava! — dovikuje jedan obveznik činovničkog reda koji je radio u vojnoj stanici.

Oduševljeni taman ponovo umoči pisaljku u penu od piva a pesimista, bez ikakve veze sa predmetom razgovora, izbaci kao bombu:

— A Bugari?

Doktor, koji nije bio pesimist ali se nije olako ni oduševljavao, dodade poluglasno, više sebi:

— Da, i njih treba uzeti u račun!

Oduševljeni planu.

— Nimalo, ni u kakav račun!

— Pa i oni mobilišu! — dodade doktor mirno.

— Za svoj račun ili, ako hoćete, za naš račun, za račun saveznika!

— Daj Bože! — okuraži se pesimista osećajući da je u doktoru dobio potporu.

— Pre svega ne mobilišu samo Bugari već i Grci a nesumnjivo je i Rumunija na oprezi i tek što nije stigao telegram da i ona mobiliše. Ako Bugarska mobiliše protiv nas, Grčka je ugovorno obavezna da nas brani a tako isto i Rumunija, koja ne bi dozvolila poremećaj stanja na Balkanu, koje je stvorio Bukureški ugovor. Prema tome, eto vam situacije u koju bi zapala Bugarska ako bi nas napala. Ali ona to neće! Da je smela, ne bi ona propustila onako zgodnu priliku prošle godine, kada su Austrijanci zauzeli zapadnu Srbiju. A kad je tu priliku propustila pa tek sad mobiliše, znači da ne mobiliše protiv nas. To je jasno kao dan! — završi pobedonosno oduševljeni.

I sad se razvi živa prepirka po tome pitanju. Upadoše u razgovor i oni koji dotle nisu uopšte učestvovali u razgovorima; uzvikivali su i oni koji su do sad mirno i hladnokrvno govorili i uopšte, razgovor pređe u živu i nervoznu polemiku. Jedan je navodio neki Radoslavovljev govor; drugi, članak nekog francuskog lista, treći je na poleđini kutije od cigareta ispisivao brojeve balkanskih vojski; četvrti je citirao srpsko-grčki ugovor; peti je navodio svoj razgovor sa ruskim konzulom koji je „pouzdano znao" da će Bugari udariti na Turke. Svaki nov argument ubačen u razgovor, kao novo drvo bačeno u vatru, razgorevao je plamen i razgovor se sve više razvijao, sve više peo i sve širi broj učesnika obuhvatao.

To tako za jednim stolom a za drugim vodi reč jedan gospodin retke, prosede kose, svetlih i okruglih očiju i visoka suva vrata, uz koji se pri govoru jabučica penje i slazi kao loptica od žive u barometru. Čim popne glasom i loptica požuri gore pod vilicu a čim spusti i loptica se naglo spušta u svoje ležište, u kragnu. On je izbeglica iz Beograda i vrlo često odlazi nekakvim svojim poslom u Niš, te se otud uvek vraća pun kombinacija pocrpenih iz razgovora sa „tim i tim". A razume se, „taj i taj" je uvek važna ličnost ili bar neko koji je mogao da ima veze sa važnim ličnostima. On zato govori samo u krupnim potezima i samo o krupnim stvarima.

— Ovo je čitav plan, klopka, u koju su upali Nemci. Naša je uloga da njih a sa njima i Austrijance, uvučemo što dublje u zemlju a jedna snažna ruska ofanziva na Karpatima i jednovremena talijanska na Izoncu, ima da im preseče odstupnicu ili bar da ih natera na jedno vratolomno odstupanje, pri kome će evakuisati Srem, Banat i Bačku. Dotle će se i Rumunija opredeliti i, sa nama zajedno, krenuti jednim širokim frontom na sever i tu će se, u madžarskim ravnicama povesti najveća i najodlučnija bitka ovoga rata, bitka kojoj će biti zadaća da skrha definitivno Austriju i tim slomom nagna Nemačku na traženje mira.

— Ama, zašto baš nas izabraše da kod nas uđe neprijatelj što dublje u zemlju? — gunđa pesimista ovoga stola jer, po pravilu u ovakvim prilikama, svaki sto ima svoga pesimistu.

— Tako! Nas, nego koga će? — odgovori nabusito gospodin sa jabučicom.

— Ja bih voleo... — hoće opet nešto da primeti pesimista, jedan gospodin suv kao bosiljak za ikonom koji dugim i tankim prstom skida penu s piva i treska je o zemlju kao berberin sapunicu.

— Ne pita se tu šta ti voleš a šta ja. Naš je položaj takav! — uzvikuje uzbuđeno prosedi gospodin i jabučica mu se penje pod vilicu. — Je l' znaš da igraš šaha?

— Znam! — odgovara pesimista.

— E, vidiš, na ovo polje moraš povući figuru pa da napraviš mat, na to i ni na koje drugo. E, sad neka dođe neko pa neka kaže: „Ama ja ne bih voleo na to polje!" Šta će da mu kažeš ako si pravi šahista? Reći ćeš mu da je budala, je li? Ne zavisi to, brate, od toga šta ti voliš, nego s ovog polja može da se napravi mat, pa to ti je. Razumeš li sad!?

Suvi gospodin smagnu svojim uskim ramenima pa se zamisli i tek dodade:

— Pa dobro, mat sa te strane. A šta ćemo ako Bugari...

Nije ni dorekao a u prosedog se gospodina jabučica naglo pope pod vilice i on čisto sunu na čoveka uskih ramena.

— Gde ste vi to čitali, ko vam je to kazao?

— Pa mobilišu.

— Neka mobilišu, pa šta?

— Kažem samo...

— Kažete, da, al' ne treba tako ništa napamet govoriti. Ništa, razumete li? — okrete prosedi gospodin na „vi", kao što to obično biva u polemici kad pređe u ljutnju.

Pesimista ne odgovori ništa.

— Najzad, dobro — nastavi vatreno prosedi — dopuštam neka i Bugari udare na nas, što apsolutno neće biti; ali, za vašu ljubav, eto dopuštam. Pa šta onda?

— Pa ne bi bilo zgodno! — gunđa pesimista.

— Govorite napamet jer ne znate — i on se uzdrža. — Eto, nateraćete me još da vam kažem stvari koje se ne kazuju, koje su poverljive.

— Ako su poverljive ne morate mi ih kazati.

— Ne moram! Znam ja da ne moram, al' eto izazivate čoveka. Najzad, vi to nećete valjda razglasiti?

— Bože sačuvaj!

— Dakle upamtite, ovo što vam kažem stvar je potpuno poverljiva. Saveznička je vojska na putu za Balkan, ako već nije...

— Za Balkan?!

— Da, gospodine moj! — ispravi se pobedonosno prosedi i prgavi gospodin.

— A zašto? — pita pesimista iskreno iznenađen ovom novošću.

— Da nam se pridruži pri savezničkoj ofanzivi na severu.

I samome pesimisti se ozari lice na glas o dolasku savezničke vojske a prosedome, koji ga je pobedonosno gledao, umirenome utiskom koji je ta njegova izjava učinila, barometarska se loptica spusti duboko u svoje ležište. Posle dugoga ćutanja i uživanja u utisku koji je proizveo, prosedi gospodin prkosno uzviknu:

— No, šta velite sad o vašim Bugarima?

Čovek uskih ramena ne odgovori ništa.

— Izvol'te, izvol'te praviti sad kombinacije, ako možete!

Takvi su se otprilike razgovorili vodili u kafanama tih dana, a tako isto i u kafanicama, gde se zbiraju oni što ne čitaju novine ali su čuli pogdešto od ovog i od onog. Tu se govori o tome šta je kazao „narednik iz divizije" i „žandar iz načelstva" i obeležavaju se stvari krupnim potezima i sa malo reči.

— Hoće Makenzen da potraži onaj carski orden što ga je Poćorek izgubio u Valjevu!

— Čekaj samo dok i Vlauca udari u daire da vidiš kako će da igra švapski medved!

— Baćuška će njemu s leđa, more, pa će da ripa u Dunav kô žaba!

Kako u kafanama i kafanicama, tako i na ulici. Na prostoru gde se kameni most ukopao u desnu obalu Vardara, sreli se činovnici koji su izašli iz kancelarija sa onima, koji se puni puncati novosti vraćaju iz kafana i tu se obrazuju gomilice u kojima uvek po jedan govori a svi ostali slušaju. Tako isto i dole, kod divizije, gde izbija gvozdeni most, tako i gore, kod opštine. S leve strane kamenoga mosta, gore u čaršiji, po onoj tuđarskoj tradiciji iz doba ćepenaka, zbiraju se komšije u toga i toga. Prvo raspituju o kursu napoleona naviknuti da po tome kursu ocenjuju i situaciju a zatim slušaju novosti sa fronta, dopunjujući ih glasovima koje je ko od njih pobrao u nekoj kancelariji gde je poslom bio ili od nekoga činovnika koji se u dućan uvratio. U kafanici odmah pod mostom, u dnu čaršije, gde se redovno zbira grčka kolonijica skopljanska, čitaju se novine koje su stigle iz Soluna i oduševljeno se govori o grčkoj mobilizaciji i tumači se poziv grčkim podanicima, koji je ovdašnji grčki konzul objavio.

I mada se svet tako sa svih strana i iz svih mogućih izvora obaveštava i saznaje novosti, ipak žeđ za vestima sve više raste. Svakome koji je saznao što, malo je to i uvek veruje da postoji još što, što on nije saznao. One, za koje se mislilo da su obavešteniji, jer imaju veze ili načina da što više saznadu, presretaju, zadržavaju i opkoljavaju gomilice i cede ih pitanjima dok im sve ne kažu. A ljudi se na prolazu već i zdrave rečima: „Ima li što?"

Svaki izvor vesti ima i svoj sat, svoje vreme i prema tome vremenu i mestu gde je izvor, kreću se i okupljaju gomile. Ujutru, između 8.00 i 9.00 časova, na jutrenoj kafi, koju će telegrafista koji je dežurao noćas, uvratiti da pije, čuće se vesti što ih je on saznao noćas na dežuranju, bilo iz depeša koje su došle ili prošle kroz stanicu, bilo iz svog tasterskog razgovora sa niškim kolegom. I tu, gde znaju radoznalci da taj telegrafista pije jutarnju kafu, okupiće se izmed 8.00 i 9.00 časova. Izmed 9.00 i 10.00 časova razgovaraće načelnik sa Nišom na telefonu i vi lepo vidite kako u to doba gomila tegli ka načelstvu, očekujući ko će otud izaći. Oko 11.00 časova izlazi list i onda se on grabi i čita od vrha do dna. Oko 12.00 na podne, pošto je dotle prošao i niški voz, skupljaju se ljudi u kafane da preruče što su čuli, da dopune onim što nisu oni čuli i da prokomentarišu pojedine vesti. Tako pobrane sa raznih izvora, sređene, dopunjene i prokomentarisane vesti, rasipaju se zatim po kućama, odakle ih žene odnose u komšiluk; odatle se prenose u čaršiju, gde se brzo i hitro raznose od ćepenka do ćepenka.

Ali kako koji dan bliže kraju septembra, poče se ipak vestima iz Bugarske poklanjati sve veća pažnja, jednaka gotovo kao i vestima sa bojišta. Sve ono što bi novine kazale ili što bi se i inače čulo, ne bi nikom bilo dovoljno niti bi ga moglo potpuno umiriti, jer prema pokretu bugarskih trupa ka našoj granici, bilo je sve jasnije da se ta mobilizacija nas tiče. Otkako je tu sumnju i Niš zvanično naglasio, dvojinom je porasla žeđ za novostima i kraj svih dosadanjih izvora, svet je počeo gomilama da sačekava niški voz sa kojega su putnici donosili mnoge vesti. Na svakome gotovo tom vozu bio je među putnicima pokoji neobičniji, obavešteniji, koji je umeo kazivati i ono što novine ne kažu, i oko njega bi se obično okupljale te gomilice. Tako je danas na vozu jedan Beograđanin, koji bega iz prestonice i ide pravo za Solun ne zadržavajući se nigde, doneo puno vesti iz Beograda.

On je krenuo 23. u noći. To je ona strašna noć koja je rešila sudbinu Beograda. On je pričao jezovite stvari o bombardovanju koje je, toga dana, trajalo od podne pa sve do osam časova uveče a zatim je prekinuto ili bar bila je jača pauza, za vreme koje se on sklonio iz Beograda. Da li je te noći ili sutradan nastavljena borba, on nije znao reći. Mada je to bombardovanje, koje je on preživeo, učinilo težak utisak i unelo paniku u građanstvo prestonice, on je ipak krenuo iz Beograda sa uverenjem da neprijatelj neće uspeti da pređe. Tvrdio je da su položaji naši na Banovom brdu i Novom groblju tako jaki i tako odbrambeno dobri, da će moći sprečiti svaki prelazak. Jedino je žalio što će Beograd užasno stradati, ako se bombardovanje nastavi u ovakvoj meri. Kad je on krenuo svečeri, već je dogledao na Dorćolu plamen i dim od zapaljenih kuća. U Niš nije ni slazio ali se vrlo dugo bavio na stanici i tu je čuo da mobilišu i Grčka i Rumunija, što ima da bude odgovor na bugarsku mobilizaciju. Na niškoj stanici čuo je i potvrdu vesti da se saveznici već iskrcavaju u Solunu.

To iskrcavanje saveznika na jugu bilo je uteha na drugome tasu terazija kojima je na prvome bila briga sa pribiranja bugarskih trupa na istoku. Stoga smo se od sad podjednako interesovali i onim što se dešava u Solunu, pa počesmo pored niškoga, dočekivati i solunske vozove. I putnici sa ovih, potvrdili su nam da se saveznici odista iskrcavaju.

— Ama, jeste li vi to svojim očima videli? — pita jednoga putnika onaj pesimista uskih ramena.

— Vidô, razume se! U sredu 23. ovog meseca, bio sam baš na keju, kad ujedanput zalupaše doboši i zasviraše trube. Svetina očas ispuni trotoare i zakrči ulice. Otuda je marširao jedan zuavski puk, prođe kroz varoš kraj nas i ode na Zejtinlik. Kažu, ovi su došli sa Dardanela a sad se čekaju pukovi koji idu pravo iz Francuske.

Ovako odlučna potvrda vesti obodri nas i onaj tas na terazijama na kome je uteha, preteže.

— Dosta je Rumunija samo da ponovi svoj marš iz 1913. godine na Sofiju! — već ponovo oživljuju u kafani objašnjenja, koja su bila poslednji dan-dva kao malo ustupila mesta brizi.

— I Grčka sad predstavlja dobru snagu. Ona, sa novim oblastima, može da izbaci na granicu najmanje 350.000 vojnika!

— To bi značilo da bi Bugarska morala na tri fronta da se bije. Pa to je već imala jedanput i to je odvelo u Bukurešt.

— Al' ne zaboravite da mi ovom prilikom ne možemo dati onaj otpor koji smo dali na Bregalnici! — dodaje opet pesimista.

— Zašto da ne? Mi sad imamo pet divizija više no što smo ih imali trinaeste a i Grci, mogu sad da prime veće snage na sebe, no onda, udvostručili su vojsku!

— I još nešto! Ne zaboravite da će Bugari sad imati četiri fronta a ne tri kao pre.

— Kako četiri?

— Pa zar neće Rusi, u slučaju da nas Bugari napadnu, iskrcati za dvadeset i četiri sata vojsku na Varni i Burgasu?

— I pet, i pet frontova, gospodo; jer će Englezi tako isto iskrcati na Dedeagaču. Imaju već na Dardanelskim brodovima suvozemnu vojsku a ni Egipat nije daleko. Promisliće se, dobro će se promisliti Bugari.

Sutradan je prošao vozom mnogo značajniji putnik. Bio je to mladi diplomata iz Ministarstva spoljnih poslova, koji je, uvijen u bundu, iako to temperatura nije zahtevala, uvlačio glavu u užasno visoku kragnu i smeškao se samo toliko, koliko je bilo dovoljno da mu se vide dva zlatna zuba. Iako činovnik administrativnog odeljenja iako je krenuo u Solun verovatno da se ranije nađe van granica Otadžbine, nad kojom su se zavitlali teški oblaci, ipak je on, isprekidanim rečenicama, nedovršenim odgovorima, imitirajući ukoliko je to moguće Pašića, pokušavao svome putu u Solun da dâ čar tajanstvenosti. On je zabrinuto i odmerenim koracima šetao ispred vagona, izazivajući utisak čoveka koji je tek digao glavu sa visokih diplomatskih poslova i briga. Ali, on je dolazio s mesta, s izvora, gde je mogao ma i u hodniku, ako ne u kancelariji, čuti štogod više no što mi znamo i to mu je obezbedilo naše poverenje.

— Što se Bugara tiče... da... može se reći... upravo da, oni mobilišu. To za sad, prema izvesnim saznanjima, još ne znači rat! — reći će diplomata iz administrativnog odeljenja upitan o bugarskoj mobilizaciji, šetajući odmerenim korakom po staničnom peronu i praćen gomilicom žednih obaveštenja sa izvora.

— Da, ali oni mobilišu prema nama, prema našoj granici?

— To je istina... uostalom, da... sam fakt se ne može sporiti, samo — mobilizacija ne znači uvek i rat. Bugari imaju izvesne pretenzije... i uporno ih postavljaju kao uslov za svoju neutralnost i ovo je, kako da se izrazim, *ultima ratio* njihovih pretenzija ili, što bi rekli Francuzi *argument armé*. Drugim rečima, jedna politička mobilizacija. Da, tako nešto... manevar koji treba da podvuče bugarske zahteve i... upravo, da uveri saveznike u opravdanost tih zahteva... da, tako nešto...

— A ako im se ne ispune zahtevi?

— Između odbijanja zahteva i rata ima još nečega... Da, pre oružja diplomatija još ima reč. Savezničke diplomate iz Sofije uveravaju da Bugarska apsolutno ne misli napasti Srbiju. Uostalom knez Trubeckoj u Nišu, pa i sam ser Čarls de Gras i gospodin Bop — i mladi diplomata izređa još nekoliko niških diplomatskih imena, uveren da to daje naročitu draž njegovim rečima — imaju ne samo uverenja, nego i dokaze o dobroj nameri Bugarske.

— Al' ako se diplomatija prevari? — dodaje onaj kafanski pesimista koji ni ovde, na staničnom peronu, ne može da se uzdrži a da ne umali jedan lep utisak jedne tako čisto diplomatske izjave.

Usne mladoga diplomate tiho zaigraše i na njima se izvaja blag osmeh sažaljenja prema jednom običnom palanačkom tipu uskih ramena, koji je pokušao da posumnja u snagu diplomatije.

— Jedan izrađen diplomata kao što je knez Trubeckoj — uze on tonom učitelja koji hoće autoritativnom blagošću da pokara nepažljivog učenika — može se prevariti u kakvoj političkoj prognozi... da, to bi se moglo dopustiti, ali, ne može se prevariti u faktima koja poznaje. Uostalom, ni saveznici neće izostati u izvršenju jedne kontrademonstracije, koja ima da odgovori bugarskoj demonstraciji. Za dan ili dva stiže u Niš saveznička vojska iz Soluna...

— U Niš? — graknusmo svi.

— Da — učini diplomata iz administrativnog odeljenja, osećajući svu veličinu utiska koji je učinilo njegovo saopštenje. — Da! Gospodin Bop je u tom pogledu učinio već zvanično saopštenje Vladi. Za sad dolazi jedan linijski francuski puk a zatim će ostali englesko-francuski pukovi... Puk će biti upućen na istočnu granicu, što ima da znači da bi Bugari, prelazeći granicu, sreli ne samo Srbiju već i njene saveznike.

— Ama, saveznici dolaze? — prekinu ga pesimista i sad prvi put i njegove oči dobiše sjaj koji daje čoveku vera i pouzdanje.

Još nije voz ni krenuo sa stanice a već se kroz varoš prosula, kao osvežavajuća dažda posle zapare, vest da saveznici stižu u Srbiju. Ona je najpre obuhvatila prvu, neposrednu okolinu stanice, pa je posle kao poplava, kao požar, naglo hvatala i rasprostirala se sve dalje, do najudaljenijih udžerica na kraju varoši. O tome se najpre šaptalo i došaptavalo, zatim se glasno govorilo i najzad se klicalo i uzvikivalo.

U ljudi je nastalo neko raspoloženje da se grle, da stiskaju jedan drugom ruku, da se vedra čela i uzdignute glave zdrave.

— Saveznici dolaze!

— Dolaze vojnici s Marne!

— Znate li šta znači to? Znači da nam je Evropa najzad poverovala i da nam je odista pravi saveznik!

— Samo kad bi ih stiglo dosta, onako malo ozbiljniji broj!

— Ne, ne, dovoljan je i jedan bataljon. Jedan bataljon Francuza i jedan Engleza.

— Šta bi nam to pomoglo?

— Mnogo, mnogo bi pomoglo!

— Pomoglo bi njima, da im umiri savezničku savest, ali nama...

— Dosta je kad vam kažem jedan bataljon! — tvrdi odlučno onaj oduševljeni sa kafanskoga stola, koji će izvesno i danas naručiti pivo „za sve". — Neka bugarska puška na našem frontu ubije jednog Francuza i jednoga Engleza, pa to je dosta. U Evropi ne pridaju nikakvu cenu balkanskome mesu. Možemo mi ginuti ovde koliko hoćemo, njih će to teško ganuti a kako su kratkovidi mogli bi i onda čak, kad Bugarska oglasi rat nama, da sačuvaju jedan deo opravdanja za njen postupak. Neka ga oglasi dakle i njima, al' ne teorijski, nego neka puca u njih. Videćete kako će tada promeniti mišljenje. Eto ta nam pomoć od Evrope treba!

Pojedini, kojima nije bilo dovoljno samo toliko vesti, koliko se sa niškoga voza prosulo u čaršiju, odjurili su u načelstvo da čuju potvrđuje li i dopunjava li te vesti i načelnikov telefon. I taj telefon je potvrđivao, da je Vlada odista dobila saopštenje francuskoga poslanika, po kome francuske trupe već sutra prolaze kroz Skoplje. I druge smo detalje saznali kroz načelnikov telefon: saznali smo da trupama koje dolaze u Srbiju komanduje đeneral Baju, da će francuska baza biti u Skoplju a da će trupe ići pravo u Niš, kako bi bile na domaku svima frontovima. Otud se još javljalo: da se Niš kiti srpskim i savezničkim zastavama, da se sprema svečan doček i da je neopisano raspoloženje u Nišu.

Malo docnije i telefonista sa centrale javi da je razgovarao sa svojim leskovačkim kolegom i ovaj mu na aparatu rekao da je u Leskovcu takođe veliko uzbuđenje, da se čine silne pripreme, stanica se kiti i sprema se čast i napojnica hrabrim saveznicima. Zaklaće se, veli, vo i izneti vino buradima, kupuju se raznobojna platna te šiju savezničke zastave, školska deca žurno uče Marseljezu da je otpevaju na stanici a devojke zbiraju cveće da okite u borbama već proslavljene francuske ratnike.

I kao da si čarobnim štapićem probudio čitav jedan brigom uspavani grad, ožive sve i pojave se na ulici ozarena lica, kao ono novembarskih dana prošle godine, kada je prva rečenica telegrama, koji je stigao sa bojišta, glasila: „Austrijanci u panici i neredu odstupaju". Gomilice na svakih pedeset metara i pred svakim dućanskim vratima, kafane pune ljudi i dima i samo čuješ žagor i zuzuk kao ono iz kutije koju deca napune pohvatanim muvama. Iz dima vidiš samo kako se uznosi u pesnicu stegnuta ruka, čiji pritežalac izvesno dokazuje težinu bugarskoga položaja; ili čuješ lupanje u sto, verovatno onoga što poručuje „za sve". Ni za jednim stolom nema više nijednoga pesimiste, niko više ne vrti brižno glavom, niko ni u šta ne sumnja. Iz opštega žagora, čuju se samo isprekidane rečenice ili pogdekoja reč, ili uzvik ili kucanje pivskih čaša.

— Pa dobro! — nadvikuje ostale glas oduševljenoga. — Zar mi nećemo učiniti ništa za doček saveznika?

— Pa opština sprema valjda nešto.

— Ne verujem, jer voz će ovuda proći noću i neće se zadržavati.

— Svejedno, neka je i noću, neka je i u samu zoru, moramo ih pozdraviti. Moramo to!

I odmah se donese odluka da se stanica iskiti savezničkim zastavama. Na stanici je skopskoj jedan gvozdeni most, koji premošćuje koloseke, te čini sam sobom trijumfalnu kapiju kroz koju će voz proći. Taj most i stubovi koji ga nose, okitiće se zelenilom a gore po naslonu mosta, razapeće se belo platno po kome će se velikim crvenim slovima ispisati reči dobrodošlice. Valja sve te predloge izneti predsedniku opštine i on će ih primiti i ostvariti.

Nije se imalo kad odlagati, moralo se hitno spremati. Već po podne otišli su opštinski stražari u planinu po zimzeleno granje a pozorišni slikar razapeo je na patos belo platno i otpočeo po njemu crvenim, krupnim slovima, da ispisuje pozdravni usklik saveznicima.

II — Vives les Al…!

Dardanelska ekspedicija, pri kojoj su se engleske lađe lomile o utvrđenja koja su sami Englezi podizali, a republikanska se francuska vojska krvavo tukla za pobedu ruskoga imperijalizma, ostaće uvek jedan težak istorijski prekor neuviđavnosti sporazumnih sila, od kojega je lord Kičener svoj deo odgovornosti izbegao jednom vojničkom smrću. Kada se bude neuspeh ove ekspedicije krunisao gubitkom celoga Balkana, koji je mogao korisno poslužiti opštem oslobodilačkom cilju, da bi se dobio Carigrad, koji bi imao koristiti jednom posebnom, osvajačkom cilju, sporazumne će sile, pored mnogih i ranijih i docnijih, steći još jednu pouku iz ovoga velikoga i krvavoga rata, a ta je: da je samo Viljem pruski znao pouzdano kojim se putem ide u Carigrad.

Dok je Evropa sa napregnutim interesovanjem pratila tok dardanelske ekspedicije, dotle su vesti sa toga bojišta držale Balkan u grozničavoj uzbuđenosti. U uspehu dardanelske ekspedicije Turci su videli kraj svoga gospodarstva u Evropi; Grci, poraz svojih istorijskih snova o obnovi Vizantije; Bugari, slom svojih ambicija o hegemoniji na Balkanu a Srbi, jedini izlaz iz teškoga položaja u kome su se našli poslednjih septembarskih dana. Međutim, baš tih dana vesti sa Dardanela bile su sve bleđe i bleđe dok nisu sasvim usahnule. Prva vest o dardanelskoj vojsci, posle nekoliko dana mučnoga ćutanja, bila je: da se jedan zuavski puk, u povratku sa Dardanela, iskrcao u Solunu.

— Da se prvi francuski puk koji je pošao na Dardanele iskrcao u Solunu, cela bi stvar danas drukčije izgledala! — uzviknuo je, naglas o tome, jedan naš viši oficir, ogorčeni protivnik dardanelske ekspedicije, koji je uvek, kad god se raspravljalo o tome, uporno tvrdio da se Carigrad zauzima samo sa suva, kao što su to svi dosadanji zavojevači njegovi, počev od krstaša pa do Turaka, činili.

Čovek, zauzet brigom o sopstvenoj opasnosti, nema moći da vidi jedan širi interes koji je van njegove urođene sebičnosti. Ni mi nismo tragično shvatili neuspeh dardanelske ekspedicije, jer nam je on doveo jedan zuavski puk na front a verovatno za njim dovešće nam i ostale. Naše je raspoloženje imalo toga momenta karakter zluradoga zadovoljstva, otprilike onakvoga kakvo se javlja kod trgovca kad njegov sused i konkurent bankrotira. Ali, dok je voz koji je juče otišao u Solun, noseći sobom onoga diplomatu administrativnog odeljenja, doneo nam prijatne vesti o iskrcavanju saveznika, koji će doći na naš front, dotle je voz koji je istoga dana stigao iz Soluna i ukrstio se sa ovim u Strumici, doneo nam neprijatnu vest, da je grčki kralj Konstantin oterao sa vlasti Venizelosa i sastav kabineta poverio jednome prononsiranome germanofilu. Ta vest namah unese pometnju u naše raspoloženje. Skopljanski Grci, koji su od 15. septembra, kada je objavljena grčka mobilizacija kao odgovor na bugarsku, išli čaršijom uzdignute glave, oboriše namah poglede i počeše nas izbegavati predosećajući sramni značaj ove promene.

Mi nismo još ni stigli da se zapitamo: šta ima ta promena da znači, a počeše nas sa raznih strana pretrpavati komentari, zvanični i nezvanični, novinarski i usmeni, raznoliki i protivurečni ali koji su nam, na kraju krajeva, ipak predočili gorku istinu — da smo izdani.

Za pola meseca septembra odigrali su se na Balkanu događaji koji predstavljaju istoriju od nekoliko tomova. Čim je očigledan bio neuspeh dardanelske ekspedicije, Bugarska je osetila da su joj slobodna leđa i odlučila se da izađe iz rezerve, razume se, koristeći se kratkovidnošću diplomatije sporazumnih sila ne ipak, sve do poslednjega časa, otvoreno. Ona 10. septembra objavljuje mobilizaciju i objašnjava diplomatiji taj čin izvesnim zahtevima koje postavlja kao cenu za svoju neutralnost. Kad Sporazum na račun Srbije, pristaje na tu cenu, Bugarska upućuje mobilisanu vojsku na srpsku granicu a uverava sporazumnu diplomatiju da joj je namera udariti na Tursku. Kao odgovor na ovaj bugarski akt, Grčka, držeći se saveznoga ugovora sa Srbijom, oglašava i sama 15. septembra mobilizaciju. Kralj Konstantin pritvorno potpisuje taj dekret, uveren da će, imajući vojsku u rukama, moći lakše da naturi grčkome narodu politiku koja mu se naređuje iz Berlina ali ga Venizelos pretiče dozvolom da se u Solun iskrcaju savezničke trupe. Kako bi taj korak Venizelosov mogao odgovarati grčkim ali ne i pruskim interesima, Konstantin — koji će malo docnije ulogu nemačkoga agenta zameniti još odvratnijom ulogom špijuna i izdajnika svoje zemlje — pristupa državnom udaru, odstranjujući Venizelosa sa vlasti i rasturajući parlament. Po receptu, koji je dobio iz Berlina, o značaju međunarodnih ugovora, on srpsko-grčki ugovor o savezu oglašava za nevažeći i, kako se u tome tumačenju razmimoilazi sa svojim premijerom, on ovoga otpušta.

Time je na Balkanu, na jedan mah, stvorena nova i očajna situacija. Ta je situacija poslednjih septembarskih dana ovako izgledala: na Dardanelima propala saveznička akcija; na Savi i Dunavu nagomilana nemačka i austrougarska vojska, spremna da izvrši napad na Srbiju; Bugarska mobilisane svoje pukove šalje na srpsku granicu; sporazumne sile šalju vojsku u Solun da pomognu Srbiji; Konstantin grčki izdaje Srbiju i na jedan mah se iza leđa sporazumne vojske, koja treba da krene u Srbiju, nalazi mesto savezničke grčke, jedna vojska kojoj je vrhovni komandant krunisani pruski agent.

— Mi smo u klopci! — uzviknuo je očajno viši oficir kome sam često, u ovakvim prilikama, odlazio da čujem mišljenje jednoga spremnoga i razboritoga vojničkoga starešine.

Kada smo takve razgovore vodili, uvek smo se izdvajali i izbegavali živa mesta, gde čovek ovih dana ne može progovoriti a da mu se ne pridruži čitava gomila radoznalih prolaznika, koja misli da jedan viši oficir i jedan urednik novina, moraju jedan drugome prosipati čitave tovare novosti. Pošli bi onom alejom koja desnom obalom Vardara vodi van varoši, tamo gde je velika bolnica i podoficirska škola. Tu je tiho, tu nas ne bi niko uznemiravao. Minuo bi kraj nas kakav prljavi skopljanski pajton, noseći po kog oficira koji kod kuće boluje a ide u bolnicu na previjanje, ili koga lekara koji žuri na dužnost, ili možda kakvu gospođu kojoj je danas red dežurstva u bolnici. Protutnjio bi pokoji automobil i jedva pokoji pešak, ali uglavnom, na toj aleji je bilo tiho i mogli smo, sem običnih pozdrava ovih prolaznika, neuznemireno razgovarati o velikim i zajedničkim brigama.

Jesen ogolela drva i sasula modro lišće u jarak kraj druma, kiše umesile u testo debeli sloj prašine, koja obično pokriva tle ovoga druma, a sasušena trava pokošenih livada prostrla se levo i desno, kao ogromni, prljavi, žuti ćilimovi. Još samo kitnjasti red visokih jablanova, koji nedaleko od puta pervaze varoški jaz, što svojim tamnim zelenilom osvežavaju nešto malo mrtvu jesen.

— Mi smo u klopci! — uzviknuo je potpukovnik, pošto sam mu izložio sve događaje koji su se odigrali za nekoliko dana na Balkanu.

— To znači, vi ne sumnjate više da će nas i Bugarska napasti?

— To je više no izvesno. Napašće nas podmuklo, kao zver.

— A ako, po savetu sporazumne diplomatije otkinemo komad mesa sa svoga tela i bacimo joj u čeljust?

— I tada će nas napasti! — odgovori oficir odlučno.

— Možete li mi bar reći, jesmo li koliko-toliko spremni na toj strani? — i ja pogledah put istoka, tamo gde se uznose sredorečki visovi.

— Spremni? — učini potpukovnik i teška briga osenči mu još više suvo i koštunjavo lice.

— Mislim, jesmo li bar toliko spremni da dočekamo prvu navalu, dotle će valjda...

— Šta će dotle? — upita on i zastade.

Ja se zbunih, jer odista nisam mogao ni sam u tom trenutku naći šta će dotle biti. Na Grke se nije moglo više računati da privuku na sebe jedan deo bugarske vojske; na saveznike se nije moglo računati posle situacije koja bi im ostala za leđima ako bi krenuli nama u pomoć; na našu vojsku sa severa nije se moglo računati, jer je ona već ponela veliki napad Nemaca i Austrijanaca.

— Na istoku — nastavi potpukovnik, pošto je uzalud očekivao moj odgovor — imamo dve slabe divizije sa bataljonima od po 600 pušaka, obe na Osogovu; jednu prema Krivoj Palanci a drugu na pravcu Carevo selo. To nam je centralna snaga prema Bugarima. Imamo još dva krilna odreda, jedan na Vlasini a drugi prema Strumici. To je sve što imamo ovde, na južnome frontu.

— A gore?

— I gore to isto. Jedna divizija kod Zaječara i druga kod Knjaževca, na Nišavi dve divizije i gore na Negotinu jedan odred. Eto, to je sve!

— A Bugari?

— Ja ne znam sasvim tačno! — oteže potpukovnik dosećajući se. — Znam da se ovde na našem frontu koncentrišu za sad balkanska, rilska i maćedonska divizija, ali kako će im biti odrešene ruke prema Grčkoj, Bugari će moći da bace na nas dva puta i po veće snage od naših.

— To znači?... — zaustih ja zabrinuto.

— To znači da trinaestu godinu ne možemo ponoviti. Kad bi se imali poneti samo sa Bugarima, ja bih bio bezbrižan.

— A ovako?

— Ovako, rekao sam vam, u klopci smo.

— I mislite da nam nema spasa?

Potpukovnik zaćuta začas pa naglo dodade:

— Bilo bi ga! Upravo, moglo ga je biti.

— Moglo je? — mene ozari neka potajna nada, verujući valjda da ono što je moglo, može još uvek biti.

— Jedna očajna ali brza i odlučna mera koju je, to sam čuo poverljivo, Vrhovna komanda i predlagala kao jedini izlaz iz situacije.

— A to je?

— Jedan politički i vojnički prepad, ma i po cenu oslabljenja severnoga fronta, ma i po cenu napuštanja Beograda i jednog dela severne Srbije: jedan nagao i snažan napad na Bugarsku pre no što bi ona završila mobilizaciju.

— A šta bi se postiglo tim?

— Vrlo mnogo! Za pet dana naša bi vojska bila u Sofiji, Bugari bi bili naglo izbačeni iz redova neprijatelja Sporazuma; Turskoj bi bio presečen put za snabdevanje municijom i drugim potrebama i svaka veza sa Nemačkom, Rumunija bi bila silom prilika nagnana da uđe u naš front, Konstantinu grčkom bio bi stavljen šah-mat a austro-nemačka ofanziva na Srbiju u jedan mah bi se našla pred jednim faktom sa kojega bi bila gotovo besciljna. Eto šta bi se dobilo.

— A je li izvesno da bi se i uspelo u tome?

— Izvesno, ali neuspeh ne bi nam ništa više otežao situaciju od sadanje.

— A vi velite, Vrhovna je komanda i predložila to?

— Da!

— Pa?

— Čujem da je Vlada bila odlučno protivna.

— A to znači, da je diplomatija sporazuma bila protivna.

— Izvesno.

— Ili bolje reći, to znači, da diplomatija sporazuma još i ovog trenutka veruje Bugarskoj.

— Da!... — učini potpukovnik i zamisli se duboko, te ćuteći nastavismo šetnju. Na jedan mah on zastade, pa nastavi svoju misao glasno: — Ja nikad o diplomatiji nisam imao visoko mišljenje, ali sam verovao, da je njeno rasuđivanje o događajima bar dva-tri stepena iznad nule. Ovaj će rat bar doneti i taj dobar rezultat, što će otkriti, da je diplomatija jedna izlišna i skroz nekorisna ustanova. Od početka rata nije ništa predvidela i sad još ne ume ništa da predvidi. A stvari su tako proste i tako jasne i verovatno zato baš što su jasne, diplomatija ih manje vidi.

— Nažalost! — potvrdih ja. — Ali, dozvolite mi, da se vratim na malopređašnju vašu napomenu. Govorili smo o onome vojničkome prepadu, koji velite da je predlagala Vrhovna komanda, a Vlada ga nije usvojila. Mislite li da bi za tako šta već bilo dockan?

— Izvesno! Bugari su već mobilisani, njihove su divizije već na granici.

— I onda, šta možemo, ima li kakvog načina da izađemo iz ove situacije?

Potpukovnik ne odgovori ništa na ovo pitanje, te ja pokušah, da mu ga u drugom obliku postavim.

— Šta mislite, kojim će se redom razvijati sad događaji?

— Velika ofanziva na severu već je otpočela, neprijatelj je već na pojedinim mestima uspeo da prebaci manja odeljenja preko reka. Prema poslednjim izveštajima, koji su mi poznati, i kod Beograda su već prebačene neprijateljske trupe, kod Ostružnice i dole, na dunavskom keju, ispod klanice. Čim padne Beograd, događaji će početi naglo i brzo da se nižu.

— A vi mislite Beograd mora pasti?

— Mora! — odgovori potpukovnik odlučno. — Na Beogradu je dvadeset i četiri nemačkih i dvadeset austrijskih bataljona.

— A naših?

— Naših dvadeset bataljona, ali deset trećeg poziva.

— A zašto vi vezujete za pad Beograda događaje koji će nastati?

— Jer to je početak uspeha ofanzive sa severa, koji ti događaji ima da prihvate.

Ućutali smo oboje i nastavili bez reči šetnju kroz ogoleli red drva, kroz koji je nekoliko kosih linija večernje svetlosti sumorno senčilo naša zabrinuta lica. O jeseni i sama priroda izgleda zabrinuta te pristaje uz naše raspoloženje, dopunjavajući ga svojom mutnom i tamnom bojom. Potpukovnik se bio duboko zamislio i u dva-tri maha prelete preko njegovih usana gorak i bolećiv osmeh. Jednom zausti da nešto reče pa se trže i uzdrža, ali teško uzdahnu.

Koliko je u tome trenutku bilo bola u duši ovoga čestitoga vojnika, razumeo sam malo dana zatim, kada prvoga dana po padu Skoplja čusmo, da je u Ferizoviću izvršio samoubistvo potpukovnik Dušan Glišić. To je bio oficir, sa kojim sam onih teških i poslednjih dana Srbijinih, češće zajednički brinuo, šetajući onom ogolelom alejom koja vodi u podoficirsku školu ili pustim parkom, koji se iza te škole diže.

Bio je bolestan i bolest mu je uvek nametala mrzovolju. Čini mi se, u životu ga je držala još samo dužnost i odanost oslobodilačkoj ideji, kojom je bio zapojen i radi koje mu je i jedan brat pao na Kumanovu. To je bio končić, koji ga je vezivao za život. Kad se sve srušilo, njemu je slom izgledao strašniji i crnji no svakom drugom. Napustio je Skoplje neobično potresen. Otkinuo se onaj končić i on nije imao razloga da i dalje živi. Ubio se na prvoj stanici, na kojoj je sišao, kad je krenuo iz Skoplja. Nije hteo dalje.

Već sutradan, posle ovog našeg razgovora, stigla nam je poražavajuća vest, da je Beograd pao i ja sam u toj vesti dogledao onaj početak događaja, koje je potpukovnik predviđao. Doprle su do nas i pojedinosti o krvavim uličnim borbama, koje su se 24. vodile na Dorćolu i o paklenoj borbi na Adi Ciganliji.

Tu vest, o padu Beograda, potvrdi mi jedan oficir iz komande trupa, dodajući, da je u Beograd prvi ušao dvesta četrnaesti pešadijski leteći puk, koji se borio i na Ipru, kod Arasa i pred Varšavom.

I niz događaja, niz nesretnih posledica kratkovidosti diplomatske, koji se završio slomom Srbije, otpoče da se ređa. Svaki je dan nosio svoj događaj a svaki je događaj nagoveštavao veliku tragediju srpskoga naroda.

Za pad Beograda saznali smo 26. septembra a sutradan već znali smo i to, da nijedan saveznički vojnik neće krenuti iz Soluna u pomoć Srbiji. Čekao ih je okićen Niš, čekao ih Leskovac, čekala ih Đevđelija, čekala Strumica i Veles, čekalo ih je Skoplje; čekao ih je ceo srpski narod i niko nije hteo da veruje nemilome glasu da neće doći, te su se i dalje lepršale zastave istaknute u čast njihovoga dolaska. Juče, 26. septembra, još se uporno tvrdilo iz Niša da saveznici dolaze, ali danas već, verovali su u to samo oni koji nisu mogli pravu istinu znati ili su je uporno negirali.

A juče je odista i krenula bila saveznička vojska u pomoć Srbiji. Još od rane zore nastao je bio u Solunu pokret francuskih trupa na železničkoj stanici.

U 10.00 časova pre podne, već je bio ukrcan u vagone jedan bataljon 176. francuskog puka. A novi su bataljoni kretali ka železničkoj stanici, jer po rasporedu za pokret, svakih dva sata trebao je da krene po jedan voz, od kojih prvi, ovaj što je već ukrcan, u 11.00 časova pre podne. Oko ukrcanoga voza je bilo već puno života, vojnici su još jednako izletali te točili vodu sa stanične česme ili preko ograde dodavali čuturice da im se napune vinom i pazarili pomorandže, alve, simite, voće, od one mase solunskih prodavaca koja se obično načeti na ogradi solunske stanice i sa užasnom orijentalskom drekom, nameće kupcima svoj espap. Pred jednim vagonom prve klase, koji je bio prazan i zatvoren, stajala je gomilica francuskih oficira vodeći žive razgovore u očekivanju đenerala koji će se u isti voz ukrcati i povesti vojsku Srbiji u pomoć.

Pet minuta pre 11.00 časova, stiže na automobilu đeneral Baju sa svojim štabom, u kome se već nalazio i jedan srpski mlađi oficir, stavljen na službu đeneralu. Čim je trubni znak objavio da đeneral ide, na stanici je nastao življi pokret, oficiri su se razleteli i presekli svaki dalji izlazak vojnika iz vagona, svako se našao na svome mestu a komandant bataljona pozdravio je đenerala i raportirao mu, da je bataljon potpuno ukrcan i voz spreman za polazak. Đeneral se zadrža pred vozom da izda naredbe komandantima pukova za dalje ukrcavanje a zatim se pozdravi i pođe u vagon.

Da je toga trenutka, kao što je bilo utvrđeno, krenuo voz, Srbija bi videla francuske zastave. Da li bi se vojska, koja bi već jednom bila na srpskome zemljištu i vratila zatim, to je drugo pitanje, ali bi Srbija sagledala francuske zastave; telegrami bi zabrujali duž frontova da je francuska pomoć već na srpskome zemljištu i umoran četvorogodišnji borac srpski, koji je na severu zaplivao već u duboku krv, digao bi glavu i oholo pošao u novu smrt. Ti telegrami bi stigli i u neprijateljske redove, stigli bi i u Sofiju i nesumnjivo bi se oni tamo u bugarskoj prestonici još jednom razmislili pre no što bi izveli prvi oktobar.

Ali — to nije prvi slučaj u istoriji, da mali i neznatni uzroci izmene čitav tok događaja.

Đeneral Baju se pozdravio i pošao da uđe u svoj vagon a oficir, komandant voza i dva-tri železnička činovnika poleteše vagonu da otvore pred đeneralom vrata. Ali vrata, ili zarđala ili nabrekla, nisu se mogla otvoriti. Pokuša jedan, pokuša drugi činovnik, pokuša i sam oficir, vrata se nisu mogla otvoriti. To isto i sa vratima na prednjoj strani kupea. Jedan podoficir, železničar, saže se pod vagon, uze jedan kamen i poče njime lupati kvaku, ali ona ne popusti; drugi jedan uskoči u vagon kroz prozor i uze pokušavati iznutra, ali ni on nije mogao uspeti. Dotrčao je i činovnik iz stanice i zagledao vrata sa svih strana pa poslao da se zove jedan bravar iz susedstva ali bravara nije bilo u radionici.

Đeneral je nervozno i očevidno ljut pušio cigaretu za cigaretom a komandant voza je pokušavao na neki način da mu se pravda ali ga đeneral nije ni slušao. Velika kazaljka na staničnome časovniku naglo je odmicala i vojnici, koji su već odavno saterani u vagone, počeše ponovo da se razmrdavaju i, van pogleda svojih starešina, zaobilaznim putevima, iza raznih vagona, da dolaze u vezu sa prodavcima iza stanične ograde.

I kao što to obično u takvim prilikama biva, da se ljudi najzad sete onoga od čega treba početi, šef stanice naredi da se ode u železničku radionicu i otud zovne majstor. To je razume se produžilo čekanje i đeneral koji je već nekoliko puta nervozno pogledao u sat, poče i glasno da se ljuti. Zadocnjenje je već ispunilo tri četvrti sata. I ko zna koliko bi se to odocnjenje još produžilo da se otud, putem koji vodi iz varoši, ne začu silno brektanje jednoga motocikla, koji je jašio francuski vojnik. Motociklista naglo uleti u stanicu, sjaha spravu, uputi se đeneralu i predade mu jedno pismo u velikoj, beloj koverti. Đeneral, koji je sa vojskom svojom sad već trebao da bude blizu srpske granice, otvori pismo, pročita ga brzo pa se vrati pogledom i pročita ga još jednom idući od reči do reči.

To je bila naredba koja je obustavljala pokret voza i naređivala đeneralu da iskrca već utovarenu vojsku i vrati je u logor. To je bila naredba koja je obustavljala pomoć Srbiji. Tu je naredbu i njeno izvršenje Sofija znala već posle četvrt sata. Niš je nije odmah saznao i čekao je voz sa savezničkim trupama.

Da nije bilo one pokvarene brave na vagonskim vratima, ta bi naredba stigla đenerala možda u Đevđeliji a Sofija bi iz Soluna bila izveštena da je prvi kontingent savezničkih trupa krenuo u Srbiju i to bi imalo svoga utiska.

O tome smo događaju saznali 27. septembra a, dan za ovim, već stižu nove nepovoljne vesti, sa severnoga fronta: Smederevo palo i neprijatelj prebacio velike snage kod Rama te označio svoju nameru da glavnu akciju upravi dolinom Morave.

Sutradan, to je bilo 29. septembra, napali su Bugari našu granicu u blizini Kadibogaza. Sofijske diplomate, koje su po svom naimenovanju zastupale interese sporazumnih sila, požurile su da i nama i svojim vladama objasne da su to neredovne trupe učinile i da taj akt nema nikakve veze sa držanjem Bugarske.

Sutradan, 30. septembra, Bugari su napali naše granične položaje prema Knjaževcu i sofijske diplomate, koje su po naimenovanju zastupale interese sporazumnih sila, požurile su da nama i svojim vladama objasne da su i to neredovne trupe i da taj akt nema nikakve veze sa držanjem Bugarske.

Najzad, poslednje septembarske noći, uoči prvoga oktobra, Bugarska je napala Srbiju na celome frontu. Prvi oktobar doneo nam je tu vest koja, mada je međ nama izazvala uzbuđenje, nikoga ipak nije iznenadila, jer smo taj napad već od dana bugarske mobilizacije očekivali. Ovaj akt je iznenadio samo diplomate sporazumnih sila i one u Sofiji i one u Nišu, i to u tolikoj meri, da je jedan od niških diplomata, kome su fakta razorila njegovo „duboko uverenje" uzviknuo jednome našem državniku:

— To je koješta od vas, to nema smisla.
— Šta?
— To, što su vas napali Bugari!

Drugi jedan, njegov kolega, još je i na dan prvoga oktobra, kada su bugarska puška i top plamteli dužinom celoga fronta, tvrdio da bi se stvar još dala popraviti, jer Bugari „u stvari nemaju nameru da napadnu Srbiju".

Jedan ruski konzul, koji se zatim nije hteo ispred Bugara ni da ukloni, već je sa najvećim poverenjem ostao u Srbiji, rekao je na dan prvoga oktobra jednome našem višem činovniku:

— Šta ćete sad?
— Srbija propada, gospodine konzule, i ja mislim da bi ovom prilikom bio jedini spas kada bi Rusi iskrcali vojsku u Varni i Burgasu.
— A... samo to ne može biti — odgovorio je konzul — jer ruski vojnik ne bi nikada pristao da puca na svoga brata Bugarina.
— Ali taj ruski brat puca na svoga srpskoga brata...
— To su vaše balkanske stvari! Uostalom ja mislim, da... ja mislim... — i g. konzul nije ni dovršio rečenicu, jer u stvari nije ništa ni mislio, što je sasvim i odgovaralo službi u kojoj je.

Kažu — ako je tačno — da su još juče, na dvanaest časova pre no što će Bugarska zagaziti u rat protivu Srbije i Sporazuma — jedan sporazumni diplomata sofijski i njegov drug niški, odlučno tvrdili da Bugarska i ne misli napasti Srbiju, o čemu su oni dobili najdubljega uverenja neposredno od bugarske vlade.

Eto, na osnovu obaveštenja te i takve diplomatije o prilikama na Balkanu, opredeljivale su se sporazumne sile u svojim postupcima i držanju; iz obaveštenja te i takve diplomatije nikao je prvi oktobar i ceo balkanski slom, koji će zatim dugo i dugo biti jedna glomazna briga i teret celome Sporazumu.

Mi smrtni, koji smo događaje — koji su uostalom bili tako jasni — pratili čistim pogledom i zdravim razumom, dočekali smo prvi oktobar sa raspoloženjem kojim čovek dočekuje nedaću, za koju unapred zna da ga ne može mimoići. Taj mučki udarac s boka niti je bio prvi u našoj novoj istoriji, niti je bio neočekivan od takva suseda kao što je Bugarin. Mi smo taj udarac očekivali još novembra meseca prošle godine kada je Poćorek preplavio zapadni deo starih srpskih granica. Tri stotine valandovskih grobova, debeo je ožiljak na našem telu, od vrha toga bratskoga noža i krvava opomena da se nijednoga dana ne podajemo zabludama koje su isključivo diplomatiji dozvoljene.

Mi se i nismo podavali i dočekali smo prvi oktobar kao nešto sa čime smo odavno već izmireni, ali to ne znači da smo ga i mirne duše dočekali. Naprotiv, počeli smo se zbunjeno osvrtati na sve strane, kao davljenik koji očajno pogleda po uznemirenoj pučini, ne bi li doglédao kakav pojas za spasavanje. I, naviknuti množinom događaja i briga, koje smo poslednjih godina prevalili preko glava, da i u najtežoj situaciji nađemo sebi utehe ma i u nemogućim pretpostavkama, počeli smo i ovom prilikom da ih tražimo.

Kada nas je od jutros probudila vest, da su nas noćas o ponoći Bugari napali dužinom celoga fronta, mislili smo još uvek, biće to kakav lokalni napad, kao onaj neki dan kod Kadibogaza i onaj drugi kod Knjaževca. Ali smo ipak, sa izvesnim nemirom u duši, pohitali svi načelstvu, da čujemo šta o tome vlast zna i šta kaže niški telefon. Čaršija je već bila uzbuđena i trgovci su nas, sa dućanskih vrata, pitali pogledom a mi smo odgovarali sleganjem ramena. U tesnoj ulici načelstva grupice uzbuđena sveta, kod načelnika puna kancelarija i hodnik. Obaveštene da napad nije lokalan već celim frontom i, da se od noćas možemo smatrati da smo u ratu sa Bugarskom, gomilice su počele pred podne da kuljaju iz načelstva i onog sokačića, u najživljem razgovoru da se kreću ulicom Kralja Petra gde su sve više i više rasle onima koji su im pridolazili. Svaku od tih gomilica, zadržavali su sad trgovci, koji su sišli sa svojih dućanskih vrata i presretali svakoga, ne bi li što više saznali.

Pojedine od ovih grupa što kreću ulicom, idu oborene glave i zabrinuta lica, druge živo komentarišu događaj, a treće polemišu i nadvikuju se. Ulica vri nekim tihim uzbuđenjem, kao ono kad sa dna suda već počinje da izbija ključ.

— A Rumunija? — uzvikuje profesor, u gomilici koja je zastala pred jednim dućanom i toliko novim pristalicama narasla, da su prolaznici morali slaziti sa trotoara na ulicu da bi je obišli.

— Rumunija ćuti! — odgovara mu mrzovoljno jedna beogradska izbeglica, koju već od nekoliko dana mori teška briga o imanju koje je ostalo u osvojenome Beogradu.

— Ćuti, al' ne sme i dalje ćutati! Ona je prisvojila sebi čast, da se poslednji ugovor o balkanskom miru nazove bukureškim ugovorom, to znači i dužnost, da bude čuvar nepovrednosti toga ugovora.

— More, je l' samo Nemac na prestolu, on već onda zna kako Viljem tumači međunarodne ugovore! — upada trgovac pred čijom se radnjom vodi razgovor.

— Pa jest', ono i Konstantin grčki je protumačio po tome receptu ugovor! — dodaje penzioner za kojega se uopšte znalo, još od početka rata, da sve stvari gleda kroz veoma mutne naočari.

U drugoj gomilici, koja živo promiče ulicom, čuješ glas jednog mobilisanog advokata.

— Ja vam opet kažem, Rusija će nam u poslednjem trenutku priskočiti. Šta je to njoj da iz Odese prebaci vojsku u Varnu, ništa, šala!

— Al' ja bih voleo — češe se za vrat učitelj — kad bi nama Rusija priskočila u pomoć u prvome trenutku, a ne u poslednjem.

Treća se grupa okupila oko jednoga fijakera, kojim je, ne znam ko, hitao iz načelstva. Jer, svetina je u takvim prilikama, kad je žedna vesti, pravi tiranin; ona zaustavlja čoveka koji žuri najhitnijim poslom; ona zaustavlja kola, kojima je neko pošao da bi stigao pre no peške; ona bi kadra bila da zaustavi železnički voz, samo da zadovolji svoju žeđ za vestima. Razume se da svetina u takvom slučaju preduzima sva potrebna obezbeđenja da kola ne krenu dalje dok ona ne iscrpe iz njih sve vesti, onako otprilike, kao što vam pri ulazu u varoš trošarinski činovnici pregledaju kola da vide nosite li šta što podleže trošarini. Jedan će se obesiti o fenjer od fijakera, drugi metnuti nogu na stepenik za penjanje, treći nasloniti ruku na koš i, tako obezbeđeni, počeće da vam pretresaju kola, da vide nema li što pod sedištem, u košu, u džepu prolaznikovom, nema li koja vest koja podleže trošarini svetine. To sve biva i stoga što svetina uvek veruje da onaj koji žuri kolima, mora znati štogod više no onaj koji ide peške.

— Pa dobro. Je li to redovna bugarska vojska udarila? — pita onaj što je nogu popeo na stepenik za penjanje.

— Pa ne mogu valjda komite udariti od Vidina do Dojrana, razume se redovna vojska! — odgovara nestrpljivo svetini zarobljenik s fijakera.

— A saveznici iz Soluna? — pita onaj što se uhvatio za fenjer.

— Ostaju u Solunu! — odgovora onaj što je požurio kolima da bi stigao pre no peške.

— Zar ne misle ni u ovome slučaju da promene odluku? — pita onaj za leđima što se drži za koš.

— Ne verujem! — odgovara čovek s fijakera, pogledajući nestrpljivo na sat.

Sve te gomilice, koje su iskuljale iz uličice gde je načelstvo, slivaju se zatim u pojedine kafane, gde su već stigle na prodaju i novine koje su izašle pred samo podne i koje se otimaju od prodavaca. U kafanu su pridošli i činovnici, koji su ranije napustili kancelarije i trgovci, koji su malo ranije napustili radnje i izbegličke gospođe, koje nemaju strpljenja da kod kuće sačekaju muževe. I sve to vri i ključa kao u mravinjaku. Oko stolova se načetilo po dva reda stolica i sve poglo glave i žagor jednostavno ispunjava prostor, a oblak duvanskoga dima povija se nad zabrinutom gomilom.

Kad me je već zagušila i briga i dim, digao sam se i krenuo kući.

Napolju još sipi nesnosna jesenska kiša i močar pokrio žitkim blatom ulice. Vlaga ti čisto prodire u dušu, kao da bi mrzovolja prirode htela da se ujedini sa mrzovoljom našom.

Ulicama vidiš ovamo i tamo po dvoje i troje, sabrani pod kišobranom ili pod krovom, razgovaraju; žene izviruju na kapijama očekujući muževe, koji će im potvrditi vesti koje su u komšiluku saznale, a domaćin umoran brigom koju mu je doneo današnji dan, eno ga žuri da je podeli sa svojom porodicom.

Kroz vazduh, razređen vlagom, odjekuje potmulo kameni most na Vardaru i čuje se odmereni pljasak opanaka po lapavici. To, podvrnute jake na prokislu šinjelu, oborene puščane cevi sa koje se sliva kiša, maršira tromo neki odred trećepozivaca, tamo — ka granici.

Ušao sam u kuću i bolno se nasmešio. U jednome uglu, u mojoj kancelariji, leži zgužvano platno, koje je trebalo da bude razapeto na trijumfalnoj kapiji, pri dolasku savezničke vojske. Na njemu je ispisan krupnim crvenim slovima, nedovršen pozdrav saveznicima: „Vives les Al...!".

III — Lađa tone

Pre no što će 1912. godine buknuti balkanski rat, iza koga će se jedno za drugim nizati krvavi događaji, da bi se završili najstrašnijim istorijskim polomom, plamenom koji će obuhvatiti celu zemaljsku loptu — kao znamenje, kao predznak velikim svetskim katastrofama, desio se jedan događaj koji je uzbudio ceo svet. Pošto se dugo i dugo gradio, otisnuo se prvi put na pučinu do tada najveći svetski brod „Titanik". Zdrav, snažan, ponosan, on je pouzdano razbijao morske vale koji su se lomili o njegove bokove, sekao ih je i plovio svome cilju. Na njemu nekoliko hiljada putnika, koji su mu se sa pouzdanjem poverili da ih preveze preko pučine. Po broju stanovništva, koje je na njemu, on predstavlja skoro jednu malu varoš a po uređenju i čitavu jednu državu koja plovi po moru. Tu su radnje i trgovine, tu kasine i klubovi, zabave, razonođenja, štamparije pa čak i novine koje izlaze na brodu. I usred najpouzdanije plovidbe, „Titanik" nailazi na podvodni ledeni breg, dobija snažan i neočekivan udarac s boka i — tone. Tone, za nekoliko minuta na dno mora čitava jedna mala država.

Ovako udaljenome od događaja koje smo preživeli, udaljenome od patnja koje smo podneli, meni tadanja Srbija i njena sudbina sve više liči na sudbinu „Titanika". I ona se dugo i dugo gradila — sve od orašačkog ustanka pa do sada i otisla se jednoga dana na pučinu svetskih događaja, zdrava, snažna i ponosna. U njoj život buja, snaga se narodna odupire pouzdano valima koji udaraju o njene bokove i ona seče pučinu i plovi svome cilju. I, usred najpouzdanije plovidbe, Srbija nailazi na podvodni ledeni breg, dobija snažan i neočekivani udarac s boka i — tone. Tone za nekoliko dana na dno mora čitava jedna država i čitav jedan narod.

Mi, koji smo se dočepali obala talijanskih, korzikanskih, afričkih i sunčanih obala francuskih, nismo drugo do brodolomnici sa toga velikoga broda.

Ima čak i pojedinih detalja u katastrofi „Titanika" koji ovu sličnost sa katastrofom Srbijinom čine još bližom i određenijom. Opisi velike pomorske katastrofe kazuju, da se u momentu sudara, koji se najpre samo na jednome kraju ogromne lađe osetio, na drugome njenome kraju razvijao pun život i, dok je kljun lađe već tonuo, ovamo u pozadini njenoj još je svirao orkestar i ne sluteći da će se maločas sve ugasiti, sve pod more otići. Tako je nešto bilo i u ovoj pozadini, u Skoplju. Dok je kljun lađe već tonuo, ovamo je još svirao orkestar i ne sluteći da će nas za malo sve preliti morski vali.

U Skoplju se, pred katastrofu, zacarila bila sezona koncerata. Još jedan nije bio ni svršen a već se obrazovao odbor i pripremao program za drugi. Osećajući obavezu da kupuje karte za te dobrotvorne koncerte, iako ih nikad nije posećivao, jedan je trgovac čak, i ne znajući da će u tome času govoriti proročanskim jezikom, rekao: „Ama šta ste okupili sa tim koncertima, ne valja to, bogami, ne sluti na dobro!"

No sem koncerta i inače je život u Skoplju bio u punom jeku. U opštini se, sve do poslednjeg časa, živo radilo na regulacionim planovima po kojima bi na obalama Vardara nikla nova i preporođena varoš; hitno se zidala zgrada narodnog pozorišta kako bi već polovinom oktobra mogle otpočeti predstave u novoj zgradi; „Društvo za proučavanje oslobođenih srpskih oblasti" držalo je sednice na kojima su se projektovale nove naučne ekskurzije; u gimnazijsku zgradu zbirani su i prenošeni sa raznih strana arheološki predmeti za budući narodni muzej, koji se imao osnovati u Skoplju; mesni odbor živo je zapeo da još s jeseni navuče dovoljno drva, brašna, šećera, petroleja, kako bi za vremena spremio zimnicu sirotinji koja je izbegla iz gornjih krajeva Srbije i ovde našla zaštitu; Kolo sestara radilo je vredno i marljivo a organiziralo se i društvo za zaštitu napuštene dece.

Sve se radilo živo, predano, radilo se do poslednjega časa i ne sluteći da je prednji deo broda naišao već na podvodni ledeni breg. Pa ipak, iako zadnji deo njegov još nije tonuo, potres od udara osetio se celim telom broda već prvoga oktobra. Potres je bio tako snažan, da se zatresla cela trupina i na jedan mah sve se uzneverilo, sve zastalo i sav život namah obamro, kao ono kad svi čovečji organi utrnu od snažnoga udarca.

To je bilo juče a danas, drugoga oktobra, već smo više znali no juče, te ako je jučeranji dan bio možda poslednji dan vere, današnji je već bio prvi dan razočaranja. To se razočaranje jasno ispisivalo na licima onih koji su se zbirali u kafane da zajednički brinu brigu o težini položaja, očekujući jedan od drugoga utehe. Govorilo se sa mnogo manje pouzdanja no juče i prekjuče, jer i najveće optimiste osećale su da pred njima leži jednim dahom porušena kula koju su dotle zidali od grčkih, rumunskih i savezničkih karata.

Oko jednoga kafanskoga stola, gde se još juče vrlo živo raspravljalo o bočnom napadu Rumunije, o iskrcavanju ruske vojske u Varni, o operacijama Grčke sa juga, danas se već govorilo o Kremanskome proročanstvu.

— Možda i drukče glasi to proročanstvo — veli jedan džmekasti gospodin — ali sam ja čuo tako: da će jedna strana sila preplaviti zemlju i da će Srbija robovati ili tri nedelje, ili tri meseca ili tri godine!

— Ne kaže proročanstvo — veli drugi — da će cela Srbija biti preplavljena, već samo jedan deo njen, npr. Mačva i Morava.

— Ne znači to, brate ništa! — buni se jedan nepoznat mlađi čovek. — Uhvatili ste to Kremansko proročanstvo pa ga rastežete kao 'armoniku, kako vam kad treba. Lanjske godine, kad su Austrijanci doprli do Milanovca pa oterani, reklo se: „Eto, ispunilo se proročanstvo!" Pa šta sad, zar iznova?

O Kremanskome proročanstvu nije pala reč samo tu za stolom, govorilo se o njemu tih dana na sve strane i u svakom kutku. Govorilo se uopšte mnogo o proročanstvima, gledalo se u karte, u dlanove, u plećke i razgovaralo se sa astalčetom. Ta verovanja uvek za vreme ratova, a naročito za vreme katastrofa, kad nastaje carstvo sudbine i slučaja, dobijaju maha i zaražavaju svetinu. Kad se uvuče još u, brigom zamorene duše, predosećanje nesreće i slutnje, onda ta verovanja u predskazanja postaju prava zaraza i strast.

Tih dana, izmeđ ostalih, govorilo se naročito i o proročanstvu neke stare Turkinje, koja je nekoj našoj gospođi rekla:

— Mnogo se ružno vidi za vašu državu i za vaš narod. Pao veliki crn oblak pa sve pokrio i legao mrak na zemlju. Kroz taj mrak niko ne ume da nađe put niti da vidi svoj grad i svoju kuću te će po mraku da se pogube ljudi i žene i deca i mnogo će da plaču jedno za drugo. Crn hleb će da zameni belu pogaču a tvrda zemlja meku postelju. Deca će umirati a neće se druga rađati; biće više udovica nego devojaka i majke će plakati na tuđim grobovima. Kralj će kraljevati bez krune. Noć će dugo trajati, vrlo dugo i neće svanuti sve dok tri kralja ne izgube krune, tri kralja države i tri kralja živote. Tada tek javiće se sunce iz mora i svanuće dan!

Sveštenik neki govorio je svojoj okolini i o nekom proroku Isaiji iz XV veka, koji je prorokovao da će se dva zmaja sukobiti na Ovčem polju, jedan sa zapada a drugi sa istoka, i da će ovaj sa zapada najpre mnogo tegoba imati ali će najzad smrviti zmaja sa istoka.

— Ja u sve to ne verujem! — tvrdio mi je poznanik koji mi je ova proročanstva prepričao. — A Vi?

— Ja bih više voleo da znam šta u ovome trenutku misle naši proroci u Nišu, no šta misli prorok Isaija i ta Turkinja.

— A ne može se saznati?

— Ne može se dobiti telefonska veza.

I odista, od jutros, kraj svih napora koji su činjeni, telefonska veza sa Nišem nije se mogla dobiti. Ili je niška centrala bila preokupirana ili se negde na putu između Niša i Skoplja dešavalo nešto vrlo važno, tek do veze se nije moglo doći, a svi smo osećali da bi ovoga trenutka gotovo važnije bilo saznati šta se dešava u Nišu no na frontovima. Niš jasnije no mi vidi novu situaciju pred koju smo stavljeni izdajstvom grčkim, neodlučnošću saveznika i jednovremenom ofanzivom Austrije, Nemačke i Bugarske. Kad se to već nije moglo kroz telefon dokučiti, očekivali smo sa nestrpljenjem niški voz pa da od putnika saznamo što. Ali je i niški voz imao jedno očajno zadocnjenje. Umesto jutros, on je stigao tek oko tri sata po podne i prva vest koju smo sa njega čuli, bila je: da je ovo preveliko zadocnjenje zbog opasnosti koja je pretila vozu usled upada Bugara kod Predejana. Voz je čekao duge sate na raznim stanicama dok se obezbedio njegov prolazak.

— Verujte, posle ovoga voza ja mislim da nijedan više neće krenuti iz Niša za Solun! — tvrdio je jedan putnik.

— Samo pitanje je, hoćete li i vi stići u Solun? — reći će jedan od onih Skopljanaca, koji već od nedelju dana naovamo redovno dočekuje i ispraća sve niške i solunske vozove.

— Zašto mislite?

— Jer to što je pretilo kod Predejana, još više preti kod Strumice!

Putnik pogleda popreko sagovornika i odmače od njega, kao da je on taj koji će kod Strumice izvršiti atentat na voz, pa pođe zatim da saopšti putnicima u kupeu da na putu do Soluna ima još jedno Predejane.

Inače, putnici na vozu bili su vrlo prestravljeni i malo su govorili ili su možda malo znali. Po njima, jedno je bilo pouzdano a to je, da je u Nišu situacija smatrana mnogo težom no u Skoplju. Od njih smo još saznali da su sva državna nadleštva spremna da krenu iz Niša u Bitolj; od njih smo saznali i da su za sobom ostavili spreman naročiti voz kojim su trebali da krenu za Bitolj i strani poslanici, ako posle opasnosti u kojoj je ovaj voz bio — o čemu je javljeno Nišu — ne odustanu u poslednjem trenutku, da krenu ovim putem.

U vozu nije bilo redovnih putnika, sve su to već bili begunci za Solun, i u tome svojstvu, nije im ni potrebno bilo ma šta govoriti; oni su sami sobom i svojim putovanjem kazivali i suviše jasno kakvo je stanje u Nišu. Inače, što se mora priznati, na vozu je bilo malo ljudi begunaca a vrlo mnogo žena i dece. Vagoni i furgoni su bili puni i prepuni denjkova i kufera.

Taj prvi izbeglički voz od bugarskoga napada, učinio je na nas samo utoliko težak utisak što su njime prošla za Solun i dva narodna poslanika.

— Oni su se svakojako rešili na to, pošto su se tačno obavestili o situaciji. I za nas nema ničega rečitijega od bekstva narodnih poslanika. Sad već znamo jasno situaciju! — gunđa jedan iz gomile koja je sačekala voz.

— Ne verujem! — pravda ih drugi. — Inače, zašto bi samo dva poslanika pobeglo, zašto ne bi i ostali, zašto ne i vlada?

— Vlada ne može u Solun, na tuđu teritoriju a ostali poslanici... uostalom, možda su ova dvojica članovi kakve komisije ili idu radi kakve liferacije državi?

— Kakve liferacije, molim vas, sem ako su kadri da nam liferuju savezničku vojsku. Nego, hoćete li ja da vam kažem zašto ovi poslanici begaju sa ženama, prvim vozom?

— Zašto?

— Jer... lađa tone!

Vraćajući se sa stanice, pošto je voz krenuo za Solun, svet je išao u grupama kojima su se pridruživali oni koji nisu bili na stanici, da čuju što novo. Te su grupe razgovarale o utiscima koje je svaki pojedinac poneo sa ovoga voza. Moglo se govoriti samo o utiscima koji su nam davali opštu sliku situacije, jer smo se sa voza vratili tako isto oskudni vestima kao što smo bili kad smo pošli da ga dočekamo. Čaršija je skopljanska u tome trenutku možda više znala no mi. Ona je iz celoga prostranoga događaja, koji se razvijao na granicama Srbije, sa naročitom grozničavom radoznalošću pratila one vesti koje su se ticale neposredne sudbine Skoplja. Čaršija je sa istočnoga fronta bila obaveštena čak i o onim detaljima koje je vlast možda naročito prećutkivala ili ih ni sama nije znala. Svaki pokret neprijatelja na toj strani, svaki njegov uspeh ili neuspeh, na neki neobjašnjiv način, nekim podzemnim putevima, dopirao je do skopljanske čaršije i šapatom se raznosio od ćepenka do ćepenka i od jednog dućanskog praga do drugog.

Prilazeći jednoj od grupa, koja se vraćala sa stanice, jedan omalen gospodin ne htede ni da sasluša vesti koje je ona nosila sa voza:

— Ne trebaju mi nikakve vesti, ja već znam, situaciju — veli on. — Od dva sata po podne pa do sad lutam od dućana do dućana pa ne mogu da razmenim jednu banku. Trgovci sakrili srebro a to znam već šta znači.

Sa Nišem se nikako nije mogla dobiti telefonska veza ali je kumanovski telefon javljao nepovoljne vesti. Kriva Palanka je pala i Bugari napreduju ka Stracinu; u Vranju se dešavaju neki događaji o kojima su vesti vrlo nejasne i neodređene. Neko dodade još da je u čaršiji čuo da je i Carevo selo palo, da se borbe vode pred Kočanima, ali da se ni ova varoš neće moći da održi i da činovničke porodice već napuštaju Štip i odlaze u Veles.

Te vesti nas gotovo poraziše i, dok smo do sad bili samo zabrinuti, sad već počesmo i da strahujemo. I u čaršiji i po mahalama se uskomeša i uzavre i svako potrča gde je znao i umeo da se podrobnije raspita ne bi li saznao pravu istinu. Pa i u tome času bilo ih je koji su umeli da se teše.

— Kriva Palanka pala, to znači Kumanovu nema spasa! — vele oni koji su već podlegli brizi.

— Kriva Palanka i nije nikakav položaj. Naš je interes da je napustimo i da dovedemo neprijatelja na Stracin. Tu ćemo ga tući! — vele oni drugi koji bi još hteli da se hrabre.

Tako je u uzbuđenju prošao ceo taj dan.

Predveče, kao da je bilo nečega osvežavajućeg u atmosferi. Naišle su odnekud, nepoznatim putevima i iz nepoznatih izvora, malo povoljnije vesti, kao ono kad posle nesnosnoga i zagušljivoga letnjeg dana, ispunjenog omorinom, dune predveče svež vetrić te rashladi čela i razgali dušu. Po tim vestima, naši se odlično drže na Stracinu i velika im pomoć stiže sa severa i iz garnizona sa albanske granice. Osim toga Engleska, Francuska i Rusija objavile su rat Bugarskoj i već su se Francuzi na jugu angažovali u borbi; Englezi bombarduju Dedeagač a Rusi Varnu.

Kafane koje su na podne bile razređene, ispuniše se predveče i posetioci njihovi, koje si danas sretao ulicama zabrinute, vedro su se pozdravljali i živo razgovarali.

— To bi sve bilo vrlo povoljno — veli za stolom kod „Zrinjskog" jedan lekar kome su sve te vesti saopštili — samo ako to nije morfijum za uspavljivanje.

— Kakav morfijum? — buni se gospodin koji mu je saopštio sve te povoljne vesti.

— Pa — učini lekar skeptički — bolesniku, koji ceo dan teško pati, mi lekari obično predveče damo jednu dozu morfijuma radi umirenja živaca i radi sna koji obično okrepljava u bolesti.

— Ali zaboga, doktore — buni se i dalje onaj što je zapojio celu kafanu najlepšim nadama — kad sve to ne bi bilo tako, onda bi značilo da smo mi, koji se nalazimo u Skoplju, pred neposrednom opasnošću?

— A šta vas uverava da nismo?

— Uverava me, uverava me... — zape onaj ne mogući u momentu da nađe kakav pouzdaniji argument sem vesti koje su se čule i za koje niko nije umeo da potvrdi odakle su i kako su se čule.

— Evo vam jedan dokaz! — umeša se treći da spase situaciju. — Kada bi opasnost bila blizu, komanda bi trupa izvesno već naredila evakuaciju bolnica i magacina. Ja znam za magacine pouzdano da do ovoga časa nije naređena njihova evakuacija. Vi, doktore, znate za bolnice, je li naređeno što?

— Nije! — odgovori doktor.

— Eto vidite! — prihvati onaj pobednički.

— Al' to ne znači da ne može biti već sutra naređeno! — dodade doktor.

— Pa i neka bude — brani se onaj — al' onda to ne znači da je sutra već poslednji dan Skoplja. Evakuacija se naređuje na nekoliko dana pre opasnosti, bar dva i tri dana. I dok god ja ne čujem da je izdato takvo naređenje ja ću bezbrižno spavati.

Taj razlog nekako sve ubedi i za stolom opet zavlada malo vedrije raspoloženje, preko kojega maločas pređe taman oblak doktorova sumnjičenja.

Za drugim stolom tako isto.

Za jednim stolom u sredini, jedan viši činovnik slučajno se izrekao da sutra s porodicom kreće u Solun. Svi su ga žučno napali tako da su im se reči razlegale kroz celu kafanu. Pobedilac sa onoga prvoga stola priđe i tamo da se nađe u pomoći onima koji su činovniku objašnjavali da je svaka opasnost, ako bi je i bilo, još vrlo daleko.

— Pa molim vas lepo — uze reč pobedilac sa provoga stola — jeste li čuli da je izdata naredba da se evakuišu bolnice i magacini?

— Nisam! — odgovara činovnik.

— Nećete ni čuti, neće se ni izdati takva naredba a, kada bi se i izdala, vi bi posle te naredbe još uvek imali i suviše vremena da se sklonite iz Skoplja.

— A zar ne može sve to biti iznenada?

— Iznenada? Ta idite molim vas. Ne zaboravite da je u magacinima silna državna imovina, ne zaboravite da u bolnicama leži masa onih koji su krvlju otkupili to pravo da budu za vremena uklonjeni ispred osvete neprijateljeve i, ne zaboravite da komanda trupa ima i sredstava i načina da nekoliko dana ranije predvidi opasnost a dužnost da vodi brigu o državnoj imovini i o državnim ranjenicima.

— Tako je! — povikaše svi i onaj viši činovnik odustaje definitivno od namere da se još sad ukloni iz Skoplja a ostali se raziđoše kućama sa uverenjem da se ova noć može spokojno prospavati.

Noć je pala mutna i tamna; kišni su se oblaci bili gusto sabrali, spremni da izliju čitave reke vode. Vodna planina, koja se u vedrim noćima tako jasno ocrtava nad Skopljem, dogleda se noćas kao tamna neodređena masa. Varoš kao zastrta tamnim pokrovom iznad kojega se jedva naziru u vazduhu vrhovi minareta i jablanova, onih jablanova koji o proleću, kao perjanice ponositih vitezova, kite carsko Skoplje.

Kafane već puste, ulice mrtve i huka Vardareva, koji nosi kišama nanetu vodu sa Dervena i Žedna, prolama se kroz noćnu tišinu pa ti izgleda kao da se negde daleko nešto neprekidno ruši i krha. Sa železničke stanice pronese se pogdekad pisak lokomotive i tresak vagona koji manevrišu.

Osvetljeni prozori ovde i onde po varoši gase se jedan po jedan i nastaje tama i neremećen mir.

Kada je te noći prevalila ponoć izmeđ 3. i 4. oktobra i spokojstvo sa sinoćnih povoljnih vesti uspavalo građanstvo, te ga obgrlio tvrd i bezbrižan san, na desnoj strani Vardara dešavalo se nešto, što je trebalo da ostane tajna, skrivena gustim velom ponoći.

Tom stranom Vardara, obalom koja se od oslobođenja Skoplja zove Kej vojvode Putnika, kretala su lagano troja prostrana vojnička kola sa volovskom zapregom; kretala su lagano, da ne bi njihovo krčanje i škripanje uznemirilo uspavane građane. Niti su volujari međ sobom razgovarali, niti je bilo uobičajenih uzvika i izdiranja na volove, koje je svako od njih vodio za uzicu i tiho kretao za jednim vođom, koji je daleko pred kolima išao. Oko kola je išlo još četiri do pet vojnika, opet tiho i bez razgovora. Kola su zastala pred jednom dvospratnom kućom i kada je vođa tiho udario alkom u vrata, na gornjem se spratu kuće odškrinula jedna šalona i jedna se glava promolila i odmah se povukla a šalona za njom zaklopila prozor. Malo zatim i na gornjem se spratu osvetliše sobe svetlošću, koja se kroz šalone, kao tanke i svetle paralelne linije, nazirala; a na donjem se spratu otvori dvokrilna kapija, lagano, tiho, bez škripanja i lupe. Zatim se vojnici uspeše u kuću i počeše otud skidati stvari: sanduke, kofere, denjkove. Sve je to išlo tiho, pažljivo, šapćući, bez uobičajene larme u takvim prilikama, pa još kad se stvari moraju skidati niz tako strme stepene, kakve su u običaju po kućama na istoku. Tako su isto snesene stvari tovarene u kola, vodeći očigledno računa, da se okolno stanovništvo ne uznemiri.

U toj je kući stanovao đeneral, komandant trupa novih oblasti, onih trupa, koje brane našu istočnu granicu od Kozjaka do Valandova i od kojih zavisi sudbina Skoplja.

Ma koliko da su vojnici, koji su tovarili, taj posao pažljivo i tiho radili, ipak se nije moglo izbeći da se kroz tišinu noći, koja je vladala, ne oseti da se tu nešto dešava. I u okolini đeneralove kuće počeše stanovnici da se bude iz sna, za koji su sinoć verovali da ga do zore neće prekidati. Najpre na jednoj kućici pa na drugoj, počeše na neosvetljenim prozorima da se pomiču zavese, zatim ovde i onde odškrinuše se lagano prozori i najzad, otvoriše se kapidžici, iza kojih počeše da izviruju čupave glave iz sna razbuđenih Skopljanaca.

Niko ni reči ne govori, svako nemo, prestravljeno, preplašeno gleda kako se tovare kola i uporno čeka na kapidžiku da vidi kraj ovoga posla. Kada se natovarena kola ispred đeneralove kuće kretoše i kapija se na kući opet zatvori a svetlosne linije na šalonama utrnuše, oni što su virili na kapidžicima pojaviše se na ulici i počeše, onako neobučeni, da se zbiraju u gomilice i šuškaju poverljivo.

— Đeneral bega? — šapće jedan prestravljeno.

— Ne bega on! Zar komandant ovih trupa pa da bega? Nego uklanja porodicu i pokućstvo.

— Zar prvi on?

— E nije nego poslednji!

— Pa još nije izdao ni naredbu za evakuaciju bolnica i magacina! — primećuje jedan koji je sinoć bio kod „Zrinjskog" i vratio se otud kući ubeđen da je evakuacija bolnica i magacina najpreča briga u slučaju opasnosti.

— Čekaj prvo da nadležni evakuišu sebe!

— Kad đeneral daje signal za požar, onda znači da krov već gori.

— Lađa tone... lađa tone! — uzviknu sa jednoga poluodškrinutoga prozora nekakav piskav glas, verovatno onaj koji je tu reč bacio i danas po podne na stanici i taj piskavi glas prodre kroz ponoćnu tamu kao sovin vrisak.

I dok ova gomilica prestravljeno šapće u dubokoj tami pod širokom strejom jedne kućice, pridružuju joj se sve nova i nova zabrinuta lica. Kroz kapidžike koji vezuju avlije ili preko niskih plotova i zidova, koji ih rastavljaju, vest je počela da se širi duž cele mahale i počeše da se bude po kućama i oni koji u tvrdome snu nisu ni čuli do sad ništa. Počeše sad već i pojedini prozori da se osvetljavaju, počeše ljudi i da se oblače ne mogući ponovo da zaspu, uznemireni ovom novom brigom i, kad je zora svanula, ceo je već jedan kvart znao za novost i uzbuđenje, koje je usled te novosti u njemu nastalo, pođe da se širi duž celoga Skoplja.

Čim je malo jasnije svanulo, te se otvorili kapidžici i kafanice, celo je Skoplje bilo na nogama i u grozničavom raspoloženju. Prijatelj je jurio prijatelju da se posavetuje; žene, naročito one koje su bile bez muževa, potrčale su u rodbinu i u poznanika da se propituju. Jedni su jurili u načelstvo, drugi u opštinu, treći u komandu. Niko više nije pitao za vesti, nikoga više one nisu interesovale. Mesto pitanja o Rusiji i Rumuniji, mesto pitanja o borbi koja se vodi na Stracinu, na usnama svih se javljalo jedno jedino pitanje:

— Je l' istina da je đeneral već noćas ispratio svoje stvari?

Da uzbuđenje još više pojača, prosu se kroz varoš i vest da đeneral sutra ujutru prvim vozom šalje i porodicu. Mnogi dućani već toga dana nisu otvarani, mnogi koji su imali kola već su ih natovarili i krenuli put Tetova, a oko deset časova pre podne načelstvo je već pritisla svetina tražeći pasoše.

Tu, pred načelstvom, sreli su se oni koji su još sinoć verovali da neće nikad doći potreba da se napušta Skoplje i oni koji u to, i pored svih povoljnih vesti, nisu verovali. Tu su se razvili živi razgovori, objašnjenja, raspitivanja, međusobna savetovanja pa čak i prepirke. Jedni su se vajkali, drugi hrabrili, jedni verovali a drugi bez vere i bez odluke išli od gomile, do gomile da se raspituju, da čuju što, pa da se odluče tek. U jednom uglu, u tesnoj avliji načelstva, objašnjava jedan Skopljanac kojim se putem može iz Tetova sići u Bitolj; u drugoj gomili razgovara se o tome da li se u Prištini mogu naći stanovi; u trećoj gomili vajka se onaj viši činovnik što je jutros trebao da otputuje u Solun.

— Ama kad ja slušam drugog, pa ne odoh jutros. Da čekam naredbu za magacine i bolnice, nije nego još nešto. Svako će se prvo setiti sebe pa onda magacina i bolnica.

U drugoj gomilici uzvikuje jedan:

— Zašto u inostranstvo kod tolike Srbije?

— Zato — odgovara mu drugi — što tu toliku Srbiju brani đeneral koji svoju porodicu šalje u inostranstvo i to pre svih ostalih građana.

I u trećoj grupi brani se jedan što ide u Solun, pa veli:

— Neću da čujem kominike o borbama, neću da čujem telegrame iz inostranstva, neću da čujem ničije savete. Juče je prošla Narodna banka za Solun i ja idem za Narodnom bankom. Eto ti!

Što je više dan rastao, rasla je i ova gomila pred načelstvom a raslo je i uzbuđenje u varoši.

Pred podne već počeše skopljanski pajtoni (fijakeri) puni stvari i žena s decom da slaze na železničku stanicu iako nikakav voz u to doba nije išao ni na koju stranu. Čekaće ga tu na stanici, čekaće večeras, čekaće noćas, čekaće i sutra ako treba. Po podne je već celo Skoplje bilo spakovano, spremno za put ma gde, ma na koju stranu.

Varoš je zarana, još svečera opustila. Sve se povuklo u kuće da tamo, u krugu svoje porodice, brine tešku brigu i odluči se što će i kako će.

To je bilo sumorno veče. Kiša je zarana počela da topi zemlju da se zatim, preko noći, izlije u velikim količinama. Bila je to poslednja noć koju su proveli pod svojim krovom oni nesretnici, koji će sutra u zoru krenuti u svet i ne videti više svoga krova danima, mesecima, godinama...

IV — Jedan izbeglički voz

Tek što je prevalila ponoć između 4. i 5. oktobra, poče se buditi grad nad kojim je još počivala sumorna i teška noć. Ovamo i onamo, jedan za drugim, počinju na kućama da se osvetljavaju prozori siromašnom svetlošću petrolejske lampe i na prozorima, zastrtim providnim zavesama, da promiču užurbane senke.

To su otac i majka, koji već celu noć nisu oči sveli, izbudili dečicu te se sad žurno spremaju; spremaju se da napuste svoju kuću i svoje ognjište; spremaju se da begaju. Sanjiva i neispavana deca, uznevrena lica, izvlače se iz toplih postelja, gde su pod nežnim materinim bdenjem sanjala kuću od kolača, reku od mleka i planinu od šećera. Ona su nesvesna toga da je to bila poslednja mirna noć u njihovom nevinom životu i da sad već ulaze, da stupaju u jedan događaj koji će u docnijem životu sa ledenom jezom prepričavati, počinjući uvek priču sa: „Ja sam preživeo to!" Njih slatki san, od kojega ne mogu da se rastanu te još na nogama dremaju, zove da se opet vrate pod pokrivač, ali ih roditelji surovo drmusaju, bude ih i kazuju im čudne reči:

— Ajde, ajde, da putujemo, da idemo!

— A kuda ćemo, tata?

A tata i ne odgovarajući, rasejano luta pogledom po svojoj skromnoj sobici gde je tako mirno, tako tiho promicao njegov i njegove porodice život; pogleda u ikonu pred kojom je majka dečja još sinoć upalila žižak, te mu se zavrti suza u očima i on okreće glavu da je ne spazi žena, da je ne spaze deca.

A deca, sad već probuđena, uporno nastavljaju pitanja.

— Kuda ćemo putovati, tata?

— Kuda...? — odgovori on glasom koji mu drhće u grlu. — Daleko... mnogo daleko...

— Ajde, oblači ti decu, a ja da pokupim malo ove prnje! — prekida majka razgovor i on se svesrdno daje na posao. Neumešno, nezgrapno navlači deci haljinice, ali se time bar zabavlja, ne gleda po kući, ne misli na kuću, koju su on i žena dvadeset godina kućili i koju će sad za jedan sat rasturiti i razoriti.

— Da l' da ponesem i koju košulju? — pita žena.

— Ponesi... nemoj... gde ćemo ih?

— A pokrivač za decu?

— Ponesi... nemoj...

— Pa šta da ponesem?

— Ne znam... kad bih mogao sve, sve, al' ne može. Ko zna gde ćemo... ko zna nećemo li morati nositi stvari na leđima a vodimo decu!...

— Ja ne znam, ja ne umem da odvojim.

A i on ne ume da je savetuje, izgleda mu svaka stvar draga. I onaj stari kaput njegov što visi na jekseru iza vrata, koji je pravio preklane o slavi, i dečja kolica u uglu iza furune, u kojima su mu sva deca redom uljuljkivana u prve snove i ona stara kutija na ormanu, u kojoj su dečje igračke i one stare knjige, koje je on dugih zimskih noći prelistavao i ona ikona na zidu, pred kojom su se on i žena toplo molili Bogu, kad im je starije dete ležalo od zapaljenja, pred kojom je majka dečja svako veče pred leganje učila decu krstiti se i kazivati „Oče naš!", i pred kojom je on svake godine sekao slavski kolač. Sve, sve mu je drago i stolica i slika na zidu i lampa na stolu i šamlica pod stolom; svaka sitnica i svaka stvarčica. Svaka je stečena, svaka kupljena, svaka ima svoju istoriju i svoju prošlost. Treba se od svake te stvarčice rastati kao od nečega svoga, nečega dragoga i miloga. Treba se rastati od kuće koju te stvarčice sve zajednički sačinjavaju.

— Požuri... treba požuriti!... — šapće on, želeći da se sve to što pre svrši, da što pre pođe, da što pre napusti kuću u kojoj ga je nešto već počelo gušiti, onako kao što rodbina kraj postelje onoga što umire, od trenutka kad je već izvesno da mora umreti, želi da to što pre bude, da se samrtnik ne muči. — Požuri... treba požuriti!

— Evo, evo, samo još ovo ćebe ili... neka ostane. Jesu li gotova deca? Čekaj da ugasimo kandilo!

— Ugasi!

— Hoćemo li zaključati kuću?

— Zaključati? Šta to vredi? Al' ako, zaključaj, daj mi! Hoću da ponesem ključ, hoću da ga nosim sa sobom!

— A Fidelica?

— Fidelica? — učini on i seti se maloga, ljupkoga kučenceta, koje je pre šest meseci izmolio od jednog prijatelja i kojemu se deca toliko obradovala. Fidelica je bila drug dečji i prijatelj kuće; navikli su se bili na nju svi toliko da je postala član porodice o kome su svi zajednički vodili brigu. Ujutru je uskakala u dečji krevetac i igrala sa njima, zatim je pratila majku na pijacu, u podne je pred vratima dočekivala oca kad se vraćao kući a uveče ih je, sve okupljene, podjednako zabavljala prilazeći od jednoga ka drugome i, igrajući sa svakim svesrdno.

— Fidelica? — ponovi on. — Ne znam, mora ostati!

— Fidelica! — zavriskaše deca koja ne bi htela da se rastanu od svoga druga.

A verno kučence, koje se, predosećajući tragediju od jutros pokunjeno povuklo pod krevet, u odgovor na dečje izjave ljubavi poče tužno da arlauče.

— Da, mora ostati — odgovara on suvo a i njemu steže žalost grlo. — Je li ostalo tamo u kujni što od sinoćne večere? Uzmi jedan tanjir pa skupi sve što ima od hrane, pa joj metni ovde, pred vrata. Ako može bar dva-tri dana da se ishrani!... Tako, tu!... E, ajde sad, prekrsti decu!

Tovare se, polaze, on zaključava vrata pa pošto je još jednom bacio pogled po svojoj miloj sobici, pogled kojim se roditelj rastaje od deteta pre no što će ovo pokriti zaklopac od mrtvačkoga sanduka, polazi...

Još je dva sata do zore ali će i zora teško uspeti da unese svetlosti u mutnu, jesenju noć. Kiša je celu noć lila kao iz kabla a u to doba nešto popustila, te se kroz zrake blede svetlosti, koliko je ova prodirala na ulicu kroz osvetljene prozore, sagledale sitne iglice kiše koja koso promiče.

Ulicom već promiču nejasne i tamne senke, osvetljujući prljavu kaldrmu i barice bednom svetlošću fenjerčića, koja još više zaklanja njihovu siluetu.

Pred ovim ili onim vratima stoje kola sa upaljenim fenjerom a konji, pokriveni mokrim ćebadima, frču nezadovoljno i bije im iz nozdrva bela maglica.

Izbudio se grad i danas će očajno hitati da se spasava, jer pored panike koju je događaj od prošle noći izazvao, juče na podne se prosuo glas da danas idu poslednji vozovi u pravcu Soluna i Kosova, da će se zatim obustaviti ceo saobraćaj da bi se mogla hitno prebaciti francuska vojska na severoistočni front. S druge strane opet, šaputalo se da su Bugari već presekli železničku prugu kod Vranja i tek što nisu uspeli to isto da učine i kod Strumice, te svet počeo još od sinoć i celu noć da hita ka železničkoj stanici. Verovalo se, biće možda noćas kakvih vanrednih vozova ali i inače, treba biti što ranije na stanici, jer će navala biti užasna pa se treba boriti za mesta u vozu.

I kad su duboku noć probili prvi nagoveštaji zore, toliko bar da se kamen mogao razlikovati od bare, ulice koje vode ka stanici najedanput oživeše i počeše se sve jasnije nazirati žalosne slike koje je dotle krila noć. Ulicom jure kola pretovarena denjcima i sanducima, jure smrtonosnim trkom, ne bi li stigla do polaska voza bar pet-šest puta da odu do stanice i da se vrate. Sa njihovih točkova daleko prska kaljava voda po licima prolaznika i po kućnim zidovima a sa njihovih bokova žmiri slaba svetlost fenjerčića blatom poprskanih i ulepljenih. Stranama ulica, pokušavajući da se koriste strejama, idu teškim hodom pogrbljeni nosači, noseći čitave tovare na leđima a za njima žure ljudi, žene, deca, noseći svako po neki svežanj, kutiju ili bošču u ruci. Promiču čitave porodice zabrinuta lica i sve nose svoj težak tovar brige i bola i uz to nešto imanja, koliko je moglo stati u onoj kutiji, kesi ili bošči koju je svako grčevito stegao uza se. Za brižnim očevima i majkama vuku se neispavana, neumivena i na brzu ruku obučena deca, koju su roditelji još za duboke noći izvukli iz postelja. Spale im čarapice preko cipela, kapa im natučena preko ušiju, navučeno im po dva i tri kaputića jedno na drugo, obavijeni im šalovi i marame oko vrata i deca grešna, ne znajući šta ih je snašlo, vuku se plačući za roditeljima koji ni sami ne znaju šta će ih snaći.

Niko nikog ne zdravi usput, niko nikog ne zapitkuje, svi su zauzeti podjednakom brigom i podjednakim bolom, svi imaju isti cilj, svi istu sebičnu težnju da jedan pre drugoga stigne, da jedan pre drugoga zauzme mesto.

Noć se sve više razređuje i mutna svetlost močarnoga jesenjega dana osvaja. Svetiljke na prozorima kuća, koje su domaćini već napustili, pogašene su; dogoreva još samo pogdekoji opštinski fenjer sa kojega cure mlazevi kiše. Pod mutnom dnevnom svetlošću koja se tek razvija, na stanici se železničkoj izdvaja iz polumraka i sve jasnije obeležava bedna i žalosna slika. Na staničnom peronu leži čitav logor porodica koje još od sinoć i noćas čekaju tu. Usred vode, koja je poplavila ugibe i udolice, diže se gomila stvari i pokućstva, sanduka i kufera, denjkova i bošča, korpi i džakova. To sve nabacano, sve pretrpano, kao da je za vreme požara izvlačeno i bacano na ulicu. U tim gomilama, kao u rovovima, šćućurile se kukavne porodice prokisle do kože, deca pokrivena preko glave starim džakovima, majka sa odojčetom na grudima uvijena u ćebe i starica ogrnuta jorganom pod kojim drhće. Sa svakog parčeta njihovog odela curi kiša, haljine im se ulepile za telo a blato ih zasulo do kolena te izgledaju kao brodolomnici koje su maločas spasli i izvukli iz mora na obalu.

Tako ova gomilica ovde, tako i ona tamo, tako i treća i četvrta, a sve nove i nove pridolaze od rane zore i već se guši peron od navale begunaca. Voz još nije na stanici i železnički činovnici, koji nekoliko dana i nekoliko noći nisu radi odmora naslonili glavu ni na svoj kancelarijski sto, promiču levo i desno, preskačući stvari i svet, koji je već pritisnuo svaku stopu na peronu.

— Skloni se, makni, ovde nije slobodno! — viče gomili stanični žandarm ali tonom koji kazuje da viče samo iz navike i sam uveren da ga niko neće poslušati.

Begunci koji pridolaze, sa mukom se probijaju kroz gomile koje su još sinoć posele stanicu i, gde malo prostora nađu, spuštaju stvari i oko njih se pribiraju, raspitujući one koji su ranije tu, da l' znaju što pouzdanije o vozu.

A one gomilice koje se pribrale pod kakvom strejom, drvetom ili pod kojim drugim zaklonom, vode žive razgovore. Jedna se žena vajka da joj je muž otišao službenim poslom u Niš i sad, usled prekida vozova, ostao tamo a ona ne zna bez njega na koju će stranu s decom; druga kazuje kako je staru majku ostavila u jednu tursku kuću; dobar, veli, neki Turčin, dao joj je reč da će se brinuti o njoj kao o svojoj rođenoj majci; treća se žali kako joj je sestra ostala, bolno joj dete, pa ostala a u kući nema do za jedan dan hrane.

Ljudi sakupljeni u grupe, objašnjavaju se o ažiji srpskih novčanica u Solunu, o akciji Francuza na južnome frontu, o putu koji preko Tetova vodi na Kičevo i Bitolj, o tome kako bi vlast trebala da se postara za malo reda pri evakuaciji i prepričavaju razne novosti kroz koje još i u ovome očajnome času provejava vera.

— Šta ćete u Solun, pobogu brate, samo da trošite novac? — uzvikuje u jednoj gomilici profesor čiji se gornji kaput usukao od kiše a pod nabijenom surom šajkačom naoči izgleda kao civilni žandarm.

— Zato, što mi je tu, pod nosem! — odgovara mu dežmekasti liferant koji grčevito steže pod miškom kuferče, verovatno puno novca na koji je on već izračunao ažiju na solunskoj pijaci.

— Pa do Prištine, brate, nema ni nekoliko koraka a ova opasnost ne može da traje dugo. Dan-dva, pa...

— Kako dan-dva? — prekida ga nepoverljivo liferant.

— Tako! — tvrdi ubeđeno profesor. — Skoplje neće ni pasti. Vodiće se borbe pred samim Skopljem, eno onde, vidiš onde — i profesor pokaza na gazibabsku uzvišicu koja preseca skopsko polje sa severne strane, iza koje izbija kumanovski drum — onde i ni koraka dalje. Treba se skloniti samo dok ta opasnost prođe.

— Eh, da je tako, ne bi se ja ni sklanjao! — maše glavom liferant podvlačeći sumnju u profesorove reči.

— Treba se skloniti, treba zbog porodice. Ali, privremeno; tako, do Prištine, da se čovek može odmah vratiti kući.

— Daj Bože! — vrti i dalje glavom liferant.

Utom, na jedan mah uzavre gomila žagorom i nasta živ pokret na sve strane, kao kad mravinjak zgaziš nogom, te potisnu i razdvoji ova dva govornika. Kao more kad u jedan mah zanjiha svoje vode, tako svetina poče da se ljulja i njiha, naginjući unapred, kao jedna i jednostavna masa. Oni koji su sedeli na zemlji digoše se, oni koji su bili u zadnjim redovima navreše da se probiju; nastade plač dece, psovka žena i svađa ljudi. Nastade gaženje, guranje, preskakanje, sve bi htelo da se probije u prve redove do šina, jer eno ga ozdo ide voz koji će primiti i poneti sve ove nesretne begunce.

A kad voz stade ispred ove mase, nastade očajna i strašna gužva. Vidiš samo jednu crnu masu kako se povija, vidiš uzdignute pesnice koje prete, vidiš decu iznetu iznad glava da ih ne bi gomila pogušila i vidiš ljude, penju se i na točkove i na krovove vagona i na lance kojima su vagoni vezani među sobom i čuješ samo dreku i uzvike: „Ne gazi se!", „Čekaj, de si navreo!", „Prolazi, prolazi!", „Ne guraj!", „Jaoj pobogu ugušiste me!", i razne druge uzvike i preklinjanja i jauke.

A profesor sa surom šajkačom još lovi svoga sagovornika liferanta, hteo bi da mu objasni kako je sasvim izlišno ići u Solun.

— Ostavi ti mene! — otresa ga se onaj, jer krajnje je vreme da dočepa mesto u vozu.

Ispustivši njega, profesor prilazi onom višem činovniku, koga je svetina i inače pre dva dana omela te nije otišao u Solun i poče njemu objašnjavati kako u Solun ne treba ni ići, dovoljno je skloniti se do Prištine. Po profesorovom planu, za koji on tvrdi da je iz pouzdanoga izvora, Moravska divizija sa timočkog fronta hitno će krenuti i od Vranja, po cenu najvećih žrtava, probiti u preševsko-kumanovski basen te napasti neprijatelja s boka. Francuzi se hitno koncentrišu kod Krivolaka i Grackoga, stanice ispod Velesa, kako bi ozdo, bregalničkom dolinom, zatvorili skopsku ravnicu i osujetili dejstvo bugarske vojske koja napreduje južnim delom Ovčega polja, preko Štipa, sa zadaćom da preseče našu vezu sa Francuzima i potpomogne neprijateljsku akciju na Pčinj. Trupe novih oblasti, koje se naglo dovlače sa albanske granice, imale bi zadaću da onemoguće svaku vezu bugarske vojske koja operiše od Ćustendila i Krive Palanke i one vojske koja je u Ovče polje izbila preko Carevog sela. To bi učinilo da bugarska vojska promeni pravac nadiranja ka Stracinu, da ne bi izgubila vezu sa ovčepoljskim frontom, te mesto Stracina i Kumanova, ona bi se verovatno spustila na jug, preko Crnoga vrha i Zletova. Tada bi se negde ispod Skoplja, verovatno na Pčinju, sve do njenoga utoka, razvila velika i odlučna borba sa našim frontom okrenutim istoku, na kome bi Moravska divizija činila levo, Francuzi desno krilo a trupe novih oblasti centar.

I dok je profesor to objašnjavao sa puno ubeđenja, zabadao štap u raskaljuženu zemlju od kiše da objasni položaje, zabadao prstom u stanični zid pokazujući gde bi se koja vojska nalazila, dotle se viši činovnik ironično smešio pokazujući očima na vagone na koje je svet nagrnuo ali u koje se, pre svih ostalih, baš viši oficiri komande trupa novih oblasti i divizija, oni što treba da drže centar u budućoj velikoj borbi, očajno bore da uture svoje porodice.

I odista, tamo pred vagonima nastala je već bila očajna, divlja i odvratna slika. Dok su bedne, prokisle i promrzle porodice, koje su cele noći preležale na stanici ne bi li dobile red da uđu u vagone, tiskale se da svoje stečeno pravo postignu; dok su nezaštićene žene i mala deca vriskala u onoj gužvi i gomili, dok su ranjenici i bolesnici kisli moleći da ih puste u vagon, dotle su oficiri — oni što treba da drže centar u budućoj velikoj borbi — još od ponoći izveli vojnike sa puškama u ruci i zauzeli vagone još dok ovi nisu bili ni doterani na stanicu. Vojnici su, razume se, držeći se tačno naredbi, grubo gurali i odbijali svakog ko bi samo prišao vagonu koji su njihove starešine rezervisale za svoje gospođe i svastike, za njihove tetke i strine, za rođake i prijateljice. Sve te gospođe međutim, niti su se budile rano, niti su se žurile uzbuđeno, znajući da je njihovo mesto obezbeđeno i da bespravna gomila begunaca, bolesnika i nesretnih porodica koje su cele noći kisle na stanici, moraju ćutati pred silom.

Video sam jednu grubu i ružnu sliku. Prilazi vagonu jedna gospa u dubokoj crnini, noseći tugu kao jedino imanje koje je spasla. Njoj je tek juče stigao glas da joj je na severnom frontu poginuo sin. Ona nema snage da se gura, snagu joj je bol ispio, ona prilazi mirno, skromno, pogruženo vagonu, uverena valjda da će joj saučešće otvoriti put. Možda bi tako i bilo da kancelarijski oficir, koji je komandovao vagonom kao nekim utvrđenim i posednutim položajem, nije smatrao svakoga ko se tome vagonu približi za neprijatelja. Vojnik je grubo odgurnuo nesretnu mater a oficir to odobravao pogledom koji je jasno kazivao: „Šta si ti, ko si ti? Mati? Nama ne trebaju majke, trebaju nam samo deca njihova, da ginu tamo. Rodili ste i to je sve što ste mogli učiniti i sad još možete plakati. To vam niko ne brani!"

Postupak vojnika ili upravo njegova starešine, izazva u gomili sveta odvratnost i gunđanje ali to nije ništa omelo starešinu da prema drugoj porodici bude grublji, prema trećoj još grublji.

Za to vreme stizale su i ulazile u taj obezbeđeni vagon, privilegisane gospođe, sveže i toaletirane, jer su bezbrižno provele noć u toploj sobi. Jedan će posilni lupati na vrata kad bude vreme da se bude, doneti sveže vode za umivanje, očistiti cipele i odneti stvari na stanicu; drugi će im vojnik silom oružja zadržati mesto u vagonu na koje oni što su bez oružja nemaju pravo. Gospođe stižu sa svojim prijateljicama, sa svojim služavkama i sa služavkinim prijateljicama i sve to ulazi mirno u vagon, ulazi i seda na obezbeđena mesta a sve ostalo i dalje dreždi pred vagonima na kiši.

Uzbuđen ovom grubošću, siđe iz istoga vagona jedan Amerikanac, kome izvesno nije ni bilo namenjeno mesto tamo ali kojega je oficir propustio ne znajući koju li će stranu državu uvrediti ako i prema njemu postupi onako, kako postupa prema majkama čija su deca na položajima. Ne govoreći ni reči, ne obzirući se ni na koga, ovaj stranac prođe kroz gomilu i približi se onoj gospi u crnini. On je kroz vagonski prozor video šta je bilo, on je opazio da je na licu one žene ocrtan dubok neki bol i u njegovoj se plemenitoj duši probudio osećaj saučešća, tako svojstven obrazovanome čoveku. On ne reče ni reč ženi, on joj samo pruži ruku, povede je kroz gomilu i uvede je u vagon, pri čemu su ga pratili blagodarni pogledi cele gomile koja se maločas gnušala.

Tako je bilo kod jednoga vagona, kod drugoga je bilo drukče a kod trećega drukče. Tamo su opet druge vlasti posele busiju. Ako i prodreš u vagon, ti zatečeš pred vratima svakoga kupea po jednoga žandarma koji grubo uzvikuje: „Ovamo ne može. Ovde je arhiva!", ili „Ovde je blagajna ta i ta!", ili „Ovde su novčane knjige!" Ako sačekaš malo u vagonskom hodniku videćeš kako, uz mali svežanj nekih akata, koje dotični gospodin nosi u ruci, ulaze u kupe kao novčane knjige opet razne dame, žene, i njine prijateljice. Ima tu obezbeđenih kupea gde će gospoda moći natenane i ručati i popiti po čašu vina, što su oni brižljivo i spremili, pa će moći i prospavati posle ručka a, ako bude vreme dugo, odigrati i pokoju partiju klabrijasa ili što drugo manje naivno.

Dotle će gomila, koja nema na razpoloženju ni vojnika ni žandara, gomila onih među kojima ima i srpskih ranjenika, mrznuti i kisnuti ceo bogovetni dan na otvorenim vagonima. A ti su otvoreni vagoni izgledali kao teški tovari bede i nevolje. Na tim su vagonima nagomilani denjkovi, sanduci, šporeti, čunkovi, stolice sa izvrnutim nogama u polje, bošče, kuferi, korpe i već sve moguće stvari i svih mogućih oblika. Sve to sručeno i bačeno bez reda jedno na drugo, predstavlja čitavo brdo na vagonu. Izmeđ svih tih stvari vire glave dečje, pokrile se suknjama preko glave žene, pogdeko raširio kišobran a pogdeko nabio sebi sto na glavu da ga štiti od kiše. Jedni stoje, pošto su našli jedva toliko mesta da mogu uvući noge izmeđ stvari, drugi polegli po denjkovima, treći sede na stvarima ili na ivici vagona sa obešenim nogama napolje.

Na istim šinama bila su jednovremeno dva voza i oba tako natovarena. Ovi su se vozovi sučeljavali i kad budu krenuli, oni će poći raznim pravcima, jedan dole Solunu a drugi gore, Prištini. Poslednji vagon prvoga i poslednji vagon drugoga voza, dodirivali su se tako da se u stvari nije ni znalo koji su to vagoni kod kojih se dele dve tako različne sudbine. Oni u kolima koja slaze u Solun, posle nekoliko sati putovanja, izbeći će i mraz i glad i patnje; oni u kolima koja idu u Mitrovicu, polaze na težak put stradanja i iskušenja. Oni će mesecima patiti i zlopatiti, oni će mesecima lutati po snežnim planinama, gonjeni, ubivani, bez krova i bez hleba, bez zaštite i bez potpore. Dok će se oni prvi grejati na suncu, na toplim morskim obalama, ovi će umirati od gladi i studi na snežnim planinama; dok će oni već na prvome koraku, iako i sami opterećeni brigom, naći sebi mira, dotle će ovi drugi pod teretom briga potucati se dugo i dugo kroz nevolje i opasnosti.

I šta je to što u ovome trenutku, pre no što vozovi krenu, sem jednoga metra rastojanja između dva vagona, dvoji te dve sudbine? Šta je to što je one tamo opredelilo da pođu jednim vozom a ove ovamo drugim? Da li bi se moglo pretpostaviti da su oni tamo opasnost bolje uočili ili su malodušniji, potegli daleko ispred opasnosti? Da li bi se moglo pretpostaviti da su se ovi ovamo rukovodili verom i nadom te ne hteli napuštati svoje rođeno tle ili sebičnošću, sa koje nisu hteli da se udalje suviše daleko od svojih imanja i svoje kuće? Biće ipak ni jedno ni drugo, izgleda da je slučaj bio nemilostivi sudija u opredeljivanju sudbine. Ovaj je seo u ovaj vagon zato što je tu našao mesto; onaj je seo u onaj vagon zato što je tamo zatekao poznanike s kojima mu je lakše putovati i na putu se pomoći među sobom. Niti je onaj prvi pitao gde će ga taj vagon odvesti, niti ovaj drugi. Bilo ih je i koji su svesno promenili nameru, nesvesni u tome trenutku da menjaju i sudbinu svoju. Onaj viši činovnik, koga su prekjuče omeli te nije juče otišao u Solun, danas je bio i spreman i rešen da pođe i u poslednjem trenutku, popustio je pod ubedljivim razlozima profesora u suroj šajkači i seo je na mitrovački voz. Kada sam ga, mnogo docnije, sreo u planini, gde spava na ledini kraj jedne siromašne vatre, teško mi se vajkao:

— Ama lepo sam ja pošao za svojom pameću, al' tako, kad ja hoću da slušam strategijski plan! I to od koga, od profesora! Već sam bio metnuo nogu na stepenik solunske železnice — i kamo da sam se popeo, kud bi mi danas bio kraj — al' on me okupio, te ova divizija ide odovud, te levo krilo ide odonud, te na Ovčem polju će se tući odlučna bitka. E, pa deder sad, ne ubij ga! I bar da mi je da ga sretnem gdegod da mi objasni ako zna kakav novi plan; da mi kaže, po tom planu, gde mogu dobiti hleba, gde prenoćišta. Samo to da mi kaže!

Tako i jedna žena, sirotica, sa dvoje dece na rukama, bila se već smestila u poslednji vagon voza koji će poći u Mitrovicu i za vreme, dok su još vozovi stajali, povela razgovor sa poznanicom, koja sedi na jednome denjku u poslednjem vagonu voza koji će krenuti u Solun.

— Nemaš čim da pokriješ decu? — pita žena sa solunskog voza.

— Nemam. Ne znam šta mi bi, pošla sam kao bez glave. Sinoć nisam ni mislila da begam a jutros okupiše komšike, a ja, nit poneso' što, nit zatvori' kuću, nego tako... uzeh decu pa ajde! — odgovara žena sa mitrovičkog voza.

— Pa kako ćeš? Vidiš kako sipi kiša, iskisnuće deca do gole duše.

— Kad bi imala što? — vajka se majka pa pogleda oko sebe. — Kad bi imala... kad bi mi ti dala to ponjavče?

— I meni je, bome, to sva sirotinja što sam je ponela. Znaš kako je... nije da žalim.

— A valjda će i prestati kiša, ispadala se noćas! — teši se majka pogledajući očajno u mutno nebo.

— Pa i neće, vidiš kako je mutno, ceo dan će tako. Nego... što ne pređeš ovamo. Evo ima ovde malo mesta pa da zajedno pogledamo decu.

— Pa ne znam, ovde sam prvo našla mesta. A gotovo i nema gde, zgrčila se deca izmeđ stvari.

— Pređi, ovde ima poviše mesta, a tu je i ponjavče, pa ćemo zajedno.

— Pa da pređem!

I diže se žena sa mitrovičkog voza pa, ne slazeći sa vagona, dodade onoj sa solunskog voza najpre jednu bošču, pa onda jedno pa drugo dete a zatim i sama uze preskakati ogradu vagonsku i, prihvatajući opružene ruke svoje prijateljice, prelaziti preko onih lanaca i gvozdenih tabla što odbijaju sudare vagona.

Toga časa i tom odlukom, koja je potekla samo potrebom da ponjavicom zaštiti decu od kiše, ova majka im je u stvari, nesvesno, spasla život. Mesto na tople obale gde ju je odveo vagon u koji je sad uskočila, vagon u kome je bila odveo bi je u albanske planine gde bi deci svojoj iskopala grob.

Još malo nereda, još malo guranja i još malo larme i dva voza skoro jednovremeno kretoše, jedan na sever a drugi na jug i odvedoše begunce da ih predadu u zagrljaj dvema raznolikim sudbinama.

Bio je već uveliko svanuo dan kad sam se po odlasku ovih vozova, vraćao u varoš. Svet je još jednako kuljao ka stanici a fijakeri se utrkivali puni stvari. Kiša je još neprestano promicala.

Skoplje je imalo tužan i sumoran izgled i osećala se neka teška, zagušljiva tišina u njemu. Iako već dan, radnje zatvorene, kafane puste, na napuštenim kućama zatvorena vrata a na prozorima spuštene zavese. Iz pogdekoje samo kuće čuje se tužno arlaukanje psa, kojega su izbegli zaboravili u zatvorenoj sobi, i koji arlauče svoju poslednju, zloslutu pesmu...

V — Skoplje pada

Dugi niz kola stoji od jutros pred svima nadleštvima. Volovi, oslobođeni jarma mirno preživaju a žandarmi i državni služitelji hitno tovare sanduke u kojima su arhive i novčane knjige. Iz dvorišta i hodnika nadleštava, gde se još jednako pakuje, čuje se lupa čekića koji zakiva sanduke i osorne naredbe starešina i psovke žandarma. Na tim zgradama, u kojima su nadleštva, puše se odžaci gustim, crnim dimom. To se od jutros rano u pećima spaljuju poverljiva akta i deo arhiva koji se neće poneti.

Niko od jutros više i ne krije ozbiljnost situacije. Već dva dana vode se očajne borbe na Stracinu i glasovi, koji otuda stižu, predviđaju napuštanje i toga položaja. Iz Skoplja je poslat tamo i poslednji vojnik a sad se već zbira i varoška žandarmerija da se pošlje u bojne redove.

Kada sam toga jutra sa dva prijatelja otišao načelniku, da se još jednom raspitamo o situaciji pre no što odlučimo šta ćemo, zatekli smo ga bleda i uzbuđena sa telefonskom slušalicom u ruci.

— Šta treba raditi? — zapitali smo ga.

— Treba ići, ukloniti se! — odgovori načelnik koji je toga trenutka prekinuo razgovor sa Kumanovom.

— Zar... — zaustismo sva trojica, da zapitamo još nešto.

— Naši čine poslednje napore, ali — prekide nas načelnik još uvek uzbuđen i pod utiskom nepovoljnih vesti koje mu je telefon kazao — Kumanovo je već evakuisano i vlasti ga napuštaju. Evo, sad je stigla naredba i svu varošku žandarmeriju, sve do poslednjega čoveka da ispratimo na front. Od ovoga trenutka vlasti su već nemoćne ma što da izvrše i ma što da spreče. Zato, krećite. Nemate šta više da čekate.

— Napolju se ponovo govori o dolasku Francuza?

— Daj Bože neka dođu, lako ćemo se vratiti.

— Dakle i vlasti će da napuštaju?

— Od trenutka kad postanu nemoćne. Uostalom, nemaju ni vlasti šta više da čekaju; da se zbrinu još o ovom zaostalom stanovništvu, da pomognu evakuaciju ukoliko mogu, da spasu arhive, pa da kreću.

— Kad?

— Razume se, u poslednjem trenutku. To može biti još i sutra. Sve zavisi od situacije na bojištu!

Odlazak žandarmerije iz varoši zadao nam je naročitu brigu. Situacija je bila ozbiljnija no što se moglo i misliti. Niži turski i arnautski element, onaj iz zabačenih kućeraka i udžerica na periferiji Skoplja, koji je razuzdan za vreme Turaka, navikao da bude povlađivan pri pljačkanju i otimanju, i zaštićavan od vlasti pri vršenju nasilja, ostao je od oslobođenja bez ikakve zarade a radu se nije umeo ni hteo prilagoditi. Taj je element, razume se, žalio za „starim dobrim vremenom" i kako je mnogobrojan, mogao je u trenutku rasula i bezvlašća, koje je pretilo da se zacari u Skoplju, pojaviti se iz svojih jazbina kao zver za vreme gladi. Ta je mogućnost imala utoliko više uslova, što je doskora u Skoplju bio nekakav turski konzul, koji je smatrao za svoju rodoljubivu dužnost da raspaljuje nižu masu muhamedansku protivu srpskoga režima i obećava mu kako će mu Bugari, jedini prijatelji Turaka na Balkanu, doneti pravu slobodu. Taj je zanešenjak čak pokušavao da na zemljištu Srpske Kraljevine obrazuje razbojničke bande, regrutovane iz muhamedanskih besposlenih fanatika i bugarskih komitadžija koje bi toga radi bugarska vlada upućivala u Maćedoniju. Uhvaćen na tome poslu, on je proteran od srpskih vlasti još pre no što je Srbija bila u neprijateljstvu sa Turskom. Tako pustolovska radnja ovoga zanešenjaka kod trezvenijih i uglednijih Muslimana nije mogla naći odobravanja ni odziva ali kod onoga elementa, koji jedino u neradu može sebi naći uslova za život, vrlo verovatno.

Sve te okolnosti, u momentu kada pada Stracin a naglo se bega iz Kumanova, bile su i suviše dovoljne da nas zabrinu. Već večerašnje veče i noć, kad ode žandarmerija iz Skoplja, biće veče i noć bezvlašća ili sa vlastima koje nisu moćne ništa izvesti, ništa sprečiti. Međutim toliko je već kuća koje su domaćini napustili i koje niko ne čuva.

Takva situacija morala je zabrinuti i vlasti i već pred podne, sazvan je hitan zbor u načelstvu radi savetovanja. Bilo nas je oko pedesetak, svi zabrinuta lica, svi sumorna pogleda. Ćuteći smo se zdravili među sobom, ćuteći smo zauzimali mesta u malim odajama načelnikovim, po kojima se ubrzo počeo da kreće gust oblak dima, jer se uopšte ovih dana u mnogo većoj količini i mnogo nervoznije pušilo.

Iz toga dima izdiže se najpre visoka i koštunjava figura inspektora policije:

— Gospodo! — poče on. — Ja i gospodin načelnik, smatrali smo za dužnost, da vas u ovako jednom ozbiljnom času, pozovemo na dogovor.

Njegov je glas zadrhtao i u nama svima zadrhta nešto u duši, verovatno kad pomenu „ozbiljan čas" koji smo svi osećali ali koji je osećaj svako u sebi ugušivao. Svi smo taj čas već predosećali, svi smo ga očigledno dogledali, svi smo znali da je tu, pa ipak je svak u sebi ovog trenutka pomislio: „Dakle evo ga, onaj ozbiljan čas je tu, pred nama je!" Isto kao kod samrtnika, kad svi znamo da će umreti, svi smo izmireni s tim i činimo čak i pripreme za njegovu sahranu, pa ipak kad onaj, koji ga je čuvao, izađe iz njegove sobe i rekne: „Izdiše, svršava!", a nas to žacne i užasne nas.

Na zboru je bio i sam divizijar, koji je dopunio govor inspektorov izjavom, da je i poslednji vojnik poslat na front te da se na vojnu vlast ne može tako isto računati kao i na civilnu. Zbor, koji je prvobitno trebao da rešava pitanje o evakuaciji stanovništva, zabrinu se isključivo brigom o situaciji u varoši, o održanju reda i čuvanju imovine sve do onoga trenutka dok neprijatelj ne uđe u varoš.

— Dajte oružje nama građanima, mi ćemo čuvati varoš! — reče neko i upravi te reči divizijaru.

— Daću vam! — odgovori ovaj i sav dalji razgovor obrnu se na pitanje o načinu kako da se iz građana organizuje čuvanje reda i poretka u varoši.

Pade predlog da se organizuje građanska garda i divizijar obeća dve stotine pušaka i potreban broj municije i izabra se odbor od pet lica kome se poveri organizacija te garde.

Očas se prosu glas o tome i poče pred načelstvom da se zbira mladež kojoj je imponovala opasnost i stariji građani, koju su umeli da procene značaj te opasnosti. Donete su puške i razdeljene, određene četice i imenovane im starešine; varoš podeljena na kvartove i svakoj četici dodeljen po jedan; pokazano pojedinima, koji su tad prvi put uzeli pušku u ruke kako se puni i kako puca, određena svima četicama jedna centrala gde će uvraćati s vremena na vreme i izdate sve ostale naredbe o dužnostima koje su se dale predvideti.

Kad je noć već pala, dve stotine mladića i dece pod oružjem, krstarilo je kroz varoš i bdilo nad napuštenom imovinom i nad pospalim stanovništvom. Pred ponoć, obesio sam i sâm pušku o rame i, praćen nekolicinom oružanih mladića, pošao sam da, u ime odbora koji je upravljao ovom organizacijom, obiđem straže. Obhrvan velikim bolom koji me je baš tih dana zadesio, išao sam lagano, mirno, nogu pred nogu, osvetljavajući cigaretom kaldrmu da bih mogao mimoići silne bare i kaljuge što ih je kiša, koja još lije, razlila po sokacima.

Noć gusta, kao da je zasvodila one tesne uličice te izgleda ti da prolaziš kroz neke podzemne lagume. I bat koraka i reč odjekuje kao kroz prazninu neku i izaziva ti studenu nelagodnost u duši. Išli smo ćuteći, dok se gomilici našoj ne pridruži i pođe u korak uz mene jedna tamna figura pod surim šinjelom i sa puškom o ramenu. Kada primeti moju obazrivost, slika mi priđe i šanu:

— Ja sam, gospodine, Novica!

Bio je to opštinski noćni stražar Novica, koji je tu službu dobio kao nagradu i priznanje za nekadanje četovanje u Maćedoniji. Stari četnik, kojega sam ja poznavao iz doba njegovih junačkih podviga, kada se krvavilo po gorama i planinama makedonskim, ostao je još pod puškom u Skoplju, jer ga sakata od silnih rana koje je nekada stekao, niko nije u vojsku zvao, ni u momentu kad je na front poterano sve što pušku može poneti.

Ponudio sam ga cigaretom, primio je blagodarno i pratio me ćuteći kao da bi da me ne uznemiri u mojim teškim mislima. Jedva, kad je već dopušio cigaretu, što reče zabrinuto i šapćući:

— Šta je ovo, gospodine?

— Eto, vidiš, Novice! — odgovorih mu isto tako.

— Vidim! — učini on i zanjiha glavom, pa onda poćuta duže kao razmišljajući, te nastavi: — Ama lepo rekoh ja: nije svršeno, a oni meni: svršeno je, Novice. Vele: nema više puške, nema planine, nego gledaj da saviješ glavu pod krov. Ostavi pušku pa gledaj da uđeš u red kao i svi drugi. Nađi, vele, sebi krov, oženi se, odomaći se, jer treba da se odmoriš, treba da se poneguješ.

— I poslušao si ih?

— Poslušao dabome! Pušku predao vlastima, dobio službicu, oženio se...

— Pa ako, Novice, ti si tvoje učinio!

— Jesam! Al' vidiš da nije sve gotovo... Vidiš da se opet mora u planinu... Samo, onda je bilo drugo, imao sam samo sebe a sad... familija... imam i sina.

— Pa znaš kako je. Ja ne verujem al' ako baš dođe do čega, skloni se! Tamo gde pođemo mi, pođi i ti s detetom. Skloni se za vreme...

— Neću da se sklanjam. Krv me vezuje za ovu zemlju. Nisam se sklanjao ispred turskih bataljona i topova tolike godine.

— Al' ako dođe neprijatelj?

— Doći će, al' što će, šta može? Osvojiće varoši i sela i polja. Planinu ne može, tamo ću ja!

Nisam mu odgovorio i on je ućutao. Išli smo i dalje lagano a kroz gluvu noć, koja je ležala na mrtvoj varoši, čuo se iz nekog dalekog sokaka odmeren bat patrole. To oružana deca iz građanske garde bdiju nad uspavanim građanima.

Sutrašnja zora dovodi u Skoplje nove begunce iz Kumanova koji donose i vest da je Stracin pao i da su naši odstupili ka Mladome Nagoričanu. I ovi novi begunci žure ka železničkoj stanici koja je još uvek preplavljena svetom. Jutros je otišao jedan prepun voz do Prištine i rekoše biće do podne još jedan do Ferizovića. Pred podne stiže stanici naredba da spremi naročiti voz u koji će se smestiti komanda trupa i šef stanice kombinova voz iz jednog restoran vagona, koji će služiti za kancelarije te komande i jednog vagona prve klase. Sve ostale neboračke komande dobile su naređenje da se sele u Prištinu i Mitrovicu. Već je i pošta zatvorila svoje kancelarije i još samo telegraf kucaće do poslednjega časa ali i to neće dugo trajati.

Tog dana po podne već je komanda trupa upravu nad Skopljem poverila Vojnoj stanici i upravnik Vojne stanice, stari beogradski policajac, preduze odmah sve mere za održanje reda, koristeći se građanskom gardom kao svojim organom.

Po podne stiže glas da je palo i Mlado Nagoričane i da su vlasti napustile Kumanovo i zapalile magacine sa hranom. Pad je Kumanova neminovan još za koji sat. Komanda trupa već predveče napušta svoje kancelarije u varoši i seli se u voz na železničkoj stanici.

Jutros, sedmoga oktobra, otišao je poslednji voz put Kosova i taj su u Kačaničkome klancu napali Arnauti puščanom paljbom iz zasede. Voz se morao zaustaviti i nekoliko mladih ljudi sa jednim policijskim pisarom na čelu, sišli su i prihvatili borbu da bi odbranili nesretne izbegličke porodice koje su, na otvorenim vagonima, bile izložene puščanoj paljbi arnautskih razbojnika. Policijski je pisar u toj borbi junački poginuo ali je uspeo da sa nekoliko mladića razjuri razbojnike i oslobodi žene i decu krvave pogibije. Posle čitavoga sata borbe, voz je krenuo ka Ferizoviću noseći sobom telo čestitoga mladoga pisara i četiri vezana razbojnika koje su mladići žive pohvatali.

Mnogi begunci, koji tim poslednjim vozom nisu stigli ili uspeli poći, krenuli su peške drumom koji vodi kroz Kačanički klanac ka Kosovu a mnogi su tuda i kolima krenuli. I te su begunce dočekivali Arnauti puškama iz zasede, te tu već padaju prve žrtve nesretnih izbeglica koje će se zatim množiti i nizati dugo i dugo po znanim i neznanim klancima i dubravama, koje je ovaj nesretni narod zasejao svojim grobovima.

Glasovi o napadima u Kačaničkome klancu doprli su i ovamo u Skoplje, te ono što je još zaostalo u njemu zabrinuto se pita: gde će i kako će? Ostao je još jedini slobodan put ka Tetovu i sve što je zaostalo u Skoplju, krete tim putem.

Sa kumanovskih položaja već stižu vesti da su Bugari odmah po zauzeću varoši krenuli dalje, ka Skoplju. Srpska se vojska povukla do onih položaja, do kojih je, po osvojenju Kumanova doprla pre tri godine, oktobra meseca i gde je Skoplje izaslalo deputaciju koja je Prestolonasledniku Aleksandru ponudila predaju grada.

Skoplje već broji poslednje dane slobode. Kad bude onaj voz sa železničke stanice, iz kojega se sad rukovode borbe, krenuo — na skopljanskome se gradu neće više viti srpska trobojka i Skoplje će početi svoj prvi dan novoga robovanja. Ali, taj voz još ne kreće iako pred njim stoji mašina koja je stalno pod parom da bi naredbu o pokretu mogla odmah izvršiti.

U tome vozu, u kome će se punih mesec dana zatim rešavati sudbina čitavog jednoga naroda i odigravati najočajniji deo njegove istorije, pre no što je krenuo iz Skoplja imala je da se desi jedna vrlo važna i zadocnela promena. Pred samo veče, sedmoga oktobra, dojurio je smrtonosnom brzinom jedan automobil kosovskim drumom, koji izbija iz Kačaničkoga klanca i doneo je sobom đenerala Petra Bojovića oslobodioca Skoplja. Đeneral Popović smenjen je i krenuo je odmah za ostalim izbeglicama u Prizren. Ova je smena i suviše dockan došla da bi ma šta izmenila u sudbini Skoplja, koja je sad već određena i neizmenjiva i koja će se sutra ili prekosutra prelomiti.

Zoru osmoga oktobra probudila je pucnjava sa fronta, koji je sad već bio samo nekoliko kilometara iznad Skoplja, te se pogdekad čula paljba koja je dopirala otud, gde su danas patrole vodile mestimičnu borbu. Pred kapijicama i kapidžicima prestravljene žene sabile se u gomile i nemo ćuteći, pogledaju se i osluhuju. I prolaznici zastaju, osluhuju pa odlaze dalje, ne govoreći ni reči.

U kući, gde bolesnik leži, nastupa jedan trenutak kad svi oni koji su sakupljeni, počnu da idu na prstima, da šapću među sobom ili da ćuteći i sporazumevajući se pogledom vrše poslove. To je onaj trenutak, posle poslednjeg lekarskog pregleda, kad ovaj mesto svakog odgovora zabrinutoj porodici, samo sleže ramenima i nemo odlazi iz kuće.

Danas i sutra do podne koliko je još bilo slobodno Skoplje, ličilo je na te dane. Tišina, pusta, nema, sumorna, zagušljiva tišina. Sve radnje zakatančene i spušteni na njih debeli kapci, samo što predveče još trgovci hitno prenose iz dućana espap svojim kućama. Kafane puste i zatvorene, samo još pogdekoja turska, gore u mahali, ali niko ni u nju ne uvraća. Sve se povuklo u kuće. Na ulici nema prometa, nema pokreta, nema života; ne govori se glasno, ne zaustavlja prijatelj prijatelja da ga upita o novostima, već prolazi nemo, jedan mimo drugog, izmenjujući mesto pozdrava poglede i nastavlja svaki dalje put za svojom brigom. Na svakoj drugoj kući spuštene zavese i zatvorena vrata; ima čitavih uličica pustih i praznih, jedva ako iz pogdekoje kuće ko izađe ili uđe ili kakav pas što uporno dreždi i arlauče pred svojim zatvorenim vratima verujući da će se gazda vratiti.

Kroz mrtve i zabačene ulice čuje se samo bat konjske kopite, koja kreše o kamen u kaldrmi i razleže se iz puste ulice. To kakav konjanik juri s položaja da donese vest komandi u vozu ili od nje odlazi na položaje da odnese naredbe. Na zastrtim prozorima zadrhće malo zavesa i krene se u stranu, te otud jedno oko gvirne na ulicu da vidi iz čije li je vojske taj prolaznik. U dnu ulice tamo, žena sa dečicom, obazirući se na sve strane, prenosi svoj imetak, ćilim, jorgane i sandučić, da skloni kod dobrih ljudi, kod Turaka. Kroz ulice prolaze još i male grupe oružanih ljudi, raznoga izgleda, raznolika odela; bledi i nedorasli mladići, koji su preko zimskoga kaputa opasali fišekliju i ljudi preplanula lica, u gunčetu i čakširama. Od jutros je stigao iz Velesa i vojvoda Babunski sa svojim ljudima, te da bi se što pouzdanije održala bezbednost u varoši, on je uzeo desnu a građanska garda levu obalu Vardara, gde ovi mladići patrolirajući kroz varoš, održavaju vezu sa našom vojskom kod sela Madžareva.

Praćen jednim gospodinom, kroz puste ulice promiče na malome konjiću čudan jedan jahač. To je bleda, mršava dama, dubokih i pametnih očiju, to je plemenita Engleskinja ledi Pedžet, koja se rešila da ostane u Skoplju, te pribrala sve zaostale ranjenike u svoju bolnicu a sad uzjahala konja i prolazi kroz zabačene periferijske ulice ne bi li svojim prisustvom ohrabrila onaj siromašni svet, koji nije imao načina ni mogućnosti da izbegne sudbinu koja ga očekuje.

Života još ima samo na dvema krajnjim tačkama varoši, jugozapadno pod Vodnom i severoistočno na Gazi Babi. Tamo gde vodi kumanovski put, na

Gazi Babi iznad Skoplja, od rane zore vojnici i zarobljenici živo utvrđuju položaje, sa kojih će srpska vojska pokušati još jednom i poslednji put da brani Skoplje. Ovde, ispod Vodna, na železničkoj stanici, još uvek uvraćaju izbeglice i žudno pogledaju i raspituju hoće li ma gde, ma kad, ma u kom pravcu poći kakav voz iako rođenim očima vide da na šinama nema više ni vagona ni mašina, sem dva vagona u kojima je komanda trupa.

Tu, oko tih vagona i pred njima, puno je viših i nižih oficira u ratnoj opremi. Oni svaki čas ulaze i izlaze iz vagona, šetaju ispred njih ili, u malim gomilicama, vode tihe i poverljive razgovore. Čas bi pogdeko od njih hitno izašao iz vagona, prizvao posilnoga, koji je držao konja, bacio se konju u sedlo i odjurio u varoš; drugi opet, na blatnjavome i prokislome konju, iz čijih se mokrih slabina puši znoj, dojurio verovatno otud sa položaja, zakačio dizgine za staničnu ogradu i hitno odjurio vagonu u kome je komanda.

Kad je nastupila noć, glavnica naše vojske povukla se sa položaja, na kojima se nalazila juče na svršetku dana, te zauzela nove na Gazi Babi, nad samim Skopljem. To je bila noć između osmoga i devetoga oktobra a u zoru devetoga, stanovništvo je skopljansko već dogledalo naše trupe na Gazi Babi i sad je već jasno znalo da je ovo poslednji dan borbe i da je već odlučena sudbina Skoplja.

Kiša je lila tu celu noć i od jutros još nije prestala. Nebom se žurno gone prljavi pocepani oblaci; na vrhovima Vodna pribralo se belo maglino perje, od kojega vetar otkida pramen po pramen i nosa ga sivom pučinom. Vardar narastao blatnjavom vodom, koju su snele kiše, te šumi i dere prelivajući obale. Već neki težak, zagušljiv vazduh, legao nad Skopljem i prožima ti dušu. Već se oseća studen zagrljaj sudbine, kao ono jeza što prethodi groznici. Građanstvo se potpuno povuklo u svoje kuće i zamandaljilo vrata iznutra a zastrlo zavese i spustilo kapke na prozore. A otud, iz dubine, iz pustih periferijskih ulica, već počinju da se pojavljuju, usijanih očiju kao u gladne zveri, mračni tipovi koji su dotle begali od sunca, koje nikada nisi sreo na ulici, ni na pijaci, ni pred vratima svojih kuća. Najpre jedan i dvojica, kao u kazanu koji počinje vriti što sa dna gde leži talog izbijaju prvi mehurići naviše, dok se sav talog ne uskomeša i počne ključ izbacivati prljavu penu na površinu. Vidiš gomilu ovde, gomilu onde, gledaju, blenu, ne znajući ni šta se sve dešava u donjem delu varoši ali, gonjeni životinjskim instinktom javljaju se, pomaljaju se, pribiraju se, udružuju se da zajednički, u jatima, slete tamo otkud dolazi miris krvi, kao ono divlji gavrani što se pribiraju i udružuju još dok ranjenik nije ni izdahnuo da zajednički slete na lešinu.

I onda, osetiš neki podzemni tutanj, kao pred buru; zavitla se vazduhom arlauk kao kad noću u planini arlauče čopor vukova slazeći u dolju, i tada pojuri ulicom bujica i dere kao prljav potok koji posle plahovite kiše valja mulj. Gomila bez vođe, vođena samo svojim životinjskim instinktom, valja se usijanih očiju iz kojih plamti divljački nagon. Ona juri neznano kuda, njoj se pridružuju novi, mračni tipovi iz sporednih ulica, ne znajući zašto, te gomila raste i buja i dere da siđe dole, u dolinu, dole, odakle se oseća miris krvi.

Gomila se ustavlja pred debelim vratima vojnih magacina, koji nisu više čuvani, i odbija se odatle kao morski talas o stenu, da opet ponovi udar. Najzad gomila leže sva, vrata stenju, popuštaju, pucaju i divljački arlauk pozdravlja blizinu plena. Još jedan napor, još jedan pritisak mase i vrata se krhaju. Masa se zaljulja i posrne unapred, prvi padaju i masa ih gazi i nadire. Urlanje gomile, koja je već sagledala plen očima i pružila mu ruke, nadvišuje bolni krik onih koji su pregaženi. Magacin Druge rezervne bolnice opljačkan je!

Oblaci se razgonili, sunce je granulo i pozdravio ga je najpre jedan pa dva a zatim čitav hor topova i plotuni pešačke paljbe. Borba je otpočela u samo podne. Bugari navalili zbijenim kolonama, naši se bore, ginu, padaju i — bore se. Granate već preleću varoš i padaju najviše ovamo, kod železničke stanice, gde je komanda trupa. Stanovnici skriveni iza zamandaljenih vrata i zastrtih prozora, slušaju a ne vide, i premiru od straha.

Borba traje sat, sat i po, dva, a sunce sve svetlije sija i nebo se sve više vedri. Oko dva sata po podne, sa naših položaja grunuše ubrzano nekoliko očajničkih plotuna pa zatim sve umuče. Naši su dobili naređenje da napuste položaje i da se povlače u pravcu Kačaničkoga klanca i ono su bili poslednji, počasni plotuni, izbačeni u odbranu Skoplja.

Na skopljanskome gradu siđe niz motku trobojna zastava koja se tu uspela 13. oktobra 1912. godine.

Nastade odstupanje praćeno mestimičnim borbama, razređenom puščanom paljbom. Zatim zatišje, koje odjednom preseče strahovita eksplozija i grmljavina. To je odleteo u vazduh magacin na stanici; naši su ga, napuštajući varoš, upalili. Svi ostali magacini robe i vojnoga materijala bili su smešteni po džamijama i njih naše vlasti nisu htele rušiti da ne bi vređale versku osetljivost svojih podanika Turaka. Svi su ti magacini, puni puncati robe, pali neprijatelju u ruke. Od tri stotine vagona materijala, jedva se u poslednjem trenutku iznelo i spaslo oko trideset vagona.

Povlačenje se vrši kroz varoš, održavajući uvek vezu sa bugarskim prethodnicama. Glavni deo naše snage već se prebacio na desnu stranu Vardara i zauzeo padine i povijarce Vodne planine koji se spuštaju do same varoši. Odatle će štititi odeljenja koja se još povlače.

Bugari već nastupaju otud, od Madžareva i ulaze u gornji kraj varoši, dohvataju se zatim Vardareve obale i zauzimaju gvozdeni most, koji od oslobođenja nosi ime đenerala Bojovića. Naši još odstupaju kamenim mostom i, da bi omeli odstupanje, Bugari sa gvozdenoga mosta sipaju paljbu na kameni most a naši je prihvataju da bi obezbedili prolaz poslednjih koji su još zaostali. To je bio krvavi pozdrav braće Srba i Bugara na Vardaru.

U dva i po sata po podne, devetoga oktobra, već nije bilo nijednog srpskog vojnika u Skoplju.

Komanda trupa, čim je naredila povlačenje sa Gazi Babe, krenula je i sama. Poslednja mašina sa komandom, krenula je lagano put Kačaničkoga klanca. Đeneral je sa vagonskih prozora posmatrao pokret na Gazi Babskom položaju.

Kada je voz prolazio kraj železničkog mašinskog depoa, neko obrati đeneralu pažnju na jednu zaostalu i prokislu trobojku na toj zgradi. Ta je trobojka bila izvešana u čast dolaska savezničkih trupa.

Đeneral pogleda i bolno mu se razvukoše usne.

VI — Zbeg

Dok su se begunci ranije samo jednim delom sklanjali u Prištinu i Mitrovicu, od trenutka kada se preseče železnička pruga za Solun, poteže sve da se sručuje na Kosovo. Iz Niša, koji je dotle bio najveći zbeg varoši iz severne Srbije, iz Kruševca, koji je bio drugi i Skoplja, koje je bilo treći zbeg po veličini, poteže sve u Prištinu, Mitrovicu i Ferizović. Za Nišem, Kruševcem i Skopljem pođoše slaziti na Kosovo i sva okolna mesta sa Morave i Ibra, Čačak, Kraljevo, Aleksinac, Vranje i Leskovac, te zagustiše drumovi koji sa severa, istoka i zapada vode na Kosovo.

Male i tesne kosovske varoši, Mitrovica, Priština i Ferizović, nisu mogle primiti toliku svetinu. Bilo je nešto pustih turskih kuća, bilo je i srpskih kuća koje su širom otvorile vrata onima, koji su ih pre tri godine spasli kosovskoga ropstva; ali je sve to bilo nedovoljno. Svetina je kuljala, kuljala iz raznih dolina i klanaca, slazila sa planina i pridolazila drumovima, te kao poplava bujala i ispunjavala tesne ulice ovih varoši, tako da je zagustilo te se nije ni ulicom moglo više proći. Da se sud prelije, naiđoše još i begunci iz Gilana i moravskih sela, naiđoše razne komande bez vojske i vojske bez komanda, naiđoše ogromne mase regruta i čitavi bataljoni zarobljenika. Stenjala je zemlja, krcale su ulice, gušile su se mase i gomile.

U Prištini, gde slazi put najkraći za one koji begaju iz Kruševca, Niša, Prokuplja, Vranja i Kuršumlije, zagustilo tako da je bilo momenata kada se morala glavna ulica zatvarati vojskom i žandarmerijom, da bi se kroz nju mogao obezbediti prolaz onima koji su nastavljali put dalje za Lipljan i Prizren. Prve gomile koje su došle i našle su skloništa ali novi, koji su nailazili, očajno su već molili za malo krova, samo krova, bez postelje, bez vatre, bez hrane. Načelnik je razdao ključeve praznih turskih kuća i, po prostranim njihovim odajama i hodnicima, načinili su se čitavi logori. Spavalo se na golome patosu, ali je bar bilo krova te štitilo od kiše i bilo je zidova te su branili od vetra iako je kroz polupane prozore starih i napuštenih konaka on neštedimice duvao.

I dok su ovi zadovoljni bili što su i toliko našli, nailazili su novi i novi i sve novi begunci. Kao talas za talasom uznemirenoga mora kad zasipa obalu, obale ovoga zbega zasipale su jedna za drugom nove mase begunaca. Mesta već nije bilo ni po kućama, ni po mehanama, ni po magacinima. Spavalo se već gde se stiglo; na dućanskom ćepenku i pod njim, u kolima i pod kolima, po praznim dućanima, štalama, šupama, tavanima, dok se najzad, poslednjih dana, nije počelo da spava i po ulicama. Gde god je turska kuća ispružila malo streje, te obezbedila pola metra ili nešto više suvote na zemlji, polegali bi vojnici, regruti i begunci, prislanjajući leđa uz kućni zid kako bi celim telom svojim na suvoti spavali a ostavili mesta prolazniku.

I to sve u doba kad duge jesenje kiše liju neštedimice i kad, beskrajnih i mutnih jesenjih noći, reže kao nož oštar kosovski vetar.

Po ulicama kroz koje gamiže sav taj svet, prava blatna jezera koja, kad se prelazi sa jedne na drugu stranu ulice, treba prebroditi. Svet ulopan, na odelu i muškinju i ženskinju po više slojeva blata, koje zbira već nekoliko dana po prištinskim ulicama, obuća vlažna i neočišćena, lica neumivena, kose neočešljane. Pa ipak taj svet čeka nešto i raspituje nešto i nada se nečemu. Zbira se u brižne gomilice koje se međusobno obaveštavaju i teše. Jedna je gomilica tamo pred džamijom, druga pred kapijom načelstva, treća u dvorištu načelstva, četvrta pod strejom jednoga dućana, peta na ćepenku turske kafanice, šesta nasred ulice, sedma opet nasred ulice, tako i osma, tako i deveta, tako i sve ostale redom. Sve šapću, sve govore jedno isto, jedna se ista vest prenosi iz grupe u grupu, tu se objašnjenjima prerađuje i opet vraća u grupu iz koje je potekla a odatle ide dalje, kroz dućane i kroz kafanice, odlazi u kuće i plavi celu varoš. Govori se jednovremeno o svemu, i o velikim brigama i o onim malim, ličnim nevoljama, i o Rumuniji i njenome držanju i o ceni projinoga brašna i o pomoći koju nam Rusija šalje i o tome, kako je nestalo duvana, nestalo šećera i nestalo soli. Kad nema nikakvih većih i pouzdanijih vesti, svetina prati i najmanji pokret i tumači: jedan ordonans je hitno dojurio iz Gilana, dva pukovnika iz Vrhovne komande stigla su i idu za Prizren; od jutros se nikako ne odziva na telefonu načelnik iz Gilana. I svaka takva pojava i svaki pokret daje materijala širokim pretpostavkama i raznolikim nadama ili slutnjama.

Gomilice se u razgovorima ne zadržavaju dugo na jednom predmetu. Najmanja nova pojava, koju bi neko zapazio, skreće i odvodi odmah razgovor na drugu stvar. Ne vode te razgovore čak ni ista lica; jedan je počeo pa se odvojio i prišao drugoj gomilici a nastavlja neko koji nije ni bio tu, no tek docnije prišao. Ima i gomilica koje su se sabrale i ćute. Stoji pet-šest ljudi ukrug, ne znajući ni sami šta ih je sabralo; stoje i ćute, uporno ćute i samo pogledima prate pojave i pogledima razmenjuju misli. Ima ih opet koji idu od gomilice do gomilice da bi čuli što, kao prosjak kad zalazi na vrata da isprosi što. Oni prilaze jednoj grupi, jer im se čini da se tu nešto živo razgovara. Zatičući tu običan razgovor, oni merkaju odatle ostale grupe pa gde vide da neki gospodin mlatara rukama, misle tamo se govori o nečem važnom i prilaze novoj gomilici, gde se opet razočaravaju. I tako se kreću od gomilice do gomilice, od rane zore do mrkla mraka, da se uveče umorni i neobavešteni povuku pod krov i da sutra nastave isti posao.

Pred podne, kad bi se veći deo povlačio u kafanice i kuće da jede, gomilice jedva ako bi omanjile, jer velika većina na ulici, na nogama i jede. Parče hleba, do kojega se na velike jade došlo i ma što uz to, što se moglo kupiti od piljara, od bakala ili sa kasapskoga panja. Ovde gomilica razvila na tuđem ćepenku maramu sa jelom i ruča, onde poneko usamljen, oslonjen na zid, na direk opštinskoga fenjera, lomi rukama hleb koji drži pod miškom i štrpka tvrdi sir iz žute bakalske hartije. A taj isti je, samo nekoliko dana ranije, sa belom servijetom na kolenima, nemarno preletao očima jelovnik, vraćao porcije što mu je dato mršavo meso i triput vraćao kelnera da mu donese hleb sa mekom gornjom korom. Jedan seo na kamen, drugi na prazan sanduk pred dućanom, treći na zemlju. Jedna beogradska porodica, koja se viđa o premijerama u pozorištu, u čijim salonima gospodare Šopen, Grig i Čajkovski, koja otkazuje službu devojci što je slatkiše za žur kupila u toj i toj radnji, gde nikad nisu dovoljno sveži — očajno je i satima dreždala pred ćepenkom jedne ćevabdžinice, ne bi li došla na red da kupi nekoliko kozjih ćevapčeta, koje će iz jednih starih novina, nasred prištinske ulice, jesti prstima.

Vatre, na kojima se pogdešto gotovi, gore po dvorištima i po ulicama. Više načelstva, kraj Bajazitove džamije, zaustavila se kola izvesne komande i pod tim kolima i postelja za spavanje i kujna i kancelarija. Pod kolima prostrto seno za spavanje, kraj kola pod šatorskim krilom sanduk za pisanje, a nedaleko na vatri vri lonac iz kojega će osoblje komande maločas jesti. Tako i na drugim mestima, tako i po pojedinim avlijama, školskoj, crkvenoj, hanskoj i gde god su mogla kola ući i gde god je mogla svetina navreti.

Drugi opet, s parčetom mesa, zalaze od vatre do vatre, idu čak i u logore van varoši, i mole da bace meso na žar; treći, najsrećniji, jeli su po kafanicama prištinskim, koje su prvih sedam i osam dana još i pokušale da snabdevaju izbeglice hranom, pa kad nastade oskudica hleba i navala gomile, koja poče već otimati jela, i one spustiše kapke na prozore te uvećaše broj gladnih.

Kada se na podne prebrine ta teška briga za jelom, izvlače se opet svi iz kuća, iz avlija, hanova i raznih kutaka, gde su se bili sklonili da se prihvate i zbiraju se nanovo u gomile, one gomile koje stoje od jutra do mraka na ulici očekujući nešto, a ni same ne znajući šta.

Najveći je broj tih brižnih gomilica pred zajedničkom zgradom načelstva i divizije. Tu najpre može kanuti kakva vest ili bar pasti mrvica sa stola, a toliko je dovoljno onima, čija je duša brigom izgladnela. Otuda iz zgrade izaći će kakav gospodin, koji je bio kod načelnika ili drugi kakav, koji je bio kod divizijara i brižne će ih gomilice odmah opkoliti. Vesti te obično nisu povoljne, mada im vlasti i vojne i civilne hoće na silu Boga da dadu utešnu formu. Sa istoka javljaju da Bugari slaze sa venca Crne Gore u Moravu i da su jednim noćnim prepadom ušli u Kačanički klanac i varošicu Kačanik, s druge strane, sa severa i severoistoka, javljaju da se borbe vode na Jankovoj klisuri i da Bugari napreduju ka Lebanu. Da bi, kao gorak lek, obvili ih blagim obvojem, javljali su nam naporedo sa ovima i utešne vesti: Francuzi u velikim masama nadiru ka Velesu, Rumunija je objavila rat Bugarskoj, ruski car je lično telegrafisao Prestolonasledniku da velika vojska od 500.000 odabranih ruskih boraca, pod komandom jednoga iskusnoga i oprobanoga đenerala, prelazi Dunav prvih novembarskih dana.

Kad se naslušaš tih vesti, ti pođeš kući da tvojima koji brižno sede pod kakvim sirotinjskim krovom, prikriješ vesti koje dolaze s fronta a saopštiš krupne i utešne vesti o Francuzima, Rusima i Rumunima. Napuštaš glavnu ulicu, ispred načelstva, napuštaš onaj žagor i huku gomile ljudi, kola i automobila i zalaziš u sporedne, tihe ulice, odakle jasno čuješ topovsku grmljavu sa Crne Gore i Kačanika. Vraćaš se u gomilu, koja očajno i uporno i dalje drežđi pred načelstvom, i s njom i dalje kapaš tako po ceo dan ne znajući više ni šta da misliš ni čemu da veruješ, već predaješ se gomili i s njom očekuješ nešto ne znajući ni sam šta.

Te gomile se s vremena na vreme raspu da propuste kakva kola ili automobil i opet se priberu da protumače prolazak tih kola, ako ma šta zapaze, što bi im dalo povoda za to.

— Vidite li vi ljudi da je na ovim kolima nekakva arhiva?

— Pa šta? Niti je prva niti poslednja.

— Znam, al' ovaj narednik što sedi na kolima izgleda mi nešto poznat. Ovo će Bog i duša biti arhiva Vrhovne komande.

— Ne može biti. Vrhovna je komanda na Raškoj, to znam pouzdano.

— Znam i ja, al' ako je ovo njena arhiva, evo i Komande za njom.

— Pa?

— Pa to bi značilo da gore baš sasvim ne valja.

Ili, ako u kolima nije arhiva, onda je neka porodica, koja takođe daje povoda nagađanjima i tumačenjima.

— Poznajem ih, to je porodica načelnika te i te armije.

— Vidiš, ne ostaju ovde, odoše pravo u Prizren.

— A on, kao načelnik armije, izvesno zna kako stoje stvari.

— A gde je njegova armija?

— Gore. To me je baš i strah, ako je tamo zagustilo, pa se oni sruče i zakrče drumove. Bolje da mi izmičemo ranije.

S vremena na vreme, gomila se nemo rastavlja i propušta bez komentara po jedna kola koja laganim hodom izlaze iz avlije načelstva. Na tim kolima, na boku kraj kočijaša, sedi žandarm sa puškom a sa strane jašu dva i pozadi još dva oružana žandarma. U kolima, na donjem sedištu, još jedan žandarm, a na gornjem sveštenik i kraj njega nesretnik bleda lica kao voštanica i sumanuta, ukočena pogleda, kojim on tupo, blesavo i bez izraza gleda poslednji put u svet. Njega su izveli iz tamnice prekoga vojnoga suda, koji ga je, zbog bekstva sa fronta, osudio na smrt. On se borio, hrabro se borio, pune četiri godine. Borio se na Kumanovu i na Bitolju, borio se na Jedrenu i na Bregalnici, borio se na Debru i na Žirovnici, borio se na Ceru i na Ramu, na Rudniku i na Timoku. I, kad je video da se sve rasipa, sve ono za šta je tolika krv založena; kad je video da mu je propala kuća, propalo selo, propala država, on je malaksao, on je izgubio svu snagu iscrpla mu se duša. Našli su se još drugovi koji su mu malodušnost podržavali, koji su mu bolove dražili i, on je jednoga dana učinio težak greh prema Otadžbini, napustio je pušku i krenuo svome selu.

Pred sudom on se ne brani, ali odgovara bez pouzdanja i bez hrabrosti.

— Jesi li begao? — pita ga predsednik.

— Jesam! — odgovara suvo i zvera po sudnici i traži očima hoće li među sudijama ma u čijem pogledu sresti saučešće.

— Jesi li znao da se bekstvo ispod zastave kazni smrću?

— Znao sam!

— Pa zašto si begao?

On ćuti, uporno ćuti i gleda tupo i nemo a dve mu se krupne suze vrte u očima. Ponosni vojnik sa Kumanova i Cera, sa Bregalnice i Rama, štedio je do sad te dve suze, kad se posle dugih i krvavih borbi vrati jednoga dana, da ih na pragu svome, da ih u zagrljaju svoje domaćice i svoje dečice, prolije a evo ih sad proliva ovde pred priznanjem svoje sramote. Nije to žalost za životom koja je te suze izazvala, vojnik sa Kumanova i Cera davno je pregoreo svoj život; nije to ni osećanje tuge za svojom kućom i porodicom, od kojih će ga maločas kratka presuda prekoga suda zauvek odvojiti. Njima će on, porodici svojoj, posvetiti svoju poslednju, najkraću noć u životu, noć koja mu ostaje od presude do izvršenja. Osećanje je to sramote koje izaziva vojnikove suze, osećanje one najteže sramote pred samim sobom. I eno ga, od jutros, nesretnika, vode na streljanje. Svet se nemo rasklanja pred tužnim pogrebom tim. Prištevci sa bolom u duši okreću glavu da ne vide onoga vojnika, kojega su pre tri godine tako žudno pogledali, kad je slazio sa Kopaonika noseći im slobodu; Arnauti, čijoj je sili doakao taj isti vojnik, pritvorno obaraju pogled, osećajući duboko u duši zadovoljstvo što se pred njihovim očima nanosi sram srpskome vojniku.

Kiša rominja, oblaci se žurno valjaju a sprovod lagano slazi glavnom ulicom, dohvata se kosovskoga druma i izbija tamo, više vinograda prištinskih, u blizini onih svetlih grobova gde su pokopane kosti onih, koji su pre tri godine Kosovo osvetili. Tamo čeka već iskopana raka; tamo će planuti žandarske puške i sručiti telo u grob, koji se niže u redu onih, koji su juče streljani i iza kojega će doći oni koji će sutra biti streljani.

Zašto tamo? Zašto na dogledu onih koji su pre pet vekova pali tu; zašto tamo gde grobove kiti krvavi kosovski božur; zašto tamo odakle se dogleda dim na Kačaničkome frontu, gde se i dalje bore oni, kojima nijednoga trenutka nije poklecnula duša i koji sa verom ginu? Zašto ne pod sramnim Golečom iza kojega je Vuk zamakao?

Pa iako ovaj sprovod prati uvek nema tišina i saučešće gomile kroz koju promiče, kad on zamakne u dubinu tesne prištinske čaršije, te se gomilice, koje je sprovod prosekao kao ono čamac vodu, nanova zberu i obrazuju, počinju ove kazivati svoje utiske o nemiloj pojavi.

— Ja ne znam samo, zašto se s tim paradira i to ovde, na Kosovu! — buni se jedan bivši narodni poslanik, čovek razboritih očiju i širokih pleća. — Ako je kriv, streljaj ga. Odvedi ga rano u zoru, dok još ceo svet spava, pa streljaj!

— Potrebno je ovako radi primera — pravda postupak jedan omalen policijski činovnik, čiji okrug već ne postoji više.

— Kakav primer? Kome primer? Je l' nama, građanima? Ako je vojsci, onda vodi ga tamo, na front, pa ga streljaj! — uzvikuje uzbuđeno bivši narodni poslanik.

— Tako mora biti i nema šta tu da se protestuje! — dodaje policijski činovnik.

— Ne protestujem ja protiv toga što streljaju begunce uopšte, nego što ih ovako streljaju, ovde...

— I što ih tako olako streljaju — dodaje jedan učitelj, koji sad tek upada u razgovor.

— Kako olako? — obrte mu se policijski činovnik.

— U redovnim prilikama je i najmanja sitnica olakšavna okolnost, te ne znam uzbuđenje, te izazivanje i šta ja znam šta još. A ovde?...

— Ne može drukče, ovo je ratni sud! — oseća se pozvan policijski činovnik da brani i dalje stvar. — Hoćeš valjda da vojnik pobegne pa da posle kaže: bio sam uzbuđen, i to da mu bude olakšavna okolnost?

— Neću to, brate! — pada u vatru učitelj. — Ali hoću da mu Kumanovo bude jedna olakšavna okolnost, pa hoću da mu Bitolj bude druga olakšavna okolnost, pa onda hoću da mu Jedrene, Bregalnica, Cer, Elbasan... sve, sve to da mu budu olakšavne okolnosti. Juče su vidiš sproveli ovako jednoga a na levoj mu strani bluze crn končić, o koji je ranije visila medalja za hrabrost.

— Nema tu razlike, prijatelju! Bekstvo je bekstvo, pa pobegao junak ili pobegla kukavica. Možda kad pobegne junak, to je još i veća krivica, jer zarazi strahom ostale.

— Priznajem ja to! — brani se učitelj. — Al' ne priznajem da je jedno isto pobeći iz kukavičluka ili pobeći iz drugih motiva.

— Kakvih drugih motiva?

— Kakvih? Možda žudnje za kućom, možda trenutne malodušnosti, možda uverenja da je sve propalo, da nema više spasa, da ne postoji više ono radi čega se vojnik bori i onda, težnje, da se bar spase svoja kuća, da se spasu svoja deca. Raspitajte se kod nadležnih, pa ćete se uveriti...

— O čemu ću se uveriti?

— Uverićete se da bekstva nije bilo dogod se srpska vojska borila s uverenjem, da će makar jedan delić Otadžbine moći sačuvati i da su bekstva nastala tek od momenta, kad se to uverenje potpuno izgubilo. Pitajte, pa će vam i same sudije reći, da bekstva iz kukavičluka nema i ovi što ih vode na streljanje nisu kukavice. Ako su i begunci, nisu kukavice!

— Zato ih ja ovako sa paradom ne bih ni sprovodio! — dodaje bivši narodni poslanik.

— Nisu kukavice! — ponovi još jednom učitelj.

— Ako vas to teši! — sleže ramenima policijski činovnik.

— Teši me! U ovoj nesreći i to me teši!

Takvi ili slični, ili drugačiji razgovori, vodili su se i kod ostalih gomilica, kraj kojih je prošao vojnik, koga vode na streljanje. Ja bih se u takvim prilikama obično sklanjao gdegod, da ne vidim ni te žalosne pojave, o kojima se vodi reč, da ne slušam ni te razgovore, koji ih propraćaju. Ulazio bih u kafanicu, odmah niže načelstva, gde su od rane zore pa do mrkla mraka uvek posednuti stolovi, te je teško mesto dobiti. Ali, i tu u kafani, žagor kao da si upao u košnicu uznemirenih pčela. Dim od duvana nisko pao po stolovima te kao prljav oblak obavio lica i figure ljudske, a težak zadah, zadah rakije, duvana, ljudskog isparenja i nikad ne provejane kafane, u kojoj se masa sveta guši od jutra do mraka. Tu oficir, koji je maločas stigao odnekud i odmara se te da nastavi put. Na njemu čizme ulopane blatom, sablja ulubljena a čelo nakvašeno prljavim znojem. Do njega izbeglica, koji već danima sedi tu, u toj kafani, možda za tim istim stolom, ne bi li saznao što, a predveče odlazi ne znajući ništa. Tu i meštanin, koji se ne poznaje s ljudima, ali sve prati pogledom, ne bi li sa tuđih lica mogao što pročitati. Tu sede jedan kraj drugoga oni, koji se nikad u životu nisu sreli i nikad više neće sresti. I svi oni razgovaraju, prepiru se, jadaju, ispovedaju i raspituju se i ne pitajući jedno drugo za ime. Nevolja ljude izjednačava i združuje ih; u nevolji otpadaju obziri, zaboravlja se na položaje, u nevolji se čovek obraća čoveku. Sreća je to, koja razorava nauk Božji i otuđuje bližnjega od bližnjega a nevolja ih zbližuje. Zato je valjda Bog i dodelio tako malo sreće svetu, da bi čovek ostao bliži sebi i Njemu.

Za stolovima se govori glasno i šapuće, govori se uzbuđeno i sa oštrim gestima i govori mirno i razborito. Vreva se čas penje do prave dreke, čas se utišava pa postaje kao neko zujanje i mrmorenje. Pogdekad samo, kad sa kojega stola padne glasnije kakva novost, svi ostali stolovi ućute i obrate pažnju tamo. Biva da pogdekoji razgovor, koji je počeo za jednim stolom, obuhvata postepeno i sve ostale te se u njemu učestvuje sa raznih stolova i postaje opšti. Kad nije to, već kad svako za se razgovara, ukrštaju se reči i rečenice te ona opšta vreva i oni delovi rečenica, koji ti dopiru do uha, izgledaju besmisleni, bezrazložni i bez veze.

— Sto hiljada vojnika kad ti kažem!
— Penzionisan je 1910. godine!
— Ama šta ćeš tamo, evo ga Debar!
— Đeneral Ratko Dimitrijev.
— Bolje samar nego sedlo!
— Dva i po dinara kilo.
— Taj je put iskvaren!
— Umrla mu je žena prošle godine.
— Ama šta ti računaš na Rumuniju?

Za stolom, kraj kojega sam ja stajao, ne mogući da dobijem mesto, govorilo se o samoubistvu potpukovnika Dušana Glišića.

— To je prvo samoubistvo, a biće ih još. Biće ih!
— I ima ih već! — dodaje jedan advokat sa drugoga stola.
— Zar već?
— Sad baš idem iz načelstva; stigla depeša iz Kuršumlije: Milutin Uskoković, književnik, skočio u Kosačicu i udavio se.
— Uh, grešnik! — učini jedan iz ugla.
— Bog neka ga prosti! — dodade drugi.
— More dobro je učinio. Prekratio muke! — dodaje treći, a četvrti pita:
— Je li slučajno pao u reku ili namerno?
— Namerno, samoubistvo — odgovara advokat, koji je doneo vest. — Ostavio je i pismo za sobom.
— Ih, bolan, a vidô sam ga juče ili prekjuče, ovde na ulici! — dobaci neko s vrata kraj kojih je stajao oslonjen.

To me podseti da sam ga i ja video prekjuče.

Još u Skoplju, poslednja dva-tri dana pred pad, bili smo zajedno na sednici građana, koji su u načelstvu brižno pretresali pitanje o načinu, kako da se evakuiše stanovništvo. Primio se i za člana odbora Građanske garde, koja je obrazovana da u momentu rasula održi koliko je moguće red i obezbedi evakuisanje. Na Uskokoviću, uvek i ranije sklonom mračnim mislima i očajnim odlukama, koje opredeljuju i junake njegovih romana, već tada se opažao težak utisak događaja, koji smo preživljavali. Oni su ga bili teško pritisli i pokolebali u njemu i poslednje ostatke otporne snage, te je već tad njegov pogled izražavao neku prestravljenost i nepouzdanje. Dobegao je sa nama u Prištinu i onaj jad, ono rasulo, onaj slom, ona strašna slika koju je davala Priština tih dana, samo je još više mogla pomračiti mu već zamagljenu dušu. Sreo sam ga tu, gde se i svi ostali sretaju, ispred načelstva, pred onom džamijom na početku čaršije. Bio je studen dan a on u jednom lakom kaputiću.

— Šta je ovo, šta je ovo? — dočekao me je uzvikom jedva izgovarajući svojim mutnim, promuklim glasom reči kroz stisnute vilice, koje kao da je grč stegao. — Šta je ovo? — ponovio je opet.

— Eto to, što vidite!

— Pa dobro, hoće li biti kraja ovome? — pita on dalje sa nekim uverenjem, da mu ja doista mogu odgovoriti na to pitanje.

— Pa evo, ovo je kraj!

— Koje?

— Ovo što vidite!

— Ama zar kraj? — zapita on začuđeno i okrete se levo i desno te pogleda oko sebe.

— Pa zar vam ova slika, ovo rasulo i pometnja, ova beznadežna lica i očajni pogledi, ova kiša i stalno mutno nebo, ovo blato i oskudica, ova streljanja i ova pucnjava, koja se čuje sa Kačanika i Crne Gore, zar vam sve to ne kazuje, da je ovo kraj?

— Dakle, čuju se topovi sa Kačanika? — upita on uzbuđeno.

— Čuju se!

— A otud, iz Kuršumlije? — i on pokaza glavom tamo, u pravcu rudnikovih ogranaka.

— Otuda se ne čuju.

— Onda ja idem tamo. Ja hoću mira; razume li ta Evropa jedanput da ja hoću mira!

I okrete se bez zbogom te pođe negde. Nisam ni znao tada da je on u stvari krenuo toga trenutka u Kuršumliju. Onako, u onom lakom kaputiću, bez opreme, bez ičega, krenuo je labskim drumom kojim su već bili zagušili begunci, koji su otud begali ka Prištini. Stigao je u Kuršumliju u trenutku kada su se i tamo čuli topovi i njegova već uznemirena duša nije ni tu mogla naći mira. Nigde, nigde ga ne bi mogao naći više, jer u tome trenutku već nije više bilo nijednoga kutka Srbije, do kojega nije dopirao glas topova. Otadžbina nije mogla više ponuditi mirno i bezbedno pribežište jednome siromahu književniku svome, Usković nije imao više moralne snage da se odupre težini događaja; duša mu se zanjihala, izgubila težište, posrnula i — podlegla.

Napisao je jednu ceduljicu u kojoj je gorko prebacivao Otadžbini što ga je napustila, otišao je na obale bujne i od silne kiše nadošle Kosačice i skočio je u mutne i blatnjave vale te topličke rečice, našavši u smrti mira.

— O ljudi Božji, šta bi čoveku! — iščuđava se neko, koji je sad tek naišao u kafanu i čuo da se Usković udavio.

— Nije mogao da izdrži! — odgovara neko sa petog, šestog stola. — Ne može svako da podnese ovo. Treba tu srce od kamena i živci od gvožđa pa da se ne svisne.

— Eto, i Velimir Rajić tako... — dobaci neko sa dna kafane.

— Koji Velimir Rajić?

— Onaj, mladi pesnik!

— Pa šta je s njim?

— I on?

— Ubi se zar?

— Ne, nije se ubio ali i ne umre, nego svisnu, prosto svisnu čovek.

— Ama od čega?

— Ko zna, od bola valjda, od muke!

Siromah Rajić! Slab i inače, i svoj rođeni život je jedva nosio a naišao ovaj slom te mu navaljao na dušu teške bolove. On nije žalio, on se nije jadao ni vajkao, on je jauknuo pri svakoj nedaći koje su počele snalaziti našu Otadžbinu. A nesreća se nizala za nesrećom, slom za slomom i jauk za jaukom i — on je presvisnuo. Biće mu je bilo bol, sav život njegov bio je jedan težak bol, bio je pesnik bolova, evo je i umro kao žrtva bolova!

Dok sam ja u uglu, ne prateći dalji razgovor, koji se bio rasplinuo po celoj kafani, razmišljao o Glišiću, Uskokoviću i Rajiću, priđe mi jedan prosed čovečić i prekide mi razmišljanje.

— Ama, gospodine, eno tamo kraj plota, iza načelstva, umire jedan glumac.

— Glumac? — iznenadih se ja.

— On kaže da je glumac.

Pođoh odmah tamo gde mi je rekao a čuh za sobom kako neko u kafani otpoče nov razgovor.

— Eto, eto, počeli smo već i kraj plotova da umiremo!...

Izvesno se taj razgovor nastavio kad sam ja napustio kafanu.

Tamo, iza načelstva, kraj plota, ležao je na zemlji, odupirući klonulu glavu o zid, čovek bedna izgleda. Lica obešena i podbula, suvih naprslih usana, očiju iskolačenih. Prljav, neobrijan, raskopčan, nesretnik se tresao celim telom i ječao je teško, bolno, samrtnički.

To je bio Miodrag Beković, član Kraljevskog pozorišta iz Beograda.

Poznao me je ali nije imao snage da govori. Jedva se pribrao da mi kaže samo nekoliko reči:

— Molim... kola... bolnicu... da ne umrem ovde... kao pas!...

Zamolio sam ljude te mi pomogoše da nađemo kola. Dok su ova stigla, stajao sam kraj bednoga Bekovića, koji je teško ječao i tresao se u groznici.

Kraj mene je ležao u blatu lepotom zanosni princ Karl Hajnc, kraj mene je ležao u blatu nežni idealista Arman Dival, ležao je u blatu ponosni riter Don Enrik od Palasiosa. Ležao je bedno, ležao kraj plota kao napušten pas i bolno ječao. Podsetio me je toga trenutka, ne znam zašto, na njegovog Grišu, kada je popio otrov iz Marušine čaše i, pričinjavalo mi se, kao da šapće one iste Grišine reči: „Sve gori u meni. Dah mi nestaje... Pali kao oganj!... Smrt!... Smrt!"

I počeše u sećanju da mi se nižu sve njegove role. Setih se najpre Manelika, onoga ilaninca sa zverskom snagom, onoga što veli: „Srce mi je dovoljno. Oružje mi ne treba!" Onoga što ubija Sebastijana, uzima Martu u naručje i uzvikuje gomili: „Sklonite se! Sklonite se! Ja ubih vuka! Ubih vuka!"
I ta mlada snaga evo je leži sad ispijena u blatu.

Setih se i Enrika toledskoga ritera, kada u poslednjem smrtonosnom poljupcu posiše otrov sa usana Mavarkinih i pada ponosno kraj nje.

I taj ponos, nesavitljivi ponos, evo ga sad u blatu.

I opet mi dopiru do ušiju Grišine reči: „Sve gori u meni. Dah mi nestaje... Pali kao oganj!... Smrt!... Smrt!"

Ili još pre, javlja mi se kao Leart, skočio je već u grob, i otud iz groba uzvikuje:

„Zagrn'te prahom život, nad i smrt

Dok iz ravnice ne izraste breg

Nad Pelijem, nad glavom nebesnom

Olimpa plavog!..."

Odneli su ga u bolnicu. Tamo je zatim i umro.

VII — Poslednja nada

Već je noć uveliko pala a Moravska divizija nije još stigla. Konačari su još jutros prispeli, predveče su stigli još neki oficiri na konjima — verovatno osoblje iz štaba — i svet je dugo stajao pred vratima i odlazio do one čistine iza načelstva, ispred Bajazitove džamije, odakle se dogleda labski drum te pogledao hoće li dogledati silazak vojske tim drumom. Mnogi su izlazili u susret sve do iznad Prištine, ne bi li dočekali diviziju koja će spasiti Kosovo, koja će nam obezbediti bar ovaj kraj Srbije, i — mnogi su verovali — koja će nam i Skoplje povratiti.

Na frontu, koji se razvio na desnoj obali Binačke Morave, a na zapadnim padinama Karadagovim, Bugari prodiru klancima Preševskim i Kačaničkim i starom carskom džadom, koja preko planinskoga venca vodi iz kumanovske ravnice u Moravu. Njihovu navalu sa očajnom hrabrošću zadržavaju Bregalnička i Vardarska divizija, ali Bugari, oslobođeni na drugim stranama, šalju sve nove i nove snage na ovaj front i borba s dana na dan postaje sve očajnija i sve krvavija. Znajući da je ovo poslednja odlučna borba koju deo rasute srpske vojske može dati, Bugari bi da prisvoje sebi jeftinu slavu da su oni zadali definitivan udarac srpskoj državi, kada su već na dosadanjim frontovima prema srpskoj vojsci, podeljenoj prema njima, Austrijancima i Nemcima, odnosili vojnički nestečene a ipak vrlo skupo plaćene pobede.

Zatvoreni u kosovskoj kotlini, bez saobraćaja sa svetom, bez saobraćaja sa ostalim delovima Otadžbine, vezani jedino telefonskim žicama koje od zore do zore zvrje između Mitrovice, Kuršumlije, Gilana i Ferizovića — mi nismo znali šta se na drugim stranama dešava. Verovali smo i uveravali su nas, da se istovremeno sa ovom borbom na gilanskoj Moravi, vode ovako isto očajne borbe i na Vardaru, gde Francuzi od Krivolaka napreduju ka obalama Treske, odakle će se dohvatiti Šarovih padina te pružiti ruku našem desnom krilu. Tako bi bio postavljen snažan zid sa desne strane Morave i Vardara, koji bi celu Novu Srbiju, sa te strane sačuvao netaknutu i, eventualno, omogućio pravilno odstupanje, ako bi do toga moralo doći.

Tako smo mislili, tako smo verovali, tako su nas lažno i obaveštavali, zavaravajući nas, uljuškavajući nas, ne dajući nam da budno i trezveno vidimo stvarnost koja se tako naglo, tako strmoglavo razvijala.

Stoga je dolazak Moravske divizije, pred kojom su išli glasovi o njenim slavnim borbama sa Bugarima na istočnome frontu — za nas imao veći i širi značaj no što je u stvari on mogao imati. Mi smo u tako jakom i odličnom pojačanju fronta, koji nas je branio, gledali spas svega što je počelo da se ruši. Dogledali smo čak i dalje: videli smo i oslobođeno Skoplje i vaspostavljenu vezu sa Solunom i pune vozove hrane, koja stiže u ove krajeve, gde je avet gladi i oskudica već počela da pomalja svoje oštre zube.

Stoga smo mi izlazili čak na drum da dočekamo tu diviziju, stoga smo se pribirali na poljanici, pred Bajazitovom džamijom, i žudno pogledali tamo na labski put: zato su žene i deca, do pred sam mrak stajali pred vratima, na ulicama kroz koje će vojska proći i tek kad je pala mrkla noć, povukli se u kuće.

Kuća u kojoj sam ja stanovao, van puta je kojim će vojska proći, stoga sam dockan u noć krenuo sa fenjerčetom u ruci, ne bi li gde mogao svratiti i sačekati Moravsku diviziju. Želeo sam je videti svojim očima da bi sam sebe ohrabrio, da bi novim nadama osvežio dušu već preplavljenu slutnjama onako, kao što se bolesnik osvežava nadom kad sagleda lekara.

Nad Prištinom je legla već duboka tama, mutne i kišne jesenje noći. Po kućama se pogasile svetiljke a ulice opustele i onemile. Jedva ako se još čuje lupa kakvoga kapka na prozoru koji domaćin, gaseći svetiljku, spušta i pritvrđuje ili bat koraka kojega zadocneloga grešnika, koji ni do ovoga doba još nije našao gde će skloniti glavu te luta kroz mračne ulice i lupa se o ćepenke i sapliće o kamene pragove.

Kroz tu tamu jedva se, kao svetlost usamljenoga kandila na groblju, nazire tamo jedan bledi zrak. To je kafana u koju se preko dana zbiraju izbeglice a preko noći je posednu vojnici, regruti, nove pridošlice i sve to poleže po stolovima i ispod stolova, tako da pre liči na magacin istovarenoga espapa no na prostor u kome ljudi spavaju. Mislio sam tu da svratim, da sačekam dolazak Moravske divizije ali, gde bi kad se ne može ni proći do preskačući preko popadalih i umornih tela.

Otvorio sam vrata na kafani i namah me zadahnu mlaz tople jare od ljudskoga znoja, zemlje i vlažnih opanaka. Po podu su tvrdim snom spavali i žene i ljudi. Lica im se nisu razaznavala, samo je tamu ispunjavalo teško disanje, hrkanje i gust, zagušljiv vazduh. Sa tavanice je visila useknuta, prljava, petrolejska lampa, koja je jedva mogla doprineti da se razaznadu konture tela te da ih čovek prolazeći ne bi pogazio.

U jednom uglu kafane, kraj samoga prozora, sedeo je u mračnoj senci, na jednoj stolici, oficir podvrnute jake na šinjelu i natučene kape na oči. Nisam mu mogao sagledati lice ali kad vide da se ja obzirem na sve strane, ne bi li našao kakav kut gde bi se mogao skloniti, on mi reče:

— Evo ovde, ako hoćete da sednete! — i pokaza jedan povaljen džak kraj zida.

Preskočih nekolicinu, pomažući se svetlošću moga fenjera i sedoh na džak. Svetlost iz fenjera osvetli crno i opaljeno lice oficirevo i limenu vojničku čuturicu, koju je držao na kolenu, i s vremena na vreme se potkrepljavao. Dva vrlo živa i svetla oka sevala su pod senkom suncobrana od kape koju je on duboko na čelo nabio a na licu mu se ogledao težak umor koji je sad već bio opšte obeležje svega života, svega što sretaš i što se kreće oko tebe.

— Nemate valjda gde da noćite? — zapita me kad sam seo.

— Imam, nego izašao sam da posedim malo. Hteo bih da sačekam Moravsku diviziju. Treba već da stigne.

— Da, čuo sam, stići će! — odgovori oficir nemarno, ne pridajući tome veliki značaj.

— Mi se u nju nadamo, mnogo se nadamo, to nam je poslednja nada! — nastavljam ja razgovor.

Oficir se gorko nasmeja, uze gutljaj rakije pa spusti čuturicu na koleno i dodade gotovo više sebi:

— I kao svaka nada i ova stiže dockan!

— Mislite dockan? — prihvatih ja.

— Ne mislim — odgovori oficir odlučno — nego znam, vidim. Nema tu šta više da se misli!

— A mi smo sve polagali u tu Moravsku diviziju. Ako ona stigne... ovamo se naši dobro bore, dobro se drže, te kad im stigne takva pomoć kao što je Moravska divizija... možda ipak neće biti dockan? — pokušavam ja da izmamim na silu utešan odgovor.

— Ta... — uze da oteže oficir — u stvari neće biti dockan da pomogne povlačenju prizrenskim putem. To toliko može Moravska divizija ali da uopšte pomogne, da spase situaciju, dockan je, vrlo dockan.

— Dakle samo toliko? — zapitah razočarano.

— Samo toliko! — odgovori oficir. — Prizrenski je put jedini koji nam je ostao za odstupanje. Tu će se sručiti cela Srbija. Bugari su već u Kačaniku, njima ne treba nego još jedna dobra borba i evo ih u Ferizoviću i Štimlju, na ustima Crnoljevskog klanca. A kad to bude, tada smo zatvoreni kao u mišolovci; svi, svi smo zatvoreni i vojska i narod i Kralj i vlada i cela država. Eto to može otkloniti Moravska divizija.

— A ja sam mislio...

— Da, vidim! Ovde se polaže mnogo nade na njen dolazak ali... toliko može, da zadrži Bugare dok svi vi izmaknete.

— Mislio sam da iz Prištine neću morati dalje.

— Mislio sam i ja, gospodine, i verovao sam, dugo sam verovao...

— A sad ne verujete više?

— Ni u šta! — odseče on odlučno i naže opet čuturicu, koju je držao uvek na kolenu.

— Ipak ima vesti koje bi mogle biti utešne! — pokušavam ja da i sebe i njega obmanem.

— O Rusima, o Francuzima, o Rumunima, je l'te? — okrete se on na svojoj stolici celim licem prema meni.

— Da!

— Oh, gospodine moj, kad bi vi znali otkad nas naši zvanični serviraju tim lažnim vestima. Vi ih bar čujete na ulici, pa vam ne mora biti ni krivo kad se uverite da su lažne ali se one nama zvanično serviraju. Evo, vidite... — on zavuče ruku u unutrašnji džep od šinjela i izvuče otud neke hartije te razvi jedan ugužvan hektografski ispisan tabak. — Vidite, je li ovo numera?

On mi ukaza prstom na levi vrh tabaka i ja prinesoh fenjerić koji je stajao na zemlji izmeđ mojih nogu.

— To je samo jedna naredba, a imam ih više — nastavi on. — Laže se, gospodine, laže se zvanično. Ili nas lažu ili i njih lažu. I dok je to činjeno tamo, dok smo se borili, ajde, još razumem. Trebalo je održati moral u vojsci, dobro, ajd' laži je. Ali sad, što će nam to još i sad? Zar nije bolje kazati ovome svetu: sklanjaj se za vremena, nego posle da sve to zaguši!

Pod stolom se proteže jedan spavač i gurnu nogom sto te ga mi pridržasmo a onaj se ozdo promeškolji levo i desno dok ne nađe mesto. U tami, tamo u drugom uglu kafane, jauknu neko u snu i opet se umiri.

— A mislite da je sve to laž? — pokušah ja da nastavim razgovor.

— A zar nije? Pogledajte molim vas — i on diže moj fenjerčić te ga prinese onoj hartiji što ju je još držao u ruci — vidite, to nosi datum, 28. oktobar, je l'te? To je nova, sasvim nova laž. Gde bi nam bio kraj kad bi sve bilo istina što tu piše. Ne vidi se a dao bih vam da pročitate. Sedamdeset hiljada Francuza i Engleza, prema ovom izveštaju, bilo je već u Solunu do 20. oktobra, a od ovih veći deo već na našem zemljištu. Ovde piše da nešto u Solunu, ali veći broj u Srbiji, ima 110.000 savezničkih vojnika i to sa odličnom oružnom spremom. Naglašava se naročito da svaka četa ima dva mitraljeza a svaki bataljon po jednu bateriju. Pa onda kreću iz Marselja još dve engleske i jedna francuska divizija a odmah zatim još tri divizije francuske. Pa onda, teška francuska artiljerija na putu je za Solun a Rusi se delom već iskrcavaju u Varni a delom idu preko Dobrudže i to pet korpusa Rusa i znatna artiljerija. Sem toga, ruske trupe dobile su dozvolu i za prelazak preko Rumunije. Eto vidite, sve to piše tu i sve se to nama zvanično i poverljivo saopštava. A mesto svega toga, što je ovde nabrojano, dovoljno bi bilo dvoje: da se Rusi odista iskrcaju u Varni i da Francuzi, sa polovinom snage o kojoj se ovde priča da je već na srpskom zemljištu, pođu samo Vardarom naviše, pa bi videli kako bi se situacija očas izmenila.

Oficir je sve to govorio jetko i dignutim glasom gužvajući onu naredbu u snažnoj šaci.

— A šta je to što vas uverava da se to odista i ne dešava? — pokušah ja da ga umirim.

— Šta me uverava? — učini on i pogleda me popreko, kao što bi učitelj pogledao đaka koji ne zna lekciju. — Uverava me to, gospodine, što Bugari u ovome trenutku pojačavaju novim jedinicama ovaj front na Gilanu. Kad Francuzi marširaju ozdo Vardarom a Rusi iskrcavaju u Varni, onda se ne odvajaju tako lako snage za pojačanje ovoga fronta. Je li vam to jasno?

— Jeste, nažalost! — odgovorih ja, osećajući kako mi ovaj nepoznati oficir čupa iz duše poslednje ostatke nade, koje sam ja vezivao za dolazak Moravske divizije.

Ućutasmo zatim. On nateže čuturicu i jasno se čulo klokotanje njeno. Zatim opet mir, te samo čuješ teško disanje uspavane gomile.

— A vi ste ovde na prolazu? — prekinuh tišinu.

— Nisam, na prolazu sam kroz Mitrovicu. Pa... dojurio sam, majka mi je bila u Prokuplju. Čuo sam da je izbegla, pa kako su prokupački begunci ovuda prošli, rekoh da je nađem. Ujutru rano moram natrag da mi ne bi izmakla komanda.

— A jeste li našli majku?

— Nisam, ko će je naći u ovome kijametu od naroda. Rekoh da joj se samo javim, nismo se videli skoro godinu dana i... ko zna hoćemo li se kadgod videti?

— Smem li znati odakle odstupate?

— A što da ne smete znati? — iznenadi se oficir.

— Šta znam — uzeh da se pravdam — kô velim da nije poverljivo.

— Ama čega još i sad ima poverljivog! — uzviknu on i nasmeja se gotovo glasno ali ipak gorko. — Poverljive su akcije koje neprijatelj ne sme znati da ih ne bi osujetio ili preduhitrio! A kakva je ovo akcija? Povlačenje, povlačenje bez reda, bez plana, bez namere, bez cilja; povlačenje koje ceo svet gleda i koje upravo zajednički vrši i vojska i narod. Čega ima tu poverljivog? Šta je to što se tu da sakriti ili što bi se moglo sakriti? — i on učini rukom jedan gest kao da bi hteo reći: otišlo je sve do đavola, pa šta ima da se krije više!

— Odakle se povlačite?

— Sa Čačka, kroz klisuru.

— Jeste li imali borbe pri povlačenju?

— Imali smo, na Čačku naročito. To je valjda i bila poslednja veća borba. Ovamo ko zna hoće li ih i biti?

— Zar je Čačak neprijatelj borbom osvojio?

— Ne, ali smo ga mi osvojili.

— Mi?

— Pa da, mi! Ko hoće da zna kako smo odstupali i kako je uopšte srpska vojska odstupala a neprijatelj napredovao, taj treba da se raspita o borbi na Čačku.

— Znači, veliki ste poraz naneli neprijatelju u toj borbi?

— I to, ali nije samo to. Borbu na Čačku trebalo bi zabeležiti po tome, što je to borba rasturenih jedinica, malih, usamljenih jedinica, od kojih svaka svojim putem odstupa a pred pojavom neprijatelja sve se to zbira, obrazuje vojsku i tuče neprijatelja organizovanog i snažnog.

— Pa što ne zabeležite to?

— Ja?... Ne umem! Nije mi do toga a i ne umem. Sve sam video, sve sam čuo, svuda sam bio, ali ne umem da zabeležim.

— Bi li bar meni ispričali?

— Hoću! — odgovori on sa najvećom gotovošću. — Hoću, pa ako ste pismeni zapišite to, vredno je zapisati.

Ja ućutah, očekujući da počne priču o borbi na Čačku. On okvasi ponovo grlo i poumi da počne, ali napregnu sluh i obrati pažnju na drugu stranu.

— Čujte! — reče. — Evo ih stižu!

— Ko?

— Moravci!

Preskačući preko gomile spavača, pomažući se fenjerom, pođoh odmah dovikujući s vrata:

— Samo da ih vidim. Vratiću se, sačuvajte mi mesto.

Napolju me osveži vazduh, jer me je bila već zamorila ona teška i zagušljiva zapara u kafani. Noć je bila gusta i mračna i jasno se čuo bat gomile iz daljine. Pođoh tamo u susret.

Priština, koja je do same večeri nestrpljivo očekivala dolazak vojske, predala se bila dubokome snu koji joj je uspavao i sve nade. Ali, kao da su svi ipak spavali na jedno uho a drugim osluhivali, jer bat gomile namah probudi celu varoš te na kućama se otvoriše sa velikom lupom, naglo i gotovo jednovremeno prozori i pojaviše se gomile čupavih glava onih koji su malopre bez nade polegali. Na svima se prozorima pojaviše svetiljke, lampe i sveće, koje gole ruke počeše da iznose van prozora kako bi bacile svetlost na mračnu ulicu te osvetlile put vojsci koja nam poslednju nadu donosi. To je bila jedna vrsta improvizirane iluminacije kojom je, kao čarobnim štapićem iz sna probuđena varoš, pozdravljala one od kojih je očekivala svoj spas.

— Nisam tvrdo ni zaspao! — govorio mi je sutradan jedan prijatelj. — Uznemiravalo me to što sinoć nije stigla divizija. Počeo sam da sumnjam da i to nije jedno od mnogobrojnih obećanja i mnogobrojnih naših nadanja. I kada me je najzad savladao san, meni se čini da sam još uvek jednim uhom osluhivao: hoće li doći?

Bleda svetlost petrolejskih lampi i sveća, sa kojih je vetar plamen povijao, bacao je neku tajanstvenu, nepouzdanu svetlost kroz mračnu ulicu kojom je vojska, umorna dugim i napornim maršem, isprskana debelim blatom i okvašena studenom kišom, polako i tromo promicala. Bat cokula i mljaskanje opanaka po blatu, razorio je mrtvu tišinu koja je do maločas vladala, te kroz tesne i mračne ulice odjekivalo je kao kroz puste lagume. Vojnici iako zamoreni, dizali su glave i pogledali na prozore, odakle su im svetiljke osvetljavale preplanula lica a gomile očiju i osmeha, koji nada ispisuje na usnama, pozdravljala ih.

— No, hvala Bogu, sad ću mirnije spavati! — reče jedan, koji je svetiljkom u ruci i ogrnut ćebetom, pod kojim je dotle spavao, posmatrao pred vratima, kraj kojih sam i ja stao, prolazak divizije.

— Pa jest' — odgovorih tek koliko da odgovorim.

— Kako da nije! — nastavi on. — Poznajem ja Moravce! Za tri dana ćemo se vratiti u Skoplje.

Ma da, posle razgovora koji sam maločas vodio sa onim oficirom, razočaran u veliku zadaću koju smo dotle svi pripisivali Moravskoj diviziji, osetio sam u tome trenutku potrebu da ne razočaravam druge. To je osećanje onoga koji teškome bolesniku, za kojega su već i lekari izgubili pouzdanje, neće da kaže pravu istinu i zalaguje ga novim nadama. Možda bi se tako dali pravdati i oni lažni komunikei u kojima nam se pričalo o savezničkoj pomoći, o Rusiji, o Rumuniji i dr.

Kad već prođoše dugi i beskrajni redovi, poče jedna po jedna svetiljka da se uvlači, jedan po jedan prozor da se zatvara a malo zatim i da se gasi. I opet zavlada ulicom duboka tama močarne jesenje noći i sve ponovo zaspa tvrdim snom koji vera i pouzdanje nosi.

Ja se vratih u onu mehanu. Još jednom me zadahnu topla i smrdljiva jara, koja me je u ovome času gušila kao da sam sišao u kakvu duboku kosturnicu.

Oficir je sedeo nepomično na svome mestu.

— Stigli? — upita me.

— Stigli! — odgovorih i posadih se na džak gde mi je on sačuvao mesto a fenjerić ostavih međ noge na pod.

Oficir tad poče da mi kazuje o borbi na Čačku. Kazivao je mnogo i ja, verovatno nisam upamtio sve. Ipak sam sutradan zabeležio datume i pojedina mesta. Iz tih mojih beležaka i iz pamćenja, koliko sam ga sačuvao, ja danas prepričavam to kazivanje, prepričavam ga svojim rečima. Oficirevo kazivanje je bilo možda prirodnije i jednostavnije, ali sam ja samo celinu sačuvao u sećanju i kazujem je onako kako sam je sačuvao.

VIII — Jedna borba

U Guču, na Bjelici, pod Jelicom planinom, stiže 17. oktobra svečeri jedna baterija, pred kojom je jahao oficir snažnih pleća i preplanula lica a oštrih i tvrdih crta kao od bronze salivenih. Dan se već bio uveliko gasio, dućani i radnje ove male varošice bile su već zatvorene i svako se povukao u svoju kuću. Kad glomazni topovski točkovi zatandrkaše mrtvom čaršijom, uznemiri se zabačena palanka i nasta uzbuđenje među njenim građanima. Baterija prođe i izbi na drugi kraj varošice, oficir zaustavi na jednoj čistini povorku, naredi voljno i sve ostalo za odmorište te sjaha s konja i predade ga posilnom.

Odmah nastade u bateriji živ pokret momčadi koja poskaka sa sedišta i preduze sve da pripremi za odmor. Jedni pođoše po seno i drva, drugi uzeše da stovaruju kare, treći da pobijaju kolje za koje će vezati stoku a četvrti pođoše do reke po vodu, te da operu topovske točkove i poskidaju sa njih debelo blato koje su poneli sa druma od Arilja odakle su jutros krenuli. Umorni volovi koji vuku ovu bateriju, oslobođeni jarma, uzeše da dahću očekujući da im se položi hrana. A oficir, pošto je još neke naredbe izdao, krete natrag u varošicu da potraži telegraf.

To je bila svega jedna poljska pozicijska baterija Drinske divizije koja stiže otud sa Drine, sa Suve gore. Kada je 27. septembra neprijatelj, posle višednevne borbe prešao Drinu, baterija je ova dobila naredbu da se odmah povuče na Dobrun-Vardište, odakle je preko Šargana stigla u Užice. Neprijatelj je tada već duboko bio ušao u Srbiju te se moralo i dalje odstupati, od Užica na Požegu pa u Arilje a odatle na Guču.

DEVETSTO PETNAESTA

Oficir oborene glave a zabačene kape iznad čela lagano korača nekaldrmisanom, oceditom ulicom varošice, ne obzirući se na radoznale poglede preplašenih stanovnika do kojih, preko visoke Jelice, jedva da dopre iz Čačka kakva vest o situaciji u zemlji, te koje dolazak jedne baterije sa Drine čak ovamo u srce Šumadije, ispunjava teškom brigom i slutnjom.

Policijski pisar, koji se pridružio kapetanu i konačaru, jedan ulopan i neizbrijan sreski tip, pokušao je usput i da postavi pogdekoje pitanje ali je kapetan samo odmahnuo rukom ne odgovarajući mu. Pisar, videći da na pitanja ne dobija odgovore, uze nepitan sam da priča šta zna, šta je čuo, šta je doprlo do Guče.

— Ovamo ne valja. Zvanično ništa nemamo, al' tako kažu. Vele neprijatelj je krenuo iz Valjeva, slazi preko Trbušana i Ljubića. Slali smo konjanika a razgovarali smo i preko telegrafa sa Čačkom. Imam i jedno pismo od moga kolege, poslao mi po mom konjaniku, veli: mi evakuišemo. To još pre tri dana a otad ne znam kako je. Nemamo nikakvih vesti!

Kapetan neraspoložen da se upusti u razgovor, saslušao je sve ove vesti koje, ma koliko bile i nepouzdane, ipak daju nešto podataka da se situacija može bar naslućivati. On je, razmišljajući o dobivenim vestima odbio onaj jedan procenat koji vojnici uvek pripisuju strahu, zbog kojega civilaši preuveličavaju vesti i izašlo mu je otprilike da se borbe vode verovatno negde oko Valjeva, recimo, na položajima iznad Valjeva. Najviše još što bi se moglo dozvoliti, ako su Austrijanci jednovremeno sišli i Kolubarom i Jadrom preko Osečine, bilo bi to da je i Valjevo palo. Prema tome kapetan je sračunao da će u Guči završiti svoje odstupanje i tu sačekati naredbe koje će glasiti da sa baterijom krene na taj novi front.

Preplavljen tim mislima i ne slušajući dalja kazivanja pisareva, koji je tapkao za njim po blatu, kapetan se uvrati u sresku zgradu, iz čijeg je zida isticao čitav snop žica koji je prihvatao jedan direk pobijen ispred zgrade. U telegrafskoj stanici zateče on telegrafistkinju koja je besposlena čitala neki stari broj beogradskih novina. On naredi da potraži vezu i raspita se gde se nalazi Komanda Užičke vojske. Sede zatim i napisa telegram kojim izveštava komandanta da se nalazi u Guči i ostavi potporučnika da čeka vezu i ispošlje telegram a on ode da potraži malo odmora.

Prihvatio se u kafani gde mu je spremljen konak pa se zatim povukao u sobu i ubrzo umoran legao. Bila je već prošla ponoć kad na kapetanova vrata neko zakuca najpre tiho a zatim jače. Bio je to potporučnik koji je doveo sobom jednog ordonansa. Kapetan još dovoljno neodmoren i neispavan sede na krevet i pripali sveću u niskom limenom svećnjaku. Ordonans, koji sa potporučikom uđe u sobu, predade mu jednu malu kovertu, koju kapetan hitno otvori i prinese list hartije sveći. Preleti ga jedanput i dvaput pa, ne govoreći ni reči, potpisa zavoj i vrati ga ordonansu koji salutira i ode. Kapetan se diže sa postelje i reče potporučniku koji je ostao u sobi:

— Idite odmah izbudite ljudstvo.

— Pokret? — učini potporučnik iznenađen jer on još nije bio ni legao da se odmori.

— Pokret! — odgovori kapetan suvo.

— Hitan? — pita dalje potporučnik.

— Odmah, još noćas!

— Na koju stranu?

— Videćemo, kazaću!

— Stoka je premorena! — usudi se da primeti potporučnik.

— Znam! Učinite kao što sam vam naredio! — odgovori kapetan i okrete se bunovnom i dremovnom posilnom, koji je upao u sobu, te mu naredi da poskida s čizama koliko-toliko sinoćne blato i spremi ostali prtljag.

Potporučnik salutira i ode a malo posle, dok se kapetan još navlačio i opremao, pisnu trubni znak tamo kraj reke i proseče noćnu tišinu koja je ležala nad palančicom.

Kad je već navukao i šinjel i opasao revolver, on uze još jednom naredbu koja je ležala na stočiću, da je ponovo pročita. Naredba je bila od komandanta Užičke vojske, u njoj mu se naređuje da odmah krene za Čačak i da gleda da se probije kroz varoš, inače mu je baterija izgubljena jer je Čačak pred padom.

„Ipak, ona sinoćna obaveštenja pisareva nisu bila netačna!", sinu kroz glavu kapetanu, strpa naredbu u džep od šinjela i natuče kapu na nezačešljanu glavu pa pođe kroz noć telegrafu da potraži Čačak te da raspita kakva je situacija tamo, ne bi li saznao nije li već dockan krenuti na tu stranu.

Telegrafistkinja, koja je spavala na krevetu za dežurne, diže se i poče udarati u aparat tražeći Čačak, ali se otud niko ne odazva.

— Ne odziva se? — upita kapetan nestrpljivo.

— Od sinoć se, gospodine, ne odziva. Zvala sam nekoliko puta. Mora da su naši već napustili telegraf i neprijatelj valjda...

— Biće da se vode borbe pa je linija zauzeta! — preseče je kapetan, ne želeći joj dozvoliti da kaže ono što je i sam u tome trenutku pomislio i što mu je novom i teškom brigom osenčilo čelo.

On pođe naglo iz telegrafa i uputi se tamo gde je baterija bila već sva na nogama i u pokretu, spremajući se za polazak. Za malo i on uzjaha konja a momci sedoše na svoja sedišta.

Za noći baterija je prešla dragačevsku ravnicu, od Guče do Jelice, a sa zorom se već pela uz Jelicu, te kad osvoji dan ona se poče spuštati ka Čačku. Pretpostavljajući da neprijatelj mora biti negde u blizini, kapetan, jašući daleko ispred baterije, učetvorostruči pažnju. On još od rane zore posla u izvidnicu jednoga podnarednika sa dva vojnika koji daleko izmakoše i trebali su se već vratiti. Pod njim se razvila serpentinska džada koja obavija kao zmija Jelicu te je daleko pod sobom mogao sagledati delove druma, što mu je olakšavalo da sa izvesnim pouzdanjem kreće napred, pribojavajući se ipak iznenađenja na prevojima, utoliko pre što na ovome strmome putu ne bi mogao sa baterijom operisati, niti bi je na uskome drumu mogao krenuti za povratak, niti bi je premorena stoka mogla uzneti natrag na Jelicu sa koje se spušta.

Jednoga trenutka zaustavi kapetan bateriju i izjaha napred do jednoga zavoja sa kojega se daleko dogleda povijena pantljika jeličkoga druma i, tamo pod Jelicom, Čačak koji broji poslednje sate svoje slobode. Daleko pod sobom spazi kapetan na dogledu izvesno kretanje. Njega teknu nešto, ali kad ponovo zagleda poznade po broju ljudi da se to njegova izvidnica vraća te joj pohita u susret. Podnarednik koji je slazio čak do Čačka, raportira kapetanu, da su juče još Čačak napustile sve naše vlasti i da su obe ćuprije na Moravi bačene u vazduh. Neprijatelj još nije ušao ali se zna da slazi s Ljubića i ukopava se s one strane Morave. Varoš je spremna za predaju i očekuje se ulazak neprijatelja svakoga časa. Opasnost je velika za bateriju da nastavi put za Čačak jer može neprijatelja zateći već u varoši.

Saslušavši ovaj raport, kapetan se za trenutak razmisli pa obode konja i hitno se vrati bateriji te izdade naređenje da se žurno kreće ka Čačku ne bi li se ugrabilo proći kroz varoš pre no što bi neprijatelj ušao i zarobio bateriju. I mada je stoka već bila potpuno klonula od silnoga umora, put koji je bio strm i pod nogom, olakša te baterija življe krete.

Bilo je deset i po časova pre podne 18. oktobra, na sam dan Svetoga Luke, kada ova baterija naiđe ivanjičkim sokakom na čačansku kaldrmu i kapetan na konju pred njom. U varoši tišina, mrtvilo. Iz kućeraka sa zastrtim prozorima proviruju preplašene oči stanovnika koji su se već predali sudbini te su još radi samo da vide kako izgleda ta njihova sudbina. Sa pogdekoje kapije izviruje žensko čeljade, ljudi su se izvesno povukli u kuće jer nisu radi u prvim trenucima ulaska neprijateljske vojske pojavljivati se. Na jednoj kućici već visi beli barjačić a pred kućom ostarija žena prestravljeno pogleda neprijatelja koga očekuje. Zagleda dobro i kad u vojnicima pozna svoje, srpske vojnike, ona se preobrazi iznenađenjem i oseti se sramna te grčevito zdera beli barjakčić s motke i utrča u kuću, odakle maločas iskuljaše čitave gomile žena i dece radoznalo i sa ushićenjem posmatrajući srpsku vojsku koju nisu očekivali. Malo dalje, opet pred vratima jedne kućice, žena spazila srpsku vojsku i srpskog oficira pa stidno sakrila za leđima belo barjakče i sikirče kojim ga je trebala da prikuca na kapiji. Kapetan spazi, bolno ga teknu i uzviknu joj s konja:

— Zar nije, sestro, rano da dižeš taj sramni barjak?

Ona postiđeno baci barjak i sikirče i pobeže u kuću.

To sve na ulasku u varoš, među prvim kućama. Kad baterija uđe malo dublje, sagleda kapetan tek pravu sliku jedne varoši u agoniji.

Čačak je tada krcao od izbeglica i sve to prestravljeno i zabrinuto, sabrano u gomilice, stajalo je pred dućanima, pred kućama, pomireno sa sudbinom, šapćući međ sobom sa izvesnim uzbuđenjem izazvanim nepoznavanjem opasnosti koja se približuje. Što dublje sredini varoši bele zastave sve češće, naročito na uglednijim kućama. Na opštini takođe bela zastava i pod ovom sabrao se naročiti odbor građana koji je obrazovan da izvrši predaju varoši. Kao naročitu značku lojalnosti i gotovosti na predaju, svaki je od ovih odbornika nosio još omotanu, na levome rukavu, i jednu belu vrpcu.

Svetina na ulici i pred opštinom, zajedno sa ovim belim odborom, očekujući sa izvesnim neodređenim strahom, slutnjom i nemilim predosećanjem ulazak neprijateljske vojske, koji ima da označi početak robovanja, sa neskrivenim iznenađenjem predusrete srpskog oficira sa baterijom. Na licima svih bilo je ispisano pitanje: „Otkud ti?" Što je kapetan bliže prilazio beloj opštinskoj zastavi i prestravljenoj gomili, sabranoj pod njom, iznenađenje se ovo pretvaraše u pravu zaprepašćenost. Izmireno već sa predajom, izmireno već sa robovanjem, stanovništvo je gotovo sa negodovanjem presretalo odnekud zalutalu srpsku bateriju, koja će navući borbu i sa njom gnev neprijateljev, smrt i razdor varoši.

Kapetan je osetio to negodovanje u pogledu svetine i odbora i u duši mu to izazva bolnu odvratnost i planuše mu obrazi srdžbom. On napusti bateriju te ova nastavi put kaldrmom a pritera konja pred opštinsku zgradu.

— Šta je to? — grmnu kapetan s konja sakupljenim odbornicima sa belom trakom oko rukava.

Niko mu ni reči ne odgovori.

— Ko obesi tu sramnu zastavu? — grmnu kapetan i potera konja u samu gomilu.

Odbornici se zgledaše među sobom i predsednik njihov priđe kapetanu ljubazno:

— Mi, gospodine kapetane, očekujemo neprijatelja svaki čas...

— Skidaj to! — prekide ga kapetan. — Zar ne vidiš da su ono tamo srpski vojnici, zar ne vidiš da sam ja srpski oficir; zar ti hoćeš da ja srpsku vojsku, makar i u odstupanju, provodim pod belim zastavama?

— Molim lepo! — uze predsednik beloga odbora opet reč da se objasni. — Mi smo napušteni i mi imamo pravo da se sami opredeljujemo prema daljoj svojoj sudbini.

— Opredeljujte se kad više nijednog srpskog vojnika ne bude u varoši. Dok sam ja ovde još niste robovi; imate kad to da budete. Naređujem da se bela zastava skine!

— Ja mislim...

On ne izgovori reč, jer kapetan planu i spusti ruku na revolver i prigušenim glasom ciknu:

— Skidaj ili...!

Bela zastava pade sa opštinske kuće, poskidaše se i sa ostalih kuća ulicom kojom će poslednja srpska baterija proći. Kapetan obode konja i pohita za baterijom.

Ali, maločašnji slučaj nije bio i poslednji koji je kapetanovoj uzbuđenoj duši naneo bol pri napuštanju već izgubljene i zloj sudbini ostavljene varoši. Masa sveta, među njima najviše izbeglica iz drugih mesta, a među ovima veliki broj pojedinaca i čitavih porodica koje su ga poznavale, opkaljale su ga, zaustavljale mu konja i suznim očima i uzbuđenim glasom, koji je drhtao i grcao, zasipale ga pitanjima: odakle ide; ide li još vojske; ima li kakve nade?

Kapetan htede da ne odgovori ili bar da prikrije istinu ali gomila iz njegovog ustezanja i snebivanja poznade istinu i to ga nagna da joj je prizna.

— Ovo je poslednja naša baterija. Izmičem žurno da ne budem presečen — ali, da bi ih i utešio on dodade — ipak, čim uhvatim tamo položaje, zaustaviću se!

Mesto utehe, ta izjava kapetanova izazva još veći strah kod svetine.

— Ne tamo, ne nad Čačkom. Idite dalje, što dalje kapetane. Bombardovaće nas, uništiće nas!

Kapetan im obećava i njegov konj raskrčuje gomilu te polazi putem van Čačka, kojim njegova baterija već izmiče. Ali na kraju su tamo, van varoši, još i kasarne, koje su pretvorene u bolnice, pretovarene ranjenicima koji su se načetili na prozore i izmilili ispred bolnice pa dovikuju otud:

— Odakle gospodine kapetane? Kuda gospodine kapetane? Je li daleko neprijatelj, gospodine kapetane? Hoćete li primiti borbu, gospodine kapetane?

Kapetan odmahuje rukom i okreće glavu da ne vidi ovo nesretno buduće roblje među kojima ima možda i njegovih drugova, i udara mamuzu u slabine konju ne bi li što pre stigao bateriju koja je već izmakla drumom. Ispred trnavske mehane više Čačka izađe vodnik pred kapetana i saopšti mu da je stoka toliko malaksala, da već posrće i pada. Mesec dana ta stoka, neishranjena, bez odmora, tegli od Drine do Čačka. Kapetan naredi da se tu, kod trnavske mehane, iznad samog Čačka, ostane na odmor ali pred podne već on dobi izveštaj da se neprijatelj brzim maršem spušta ka Čačku i naredi brzo kretanje jer tu, na trnavskoj mehani i kad bi mogao sa ciglo jednom baterijom da primi borbu, ne bi to učinio radi varoši i onoga sveta, koji ga je molio i kome je dao reč da će izbeći borbu iznad same varoši.

Mada je drum bio zakrčen beguncima i starcima iz trećeg poziva, koji su se rasprštali još ispred Čačka, kod sela Trbušana, ipak se pred baterijom svuda otvarao put i ona je lagano izmicala ka selu Ježevici. Posmatrajući starce iz trećega poziva kako gegucaju kaljavim drumom, kapetan poumi u jednome trenutku da ih pribere oko svoje baterije, za slučaj da bude prinuđen primiti borbu ali, videći ih onako iznurene i nemoćne, odustade od te namere utoliko pre, što kod sela Ježevice natrapa odnekud jedan polueskadron konjice trećeg poziva, sa rezervnim kapetanom kao komandirom. Kapetan odmah stavi ovaj polueskadron pod svoju komandu i isturi ga ispred neprijatelja.

U samo podne, patrole ovoga eskadrona javiše kapetanu da je neprijatelj ušao u Čačak i kreće dalje da goni njegovu bateriju. U isto vreme stiže kapetanu i glas da se negde na drumu, idući Kraljevu, nalazi još jedna baterija debanžova i jedan vod krupovih topova kojim komanduje jedan docent univerziteta, rezervni kapetan. Kapetan razasla konjanike poručujući ovima da zastanu gde su i da se postaraju dobiti vezu sa njim a sam odmah krete ka selu Slatini, sad već sa namerom da se tu zadrži pa da u ime Božje i borbu primi, osećajući se sad već koliko-toliko jači ili bar ne više usamljen.

Da bi se mogao za borbu pripremiti, kapetan naredi patrolama da po drumovima počnu zbirati rasturenu pešadiju pa čak i one trećepozivce koje je maločas zapostavljao; i nastade da se odmah veže telefonom sa Kraljevom, ne bi li ma s kim, ma s kojom komandom, dobio veze.

Maločas i telefon zazvrča. Kapetan je tražio Kraljevo da pita gde se nalazi štab Prve armije. Telefon mu donese vest da se štab Prve Armije nalazi u Vitanovcu i on zaprepašćeno ispusti slušalicu.

— Dakle na levoj obali Morave? To znači da vojvoda Mišić ni pojma nema da je neprijatelj izmanevrisao klisuru Ovčara i Kablara i da je zauzeo Čačak. Traži hitno Armijski štab! — dreknu on na podoficira telefonistu.

Telefon je očajno zvrčao, telefonista je činio sve moguće pokušaje i napore, ali je do te veze nemoguće bilo doći. Svakoga časa javljale su se nenadležne komande, vojne stanice ili su se ukrštali razni glasovi, razna brujanja i telefonista je umoran prekidao vezu, da mučan posao iznova počne. Kapetan je nestrpeljivo hodao, pušeći grčevito i nervozno cigaretu za cigaretom i psujući i telefon i onoga ko ga je izmislio.

Posle čitavoga sata napora, telefonista klonulo ispusti slušalicu na koleno.

— Ne može se dobiti veza, gospodine kapetane!

— Traži! — dreknu ovaj. — Moraš dobiti, po cenu života je moraš dobiti!

Nov sat napora, ukrštanja raznih glasova, javljanja nenadležnih komandi i, najzad kapetan ču gde telefonista nekoliko puta ponovi:

— Je l' to Štab? Alo, je l' to štab Prve armije?

— Je li? — učini kapetan i u jednom skoku nađe se kraj telefona te zgrabi slušalicu.

— Alo! Alo! — nasloni kapetan slušalicu na usta i na uvo. — Alo! Je l' to štab Prve armije? Ovde komandir poljske baterije Drinske divizije. Kapetan... Alo, jest'! Molim saopštite gospodinu načelniku štaba, da se, sa jednom poljskom pozicijskom baterijom Drinske divizije, nalazim na Slatini, više Čačka; da se u mojoj okolini i u vezi sa mnom nalaze — i kapetan nastavi ceo raport o dvema baterijama, o eskadronu konjice, o rasutoj pešadiji, za koju je izdao naredbu da se pribere i završi ovim: — Ja sam jutros u deset i po časova prošao kroz Čačak i ustavio se ovde; neprijatelj je ušao u Čačak u samo podne i nastavio put za mnom...

— Kako, kako, ponovite! — dreknu glas iz Armije.

Kapetan ponovi:

— Neprijatelj je ušao u Čačak u samo podne i nastavio...

— To je nemoguće! — preseče mu reč glas iz Armije.
— To je moguće i tako je! — odgovori kapetan.
— Ostanite na telefonu! — naređuje glas i prekida govor.

Jasno je bilo, da je glas o padu Čačka morao izazvati zaprepašćenje u Armiji, koja se još nalazila na levoj obali Morave. Maločas, javi se na telefon sam načelnik Štaba i kapetan ponovi vest o padu Čačka.

— Ama, jesi li ti lud, znaš li šta govoriš? — zgranjava se na telefonu načelnik.

— Nisam lud, gospodine pukovniče, govorim vam samo ono, što pouzdano znam i što je tačno i molim vas lepo, da o tome odmah obavestite gospodina vojvodu i izdate mi potrebna naređenja.

— Ostanite na telefonu, zvaću samoga vojvodu.

Odista, maločas, javi se sam vojvoda Mišić.

— Je li tačna vest, kapetane, da je Čačak od podne u neprijateljskim rukama? — zapita vojvoda, koji je kapetana lično poznavao i znao ga iz borbi, koje su se 1914. godine vodile kod Priboja u Sandžaku, na Crnome vrhu, na Glasincu, kod Pobratca i pred Sarajevom. Kada mu kapetan pouzdanim glasom ponovi sve, što je ranije rekao, vojvoda mu naredi da ponovi raport o stanju stvari i o snagama kojima raspolaže, a kad to izvrši, zazvoni kroz telefonsku slušalicu vojvodin odlučan glas: — U moje ime stavi pod komandu sve, što ti do ruku dođe. Ostani tu gde si i, ni stopu dalje! Primi borbu i upotrebi sve, da neprijatelja zadržiš. Samo preko tebe mrtvoga sme neprijatelj dalje!

— Učiniću kao što naređujete, gospodine vojvodo! — odgovori kapetan.

— Ali se bojim, neću moći zadržati neprijatelja; nedovoljne su mi snage kojima raspolažem a naročito nemam pešadije!

— Drži se kako znaš i umeš! — odgovori vojvoda. — Ako si ti onaj stari, održaćeš se. Šaljem ti u pomoć najbolji puk pešadije a poslaću ako treba i celu diviziju. Samo, neprijatelj ni stope dalje, razumeš li?

— Razumem, gospodine vojvodo!

Kad se odvoji od telefona, kapetan se živo dade na posao. Pregleda najpre okolinu sela, izabra položaj kod slatinskog groblja i naredi, da se tu plasiraju topovi; pribrane delove pešadije isturi napred put Trnave, prema neprijatelju, i posla ordonanse sa potrebnim naredbama i saopštenjima krupovoj i debanžovoj bateriji.

Malo zatim stiže i konjanik ozdo iz Trnave i saopšti kapetanu, da je konjica već u kontaktu sa neprijateljem, tu oko trnavske mehane, i da se tu zaustavilo neprijateljsko nastupanje, jer je noć već nastala.

Nasta noć mračna i oblačna. Vojnici naložiše vatre u zaklonima, kako se ne bi otkrili neprijatelju, a kapetan se povuče u slatinsku školu, koju je odredio za svoj štab i u koju su se pribrali i bolesnici.

Tek što se zabrinuti kapetan posadi, da se odmori, premišljajući o sutrašnjem teškome danu i borbi koja mu predstoji a dojuri jedan podoficir i raportira mu, da se drumom čuje brzi hod konjice.

— Kojim drumom? — skoči kapetan.

— Iz Kraljeva.

Kapetan se umiri ali ipak pođe napolje jer, mada otud ne može doći neprijatelj, ko zna da ne bude kakve zablude.

Drumom je stizala naša konjica, kao što je kapetan i predviđao. To je odeljenje koje je lično vojvoda Mišić uputio, da se uveri o stanju stvari i, kako vođa odeljenja u raportu izjavi, da se u nevolji nađe. Kapetan zadrža ovo odeljenje da prenoći u selu te da ujutru načini raspored sa njime.

Sutra osvanu devetnaesti oktobar sumoran i vlažan. Nebo hladno i mračno kao čelo zločinčevo. Iz močara isparava vlaga i čisto natapa dušu zlovoljom. Ne mili ti dan, ne mili ti ni život. Biva da se u borbi takvih dana sa većim samoodricanjem ide u smrt no inače.

Patrole javljaju da je već sa prvim svanućem, dole kod trnavske mehane, otpočelo čarkanje. Plane ovde ili onde puška sa neprijateljske strane a odgovara joj naša. Kad dan malo više osvoji, poče i češća čarka te glas puščane praske dopire čak do slatinskih položaja.

Kapetan uzjaha konja i pođe prednjim, isturenim delovima svoje malobrojne vojske, da osmotri neprijatelja i da učini potrebne izmene u rasporedu a ohrabri one, kojima je namenjeno da prime prvi sudar sa neprijateljem. Za kapetanom krete i ono odeljenje konjice, što je sinoć u mrak stiglo.

Na Ježevici s jedne i s druge strane druma polegli po zemlji starci iz trećeg poziva i ono vojnika, što su ih patrole juče pribrale; polegli po jarugama, po kukuruzu ili pohvatali zaklonita mesta i busije, zid, drvo i kamen, i mirno i odmereno odgovaraju na puščane pozdrave sa neprijateljske strane. Ni neprijatelj još nije bio otvorio živu vatru, želeći verovatno najpre da odmeri snagu našu ili očekujući pridolazak svojih trupa. Komandir isturenih odeljenja izađe kapetanu na raport i saopšti mu brojno stanje prikupljene pešadije kao i sinoćne i jutrošnje kretanje neprijatelja. Kapetan naredi da se vojnici, rasuti po njivama, priberu što tešnje i da najogorčenije brane drum, kojim će neprijatelj nastupati. Naredi još i češću paljbu, kako bi neprijatelj dobio utisak da je ovde veći broj vojske.

— Iz Armije imamo naredbu da izginemo svi! — dodade mirno kapetan na završetku svojih naredbi. — Razumete li?

— Razumem! — odgovori mladi rezervni oficir i zatrese mu se ruka, koju je digao da salutira.

Mada ih je, prilikom ovoga razgovora, pozdravilo nekoliko puščanih zrna, koja im prohujaše oko glava i kapetan i mladi oficir ostadoše ravnodušni, naviknuti već na takve pozdrave. Po svršenim naredbama kapetan krete među vojnike.

— Možeš li stari? — dovikuje čičici koji je polegao iza jednoga busena.

— Moram, gospodine! — odgovara čiča.

— A umeš li da gađaš?

— Znaš kako je, gospodine. Prislonim pušku uz obraz pa na jedno oko zažmurim a na ovo drugo ne vidim; al' opet, zrno ode tamo među njih, pa ako pogodi koga dobro a ako ne pogodi, toliko mu čini.

Drugog čičicu nađe kapetan u jednoj jaružici. Razvio na zemlju prljav peškirić pa jede sir i hleb i puca. Pojede zalogaj pa uzme pušku i ispali je.

— Ručaš, čiča?

— Pa da se prihvatim, gospodine. Od rane zore nisam okusio.

— Ako, ako, prihvati se.

— A znaš kako je, ne valja s praznim trbuhom ni na onaj svet otići.

— Samo čuvaj pušku! — veli kapetan.

— Hoću, gospodine, i ona mene čuva! — dodaje čiča.

Na kapetanovim usnama razvuče se blag ali i bolan osmeh. Njemu padoše na pamet sinoćne reči vojvodine: „Ako si ti onaj stari, održaćeš se!" S čim će se i s kim održati — pitao se kapetan sam u sebi — zar sa ovim dobroćudnim čičicama, čiji životi ne doprinose uspehu već samo penju broj žrtava? Tešilo ga je ono nešto malo vojnika koliko ih je sagledao i malo mladih Crnogoraca, koje je on sobom čak sa Drine poveo. Ali je, prema izveštajima koje je već imao o snazi neprijatelјevoj, uviđao kako je sve to ne samo nedovoljno no upravo bedno.

Kapetan zastade malo na mestu obuzet tim mislima pa se na jedan mah trže i obode konja da pođe dalje ali utom spazi drumom iz Slatine ordonans koji je žurio k njemu. Kapetan priteže dizgine i konj ostade u mestu. Ordonans mu javi da su u Slatinu stigli neki oficiri koji ga traže.

„Iz štaba valјda?", poumi kapetan i obode sad ponovo konja te se u dva-tri skoka dohvati druma pa se galopom uputi Slatini. Izdaleka s druma još, dogleda on pred slatinskom mehanom jednu gomilicu oficira i konja koje su seizi vodali drumom. Kad se približi malo gomili, poznade on među oficirima uočlјivu figuru komandanta Sedmoga puka prvog poziva. Kad priđe još bliže, vide da se nije prevario i jasno vide pukovnikovo crnom mašću obojeno lice, njegove pune crne brkove i topao osmeh očiju. On naglo sjaha i gotovo pritrča gomili iz koje mu je pukovnik već pružio prijatelјski ruku.

— Šta je ovde? — predusrete ga pukovnik.

Kapetan ukratko i brzo izgovori svoj raport o jučeranjem i današnjem danu, o veličini svojih trupa i o situaciji na Ježevici, odakle je ovoga trenutka stigao, ne krijući ni svoju brigu za ishod borbe.

— Ne brini! — uteši ga pukovnik. — Stiže ti pomoć!

— Ko? — zapita kapetan gotovo ushićeno iako je već po prisustvu pukovnikovu i njegovih oficira slutio.

— Mi, Sedmi puk prvoga poziva.

— Ceo puk? — ponovi kapetan sav srećan jer mu stiže čitav puk najbolјe vojske.

— Ceo! — odgovori pukovnik pokazujući na drum kojim su se već dogledali prednji redovi čelnoga bataljona.

Sa kapetanova lica iščeze domaločašnja briga i oči mu zasvetliše zadovoljstvom i pouzdanjem.

Pukovnik uze komandu u svoje ruke i tu, pred slatinskom mehanom, otpoče odmah savetovanje. Znajući da sobom vodi jedan odmoran i prekaljen puk, pukovnik odmah naredi da se ne čeka napad neprijateljev već da se on, i to što pre, napadne. On izvrši odmah raspored i izdade sve potrebne naredbe. Čelni bataljon, koji je već dotle stigao, određen je odmah u prethodnicu a kapetanova baterija, koja je bila postavljena kod slatinskoga groblja, u sastav prethodnice. Pred podne stigli su već i ostali bataljoni i odmah im izdate potrebne naredbe.

Kad je prevalilo podne, prethodnica sa baterijom krete ka Ježevici u susret neprijatelju i čim mu stiže na dogled, izmeđ Slatine i Ježevice, otpoče puškaranje. Puškaranje ovo nije više bilo ono staračko puškaranje uz zalogaj hleba, paljba je bila u samom početku već živa i oštra.

Borba počinje.

— Biće mesa! — veli pukovnik svome ađutantu, posmatrajući razvijanje prethodnice i predosećajući ozbiljnost borbe.

Dugim ratničkim životom razvio se u naših ratnika jedan instinkt, jedno predosećanje. Kao što mornar po lepome i sunčanome danu, kad nikakav pokret u atmosferi ne preti promenom, predoseća buru, tako i ratnik, posle prvih puščanih pozdrava sa neprijateljem predoseća hoće li biti borbe ili će se ostati na običnome puškaranju.

Puščana vatra sve jača i gušća. Već prvi ranjenici padaju i povlače se ka Slatini. Topovi još ćute, jer su na drumu u marševom poretku, očekujući naredbu da se razviju. Neprijatelj već oseća da prema njemu nije sinoćna vojska a Beograđani da je ova, u nizu njihovih slavnih borbi, možda poslednja. Njihov ih je ponos vodio u ovu borbu sa naročitim raspoloženjem da dadu muški otpor te nateraju neprijatelja da zaplače nad svojom pobedom.

I borba poče da raste, da se penje i da biva sve ogorčenija, te prednji naši počeše da potiskuju prednje neprijateljske delove a za njima se i baterija pomiče sve do prvih ježevačkih kuća. Novi položaji koje bi zauzimali naši, bili su posejani bezbrojnim lešinama naših staraca. Čitava ih je četa sinoć izginula. Ta četa, iz Užičke vojske, upućena je bila dockan sinoć sa Jelice kapetanu u pomoć ali, rđavo vođena, zalutala je u neprijateljske redove te ih ovi skoro sve pobili a mali ostatak zarobili. Na novim položajima borba nastaje još ogorčenija jer neprijatelj kao da se, potisnut, sad dočepao boljih pozicija no što ih je malopre imao a baterija još ćuti prikovana na drumu u marševoj koloni, nemajući ni levo ni desno prostora da se razvije. Paljba već gusta kao kiša i čitavi mlazevi tanadi zasipaju bateriju. Oseća se da se neprijatelj dočepao boljega položaja od naših.

— Ovo bije izbliza? — uzvikuje kapetan.

— Izbliza, gospodine kapetane! — odgovara podnarednik sa prednjeg topa.

— Ama odakle, pobogu, gde se skrio?

Uzeše svi da osmatraju po pravcu i po zvuku. Kapetan zapazi prvi kako sa zvonare ježevičke crkve lije kiša tanadi. On naredi da se čelni top skine, namesti i, ne govoreći ni reči da je pronašao zasedu, on tempira top na sto metara pred ustima i raspali na zvonaru a zrna se rasuše kao karteč. Jedan metak, drugi i treći je već bio dovoljan da neprijateljska zaseda na ježevičkoj crkvi ućuti.

Topovski meci u tako neposrednoj blizini pešadije, učiniše da se borba na jedan mah osveži. Pešaci digoše glave i narastoše im srca, te viknu neko međ njima: „Brže, ljudi, evo nas stigoše topovi!"

Svi poskočiše voljni za juriš, očekujući netremice komandu i osvrćući se za sobom odakle bi im ova imala doći. Ali pukovnik obustavi dalju borbu, jer je noć već bila pala, pa se ne može znati gde se može naići na neprijatelja a naročito što su se borbe vodile preko samih šljivika te ko zna gde se sve po vrzinama može skriti neprijatelj.

Prekidajući borbu, pukovnik naređuje da svako ostane na svome mestu, da zadrži svoj položaj kako bi, čim zora svane, mogli nastaviti borbu. I tako je gotovo ceo front tu noć proveo na mrtvoj straži a odmah, neposredno iza mrtve straže, na dvesta do trista metara pred neprijateljem, šest topova položenih cevi, spremljenih za kartečku vatru, stoje mirno i nepomično, kao gvozdena straža koja bdi nad umornim pešacima.

Vatre se nisu smele ložiti ali se malo i spavalo. Sve je bilo na oprezu, tim pre što je izgledalo kao da ima nekoga pokreta kod neprijatelja.

Pukovnik sa svojim štabom zanoćio je u Ježevici, u seoskoj školi, gde je veliki deo noći proveo u razgovoru o sutrašnjem danu, pridremao malo obučen i oružan i još daleko pre zore krenuo na položaje.

Sa prvom zorom planula je i prva puška i ona otkri da neprijatelj nije ostao na položajima na kojima je bio kad se sinoć borba završila. On se povukao na ježevičku kosu i to je bio onaj noćašnji pokret neprijateljev, koji su naše straže zapazile. Naši su otpozdravili neprijateljev puščani pozdrav ali, prema naredbi pukovnikovoj, sa izvesnom uzdržljivošću, sve dok dan malo ne osvoji. Čim se razdani, naši osuše učestanu i snažnu vatru, tako da je neprijatelj brzo oteran i sa te kose, koju zauze baterija i postroji se u jednom šljiviku blizu druma. Po istoj kosi, levo od druma idući Čačku, postrojavaju se odmah i ostali topovi, dva poljska brzometna, koji su došli sa Sedmim pukom, šest poljskih debanžovih i dva krupova. Tako se ježevičkom kosom postavila baterija koja je sad već brojala šesnaest topova.

Na taj način, naši su već bili spremni da prime i veću borbu koja se odista od toga časa i razvija.

Kao da se i neprijatelj na novome položaju više pribrao, jer naša pešadija potiskujući ga, sad već nailazi na jači otpor. Mitraljezi grokću sa svih strana i seju smrt a puščana vatra se ukršta i plamti ceo front. Razvija se smrtonosna borba. Sad već i topovi ulaze u dejstvo, te se razleže grmljavina od koje zadrhta Čačak i preplašeno stanovništvo u njemu. Da bi suzbio dejstvo naše artiljerije, neprijatelj izvlači dva teška, velikog kalibra topa, kod barutnoga magacina, više Čačka i, vešto skriven, tuče otud našu artiljeriju. Posle nekoliko hitaca, neprijateljski topovi nađoše metu i tačnom vatrom zasuše dva naša brzometna topa tako da ovi namah zaćutaše da ne bi bili uništeni.

Pukovnik, komandant Sedmoga puka, koji se nalazio među svojim pešacima, požuri ka topovima koji su zaćutali. On uze i sam, sa komandirom brzometne baterije, da osmatra odakle ih to tuku neprijateljski vešto skriveni topovi.

— Sa one kose, ali su tako skriveni da ne mogu da ih nađem! — veli kapetan, komandir brzometnih.

— Moramo ih naći, inače će nas pokositi! — odgovara pukovnik a utom grunu, nedaleko na desnom krilu, gde su poljski topovi.

— Bog i duša, onaj ih je našao! — uzviknu pukovnik i krenu tamo ka poljacima. Utom zastenja kroz vazduh i tresnu a zemlja, koju diže teško razorno zrno i dim koji se razvi iz eksplozije, zavi pukovnika i njegove pratioce. Kapetan poljske baterije, koji je bio na svome levome krilu, pretrnu i potrča mestu gde je mislio da prihvati mrtvoga pukovnika ali se dotle, iz razređenog dima, pomoli pukovnikova simpatična figura.

— Spasavajte se, ovamo, brže ovamo! — viče kapetan.

Ali pukovnik, smešeći se, mirno ostaje na mestu, istresa rukom zemlju koja mu je zapala oko vrata i obzire se oko sebe:

— Dobro je — veli — svi smo na broju!

Zatim priđe poljskoj bateriji.

— Nađe li ih? — pita kapetana.

— Eno ih kod barutnog magacina!

— Udri!

I kapetan prekontrolisa najpre još jednom topove, pa raspali jedno za drugim. Zatreska tamo granata, diže se zemlja uvis i — neprijateljska baterija ućuta, nijednim se metkom više ne odazva.

— Umuče! — kliknu kapetan.

— Prolajaće on opet! — odgovara pukovnik, uveren da je nađeni neprijatelj spustio svoje baterije sa visa, na kome je bio, da potraži nov položaj i požuri pešadiji da sa njome iskoristi ovu artiljerijsku pauzu.

Pošteđena artiljerijske vatre, za vreme dok je neprijatelj tražio nove položaje a, osokoljena pukovnikovim prisustvom, pešadija grunu jače napred, potisnu snažno neprijatelja i zauze trnavsku mehanu i položaje oko nje. Utom se ponovo javi grmljavinom neprijateljski top. Nađe našu poljsku bateriju i ubaci u nju nekoliko teških zrna.

— Odakle bije? — viče kapetan da bi nadvikao tresak.
— Ne znam, gospodine kapetane! — odgovara vodnik.
— Gledaj, pazi!

Svi obratiše pažnju na onu stranu odakle vatra bljuje.

— Eno, riknu! — i svi spaziše kako sunu vatra.
— Eno ih, tamo su! — kliknu kapetan.

Vodnik uze brzo da udešava top da bi ućutkao neprijatelja.

— Šta ćeš? — pita ga kapetan.
— Da bijem! — odgovara vodnik.
— Čekaj, ne žuri!
— Satreće nas.
— Čekaj ne smemo ga tući!

Kapetan se predomišljao. Neprijatelj je spustio bateriju s visa kod barutnoga magacina i postavio je kod kasarne. Kasarne su pretvorene u bolnice i prepune su naših ranjenika. To su oni nesretnici što su se juče, kada je kapetan izlazio sa baterijom iz Čačka, načetili bili na kasarnske prozore i očajno posmatrali odstupanje poslednje srpske baterije i bolno uzvikivali: „Ima li kakve nade?"

Tući neprijateljsku bateriju, koja se iza bolnice sakrila, značilo bi izložiti vatri iz srpskih topova srpske ranjenike. Ko je taj koji bi hteo i smeo taj zločin povući na svoju dušu? Ko je taj kome ne bi duša zaigrala a ruka zadrhtala pri pomisli da paleći top šalje zrno koje će pokositi čitave čete ranjenih boraca i drugova svojih?

A neprijateljska baterija bije, bije sad bešnje no ma kad do sad, jer se oseća zaklonjena, jer zna da joj srpski topovi ne smeju, tamo gde je, baciti svoje vatrene otpozdrave. Neprijateljska zrna jedno za drugim padaju među naše i kose a naši trpe i ćute i — razmišljaju.

Najzad kapetan planu.

— Udrite, pa šta Bog da! Ali, čekaj, na svaki top oficir, sam oficir da kontroliše i da nišani. Životom plaća ko udari u bolnicu. Četvore oči otvarajte!

Sam kapetan poleže po jednome topu, odmeri, nanišani i... puče. Opali i drugi i treći. Nijedan metak ne očeša zidove bolničke i svaki nađe bateriju neprijateljsku.Ućuta na jedan mah neprijatelj, nađen i iznenađen ovako drskim gađanjem.

— Bravo! — kliknu kapetan pohvaljujući i obodravajući svoje oficire i vojnike.

Odmah nastade življa i pešačka borba. Pukovnik zašao lično kroz redove boraca i hrabri ih i upućuje:

— Življe, življe! Eno ćemo doživeti i tu bruku da artiljerija pravi juriš a mi da trčimo za njom. Diži glavu, diži, ne bije svako zrno. Ajde, ajde, deco, nek oseti neprijatelj s kim ima posla!

Neprijatelj, koji je ispred Čačka, kod Trbušana, imao onu olaku borbu sa trećepozivcima, nije se nikad nadao ovakvom otporu. To se iznenađenje jasno opažalo u neprijateljskim redovima u kojima se, pri svakome naletu naše pešadije, osećala malodušnost.

— Švaba mislio da jeftino uzme Čačak. Treba da plati je li, momče? — dovikuje pukovnik jednome ranjeniku koji geguca drumom natrag ka Slatini.

— Platio je, vala, gospodine pukovniče. Čekaj dok se prebroje pa će videti.

— Misliš izginulo ih dosta? — nastavlja pukovnik.

— Taman toliko koliko da se pokaju što su natrčali na nas — odgovara rebreći se Beograđanin.

— I pravo je, momče, oni su došli da otimaju tuđe, mi branimo svoje!

U tom času neprijatelj poče da se koleba i pukovnik to zapazi pa požuri opet prednjim redovima, koji su stopu po stopu napredovali, sejući pred sobom smrt. Neprijatelj uzmiče, ostavljajući za sobom svoje mrtve i ranjene. Što dalje naši napreduju sve više mrtvih i ranjenih. Kraj druma, u jarcima, po šljivicima, po vrzinama. Mrtvi pokrili svojim plavim šinjelima polja i udolice pa izgleda kao da su raskinuta parčad oblaka popadala na zemlju; ranjeni se vuku po zemlji kao gliste, zapomažući i lelečući da se dočepaju druma, nadajući se da će tu biti lakše nađeni te odneti na previjalište i u bolnice. Među mrtvima i naši trećepozivci, oni nesretnici što su tako skupo iskupili svoju starost i neveštinu. Pukovnik prolazi kraj mrtvih i ranjenih, nemajući vremena da se obzire na njihovo zapomaganje i žuri ka prvim redovima, sa kojima zatim čini nov pritisak na neprijatelja, tako da ga već sateruje u Čačak.

Utom, neprijateljska baterija ponovo zagrokta iz blizine. Svi se zgledaše. Odakle to sad? Svi netrimice počeše posmatrati i pratiti svaki metak, ne bi li opazili gde je neprijatelj sad postavio topove. A ti topovi sve jačom vatrom zasipaju naše položaje.

— Tuče iz varoši! — dreknu kapetan.

— Jeste, eno ga tamo negde, oko crkve.

Svi klonuše pred ovim saznanjem. Ko sme da tuče u varoš, u srpsku varoš, punu naroda i punu izbegle sirotinje, među koju se neprijatelj kukavički zavukao. Mora se ćutati, mora se trpeti, mora se skrštenih ruku stajati i kao mrtva meta čekati udarce. A kad bi samo i sa toga mesta bila odagnata neprijateljska baterija, mi bi još večeras ušli u Čačak, oslobodili ga i oslobodili bi straha i trepeta hiljadama majki koje strepe za decu svoju i hiljadama dece koja vrište od straha na krilima majki svojih. Bele zastave, koje sad već izvesno kite ceo Čačak, popadale bi još jednom pred srpskom vojskom a neprijatelj, prebačen preko Morave, zaustavio bi svoje nadiranje i zadugo bi se predomišljao pre no što bi pošao još jednom da prelazi tu reku.

Premišljajući o tome, stojeći među svojim topovima nepomično, iako izložen neprijateljskoj neprekidnoj vatri, kapetanu se ono zujanje karteča činilo kao zvrjanje telefona i činilo mu se kao da čuje glas vojvodin otud iz Vitanovca: „Da, da, to sam od tebe očekivao; ti si onaj stari!"

On odjednom prenu, okrete se oko sebe i vide mrtvu i nemu bateriju svoju, vide zabrinute drugove svoje i vojnike svoje i vide pustoš koji razorno zrno neprijateljsko još jednako čini.

„Kad bih mogao bar samo jedan metak da bacim, taj jedan metak doneo bi oslobođenje Čačka, taj jedan metak oslobodio bi i čitavu armiju koja je odsečena s one strane Morave, koja mora biti zarobljena ako mi ovde ne uspemo!", razmišljao je kapetan u sebi i ta je misao počela sve više i više da ga obuhvata i da osvaja.

„I ako pogine ko od naših tamo, poginuće ih pet, šest i deset a spašće se dvadeset hiljada robova u Čačku, spašće se Armija, štab, čast srpske vojske i... ko zna kakav sve obrt može nastati, ko zna ne bi li se još mogla ponoviti prošlogodišnja cerska istorija sa Poćorekom i još jednom slavom pokriti srpska vojska i vali te slave zaljuljati velike evropske frontove i povesti vojske odlučnim i presudnim bitkama."

Kapetanu ne izmače u mislima ni okolnost da je naredbu za ovu borbu izdao vojvoda Mišić, onaj isti koji je prošle godine izdao naredbu za nastupanje; da će pobedu ovu, ako se danas izvojuje, prihvatiti sam vojvoda Mišić i iz nje razviti veliki jedan istorijski čin, koji je njemu njegova srećna zvezda namenila da još jednom ponovi.

I sve to možda, zavisi od jednog jedinog topovskog metka. Od jednoga metka odista, jer pešadija je već na ivicama varoši, a artiljerija je neprijateljska već triput do sad uzmakla čim je prvim zrnom bila nađena, te bi sad to ponovila, a čim bi to bilo, pešadija bi naletela na Čačak, neprijatelj, kod kojega se već oseća velika pokolebanost, bio bi prebačen preko Morave i stvari bi neminovno uzele tok koji je kapetan, poplavljen neprijateljskom vatrom, zamišljao.

„I sve to možda zavisi od jednog jedinog topovskog metka!", šaptao je kapetan u sebi.

„A žrtve, ako ih bude?", trgao bi se u tom razmišljanju, ali se ponovo ohrabrio. „Oprostiće žrtve pred veličinom uspeha!"

Kapetan opet diže glavu te pogleda oko sebe. Neprijateljsko je zrno sipalo oganj i kosilo. Kapetan srete pogledom mladoga vodnika, koji je iza svoga topa stajao i nemo gledao smrt oko sebe.

— Gospodine potporučniče! — izusti kapetan glasom u kome nije bilo onoga njegovoga svagdašnjega pouzdanja.

— Zapovedajte, gospodine kapetane! — odazva se mladi potporučnik.

— Vi lično nanišanite, razumete li, vi lično... dobro promerite...

— Razumem, gospodine kapetane! — odgovori mladi potporučnik i očevidno mu se bledilo razli licem a usna grčevito zadrhta.

Mladić priđe topu i uze okom tražiti neprijateljsku bateriju.

On poče okretati ručicu, zavrtanj, poče podešavati, nišaniti i najzad, još bleđi no ranije, priđe kapetanu.

— Gotovo je, gospodine kapetane!

— Da prekontrolišem! — i kapetan priđe topu te se uveri da je odlično naperen tamo odakle bljuje neprijateljska vatra. On odmače od topa i, pre no što bi izrekao sudbonosnu naredbu, njemu još jednom zadrhta srce. U jednome magnovenju preleteše mu pred očima sve dobre i zle posledice o kojima je već do sad razmišljao. Ali najzad steže srce i naredba pade:

— Pali!

Mladi potporučnik uze nešto da se maje oko topa i ne izvrši naredbu. Kapetan ga iznenađeno pogleda.

— Šta je?

Potporučnik priđe bled kapetanu i reči mu zadrhtaše u grlu:

— Gospodine kapetane! Top je naperen, nišan utvrđen i ja bih vas molio naredite da ko drugi opali.

— Zašto? — zapita kapetan nevojnički, gotovo blagim glasom, osećajući i sam težinu situacije.

— Tamo, baš u blizini crkve, nalaze se kao izbeglice moja majka i dve sestre — odgovori potporučnik potresenim glasom. — Nemam snage da ih svojom rukom ubijem...

Kapetanu se na jedan mah zamuti pogled. Njemu izađoše pred oči njegova dečica, koja se nalaze kao izbeglice nedaleko odavde, u Kraljevu i koja, i ne znajući da je on ovde a slušajući tresak njegovih topova, koji u Kraljevu jasno odjekuje, izvesno sad dršću i strepe.

Kapetan se seti da on odista, ni po cenu najvećega uspeha, ne sme srpskim topom razneti telo nijednog srpskog nevinog deteta ni oduzeti život ma jednoj srpskoj majci. I on klonu savladan jednim teškim bolom i jednom bolnom rezignacijom.

Top osta naperen ali ne opali.

Te noći stiže naredba da se — zbog uspeha neprijateljeva na drugoj strani — ne nastavlja borba već da se vojska povuče. Cele noći je lila kiša a u močarnu zoru počelo je povlačenje. Neprijatelj, koji je pouzdano računao da sutrašnjega dana mora napustiti Čačak, danu dušom i pođe da pobere i pokopa svoje mrtve koji su pokrili drumove i položaje.

IX — Kraj mangala

Noć je morala velikim delom promaći, verovatno je bilo blizu ponoći, kada sam sa mojim skoro dogorelim fenjerčetom pošao kući. Pomrčina je bila tako debela, tako masivna, da mi je izgledalo kao da je prosecam telom, onako kao plivač vodu. Siromašna svetlost iz fenjerčeta nije bila kadra dopreti zracima ni za pun metar preda mnom, te sam morao vrlo obazrivo stupati, jer je do moje kuće valjalo prebroditi silno blato, bare i proloke; valjalo je još proći kraj mnogih kola, pod kojima su spavali umorni vojnici i begunci a kraj kojih je vatru ugasila kiša koja još jednako sipi. Sredinom je ulice nemoguće bilo ići a stranama još gore, jer su kraj kuća, pod strejama, spavale izbeglice a naročito regruti, koji su se tih dana takođe skrhali u Prištinu, ne znajući ni ko je nadležan da im da hleb, ni ko da ih uputi gde bi prenoćili.

Pa ipak, ta gusta i tamna noć, nije bila tako gluva. Čulo se, odovud ili otud, kako neko promiče ili se negde daleko čula potmula lupa u vrata i nejasni glasovi. To izvesno grešne izbeglice još lutaju tražeći krova, očajno lupajući na svaku kapiju redom i preklinjući da ih puste ma gde, u krovinjaru, u obor, u kokošinjak, ma gde, samo da se mogu skloniti od kiše.

Mal' tako i sam ne nagazih na neke grešnike, koji se na jedan mah stvoriše ispred mene, kao senke koje su toga trenutka iznikle iz zemlje. Zaustavismo se, kad smo već bili prsa u prsa i, dižući fenjer iznad glave, jedva sam uspeo da ih nazrem. Bila su dva građanina koji su takođe zašli od kuće do kuće i preklinjali da im se ustupi malo suvote. Vele, dockan su sinoć stigli, noć već pala, sve zatvoreno, sve pogašeno a ne poznaju varoš, niti znaju koga bi pripitali.

Na donjem spratu jedne arnautske kuće, u kojoj sam ja sa porodicom našao sklonište, bila je jedna prazna prizemna odaja bez patosa i bez prozora. Nju mi nije gazda ustupio ali, u ovakvoj nevolji, neće ni on valjda zameriti što sam je otvorio i prisvojio. Ponudim onim grešnicima tu sobu, u kojoj se neće moći ni zagrejati, ni čime pokriti, niti što pod glavu podmetnuti ali biće bar pod krovom.

— Presedećemo noć — vele — samo da smo u suvoti.

Poveo sam ih i usput su mi kazivali svoje nevolje. Putuju iz Kruševca, na jednim malim taljigama u kojima je konj već posle prvog dana puta posrnuo. Išli su peške, blagodarni što im je konj i ono malo hrane i stvari mogao povući te da ih ne nose na ramenima i da ne gladuju usput. Spavali su po drumovima, seoskim koševima, pod strejama i uvlačili se u plastove sena ali, teše se, jer bilo ih je koji su i gore prolazili.

— Prepatili ste, šta ćete, svi smo prepatili. Sutra samo potražite gdegod stan pa se odmorite.

— Da tražimo stan? — iznenadi se jedan od njih.

— Kod mene nije za stanovanje, vodim vas samo da se sklonite od kiše.

— Dosta i hvala, a sutra... Pa sutra ćemo valjda dalje?

— Dalje? Gde bi dalje? Ovde ćemo u Prištini sačekati kraj.

— Mislite nećemo morati Prištinu napuštati?

Ja zaustih da ga sa pouzdanjem, koje sam do maločas imao, uverim da ćemo ovde ostati, ali mi padoše na pamet reči onoga oficira u mehani i ne odgovorih ništa.

— Mislite nećemo Prištinu napuštati? — zapita još jednom moj noćni poznanik.

— Mislim! — procedih ja nepouzdano kroz zube.

— Daj Bože! — dodade on.

Pred mojom kućom zatekli smo još jednu gomilicu koja udara alkom u vrata i čeka hoće li ko otvoriti da zamoli za prenoćište. Ponudio sam i njima što sam i dvojici koja su me pratila i tako sam ih petoro uveo u onu bednu sobicu. Bili su svi blagodarni. O, kako se u takvim prilikama jeftino da steći blagodarnost!

Mogao sam učiniti i nešto više za ove moje goste no što sam im obećao. Zatekao sam gore kod mene, u odžakliji, lepo razgoreo žar, te sam napunio mangal kako bi se prokisli i prozebli razgrejali malo. Mogao sam i od svoje sveće odvojiti polovinu, te da vide bar gde bi stali i gde bi seli.

Pri toj slaboj svetlosti sagledao sam tek malo bolje svoje goste. Bila su dva ugledna naša učitelja koje sam po imenu ja već poodavno poznavao, jedan mladić od dvadesetak godina u vojničkom odelu sa podredničkim zvezdicama na ramenima i dva dečka u suroj narodnoj nošnji, sa uskim čakširama i plavim šajkačama na glavi. To su bili đaci naše ratarske škole, koji su kao regruti došli pred komisiju na pregled. Mladome podredniku pokrivala je šajkača nepropisno dugu kosu a desna mu ranjena ruka visila je u zavoju.

Posedalo se oko mangala da se probdije noć, dok su se dečaci iz ratarske škole, čim su se malo zagrejali, prostrli po zemlji, bez pokrivača i uzglavlja i predali se snu, koji odlikuje mladost kao doba koje se miri sa svakom brigom i nevoljom. Učitelji, ma i premoreni, bojali su se leći, jer su bili toliko prozebli da su snu pretpostavljali bdenje kraj mangala. Mladi podrednik takođe nije hteo leći jer, veli, rana i bol koji mu je donela, navukla mu je nesanicu te ne može zadremati dogod ga umor potpuno ne savlada.

Seo sam i ja kraj njih. Osećao sam da mi je duga, preduga noć, te da je bar tu kraj mangala, sa ovim dobrim ljudima skratim.

Mračna i niska turska sobica sa počađalom tavanicom sa koje, kao pokidana jedrila, visi paučina i leluja se od jare iz mangala i od vetra koji prodire kroz razlupane prozore; sa dubokim dolapom u zidu, na kome su kapci spali te vise o jednom jekseru; sa rupom u dnu zida, koju su pacovi razrili — sve to osvetljeno polusvetlošću sveće i onim svetlim rumenilom koje razgoreo žar iz mangala rasprostire oko sebe. Sve to izgleda tako tajanstveno, kao mesto sastanka nečastivih. Posedali na zemlju oko mangala, sa prekrštenim nogama pred sobom, nagnuti unapred, osvetljena lica rumenilom iz mangala, pušili smo cigaru za cigarom i prelazili s predmeta na predmet u razgovorima beskrajnim, kao što je jesenja noć beskrajna.

Učitelji su ponovo pričali o svojim i tuđim nevoljama na putu, o zlu vremenu, o oskudici koja je zbeg pratila, o teškim trenucima pri napuštanju koje varoši. Mladi podnarednik nam je kazivao o velikim borbama na Dunavu, u kojima je on ranjen, o sili nemačke artiljerije i o nečuvenim naporima srpskoga vojnika. Đaci ratarske škole spavali su tvrdo, detinjskim snom. Razgovor skrete zatim na borbe koje se vode na ovome frontu, izmeđ Kačanika i Gilana.

— Gledam večeras — veli viši, koštunjavi učitelj, svetlih očiju, koje se u polumraku prosto osećaju i krupne glasine, koja izvire iz dubine grudi — gledam, siroti ljudi, sa koliko vere i koliko pouzdanja dočekuju vojsku koja je stigla u pomoć.

— Kako da ne, čitava jedna divizija i to dobra divizija! — tvrdim ja.

— Pa jeste, ali... — učini učitelj i strese u mangal malim prstom pepeo sa cigarete, koju je držao izmeđ kažiprsta i velikog.

— Vi kao da ne verujete u njenu pomoć? — zapitah i u tome času poče u meni ponovo da se budi onaj mučan osećaj razočaranja, koji se bio nešto malo utajio.

— Može pomoći, zašto ne! Ja ne znam kakva je situacija na ovome frontu, pa ne mogu ni da vam kažem ništa, ali... — zateže opet glasom koji kazuje sumnju. — Pravo da vam kažem, mi koji dolazimo ozgo, iz starih granica Srbije, ne verujemo više ni u šta.

Mladi podnarednik klimnu glavom odobravajući, kao da bi i on pristao uz takvo mišljenje a onaj drugi učitelj, omalen, mršava lica izvučenog iz samih pravih linija i očiju upalih duboko u duplju — pristade uz ovo tvrđenje svoga druga i rečju.

— Trebalo je videti što smo mi videli — dodade on — pa onda imati hrabrosti da se veruje ma u šta!

— Šta ste mogli više videti no što ćete i ovde sutra videti. Odstupanje naroda i vojske, bekstvo porodica, nevolju, jad.

— Nećemo mi to videti ni sutra ni prekosutra ovde. To ćemo videti, ili upravo, vi ćete videti tek kad padne Priština — zabobonja opet ona glasina.

— Video sam, kad je padalo Skoplje!

— Ne! — preseče on odlučno.

Iznenadi me ovo uporstvo. Zašto sad ne, kad je malopre bilo da. Pogledah ga u oči i spazih dve svetle žeravice na mrku mu licu tamnobakarne boje, koju je njegovom i inače preplanulom licu davala rumena svetlost žara iz mangala.

— Ne! — ponovi učitelj još jednom. — Jer, vi ste Skoplje napuštali sa verom da je to privremeno, da ćete se za koji dan vratiti, da će stići naša vojska, koja se na severu bori i, da će stići Francuzi, koji se na jugu bore te da će osloboditi Skoplje. Je l' te?

— To jeste!

— Ali čekajte da vidite kako je bolna slika kada se napušta varoš bez te vere.

— To je istina! — priznadoh ja ubeđen. — Ali, šta je to što je vas opredeljivalo da napuštate varoši bez vere, onda kada je veliki deo Srbije bio još slobodan, kada ste i vi tako isto kao i mi bili zavaravani da saveznička pomoć stiže, kada smo još imali i dovoljno municije i hrane i dosta očuvanu vojsku da može borbu primiti?

— Šta je to, pitate? Vas su tešili bilteni i varljive vesti, koje su nadležni rado puštali, ili i sami varani ili u nameri da zavaraju i ohrabre narod i ne dozvole da klone duh u vojsci. Vi ste tim vestima i mogli poverovati, jer niste imali načina da ih proverite, ali mi...

— Zar ste vi imali načina?

— Kad gledate, gospodine moj, svojim očima kako bega Kralj, bega Vrhovna komanda, bega Vlada, bega Narodna skupština, vi onda valjda nećete verovati nekim hektografisanim tabačićima, u kojima se priča kako Francuzi sa juga snažno nadiru a Rusi prelaze Dunav. Vi treba da vidite kako je to strašna slika, kad i vojsku i narod napusti uverenje da se može što spasti te kad, svojim očima gledate slom države, svojim očima gledate kako se sve krha i ruši a svetina se guši i stenje pod ruševinama; kad svojim očima gledate kako sve pada, kako se survava i pretrpava domove, i ljude, pretrpava gradove i sela, pretrpava njive i polja, pretrpava sve, sve...

Onu polovinu sveće, koju smo bili prilepili na ivici mangala, poždrao je pre vremena plamen, koji se od promaje kroz otvoreni prozor povijao i bogato je kitio belim cvetom. Sveća se razlila i utulila i utajala se ona nemirna svetlost od razigranoga plamena, koja je do maločas preletala preko lica i predmeta a zavladala jednostavna, mirna i mistična rumena polusvetlost, koja je još većom tajanstvenošću opčinjavala sliku oko mangala. Ponoćni vetrić, koji je kroz razbijena okna sad nešto življe dunuo, kao da je u mračnoj sobi probudio zadah paučine, crvotočine i podrumske vlage koja je pritiskala grudi.

Učitelj, koji je ućutao bio, osećajući valjda i sam utisak svojih reči, opet živo nastavi:

— Ja nikad u životu nisam video vulkan koji bljuje lavinu i pretrpava naselja koja su, verujući mrtvom brdu, drznula da mu nasele podnožja. Čitao sam opise i znam, koliko mi se na glavi kosa dizala, znam kako sam sanjao teške snove, posle takve lektire. Meni, u ovome času, slika našega sloma potpuno liči na takvu jednu katastrofu. Liči mi po veličini nesreće, po pometenosti, žurbi, po zabuni, po ovome što su svi pogubili glave i po tome, ako hoćete, što neprijatelj ne ulazi u zemlju da je osvoji već sa krvožednom žudnjom da sve uništi, da sve razori, da sve spali, da sve zatre, da sav život sagori i ugasi onako kao lavina kada se prospe iz usijane planine.

Da li onaj njegov duboki glas, koji je bobonjao kroz praznu i nisku odaju; da li onaj tajanstveni polumrak, koji su oblaci od dima iz cigareta još više zagustili i kroz koji smo se jedva dogledali, te je njegov glas zvonio kao glas nekoga duha koji se javlja iz polutame; da li možda onaj pouzdani ton kojim je učitelj reči izgovarao — tek, njegove su reči na mene činile težak utisak od kojega sam uzalud hteo da se otrgnem. Nešto mi je pritiskalo dušu te pokušavao sam da se bunim i poričem snagu utiska ali bez dovoljno samopouzdanja i snage.

— Ama, gde ste vi to pobrali tako mračne utiske?

— Gde?! — uzviknu učitelj. — Svud, svud; na svakom koraku, na svakoj železničkoj stanici, u svakom selu, u svakoj varoši. Trebali ste biti u Đunisu da vidite kako se ništi čitava jedna istorija; trebali ste biti u Kruševcu da vidite kako se ruši čitava jedna država. Gledao sam svojim očima staroga Kralja na kruševačkoj stanici kako mu liju suze iz očiju a, nedaleko od njega, pred njegovim očima, pljačku, grabež, rasturanje državne imovine. Lupaju se i lome nemilostivo vagoni, grabe se džakovi sa hranom, razbijaju se vrata na magacinima. A Kralj, koji toga trenutka napušta Kruševac i kreće na Kosovo, gleda i plače. Pade mi na pamet, u tome trenutku, nekadanji Lazarev polazak iz Kruševca na Kosovo. Veličanstvene povorke zlatom iskićenih vitezova, koji polaze da izginu na Kosovu i, pred njima vladar koji je izabrao carstvo nebesko. I posle pet stotina godina, jedan srpski kralj sa istoga mesta polazi na Kosovo, ali za njim tužne povorke nesretnoga naroda i vojska bez vere i bez snage. Otresao sam se upoređenja ovih dveju pojava, koje čak i nemaju dovoljno sličnosti za upoređenje, pa mi se ono ipak i na silu nametalo i izazivalo mi težak bol...

Taj bol kao da nam učitelj toga trenutka udahnu svima u dušu. Njegov drug, učitelj, zausti da kaže nešto, pa mu reč zaigra u grlu i ne doreče je već samo manu rukom. Mladi podnarednik zanjiha glavom a meni izađe pred oči, kao neka mađijska slika, veličanstvena povorka zlatom iskićenih vitezova koji polaze da izginu na Kosovu i pred njima vladar koji je izabrao carstvo nebesko. Ta slika bila je živa, ja je nisam samo osećao, ja sam je video. Kroz oblake dima od duvana probijali su se oštri vrhovi bojnih kopalja, lelujali su se zajedno sa duvanskim dimom alaj-barjaci i promicali sjajni šlemovi iskićeni zlatnim čelenkama. Mrka lica kosovskih junaka pod šlemom, ocrtavala su se u onome rumenilu od žara, koje se protkivalo kroz modri dim. Ja sam čuo alakanje junaka, čuo sam topot konja i počeše u pameti da mi se nameću reči narodne pesme: i počeh da ih šapćem sam sebi:

> „Konj do konja, junak do junaka
> Bojna koplja kao gora čarna,
> Sija oklop i blista oružje.
> Milina je okom pogledati
> Bojne konje i bojne junake.
> Razviše se kite i barjaci
> Kao suri po nebu oblaci.
> Car pojaha golema labuda
> Pred carem je mladi barjaktare
> Soko živi Boško Jugoviću
> Iza Boška stari Jug-Bogdane

Oko Juga sinci Jugovići
Divna braća i divni junaci,
Pojahali konje od megdana,
Ne bi rekô na konjima jašu
Već ih nose naljućene vile.
Oko cara sluge i vojvode
S desne strane Strahinjiću Bane
A sa leve sluga Vidosave
Iza cara tri vojvode bojne
Slavni junak Obilić Milošu
I uz njega verni pobratimi
S jedne strane Kosančić Ivane
A sa druge Toplica Milane
Za njima su vojvode ostale...”

 Utonuo u tu sliku, ja sam ućutao i niko od ostalih nije remetio tišinu koja je nastala, kao da su svi bili pod istom sugestijom. Studena ponoćna promaja ponovo dunu kroz šupljine i dim se zaleluja po mračnome prostoru, razoriše se i rasuše figure i oblici koji su se do maločas vili nad nama, polomiše se koplja, razvejaše se zastave, rastočiše se oklopi i reka dima sunu na razbijene prozore i ponese sobom polomljene i rasute sve slike koje nam maločas zagrevaše maštu. Studeni dah promaje, rashladi mi i čelo i opali mrazom lice te se probudih i probudismo se svi. Učitelj uze svojom putničkom batinom da razgrće one ostatke žara u mangalu i svi se skupismo nešto bliže vatri.

 — Pomenuste i Đunis maločas? — prekidoh ja prvi tišinu, obraćajući se pitanjem učitelju.

 — Pomenuo sam! — reče i ućuta, pa malo zatim sam nastavi. — Otkako znam za sebe, tu sam prvi put zaplakao. Verujte mi, gorko sam zaplakao.

 Verovao sam mu, jer mu je glas zadrhtao u grlu.

 — Na Điniskoj stanici zaostali su odnekud vagoni u kojima je bio natovaren naš Vojni muzej iz Beograda. Taj muzej je sva naša nova istorija, istorija naše stogodišnje borbe, jer celoga ovoga veka što je za nama mi nismo ni stigli što drugo da radimo do da se borimo. Kad su već i vlasti napustile

Đunis, kad je već neprijatelj zauzeo obe Morave, svetina u Đunisu razbija te vagone misleći da će u njima naći štogod što bi joj moglo koristiti ili, valjda, što neprijatelju ne treba da padne u ruke. Trebalo je videti onu strašnu i tužnu sliku. Razočarana svetina uze da baca one svetinje, od kojih je svaka jedan deo istorije; uze da ih baca i gazi, raznoseći ih uz divlju dreku i cerekanje. Kad su iz razbijenih sanduka pokuljale one „sprdnje", svetina udari u kikot i taj mi je kikot prodro kao usijano gvožđe kroz dušu i, verujte, još me bridi bol, još me peče. Bio je to onaj krti smeh ludaka koji se ceri kad spazi ikonu. Izgledalo mi je kao kad se čovek usred plamena u kući koja gori, smeje smehom onoga kome je veličina tragedije zamaglila dušu i razum. Doboš, kojim je arhimandrit Melentije dozivao negda narod na revoluciju dočepao je jedan starac iz poslednje odbrane i načinio sebi stolicu od njega; zastave, one slavne zastave, koje su u ratu za oslobođenje vodile srpsku vojsku na Javor i na Šumatovac, ležale su u blatu pod vagonima ili su njihove gole motke bacane na vatru: deca su naticala na glavu kalpake naših prvih vojnika i jahala na kopljima; Cigani su navlačili starinske mundire one slavne žandarmerije koja je 1862. godine izginula braneći Beograd od Turaka, a za njima je svetina arlaukala i smejala se. Puške, koje je bukovički prota blagoslovio na Orašcu, i koje su se proslavile na Mišaru i Ljubiću; pištolji, koji su nekada počivali u kuburlijama slavnih vojvoda ili im kitili silave, i onaj pištolj koji je na Čegru proslavio smrt Sinđelićevu, i ona puška koja je iz ruke maloga Knićanina oborila Ćaja-pašu — sve, sve je to ležalo po potocima i po blatu, po drumu i po jendecima, sve rastureno, sve pobacano, sve pogaženo. Izgledalo mi je kao da je neki zao duh pošao pred neprijateljskom vojskom, kao kobna izvidnica, sa zadaćom da briše našu istoriju, kako bi neprijatelj nastupao na raščišćeno zemljište sa kojega su pokidana i počupana, sva prošlost, sve uspomene i sve tradicije.

Učitelj završi, pa pošto se nešto odmori, obrati mi se:

— Recite sad sami, ne bi li se zaplakali i vi da ste bili na mome mestu, da ste sve to svojim rođenim očima videli?

Ja nisam odgovorio na to pitanje a osećao sam da bi i u ovome trenutku, kad mi učitelj kazuje, mogao još gorko zaplakati da mi već teški događaji, koji su se provlačili kroz moju dušu, nisu presušili suze.

— I kad pomislim — nastavi učitelj iskreno potresen — da su tako isto ili još gore, jer su pale u ruke neprijatelju, propale i sve druge naše tekovine. Ono što smo za ovih sto godina, odvajajući od svoje sirotinje, odvajajući od svojih usta, pribirali i tekli, ne bi li i mi mogli stati u red civilizovanih naroda; naši muzeji, biblioteke, kabineti, zbirke, dokumenti i rukopisi u kojima leži naša neobjavljena i neispitana istorija. Sve, sve je to propalo ili će propasti, jer neprijatelj koji ide za nama, sažiže kao usijana lavina i pali, ruši, uništava.

— Sve, sve će propasti! — dodadoh i ja pridružujući mu se iskrenome bolu.

— Kosovo je bilo vojnička propast, to nije bila propast naroda — nastavi učitelj. — Nesretne, trinaeste, bila je teža propast ali, šta je imalo tada da propadne kad ništa nismo ni imali. Narod se sklonio u zbegove a sila, koja je preplavila zemlju, pregazila je polja i livade. O prvome proleću trava je opet ozelenila a narod je sišao iz zbegova. Današnja je propast teža i strašnija; ruše nam sve, ruše državu i ruše joj temelje, zatiru ustanove i uništavaju blago narodno koje smo sto godina pribirali i tekli. Kad se vratimo biće sve pusto i počećemo sve ispočetka. Ali, tad neće biti dovoljno samo da nam o proleću ozeleni trava i narod se vrati iz zbegova...

Nastade mukla tišina, slična onoj kraj samrtnika kad mu se već upali sveća, kad svako zazire da šušne, kad svako uzdrži i dah da ne remeti svečanost tišine i ne profaniše pijetet trenutka. Čuo se samo žar kako se raspada u pepeo, miš koji grize drvo u dolapu, dah one dece što su spavala i krčanje u grudima učiteljevim. Malo zatim i dopre spolja kroz razbijene prozore neki čudan, nejasan zvuk. Svi podigosmo glave i napregosmo sluh.

— Čekajte! — prekidoh ja tišinu. — Pričekajte malo! Vi već govorite posmrtno slovo a čujete li, slušajte!

Moralo je već biti daleko iza ponoći, moralo je biti bliže zori, jer kroz noćnu tišinu jasno su dopirali topovski jeci. To je odmah posle ponoći otpočela borba na Binačkoj Moravi, koja je imala da suzbije bugarski drzak noćni prepad.

— Čujete li? — ponovih ja ohrabren ovim zvucima, koji očas zbrisaše u meni ono mutno i teško raspoloženje, izazvano učiteljevim kazivanjima. — Čujete li; to još srpski topovi govore i dok god oni ne zaneme, ja ću verovati u biće Srbijino.

— Ja ću verovati i posle, kad i ti topovi zaneme! — odgovori učitelj i sam nešto ohrabren. — Verovaću, jer sam ubeđen, da narod, koji se ovako muški bori sto godina za slobodu, ne može propasti. Ali... moja vera ne može nimalo umanjiti bol, koji mi sadašnjost zadaje!

Pouzdanje, koje su topovski zvuci u nama probudili, samo je za časak blesnulo, kao jedna trenutna pojava, kao jedan pokušaj da se priberemo i ohrabrimo. Slušali smo još malo topovske zvuke, ali bez reči. Umorio nas je bio razgovor, umorio nas je zajednički bol, koji ovi zvuci nisu ipak mogli iz duša nam da odagnaju; umorila nas je duga noć, koju smo prevalili i primakli se zori. Popušili smo ćuteći još po jednu cigaretu. Mladi se podnarednik izmakao od mangala i naslonio leđima uza zid, oborio glavu na grudi i počeo da drema a i učitelji počeše pogledati oko sebe, ne bi li se mogli gde nasloniti, da se ma koliko-toliko odmore.

Ja se digoh lagano, ne uznemirujući nikoga i pođoh na gornji sprat, gde je moja odaja bila. Kada sam se uspeo, sa otvorenoga doksata dogledalo se daleko, daleko kroz noć, koja je već počela da se providi. U dubini tamo, iza planina, rumenilo se nebo, preteći opasnim vetrom. Izgledalo je kao da gori planina, kao da se usijala te plamti i bukće.

Ta me slika zadrža na doksatu, sa kojega su se još jasnije čuli topovski pucnji otuda sa Karadaga i sve to podseti me na ono učiteljevo upoređenje sa usijanom planinom, koja bljuje lavinu. To upoređenje poče da raste, da se dopunjava i da mi se nameće. Eno, eno, planine se već žare i gore, bljuju već plamen i eno se usijana lavina valja kroz naša polja i dolje; valja se, tutnji, pali, ništi i sagoreva život, koji je do maločas tu bio.

I bliži se već! Osećam zagušljiv vazduh, koji prethodi usijanim valima; osećam već po telu toplotu, koja unapred prži; osećam kako me zasipa topao pepeo lave; zasipa mene, zasipa moje drage i mile, moje bliske; zasipa moj dom i onaj dom do moga i dalje; zasipa gradove i polja, zasipa sela, gore i planine! Sve, sve zasipa i plavi. I malo još, još malo samo dana, bićemo svi, biće cela Srbija pod lavinom!...

X — Toplički begunci

Neko reče: "Ajde da vidimo, evo stižu toplički begunci!", i osta tako ime onoj dugoj i neprekidnoj zmijurini što se drumom više Prištine lagano povijala sa povijaraca koji odvajaju Labove obale od kosovske ravnice. I ranije su tim putem iz Kuršumlije slazili begunci ovamo u Kosovo, ali je jednoga trenutka izgledalo kao da orkan neće protutnjati preko cele Srbije i, ako gde bude parče slobodice, biće je tu negde izmeđ Jastrebca i Kopaonika. Verujući u to, mnogi koji su se spasli iz Skoplja i drugih istočnih strana, napuštali su i Prištinu, pa begali u podnožje Kopaonika, u Kuršumliju, Brus i Aleksandrovac, tako da su se tim drumom često razmimoilazili begunci, jedni koji iz Toplice begaju na Kosovo i drugi koji sa Kosova begaju u Toplicu.

I načelnik okruga kosovskoga, kada jednoga jutra dobi nepovoljne vesti sa gilanskoga fronta, zazvoni u telefon i zatraži načelnika okruga topličkoga. Hteo ga je zamoliti da se pobrine o njegovoj porodici koju misli ukloniti iz Prištine i poslati je tamo. Ali još nije ni počeo govor a načelnik toplički iskoristi vezu koju mu je ovaj dao, i poče:

— Slušaj, kolega, hteo sam te umoliti za jednu uslugu. Šaljem svoju porodicu tamo, u Prištinu, pa...

— Kako? — učini načelnik kosovski na telefonu i promeni se u licu. — A ja sam te zato zvao na telefon; hteo sam te umoliti... da... mislio sam da ja pošljem svoju porodicu tamo...

— Ne šalji ovamo!

— Ne šalji ni ti ovamo!

Takva je pometnja nastala otprilike onih sudbonosnih dana a malo zatim bili smo već načisto da Toplica već nije više bezbedan zbeg. Stigoše glasovi da je pao Čačak, palo Kraljevo i da Austrijanci slaze Ibrom i Rasinom a Bugari napreduju Toplicom ka Prokuplju i Jablanicom ka Lebanima. I, sad tek zagusti drum koji Labom slazi iz Kuršumlije. Njim pođe sve što iz Niša i Leskovca nije moglo ranije železnicom; njim krenu sve što se iz Kruševca poče spuštati na jug. Njim pođoše i kancelarije i komande i uprave koje su se dotle zadržavale po mestima koja su, samo pre nekoliko dana, izgledala još da su van domašaja neprijateljske poplave.

To nije bila obična gomila begunaca što se spuštala labskim drumom u Kosovo, bio je to čitav pokret, bila je to u punom smislu reči seoba naroda. Kada su prva kola iz ovoga pokreta nailazila na prištevsku kaldrmu, poslednja još nisu bila izašla iz Prokuplja, tako da je od Prištine do Prokuplja to bila jedna beskrajna povorka kola koja je neprekidno milila drumom tri dana i tri noći. To je bila jedna neprekinuta i neprobojna kolona gde su konji zadnjih kola uturili glave u šarage prednjih kola i pešak ili konjanik, koji se nalazio s jedne strane, nije mogao sve od Prokuplja pa do Prištine preći na drugu stranu druma.

A drum raskaljan, izlokan, preliven debelim slojem žitkoga blata, gde ređega te se razlilo kao blatno jezero a gde gušćega te se hvata za točkove od kola, za opanak i obuću. Ubrljali se ljudi, ubrljala se stoka, ubrljala se kola i jedva se sve to izvlači i jedva kreće.

Iako je zajednička nevolja sve izjednačila ipak je u toj, blatom ubrljanoj i brigom i teretom putovanja umorenoj gomili, puno raznolikosti. Teška crna municiona kola koja vodi trećepozivac a vuku snažni i rogati državni volovi; pa onda, putnička kola sa arnjevima i umornim konjićima, čije sapi brekću kao mehovi a blato im iskitilo trbuh te vise grozdići o dlake; pa onda, automobil, mali, crn, lakovan, sa četiri sedišta, naviknut da vozi od Terazija do Topčidera; za njim veliki, tovaran automobil modre boje, sa motorom koji brekće i stenje kao razdražena životinja i ojedenim gumama na točkovima. Pa onda, mala seljačka kola sa mršavim vočićima koji izgledaju kao srndaći i razglavljenim točkovima koje je obmotalo blato slojem debljim od samih naplata; pa dvokolice, koje vuče konjić oznojenih rebara i usahnulih kukova; za ovima fijaker sa beogradske kaldrme na kome još vise, kao krpčići na prosjačkim čakširama, ostaci gume oko točkova i na kome je pogdegde i sačuvao lak svoj sjaj a pliš svoju nekadanju boju, ali ga gledaš sa sažaljenjem, kao propalu lepoticu na kojoj se još pogdešto održalo. Za ovim taljige sa jednim bednim konjem, jedne od onih taljiga na kojima se prenose drva i espap sa železničke stanice; pa onda opet fijaker, od onih koji su osamdesetih godina još i izgledali nešto na beogradskim ulicama a od toga doba služe za prenos pošte izmeđ dveju varoši u unutrašnjosti; pa onda, špediterska kola, velika, prostrana, čitava kuća na točkovima a vuku ih tri umorna konjića raskrvavljenih grudi, koji su ih sa velikim naprezanjem izvukli iz ovih blata kroz koja se prošlo; za ovima opet par malih vočića vuku nešto što se i ne može nazvati kolima, to su dva točka i visoki stupci sa strane; za njima poštanske čeze; pa sakadžijske dvokolice sa kojih je skinuto i bačeno bure da se zaženi tovarom; pa bolnička ambulantna kola; pa laka štajerska kola sa platnenim krovom... i redom tako sve vrste kola, sve što ima točkove i što može da vuče zaprega. I sve to natovareno i pretovareno senom, brašnom, pokućanstvom, decom, ženama i starcima. I uz to još, oko kola i izmeđ njih, pešači masa sveta, poprskana blatom po grudima, po kosi, po licu i ubrljana do kolena i do pojasa. Kroz gomile pešaka tiskaju se još i mali konjići osamareni i natovareni, koji još povrh tovara nose i pogdekoje dete; pa onda magarci, pa kravica koju vuče majka da bi ishranila decu, pa ovca koju je grešni domaćin poterao da se negde u planini njome ishrani zimus i sav blatom ulopan, povijena repa pas, koji je krenuo u zbeg za kućom i čeljadima.

I sva ta gomila i sva ta tužna i nevoljna povorka ide, mili, puzi, gamiže tako u neprekidnoj liniji, tri dana i tri noći, od Prokuplja do Prištine. Nijedan fotografski snimak ne bi bio kadar da dâ ovu sliku, jer gde bi jedan snimak obuhvatio svu nevolju koja od Prokuplja do Prištine tek čini jednu celinu. Nikad ni umetnikova kičica ne bi bila kadra staviti je na platno, jer ne samo što bi mu promakli mnogi detalji već bi mu nedostajalo i boja da naslika svu ovu nevolju.

DEVETSTO PETNAESTA

A gomile onih koji su juče i prekjuče dobegli, zagušile uske prištevske ulice, načetile se ispred kuća, zaštićene od kiše širokim turskim strejama i prate nove dobeglice u kojima sretaju svoje poznanike, prijatelje i rođake. Oni što pridolaze, pre no što se zdrave, pitaju: „Ima li se gde prenoćiti?", a ovi što ih dočekuju odmahuju glavom kao da bi rekli: „I mi smo na ulici a gde ćete vi?" U tim gomilicama pod strejama ima ih koji sa saučešćem prate tužnu povorku, ima običnih radoznalaca koji su u svoje vreme tako isto posmatrali beogradske parade, ima zabrinutih, koji u povorci traže neće li sresti svoju porodicu od koje su ih prilike rastavile, ima i pakosnika koji zavide onima koji su bolje prošli od njih, jer su se dočepali kola i snabdeli hranom, a ima i ravnodušnih, koji su već na prvom koraku u nevolji izgubili i volju i snagu i sad već ravnodušno posmatraju tuđu nevolju. I sve te raznolike svoje osećaje, gomila glasno kazuje, ona skoro pravi jedan revi povorke koji kraj nje prolazi i svaka kola propraća svojim primedbama, često opravdanim a gdekad možda i preteranim. Pogdekoja kola i one na njima poprati glasno saučešće gomile a pogdekoja prolaze kao kroz šibu i oni na njima obaraju glave obasuti gorkim primedbama gomile.

— Gle, gle ovaj šta je natovario na kola. Taj kao da je dobio premeštaj sa seobenim troškom pa ide na novu službu!

— Pazi ovaj, povukô celu zimnicu!

— Ovi opet kao da su u banju pošli!

— Gledaj molim te šta vuku državna municiona kola a municija izvesno ostavljena neprijatelju!

— A ranjenici idu peške! — dodaje neko čak iz pete gomile.

I odista, ta su kola, što su se spustila iz Toplice u Kosovo, povukla sve što se moglo povući, a što će se posle u Prizrenu ostavljati a na daljim putovanjima i bacati. Izgleda kao da se još uvek verovalo da se ne bega dalje, već se samo sklanja iz varoši u varoš dok prođe oluj, pa će se opet svako vratiti na svoje ognjište.

Evo otprilike približnoga snimka jedne grupe kola koja će u toku od pet minuta proći kraj gomile uz koju sam se ja pribio.

Automobil, prostran i lep, sa ugodnim sedištima. U automobilu mlada beogradska gospođa i njena gospođica sestra sa visokim rajerima na šeširima koji se povijaju pod tavanicom automobila. Na prednjem sedištu, kao i na spoljnjem kraj šofera, dva-tri manja kožna kofera sa mesinganim i niklenim okovom i pet-šest kutija od šešira; na krovu automobilskom veliki platneni koferi sa niklenim katancima. To su dame koje su se rešile da napuste beogradski korzo tek kad su neprijateljske bombe počele da padaju izmeđ kuća i tada su se zadržale u niškome parku gde je takođe „bilo dosta živo". Sad su pošle dalje, sa uverenjem da će i na prištinskom korzu „ipak biti malo života". One su nesvesne svega što se događa, one u svemu vide samo jedan *dérangement* i prave tako lice kao da su, nas koji kao prosjaci stojimo pod strejom, gotove da zapitaju: „Budite, molim vas, ljubazni, recite nam koj' od boljih hotela gde ima i kupatila!" Ovim damama je rat doneo novu vrstu zabave i nove teme za razgovor. One su pokušale da budu i bolničarke i napravile su bile sebi bolničarske kostime sa krstom na grudima i slikale su se u tim kostimima i dočekale su prve ranjenike i okitile ih cvećem i poslužile su toplim čajem ranjenoga mladog kapetana i sprovodile su kroz „svoju" sobu jednoga stranog dopisnika i... dalje se nije moglo: „Treba imati neobično snažne živce da se to izdrži!" I, pošto su utvrdile da takve živce nemaju, one su se radije pridružile odborima za priređivanje koncerata i kermesa u korist ranjenika. Njina je savest bila mirna da su se na svoj način odužile „ovoj zemlji" i zato su, kad je trebalo begati iz Niša prošle sve moguće kancelarije dokazujući kako njima „ova zemlja" treba da se oduži time što će im se dati jedan automobil. I one su ga dobile; ako ih je odbio komandant, ađutant je bio ljubazniji; ako ih je odbio ministar, sekretar je bio ljubazniji. I one su krenule sa opremom potrebnom za korzo a razočaraće se tek kad siđu s automobila u blato i kad večeras, i to ako budu uspele da se doguraju do ćevabdžijine tezge, budu nasred ulice, držeći stare novine mesto tanjira, večerale kozje ćevapčiće i proju. Ako ih večeras to mimoiđe sutra neće.

Drugi automobil opet državni ali malo bolje natovaren. Među stvarima i korpe i koferi i bošče i kutije. U automobilu tri ženske, izgleda sve tri poznate gomili: jedna prodavačica duvana o kojoj se u Beogradu govorilo da je ispod ruke prodavala i transparentne karte za igranje sa sodomskim slikama; pa onda jedna glumica nekog putničkog društva, koja je od Prvog balkanskog rata napustila glumu smatrajući valjda sebe za obveznika i nikako se, ni u međuratnom vremenu, nije demobilisala; i najzad, jedna raspuštenica koja je htela da ide u komite i obukla se već bila u komitsko odelo i slikala se već naslonjena na pušku, ali je nisu hteli da prime te je i dalje ostala raspuštenica.

Kad ovaj automobil prođe, gomila pod strejom poče sa svih strana da se zapituje koja li je od njih triju zadužila državu te je država prema njima tako ljubazna da im ustupa automobil koji je mogao mnogo korisnije biti upotrebljen.

Zatim dolazi fijaker, opet državni ili bar rekviriran, jer je vojnik na boku. U fijakeru malo stvari ali mnogo sveta. Na gornjem sedištu mlada gospođa i njena gospođa majka; na donjem sedištu sluškinja i sluškinjin švaler. Mlada gospođa drži na krilu svoje kuče a sluškinja svoje kuče; stara gospođa kavez sa kanarinkom. Niko ih iz gomile ne poznaje i prolaze bez primedbe, sem što ih prati glasan smeh onih kojima nije do smeha. Za ovim idu male taljige sa jednom granom mesto četvrtoga točka, koji je ko zna gde ostao. Taljige vuče pokisao i blatnjav konjić malo veći od koze a mršav kao glad, te ona pokisla koža na njemu izgleda kao razapeta na kostima. Za nj su vezane rukunice iskrpljenim amovima a niti ima dizgine ni oglavnika. Noge mu drhću, velike duplje nad očima i one dve ugible ispod slabina brekću i razapeta mu se koža isparava od vlage kojom ga je posula kiša i znoj. U kolima troje dečice, samo im glavice vire iz vlažnih ćebadi i majka koja će za koji dan u kakvom jarku na putu roditi i četvrtog brata onima što vire iz ćebadi a Srbiji i četvrtog vojnika koji će, tamo u budućnosti, zameniti one što su popadali na bojištu. Za taljige vezana koza koja hrani dečicu usput i koju je toliko obujmilo blato da jedva otvara ulepljene oči.

Pri prolazu ovih taljiga u gomili tih šapat sažaljenja i prema majci i prema deci i prema stoci. Jedan samo glas dodaje: „Ovima bi sevap bilo naći krova da zanoće!"

Za taljigama, u redu jedno za drugim, sedmoro državnih municionih kola sa konjskom zapregom. Sem sedam komordžija koji teraju konje, kola još sprovode osam vojnika, osam boraca, i jedan narednik. U najmanju ruku trebalo bi da je kasa kakve divizijske oblasti ili intendanture, ali nije to, već je to kuća, u pravom smislu reči kuća gospođe potpukovnice čije ime reče neko iz gomile ali ga ja ne zabeležih. Sama gospođa potpukovnica sedi u poslednjim, sedmim kolima i oko nje su sitnije stvari i koferi a u prednjim kolima: kreveti, astali, kujinski rafovi, stolice, umivaonici, šporet, čunci, sanduk sa praznim flašama, jedna stolica za ljuljanje, bure s kiselim kupusom, dva-tri metra sečenih drva, sedam ili osam džakova državnoga brašna, verovatno upljačkanoga iz kakvog državnoga magacina, kolica za dete, saksije s cvećem i bure sa lijanderom.

— Ovo treba kamenovati! — gunđa gomila.

— Napuštene državne kase, arhive, muzeji a voze se burad sa lijanderima! — gunđa dalje gomila.

— Izginulo sve što je moglo poneti pušku; ono što je ostalo da nas zaštiti da možemo izneti glave, prebraja se na prste; ko napusti front strelja se a osam boraca i jedan narednik odvaja se sa fronta da prate gospođu potpukovnicu i da čuvaju njeno bure s kupusom! — i dalje gunđa gomila.

— Ranjenici gegaju peške i bosi po planinama a državna kola voze čak i sečena drva gospođi potpukovnici! — gunđa i dalje gomila.

— Municija se ostavlja neprijatelju, hrana se ostavlja neprijatelju a voze se lijanderi, čunkovi i stolice za ljuljanje! — gunđa i dalje gomila.

Gunđa gomila a potpukovničina kuća i pratnja prolazi i prska blato s točkova po gomili. A za nizom ovih kola opet jedan državni automobil i u njemu čitava kolekcija baba. Pet baba od kojih najmlađoj ne može biti manje od šezdeset godina a najstarija je verovatno preživela još koje bekstvo u ranijoj istoriji srpskoga naroda. Babe se uvalile u dušeke, pretrpale se jastucima, zavile se šalovima i očajno gledaju ovamo u gomilu kao da bi htele zapitati: „Kaž'te nam iskreno, je l' dovoljno bezbedno u Prištini, ako nije da odmah nastavimo put?"

— Ko sabra ove babe? — pita se gomila.

— Eto i za njih se država postara da se spasu? — dodaje opet gomila.

— Pa ko će osloboditi porobljenu Srbiju, ako neće ove babe? — dodaje opet gomila i ori se krti smeh, onaj kojim se smeju nevoljni.

Za automobilom mala volovska kola bez lotra već samo dve daske vezale dva para točkova. Kola vuku jedan sićušan konjić i jedna mršava kravica zapregnuta kao i konj, a vodi ih starac čija su deca ostala tamo u rovovima a on bi da spase mezimče svoje, poslednju nadu i potporu kuće svoje. Po daskama, na kolima, prostrto malo vlažna sena a po njemu jedna pokisla šarena ponjavica. Na zadnjem kraju kola, oslonjena leđima na stubac, opuštene jedne noge koja joj se skoro vuče po blatu a povijene druge pod sobom, sedi zabrinuta starica; njoj na kolenu leži glava sedamnaestogodišnjeg dečka čije je opruženo telo pod onom ponjavicom. Majka mu rukom prevlači usijano čelo i miluje pokislu kosu; po njegovim voštanobledim obrazima treperi prozračno bolesničko rumenilo a iz duboko utonulih očiju, ugašena pogleda, kao da se već nazire smrt. U gomili kraj kojih ova kola prolaze izraz saučešća i protesta:

— Eto, o njemu neće niko da se brine a on je sutrašnji vojnik! — veli jedan iz gomile.

— Treba zbaciti one babe iz automobila pa metnuti ovog jadnika! — dodaje drugi.

Za ovim tužnim kolima ide lep i elegantan fijaker sa niklovanom rudom, niklovanim fenjerima i niklovanim amovima na konjima. U fijakeru malo i prijatno društvo, jedan policijski pisar na donjem sedištu a na gornjem Mica Zuavka i Mica Senegalka. Tako bar reče jedan iz gomile, koji nam je u malo reči glasno ispričao istoriju ovih dveju Mica. Prva od njih je ćerka nekog bivšeg muzikanta i u prvim danima svoje mladosti kretala se samo u muzičkom svetu, podrazumevajući tu na prvom mestu Kraljevu Gardu. Od toga doba ona nosi ime Mica Bandiska. Ona druga ima tamno poreklo i neobjašnjivo ime: Mica Promincla. Niko ne zna ni ko je ni odakle je, ni čija je; pojavila se jednoga dana na beogradskoj kaldrmi noseći sobom i prošlost i budućnost. Te dve Mice kada su iz novina pouzdano saznale da nam stiže u pomoć francuska kolonijalna vojska, krenule su iz Beograda u susret saveznicima. Na putu od Beograda do Niša razmišljale su o svemu i svačemu i našle su da Francuzi neće moći da izgovaraju njihova malo čudnovata i za izgovor dosta tvrda imena i tražeći nova, težile su da time izraze izvesnu pažnju prema saveznicima. Otuda su i postala imena Mica Zuavka i Mica Senegalka.

U gomili, mesto običnoga gunđanja, nasta odvratnost i gađenje kada se iz ovih biografija saznade kakvo je to krasno društvo na fijakeru. Da tu odvratnost još više pojača priđe gomili jedna ugledna gospođa beogradska, žena jednoga lekara.

— I vidite — reče ona gomili — to su moja kola, rekvirirali su nam ih za državne potrebe a ja sa decom idem peške iz Leskovca!...

Zatim nam gospođa, očiju punih suza, ispriča svoje tegobe i nevolje na putu. Zanoćila je sa decom na drumu, usred planine, negde iza Lebana. Dečica — povela ih je dvoje i staru majku — pribrala su se promrzla oko vatrice koju im je majka naložila i ona ih je tešila i hrabrila iako je i sama osećala studen u duši, našav se prvi put u životu na drumu, u planini, pod vedrim nebom. I kad je dečicu hteo da prihvati san koji bi im razgonio strah iz duše, pojavljuju se iz mraka dva svetla oka, te deca radoznalo se bude i pribiraju uz majku. Ta dva svetla oka su dva fenjera na fijakeru koji vozi Micu Zuavku i Micu Senegalku. Deca poznadoše konje i kliknuše:

— Gle, mama, naš Gvozden!

— Gle, naša Grivna!

— Naša kola, tata poslao kola — klikću deca. — Tata poslao, nećemo više ići peške!

A majka ih umiruje da bi podneli razočaranje.

— Naša kola, deco, ali se mi ne možemo voziti njima. Mi i dalje moramo peške.

— A zašto kad su naša kola? — grakću začuđena deca.

— Naša kola moraju da voze srpske ranjenike. Srpski se vojnici bore za nas, pa ne mogu ranjeni ići peške, a mi možemo. Je l' te, deco? — teši ih majka.

Utom prolaze kraj njih kola sa Micom Zuavkom i Micom Senegalkom i ori se iz njih razvratni smeh. Majka obara oči pred decom srameći se laži kojom ih je mislila utešiti.

Tu priču, koju nam gospođa živo i uzbuđeno priča, sluša i jedan ranjeni poručnik koji je otpustio štake te se naslonio na zid i posmatra prolazak topličkih begunaca. On je dotle mirno i skromno stajao iza naših redova naslonjen na zid i nije učestvovao u gunđanju gomile i bio je miran kao da nije ni slušao primedbe koje su se sipale kao iz rukava za svakim kolima. Ali kad naiđe fijaker i kad gospođa završi svoju priču rečima: „Srpski se vojnici bore za nas, pa ne mogu ranjeni peške ići!", poručnik planu na jedan mah. Krv mu se pope u obraze, nasloni se na štake i gurnu laktovima gomilu ispred sebe pa izađe napred:

— Srpski se vojnici bore za nas, pa ne mogu ranjeni peške ići! — ponovi on uzbuđeno. — A pogledajte, gospođo, pogledajte! Ova je noga prebijena i ja sam na ovim štakama iz Kuršumlije peške prešao preko planina a eto ko se vozi na kolima!

— Sramota! — graknu uglas gomila.

— I sramota i nevaljalstvo! — dodade uzbuđeno ranjeni poručnik i iščupa sa grudi Obilićevu medalju za hrabrost i baci je pod točkove fijakera radi kojega se i podigla bura negodovanja. — Ne treba mi! Ne treba mi! Neka ovaj orden nosi Mica Zuavka i Mica Senegalka, ja ću za Srbiju umeti poginuti i bez toga ordena!

Gomila zaneme na jedan mah pred ovim činom i nasta mrtva tišina. Povorka se begunaca i dalje kretala i prolazila mimo nas, gazeći pod sobom Obilićevu medalju za hrabrost, koja je sve dublje u blato tonula...

XI — Bajka

Legao sam te večeri umoran, teško umoran. Na prozorima nije bilo zavese i kad sam dunuo u sveću, koja je osvetljavala sobu, spolja je prodirala neka bleda, vodnjikava svetlost koja je na mračnome zidu projektovala rupu prozorsku izmrežanu tankim linijama haremskih mušebaka. Kroz tu mrežu jedva se dogledalo nebo mračno, nisko i gusto kao testo.

Pod utiskom događaja, slika i pojava koje su ova tri dana minuli kraj mene, ležeći nesan pod ćebetom, podlegao sam navali čitavoga roja neodređenih misli. To su bile i misli i sećanja i predstave i opažanja i sve se to kolutalo, prepletalo, tiskalo i mešalo bez reda, bez smisla, bez jasne konture i oblika. Iako je davno već umukao tandrk kočija, stenjanje i škripa volovskih kola, tutanj i brektanje automobila i galama svetine, meni su ti zvuci, izmešani i zbrkani, brujali u ušima a ulične slike, raznolike bojom i bogate bedom, još uvek proletale kraj očiju kao dugi, beskrajni kinematografski film.

Cigareta, koja je do maločas sjaktala u pomrčini kao usamljena zvezdica na mračnom nebu, ugasila mi se međ prstima i počeo me hvatati neki polusan koji me nije odvajao od stvarnoga pa ipak mi naturao nepoznate, tamne, nejasne predstave. Iako još budan i svestan da je to san, ja nisam imao snage da mu se otmem već sam mu se podavao bez otpora i on me je odvodio sve dalje i dalje, odvodio me je u daleko detinjstvo, tamo čak dokle jedva dopiru moja prva i nejasna sećanja, tamo gde je sve ružičasto, sve nasmejano, sve nevino. I, kako je to godilo premorenoj mi duši i raskrvavljenom srcu! Kao posle silne bure na pučini gde se krhao i lomio, kad čamac uđe u tihe vode i pristane uz zelene obale čarobnoga ostrva gde cvetaju mirte i oranđže, gde nežni leptiri dele cveću najstrasnije poljupce, sišući im njime žiće; gde ptice plavih i zelenih peraja pevaju pesmu zore a vode, slazeći sa kamena, zvone kao harfe, strasnu večernju romansu razbludnoj noći ogrnutoj prozračnim velom posutom zvezdama...

U rano zimsko veče, kraj razbuktale vatre u kaminu, valjala su se dečica po širokome i debelome ćilimu prostrtome po podu a baba Vilka, sretna među unučićima, sedela je na jednoj tronožnoj stoličici, podsticala vatru u kaminu i pričala duge, tople i zanosne priče koje zimska noć i ljubav, kojim ih stara majka kazuje svojim unučićima, dopunjavaju svojim bojama; priče koje se duboko režu u dušu detinju kao kovano ralo u meku smonicu koju je proleće ovlažilo.

Ja, najmlađe unuče tada, sedeo sam na prestolu, na krilu stare majke. Ostali se okupili oko nje, sedeći na podu podvijenih nogu i naslonjenih glavica na njena kolena. Svi pažljivo uprli poglede u njene usne, kako ne bi nijednu reč ispustili. A ta reč teče sa njenih usana topla i blaga kao ona polusvetlost kojom je od plamena iz kamina osvetljena soba a koja tako jasno osvetljava pametnu i izrazitu figuru baba-Vilke, stare srpske ugledne gospe.

Pričala nam je o zmiji mladoženji, o pepeljuzi, o čardaku ni na nebu ni na zemlji, o vetru i vetrovoj majci i još čitav niz takvih zanosnih bajki, koje su nas opčinjavale sve dok nam se detinji mozak nije počeo moriti i oči sklapati, te je tada jedno po jedno, nagrađujući ga poljupcem, odnosila u postelju i prekrstila ga pre no što se od postelje odvojila.

Vraćajući me takvom jednom večeru, koje je — pretrpano događajima koji su se nizali kroz polovinu veka — ležalo zaboravljeno i zabačeno u mome pamćenju, polusan mi ga poče iznositi pred oči u svoj određenosti svojoj. Ono se poče ponavljati u mome pamćenju sa svima detaljima, sveže kao najskorije sećanje.

Te večeri pričala nam je baba Vilka o svome najranijem detinjstvu. Na to smo je izazvali onom gomilom pitanja kojom deca tako raskošno zasipaju starije:

— Jesi li i ti, nano, bila kadgod dete?
— Jesam, rano!

— Ovako kao mi?
— Jes', tako!
— A je l' to davno bilo?
— Davno, vrlo davno, ima skoro šeset godina.
— Šeset? — ponavljamo svi uglas kao iznenađeni iako niko od nas nije pojmio koliko je to, sem najstarijega koji, da bi pokazao razumevanje u ciframa, uze na prste da odbroji šezdeset.
— A jesi ovako isto igrala kao mi? — nastavljamo nemilostivo zasipati pitanjima.
— Tako, dabome, ali — i stara majka uzdahnu — i patila sam. Nije onda nama bilo sve tako potaman: topla večera, topla postelja, nego... bivalo je kad smo i gladovali i mrkli a ne znali hoćemo li svanuti.
— A zašto?
— Tako, bojali smo se.
— A od čega vas je bio strah?
— Od Turaka.
— Od Turaka? — graknusmo svi iznenađeni iako niko od nas nije jasno pojmio šta su to Turci.
— A šta su to Turci? — zapitaćemo mi ostali, sem najstarijega koji je znao neku narodnu pesmu u kojoj se Turci pominju i verovao da mu je to dovoljno znanje.
— Šta su Turci? — učini nana, pa dodade: — Turci su sila deco!
— Pa šta su oni radili?
— Zlo su radili! — zanjiha nana glavom. — A treba da vam kažem šta su radili te da pamtite. Daće Bog porašćete, proživećete i ostarićete a onoga zla što mi videsmo vi nećete videti. Prošla su ta vremena, pomenulo se ne povratilo se!

Mi sve reči nanine nismo tada razumeli ali ih ja sad čujem ponovo i sad tek razumem, kao što sad slušam ponovo i celu naninu priču koja niče iz probuđenoga sećanja.

— Meni je bilo sedam i po, najviše osam godina te jedva pamtim što ću vi kazivati, ali mi je majka docnije, kad sam odrasla, prepričavala ono što sam doživela, te otud znam sve kako je bilo i što je bilo. Bilo je i drugih zala i drugih nevolja ali najcrnja beše kada naiđe strašna godina. Borili se naši, borili pa iznemogli. Niko da pomogne, niko da odmeni, niko da prihvati te gde će sami protivu tolike sile. I podlegoše, te naiđe strašna godina i zavitla se kao najljuća nepogoda i načini po zemlji pustoš kakva se ne pamti od potopa Gospodnjeg. Oni što su se borili i što su nas branili ili izgiboše ili se odmetnuše u planinu ili izbegoše u tuđinu. Osta nejač bez hranitelja a sila pođe da plavi zemlju i da seje nevolju i zlo. Zacika nejač, zaplakaše majke a domaćini oboriše glave pod teškom brigom. Naše selo na drumu i tuda će sila proći. Turci su malo zalazili van drumova i zato su uvek više patila ona sela koja su im bila na putu.

Rekoh, domaćini se zabrinuli što će i kako će, jer glasovi ozgo iz Jasenice, sve crnji i gori. Skupiše se jednog dana, po večernju, u crkvi, te da se savetuju. Nisu se smeli sakupljati na drugom mestu, ovako, ako bi Turci naišli rekli bi: skupili se da se Bogu mole. Popa je čak zadržao na sebi i epitrahilj kako bi ih uverio da služi Bogu. Pritvoriše vrata na crkvi i počeše se krišom dogovarati. Jedan će reći ovo, drugi ono a neki Radojica, dobar gazda i domaćin, u zao čas reče: „Da se isturčimo, to nam je jedina pomoć!" Tek to reče a poče da pršti kandilo pred ikonom svetoga Jovana Krstitelja. Pršte dva-tri puta pa se ugasi a onoga Radojicu taj čas spopade neka jeza i uze ga tresti groznica, te zanemože i jedva ode do kuće. Šest nedelja je patio od teške bolesti i svaki dan mu sveštenik čitao molitve i svaki dan slao u crkvu zejtin te gorelo pred ikonom svetoga Jovana Krstitelja od jutra do mraka. Jedva se čovek diže na noge, valjda mu pomogla molitva i pokajanje.

Oni drugi, što ostaše u crkvi, kad Radojicu odvedoše kući, dokonaše da selo pođe u zbeg. Da ostanu u selu starci, babe i nejaka dečica te da kuće ne ostanu puste a mlade žene, devojke i muška dečica malo odraslija, da krenu u zbeg. Rekoše još da ponese koliko ko može na leđa poneti hrane: brašna, suva mesa, sira i slanine, te da se ishrani zbeg dok sila ne protutnji drumom. Još rekoše da nikom, ni ženama ni deci, ne govore što su dokonali, kako se ne bi čulo i raščulo te da odnekud Turci ne pogone zbeg. Nego nek čeljad legne da spije ne sluteći a domaćini da bdiju, pak kad o ponoći popa udari triput u crkveno klepalo to da bude znak da domaćini izbude roblje, da se potovari pa da svi krenu crkvi odakle će sa sveštenikom u planinu.

Tako je i bilo. Polegali smo svi i spavali tvrdim snom, kad duboko u noć uze nas babo buditi: „Ajde", veli, „ustajte!" Izbudili smo se preplašeni i uznevereni, mislili smo Turci naišli, ali babo nam reče: „Ajte, spremajte se i potovarite da se sklonite iz sela!" Tad razumede nana šta će biti, jer bivalo je i drugi put tako, te nas uze sve opremati i zbirati po kući, što se može poneti. Dotle je babo sipao iz vreće brašno u torbe, odvajao u zastrug sir iz kačice, skidao iz dimnjaka suva rebra i prelamao ih da mogu u torbu naići i kako je koji posao svršio a on odmah određivao: „Ovo ćeš ti poneti, a ovo ti!"

Kad smo se tako opremili i natovarili a nana nas sve prekrsti pa izišosmo iz kuće u gusti mrak. Nije se ni staza čestito videla do koliko što vidiš ispred sebe da se nešto belasa. Babo je išao napred i on je nosio najveći tovar a mi svi za njim. Niko reči da progovori, nego tako idemo oborene glave i gledamo preda se. Usput sretamo i druge, tako isto natovarene, te se jedno drugom pridružujemo onako ćuteći, i ne zdravismo se.

Pred crkvom je bilo skoro sve selo i još je pridolazilo sa svih strana. U crkvi su gorela kandila a popa je jednako nešto ulazio u crkvu i izlazio pa se šapatom dogovarao sa starijima. Najzad, popa opet izađe i reče: „Ajde u ime Božje!", pa pođe napred a mi svi, žene i deca i pogdekoji čovek, pođosmo za njim. Prođosmo još jednom kraj naše kuće i tu se babo oprosti od nas a njegov teret uze nešto nana a nešto mi podelismo, pa on uđe u kuću a mi produžismo. Udarismo najpre niz potok te presekosmo drum, pa onda preko nekih livada te se dohvatismo planine. Kad smo već zamakli malo u šumu, popa i još neki ljudi, koji su napred išli, pripališe voštane svećice a i pogdeko međ nama, jer je u šumi bio još gušći mrak te smo jedva hodili. Išli smo dugo, vrlo dugo, ko zna koliko, sat, dva, tri valjda... Iznad nas nebo poče da se prozire ali je u šumi još bio mrak i one svećice što su se kretale ovamo i onamo izgledale su kao svici koji plivaju kroz noć. Put je bio mučan i tegoban, jednako smo se peli a oni tereti bome nam svima otežali te smo posustali pod njima.

Kad bi već pred zoru a mi svrnusmo sa staze kojom smo se peli te udarismo u šumu po bespuću. To je bio još teži put, kroz korov i travuljinu, pod kojom su ležala povaljena stabla i pokrhano granje ali, hvala Bogu, nije dugo trajao. Izađosmo ubrzo na jednu malu čistinu zatvorenu sa tri strane gustom šumom a sa četvrte golom, visokom stenom. Na steni su zjala usta goleme pećine u koju bi se mogle čitave vojske skloniti. Tu, u toj pećini, sklonićemo se od Turaka i tu ćemo probaviti čitavih šest nedelja.

Odmah smo se dali na posao. Jedne su žene čistile pećinu, druge zbirale lišće i šumicu koja će nam služiti za postelje a treće su na onoj maloj čistini, ispred pećine, nalagale vatre te da se deca zgreju jer umor, nespavanje i rana zora u planini pa se dečica naježila i pribrala uz majke.

Svako je sebi izabrao u pećini po jedan kutak, pomeo, prostro lišće, stovario stvari te udesio neželjenu kućicu. Kad je sve bilo u redu, sveštenik nas još pouči. Reče nam da ne zalazimo u šumu, da ne razgovaramo na sav glas, da vatre ložimo na zaklonitim mestima kako se ne bi niodkuda dogledale i, reče još, da će nas svake noći po neko od domaćina obilaziti te po njemu da poručimo ako što trebamo. Kad nam iz sela jave da su naišli Turci da ne ložimo vatre nikako na čistini i da se povučemo dublje u pećinu. Reče nam još da će nas on svake nedelje pohoditi te da nam odsluži službu Božju, pa nas onda blagoslovi i pođe natrag u selo i sa njim ona dva domaćina što su nas bili dopratili.

Nas dečicu majke metnule da prospavamo malo, jer smo svi bili pospani a one uzeše da spreme jelo i tako u poslu prođe taj prvi dan. Tako prođe i drugi i treći i još nekoliko dana zatim. A svakoga od tih dana, svečeri, dohodio nam je po jedan domaćin iz sela te smo se okupljali oko njega da čujemo šta je i kako je tamo dole i šta se čuje o Turcima. A što Turci bliže selu, sve crnji glasovi se čuju te ledenim srcem čekamo kad će naići na naše selo.

Jednoga dana ne dođe niko svečeri iz sela te se mi zabrinusmo. Pade i noć i polegasmo a niko iz sela još ne dođe. Baš bio red na nekog Lazara pa se njegova žena i kćer najviše zabrinule i šta sve ne preturismo preko glave. Tek posle ponoći stiže Lazar te izbudi samo starije a nas decu i mladinu ostaviše da spavamo. Sabrale se žene oko Lazara a on im kazuje. Veli, Turci upali u selo pa nije smeo ranije da se iskrade jer naredili da niko ne mrdne iz sela. Sve domaćice pretrnule i navalile pitanjima, svaka o svojima i o svojoj kući. A Lazar im redom svima odgovara.

„Naiđoše", veli, „kao oluj. Ispred njih pišti zurla i udara goč a oni meću puške i šenluče, pa predvojiše se, jedni odoše u druga sela a jedno stotinak ih osta kod nas. Narediše odmah da se iskupimo pred crkvom i zapretiše da će sve selo u prah i pepeo, domaćine na kolac a čeljad na jatagane ako se u selu nađe makar jedan čovek koji se borio protivu Turaka i ako se nađe koja puška. Nego, vele, ako ima koga takvog rsuza, bolje da ga kaže selo pa samo njemu da sude i ako ima u koga puške bolje da je sam donese jer sakriti je ne može. Pa onda narediše da im se otvore sve kuće da izberu sebi konake. U moju kuću", veli Lazar, „ne uleže hvala Bogu niko, a da je ko ušao ne bih mogao doći noćas. Morao bih ostati da ga dvorim."

„A kako nas mimoiđe?", pita ga brižno žena.

„Naiđoše pa pitaju ima li ženske čeljadi da ih dvore. A ja rekoh, sâm sam, udovac sam i bez dece, dvorim sam sebe pa ću umeti i vas podvoriti. Oni me se okanuše pa odoše dalje."

„A kako su na drugom mestu?"

„Tako, jedu i piju. Istrebiće sve ako poduže ostanu. Naredili da im se ispeku bele pogače, da im se kolju kokoši, da im se istoči najbolja rakija. Ako kažeš da nemaš kamdžijom ti odgovaraju, pa moraš da nađeš. Pa onda traže da im se dadu nove čarape za preobuku, da im se operu noge, da im se istrljaju i podlažu konji u arovima... eto to, za večeras, koliko dok nisam izmakao a sutra, videćemo kakvo će nam jutro svanuti."

I Lazar nam reče da ne ložimo nikako vatre napolju na čistini, može se uzneti dim više šume te oni zapaziti, i posavetova nas kao i popa, da se povučemo dublje u pećinu.

Tu noć nisu ni legale žene više nego ostale sa Lazarom u razgovoru sve do pred zoru a mi deca kad smo se izbudili Lazar već nije više bio u pećini. Krenuo da ga prva zora zateče u kući, kako Turci ne bi posumnjali da je izmicao iz sela.

Tog dana samo se o Turcima govorilo međ nama i svi su stariji bili vrlo zabrinuti. Povukli smo se duboko u pećinu te, kad je palo veče, nas je decu obuzeo veliki strah. Nešto što se ceo dan samo o Turcima govorilo a nešto i ona gusta tama u dubini pećine. Izgledalo je kao u grobnici ili u dubokoj mračnoj tamnici osvetljenoj voštanim svećicama koje su majke pripalile dok nas decu nahrane i opreme na spavanje. Daleko tamo dogledala su se usta pećine kao prozorsko okno a ovamo u dubini, još mnogo dublje od mesta gde smo spremili prenoćište, gorela je mala vatra, ako bi ko hteo da prigreje što. I sad me kao jeza obuzme kad se setim te noći u dubini pećine. Posle smo već navikli, jer smo još mnoge i mnoge noći tako proveli.

Ni te noći ni sutradan, ni svečeri ni preko noći, ne dođe niko iz sela i to nas još više zabrinu a tek treći dan po Lazaru, dođe noću babo. Bio je njegov red. Pričao nam je sve šta je i kako je bilo i zašto niko nije mogao doći juče na noć. Bilo zlo i nevolja u selu. Turci ubili Marka Pajevića, dobra domaćina i oca dvoje dečice koja sa sestrom mu bila međ nama, te udariše u vrisak i lelek kad čuše. Veli, tražili mu Turci bela brašna, on rekô da nema više a aga, koji je odseo u njega, naredi jednome da mu pretrese mutvak. Ovaj učini to pa nađe tamo dve skrivene puške. Agu spopade pravi bes kad vide puške. Zovnu kneza i popa pa reče: „Rekoh li ja vama ako ima u selu rđavih ljudi kažite ih sami, ako ga ne kažete a ja ga nađem, nikom glave na ramenu ostati neće a selo ću sve u plamen i pepeo. Pa šta je ovo sad?" Pop se savi siromah pa mu veli: „Gospodaru i aga, Bog pa ti! Što smo ti rekli istinu smo rekli, eto i sam taj Marko dobar je čovek i čestita raja. Niti je on kadgod potezao na dahijske ljude, već su tu jednu noć, pre no što ćete vi naići, ispred vas begali neki ljudi koji su se tukli sa dahijskim ljudima, zanoćili u Marka, pa valjda skrili puške svoje a ni njemu nisu kazali!" „Je l' istina, pope, tako ili drukčije?" „Istina je, aga, evo i sama Marka pred tobom pa neka kaže?" „Dobro", veli, „pope, ta ti je reč spasla selo ali nije i Markovu glavu. Prava raja ne sme ni na noćište primiti ljude koji pod puškom hode. Ajde, vodite ga!", naredi aga te grešna Marka povedoše i pred kućom ga ubiše a glavu mu eno natakli na plot da je svaki vidi kad prođe. Zbog te nesreće naredi aga da se sve kuće pretresu. Ne nađoše, hvala Bogu, nigde ništa ali pokupiše sve brašno, sir, pasulj, i suvo meso, sve što se nađe po kućama. Odneše uz to još i sve čarape, košulje i svu preobuku. Zato sad, veli babo, pripazite i štedite hranu jer to vam je što ste poneli, selo vam nema otkud novu doneti.

Posle nam je pričao i dalje, kako je sutradan opet aga zvao kneza i popa, pa veli: „Zašto vam je selo pusto, u selu nema do samo baba i dece; gde su vam žene, gde devojke?" Knez zape pa veli: „Tu je selo, to što vidiš, aga!" A on: „Ne laži, rsuze, gde je selo bilo bez mladih žena i devojaka, nego ste ih skrili!" A onda pop: „Aga, naučio sam se pred Bogom istinu da kazujem, pa neću drukče ni pred Gospodarom. Imalo je u nas i mladih žena i devojaka ali su izbegle!" „A gde su izbegle, pope?" „Izbegle u ova sela ispred nas, imamo svi tamo znalce i prijatelje, pa sa njima krenule dalje, uz Moravu!" „A zašto da begaju?" „Pravo da ti kažem aga, da smo znali da će nam ovako čestit aga doći, ne bi ih ni koraka pustili ali pre nailazili drugači pa se čeljad preplašila!" „E, kad je tako, pope, a vi idite pa ih zovite!" „Pošli bi, aga, kad bi znali gde su ali i nas sve eto briga mori što ne znamo gde nam je roblje!" „Slušaj, pope", veli opet aga, „previjaš mi se i uvijaš svakojako, vidim da uvijaš, ama teško tvojoj bradi ako lažeš. Potražiću ja gde ste vi sakrili žene i devojke pa ako ih nađem...!" „Vala, aga, evo glave ako ne govorim istinu!"

Pričao nam je i druge stvari babo, pa nam dade još pogdekoji savet i ode.

Eto tako smo u nevolji i jadu proveli još pet nedelja jer Turci ostaše u selu dugo, vrlo dugo. Prolazili su nam dani i noći sve u strahu i očekivanju. Hvala Bogu, u selu nije bilo drugih zala do ono što ubiše Marka Pajevića, ali zlo je bilo ovamo u zbegu. Ponestalo hrane te nastade velika muka i nevolja. Svaki dan smo manje jeli ali i to malo pa ponestalo i nastade velika oskudica a Turci još ne miču iz sela. Dođe već i do toga da se nije imalo šta jesti pa pođosmo kopati neko korenje po planini te se njime prihranjivati. Porazbolevaše se mnogi od te hrane te sirota Jela, nekog Andrije Andrića i inače slaba, od te hrane sasvim zanemože. Obuze je teška vatruština i tri-četiri dana nije znala za sebe dok jedne večeri ne izdahnu žena, tu kraj dece svoje. Tri dana držali smo je mrtvu u pećini dok jedne noći ne dođe popa da je opoje. Sahranili smo je tu, na onoj čistini ispred pećine a posle, kad maknuše Turci iz sela, skide je Andrija dole u groblje.

Popa nam je tom prilikom odslužio i službu u pećini. I sad mi pred očima ta služba i molitva Bogu. Popa stavio epitrahilj pa otvorio Jevanđelje a mi svi pripalili sveće pa ti ona pećina izgleda kao crkva pod zemljom. Kad zapeva popa „Slava tebi Bože naš!", a ono glas mu zvoni po pećini i izgleda ti kao da uz gusle poje. Još nam je popa kazao i nekoliko toplih reči. Rekô nam je, da moramo trpeti, da je to za obraz naš i za veru našu i za život dece naše; kazivao nam je, kako je Sin Gospodnji stradao al' je verovao, kada je i na krstu bio razapet. Doći će, kaže, i naš vaskrs, ali ga moramo trpljenjem otkupiti.

Svima nam je lakše bilo posle ove službe i molitve Bogu iako je glad, kako koji dan, sve teža bila. Posle dva-tri dana razbole se devojčica neke Stane Damnjanove, pa se razbole i stari čiča Radenko. Taman došla duša pod grlo svima a ono doneše jedne noći naši iz sela tri vreće projina brašna. Vele, bilo u Jelisija nekog, pa kad su premetali Turci a to bilo odvojeno pa ne zapazili, te on dao sad da se ishrani narod. Odmah položismo vatre, te uzavre voda, pa kuvaj ono projino brašno te da se gladni ishrane i zagreju stomake. Ti ljudi što doneše projino brašno, pričali su nam još, da su Turci prekjuče ubili jedno čobanče u polju. Vele, poterali mu ovce a ono reklo nešto ružno te oni puškom pa u čelo. Rekoše nam još, izgleda da se spremaju da maknu iz sela, uverili se vele da nema rđavih ljudi, pojeli sve što se može pojesti pa sad nema ni za njih ni za sirotinju hrane te kanda misle da padnu u koje drugo selo, da i njega obrste. Daj Bože samo neka maknu, pomislili smo, te da možemo slegnuti u selo i opet videti svoju kućicu, pa ma i dalje gladovali.

I istina, nije potrajalo dugo a dođe čovek noću, kao ono pre, te nam javi radosnu vest: Turci sutra miču iz sela. Ali, veli, pozdravio popa i knez i ostali domaćini, da mi ostanemo i dalje gde smo i kako smo, nek prođe bar dva-tri dana, dok se dobro ne uverimo, da su daleko otišli i da se neće istim putem vratiti.

Tako je i bilo. Ostali smo još dva-tri dana pa onda dođe poslednji dan naših muka i spusti se poslednja noć. Opet smo se noću vratili kao što smo i otišli, samo smo sad lakše hodili. Slazili smo s planine a nismo se peli kao pre, torbe su nam bile prazne i gotovo nikakve terete nismo imali a srce nas je vuklo svojoj kući te nam je put bio lak.

Hvala Bogu, selo smo zatekli dosta dobro. Niko više sem grešnoga Marka i onoga čobančeta nije postradao, ali su domaćini i starešine mnoge muke videli i poteglili da se održe i podrže. Stoka sva poklana, hrana sva pojedena, preobuka sva odneta ali, opet, kuća tu i sve kućne potrebe tu. Našlo se i hrane malo, što su domaćini posakrivali pa ne smeli posle zbog Turaka da iznose, dovela se i stoka, što je bila skrivena po planinama, te polako opet poče život kao što je i bio, samo uvek na oprezu, da odnekud ne naiđu Turci.

Eto, tako smo mi mučno živeli — završi baba Vilka svoju priču — i takve smo muke podnosili nekada.

Nas decu, koja smo slušala ovu priču, podiđe neka jeza. Ona pećina, one svećice, pa služba u pećini, pa glad i umiranje od gladi, ono korenje, pa pogibija čobančetova; sve, sve nam je to izgledalo kao bajka, onako isto kao zmija mladoženja ili kao čardak ni na nebu ni na zemlji; nešto neverovatno, nešto što se prepričava s kolena na koleno, ali što niko ne doživljuje i niko doživeo nije i niko doživeti neće.

Bože moj, mislili smo tada, zar je moglo biti jedno doba, kad su ljudi tako i toliko patili? Bože, mislili smo tada, kako su bile teške patnje naših starih i kako je skupo plaćeno ovo malo slobodice naše?

Hvala Bogu te su ta vremena prošla, mislili smo tada!

XII — Pod lavinom

Od jutros sam bio na prištinskom groblju da održim pomen mome jedincu. Crkva pusta i prazna te sveštenikova molitva Bogu, za pokoj duše pokojnikove, odjekuje kao zvono pod svodovima. Pa ipak je to bio svečan, vrlo svečan pomen. Crkvu je ispunjavala tuga i bila je punija no o pomenima o kojima učtivost zbira u crkvu čitav zbor ravnodušnih.

Izlazeći, posle pomena, da pripalim sveću na grobu kog vojnika, koji je pao za Otadžbinu, u dubini crkve, iza zadnjih stubova, spazih jednu crnu pojavu. Nismo dakle bili sami, ja i moja porodica, bilo je još nekoga koji je došao da podeli sa nama bol.

To je bila ona gospa u crnini koju sam zapazio na skopskoj stanici, kada je uvređenoj prišao jedan stranac da joj obezbedi mesto u vozu. Bleda, voštana lica i velikih, izrazitih očiju, ona je stajala u jednome sklonitome kutu, iza velikoga stuba. Jedan snop kosih zrakova, koji je prodirao kroz gornji prozor, razredio je nešto malo tamu koja u tom delu crkve vlada, te se njena figura jasno ocrtavala. Na njenome mramornome licu nije bilo izraza, pa ipak se meni u tome trenutku, kad sam joj sreo pogled, učinilo da ona tronuto učestvuje u našem bolu i da ga čak prisvaja. Klimnuo sam blagodarno glavom prolazeći kraj nje.

Prištinska crkva uznosi se na jednome proplanku uz koji se puzaju i kuće prištinske a pod kojim se prostire ravni deo varoši. Oko crkve je groblje sa kojega se dogleda daleko širom Kosova. Međ grobovima su i mnogi grobovi onih vojnika koji su 1912. godine sišli na Kosovo i, zalažući mlade živote svoje, vaskrsli slobodu tamo gde je ona pre pet vekova tužno sahranjena.

Među tim grobovima izabrao sam jedan koji ćemo preliti i na kome ćemo upaliti sveću. I tamo u selu, kraj Morave, gde leži grob moga jedinca, ima roditelja koji su pogubili decu daleko od sela, daleko od roditeljske kuće. Kad oni tamo zađu po groblјištu da pomenu svoje dete i ne nađu mu groba, setiće se da u njihovom selu ima jedan grob koji roditeljska suza nije okvasila i pripaliće mu svećicu i pomoliće se na tom grobu za pokoj duše svojega deteta.

Dok smo mi prelivali grob nepoznatoga vojnika i gospa u crnini izašla je iz crkve, noseći u ruci čitav snopić svećica. Ona je zašla od groba do groba, gde god srpski vojnik leži, pripaljujući svećice i celivajući sa puno iskrenoga bola male vojničke krstače. Izgledala mi je u tome trenutku kao gospa iz narodnih pesama koja obilazi grobove po razbojištu slave i posmatrao sam je dugo i dugo.

Kada je završila, te se širom groblja zalelujaše plamičci kao popadale zvezdice, ona se nasloni na ogradu jednoga groba i pogled joj poče bluditi tamo, preko Kosova, tamo dole ka Šaru, gde se od jutros opet vode krvave borbe i odakle se potmula grmljavina topova jasno čuje sa ovoga proplanka na kome vlada tišina koja pripada groblju.

A tamo pod Šarom i Karadagom na frontu Gilane-Kačanik, kao da se krhalo nešto. Potmula grmljavina i tutanj, ukoliko je dopirao do nas, izgledao je čas kao krkljanje samrtnika a čas kao krhanje krova koji će se srušiti i pasti na glave stanovnika kuće. Samo, da li se to tek sad krha krov ili ovo već pucaju temelji i ljuljaju se stubovi na kojima se držala zgrada?

A krhalo se odista i pucali su temelji i ljuljali su se već poslednji stubovi! Prvi glas koji sam čuo kad sam slegao dole u prištinsku čaršiju bio je, da je Vrhovna komanda već preletela Kosovo i otišla put Prizrena.

Kad se jednom otkinula od Kragujevca, Vrhovna komanda nije se skrasila nigde duže vremena. Pokušavala je da se ustavi u Kruševcu, Kraljevu, na Raškoj, u Mitrovici, pa kad je i ovu morala napustiti, pustila se niz Kosovo i sišla u poslednji deo slobodne Srbije.

Gomilice sveta, na tesnome prostoru pred načelstvom, koje su do sada tumačile svaki dolazak običnih kola i automobila; kojima je bila dovoljna i najobičnija sitna pojava pa da iz nje ispredaju duge i stostruke kombinacije, onemile su od iznenađenja i brige na glas da je Vrhovna komanda već napustila Kosovo. Stoje sabrane i dalje i ćute zabrinuto. Ljudi se pitaju među sobom pogledima, ali niko već nema hrabrosti da ma kako tumači stvar, jer je svakom jasno da su sva tumačenja izlišna, da glas o povlačenju Vrhovne komande u Prizren sam sobom tumači i kaže sve.

— Pa dobro, je l' to ko vidô svojim očima, ili je to samo onako, glas? — pita u jednoj gomilici vojni lekar, naviknut da pouzdano sazna svaku pojavu pre no što utvrdi stanje bolesti.

— Ko je mogao videti? — odgovara zadrigli kafedžija koji je pre godinu dana u ovo doba javno obećao da ceo svoj podrum da kao napojnicu kad padne Sarajevo. — Oni su iz Mitrovice drumom u Lipljan a taj drum ne prolazi ovuda kroz varoš.

— Automobilima?

— Jeste!

— Ama, ljudi — uze doktor da umiruje uznemirene — nemojte tako! Ja ne verujem da je Vrhovna komanda napustila Kosovo dok je Vlada još na Raškoj a Kralj u Prokuplju. To nikako ne verujem.

— Pa ti ne veruj, ja ti kažem šta sam čuo! — dodaje jedan suvi i bolešljivi gospodin, izgleda više prepao no svi ostali a koji je tu vest i prosuo kroz varoš.

— Znaš, kad Vrhovna komanda ode u Prizren, sat i po od granice, onda je to poslednja reč o situaciji! — umiruje opet doktor.

— Pa poslednja, dabome! — upada prgavo bolesni gospodin.

— Otići ću baš u diviziju da se raspitam! — veli doktor. — Ja nekako još ne verujem.

— Otidi boga ti! Otišao je i gospodin Janković u načelstvo. Ajde, sačekaćemo vas!

I dok se gospodin Janković bavio u načelstvu a doktor u diviziji glas o prolasku Vrhovne komande preletao je duž glavne ulice od ćepenka do ćepenka, od dućana do dućana i od kafane do kafane. Pa i dalje još: zašao je kroz sve mahale, kroz sve uličice i sokačiće, ušao je na sve kapije i kapidžike i ujedanput se krete svet sa denjčićima i boščama u ruci i sa tovarima na leđima i sve se to sruči na tesni prostor pred načelstvom da, pripravno za bekstvo, sa stvarima kraj sebe, drežđi tu i čeka potvrdu vesti. Te gomilice počeše da rastu pribirajući se sa raznih strana i već za jedan sat, to je bio čitav logor očajnih. Tu su bili ljudi koji su ranije izbegavali iz Beograda, iz Niša, iz Skoplja, pa znaju kolika je to nevolja ako se čovek za vremena ne ukloni; tu su bile žene koje nisu znale gde su im muževi, te nemaju koga ni da ih povede ni da ih usavetuje. Tu su bile majke koje nemaju načina ni sebe da umire a treba decu svoju da uteše i ohrabre. Sve to spustilo stvari kraj zida od ograde načelstva, savilo se kraj stvari svojih i brižno pita: šta je, i hoće iz očiju da pročita odgovor i savet.

Pojedine porodice, koje su se već do Prištine napatile i ne pitaju i ne čekaju odgovora: nisu rade da istinu saznadu suviše dockan; ne veruju više ni u čiji savet i kreću.

Jedan veliki vojni automobil koji dovlači sa stanice odnekud evakuisan materijal, vraća se prazan na stanicu i prima porodice da ih donde odvede. Tamo će vozom do Ferizovića a odande kako Bog da. I u tom se automobilu, kad god će ponovo poći na stanicu, već guše žene i deca međ denjkovima, boščama i kuferima.

I ta galama, vrisak, molbe, preklinjanje, guranje, tiskanje, praštanje onih koji odlaze, sve to nadvišava glasove topova koji su se jutros rano, dok se nije ova svetina slegla, čuli jasno i odavde iz čaršije.

A dok je ovde, na ovome kraju Prištine zavladala panika i pometnja, na drugome su se sasvim mirno vršili trgovački poslovi. Iznad varoši, tamo gde labski drum slazi u nju, razvio se vašar bogatiji no što su za vreme kralja Milutina bili prištinski sajmovi, na koje su se slegali Dubrovčani i Venedičani i trgovci s dalekih istočnih strana. Prodavao se kruševački plen.

Po vlažnoj travi sa jedne i druge strane druma, mesto vašarskih čergi i šatri, razastrli su vojnici svoje šinjele i šatorska krila i po njima složili espap koji im je za prodaju. Svet gamiže izmeđ ovih improviziranih dućana a najviše Turci meštani, koji će ostati da sačekaju neprijatelja. Oni su ispunili drum i idu od jednog do drugog dućana i pazare. Tu su pogađanja, tu cenjkanja, jer se kupuje na manje i na više. I čega ti tu nema na onim šinjelima i šatorskim krilima: ženske cipele, šećer, rublje, rukavice, čokolade, puder, čarape, podvezice, kafa, četke, ćebad, ogledala pa čak i korseti. Pojedini artikli i drže se još na ceni ali drugi idu u bescenje. Ženski korseti prodavali su se najpre po 0.40 dinara — zatim po 0.20 dinara komad; ženske rukavice na šest dugmeta jedan dinar; vuneno rublje i muške čarape su odmah planule ali ženske su se držale na ceni, jer su ih Turci mnogo kupovali. Pojedinim stvarima je čak i rasla cena; tako na primer jegerke su prodavane u prvi mah po dinar, zatim po dinar i po i najzad po dva dinara komad. Čokolada, kafa i šećer imali su stalnu i pristojnu cenu.

Jedan moj prijatelj koji je i sam pošao da na tome pazaru kupi štogod toplo za pod košulju, veli kako je osećao tešku sramotu na duši i vratio se a nije hteo ništa da uzme. Zaustavio se, veli, pred jednim šinjelom na kome je ležala gomila ženskih korseta, podvezica, dugmad za košulje, rukavice, ogledalca i nekoliko kutija pudera.

— Tako ti Boga, vojniče, rekoh — veli — ja prodavcu, prodaj to i uzmi pare al' nemoj nikome kazivati da su to stvari iz oficirske zadruge.

— A što? — buni se vojnik. — Nismo ih pljačkali pa da me je sramota; nismo razbijali i otimali. Neprijatelj ulazi u varoš a naši viknuše: nosi, bolje ti nego neprijatelj. Pa poneo i ja. A ne znam šta bi da nisam poneo kad moram evo četiri dinara da platim hleb.

— Ama jeste, tako je! — veli mu moj prijatelj. — Ne zameram ja tebi, no te molim ne kazuj Turcima da su to stvari iz oficirske zadruge. Smejaće nam se kad vide ženske cipele, rukavice, puder i korsete.

— Nisam ih ja nabavljao za oficirsku zadrugu! — učini vojnik, sleže ramenima, čučnu kraj svoga šinjela i nastavi posao.

Dotle, ovamo dole, izašao je iz načelstva gospodin Janković, onaj gospodin Janković koji je pre jednoga sata ušao da se raspita je li istinit glas o prolasku Vrhovne komande. Izašao je bled i uzbuđen i gomilica koja ga je nestrpljivo očekivala, opkoli ga očas.

— Evakuiše se! — prošapta on u odgovor na pedeset pitanja koja su se uskrstila sa svih strana.

— Ko? — pita radoznalo gomila.

— Načelstvo. Kasa je već zatvorena i spakovana.

— A divizija?
— I oni kuju sanduke.
— A je li istina za Vrhovnu komandu?
— Otišla je za Prizren!
— A Vlada?
— Stigla u Mitrovicu.
— A kako je na frontu?
— To ne znam. Načelnik još nije dobio telefonsku vezu sa Gilanom i Ferizovićem, sad je baš traži.

Gomila pođe da se rastura. Posle ovih glasova svako je već u sebi doneo odluku i pošao je kući da se sa svojima posavetuje o kretanju. Zađoše ljudi u mahale i zabačene uličice da pokušaju naći kola, konje, volove ili ma šta čime bi se mogli koristiti, jer železnica do Ferizovića nije mogla biti od velike koristi, kad se zna da je u Ferizoviću još mnogo teže zbrinuti podvozna sredstva za dalje putovanje.

Dva i tri bliža prijatelja, koji su iz očiju gospodin-Jankovićevih pročitali da on ipak nije sve kazao, ostali su i dalje kraj njega i povukli se zajedno tu u blizini u jedno dućance, koje je ranije služilo kao advokatska kancelarija a sada kao svratište, vrsta kluba zabrinutih izbeglica koji su se tu svako jutro skupljali da jedan od drugoga čuju vesti, da se razgovore, da se uteše. Ušavši, gospodin je Janković zatvorio za sobom vrata koja su inače od jutra do večera stajala širom otvorena, te se ulazilo i izlazilo kao u kafanu.

— Šta je? — pitaju šapatom prijatelji.
— Telefon sa Gilanom presečen i vlasti napustile varoš.
— To znači?
— I Kačanik pao?
— Koji Kačanik?
— Zauzeli su i železničku stanicu.
— A?!! A komanda trupa još je u Ferizoviću?
— Ne, povukla se već u Lipljan.
— Pa to danas-sutra može još da nam bude presečen i put za Prizren?
— Treba što pre kretati.

— Neki od jutros pođoše natrag u Kuršumliju.
— Vratiće se! — veli gospodin Janković.
— Zašto?
— Nemci su već u Jankovoj klisuri a, kanda je i Prokuplje palo. Tako se bar šapće.
— Pa to se klešta stežu sa svih strana?
— Sa svih strana!
— I ne treba ni časa časiti?
— Ko može odmah, sutra najdalje, prekosutra će biti dockan.

Otvorismo vrata i pođosmo svak na svoju stranu i ne praštajući se iako smo bili uvereni da se više nećemo sastajati.

Iako ne znajući sve detalje o situaciji, svetina je napolju imala jasno osećanje o opasnosti. Ulicu je već zakrčio dugi niz volovskih kola koja su evakuisala bolnicu. Pred načelstvom su se tovarili sanduci na mnogobrojna volovska kola. Narod sa tovarom na leđima izvirao je iz raznih ulica, uličica i kapija. Ispuniše se i zakrčiše se ulice, zatvoriše se dućani i kafane, izmešaše se kola, ljudi, stoka i nastade opšti pokret i tumaranje, tiskanje i guranje kroz tesne prištinske ulice.

Utom još prođe kroz gomilu šapatom od usta do usta:
— Stigao Kralj! Stigao Kralj!

Svet se još više uzneveri i pomete. Otkud Kralj sad i šta će ovde u Prištini? Zašto nije sa Vrhovnom komandom otišao u Prizren, ili sa Vladom ostao u Mitrovici? Da li to nešto naročito znači, što je Kralj u ovako jednom kritičnom momentu, stigao u Prištinu? Gomila iz svake pojave na svoj način izvlači konsekvence i tumačenja, vezujući ih uvek za svoju brigu, za ono na šta je u ovome trenutku najpreče misliti, za sebe. Svi su znali, to je već sa ranijih frontova doprlo bilo, da je stari Kralj uporan bio, da nije odstupao i nije hteo da se povlači do u krajnjoj nuždi, kad su ga prosto naterali. I dolazak Kraljev u Prištinu protumačila je gomila kao krajnju nuždu, kao poslednji čas; te mesto da ih ohrabri, ta ih je vest još više zastrašila. I sad već ništa više nije moglo vratiti veru u svetinu te reka, koja je bila nabujala i nadrla, probi i poslednje brane. Pogubiše hrabrost i najupornije optimiste, popustiše i oni koji su do maločas verovali zvaničnim izveštajima, te krenu nabujala reka naroda i poče se valjati, tiskati, obarati i lomiti sve pred sobom.

Pokušah još jednom da se priberem, pokušah još jednom da se otrgnem od uticaja mase, koja povuče čoveka za sobom kao rečna matica laki čamac i ne da mu da plovi svojim pravcem; pokušah još jednom da zavaram sam sebe. I, kao god ono u Skoplju, pre no što ću ga napustiti, tako i ovde, odoh do načelnika i, kao god onaj tamo, tako i ovaj, reče mi kratko i odlučno:

— Kreći! Kreći što pre!

Malo docnije, kad je podne dobro prevalilo, počela je da promiče oštra i studena kiša. Nebo se odjednom navuče i zamrači dan, vetar okrete u pomamnu oluju i zatrese krovove na kućama; poče lomiti gole grane sa drveća i zavitla sneg i kišu u kovitlac.

Valjalo je krenuti, napustiti krov i ući u tu mećavu, u olujinu, u sneg, u kišu, ući u zagrljaj jednoga besnoga časa prirodinog i predati mu se na milost i nemilost. Bilo ih je koji su se rešili, opremili i krenuli a kad su izašli iz kuće, preplašili se od ove strahovite nepogode koja ih čeka u polju. Zastali su na prag kućni da se opredele, da izberu izmeđ besa prirodinog i besa neprijateljevog. Priroda je bila toga časa tako uzbuđena, tako uzrujana, da je predstavljala veću opasnost od neprijatelja kojega još ne poznajemo. I oni su se vratili u kuću i ostali da sačekaju neprijatelja.

Mi smo krenuli, krenuli smo u onaj vrtlog kiše i snega, u strahovitu mećavu, u besnu olujinu koja je pomamno vitlala toga časa Kosovom; ušli smo u zagrljaj jednoga besnoga časa prirodinog i predali mu se na milost i nemilost.

I mećava nas zagrli, obavi nas svojom studenom rukom i poče nas nositi. Poče nas zasipavati i pretrpavati i više ni koraka ne možeš učiniti po svojoj volji, niti ići za svojim očima. Ide se žmureći, nasumce, pada se, posrće se, vraća se odakle si pošao i opet polazi. Ne znaš kuda, niti vidiš puta ni predmete koji su pred tobom, ne vidiš ni druga koji je kraj tebe. Čuješ samo oko sebe kako nešto tutnji, buči, čiči i brekće i osećaš kako te nešto zasipa, jednako zasipa.

Je li to lavina koja se slila sa usijanih planina te valja dolinom i plavi, ždere, sagoreva, uništava i uništeno zasipa i zatrpava? Je li doprla do nas, jesmo li već pod lavinom?...

XIII — Stari Kralj

— Stigao Kralj, stigao Kralj! — prođe od usta do usta šapat, od jedne gomilice izbeglica do druge, od jednoga ćepenka do drugoga, od praga do praga i od kuće do kuće. Pođe šapat najpre otud, iz čaršije, gde pred načelstvom sabrane gomilice izbeglica drežde od rane zore pa do mrkloga mraka, pa se kao bujan potok razli kroz sve ulice i sve uličice prištinske, sve do poslednje udžerice na vrhu gilanskoga druma.

Ali to nije bio onaj usklik radosti, kojim su oslobođeni Prištevci pre tri godine, kada je Kralj oslobodilac prvi put slazio u Prištinu, razdragana lica uzvikivali jedan drugome: „Stigao Kralj!" Tada su na crkvi prištinskoj zvučno zvonila zvona, te im se jek celim Kosovom pronosio; kuće su bile iskićene trobojnim zastavama, narod se zbirao u gomile, uzdignute glave, vedar, veseo, svečano odeven a ozgo, sa gazimestanske uzvišice, gruvali su topovi pozdravljajući dolazak prvoga srpskoga Kralja u Milutinovu prestonicu, posle pet stotina i toliko godina.

Danas, na crkvi zvone zvona naopako, mesto trobojnica pripremaju se u potaji bele zastave da se njima okite kuće prištinske a narod, okupio se u gomile, kao i pre ono, ali sad oborene glave, pocepan, izmučen i umrljan blatom. I danas pri dolasku Kraljevu gruvaju topovi ali otud sa Kačanika i Gilana, odakle neprijatelj slazi da još jednom okrvavi Kosovo.

Umoran godinama i bolešću, slomljen brigom i teretom četvorogodišnjega rata, sedamdesetogodišnji starac predao je sinu brigu upravljanja Otadžbinom ali je svu ljubav za nju zadržao i dalje sebi. Noseći tu ljubav sa sobom, on se za vreme operacija na severu povukao u jedan kutić Otadžbine, gde je nikla tradicija o Karađorđu, gde je ona čitav jedan vek odgajana, gde je on obnovio podižući joj skupocen hram, panteon dinastije čiji osnivalac počinje narodnu revoluciju a treći u kolenu prima na sebe golemi podvig osnivanja zajedničke države svih južnih Slovena. Tu, u skromnoj svešteničkoj kućici kraj oplenačke crkve; tu, kraj grobova svoga oca i svoga dede, stari je Kralj provodio brižne dane, prateći budnom pažnjom tok, svaku promenu i pokret, svaki uspeh i neuspeh na frontovima, moleći se kraj grobova Bogu da zaštiti njegov mučenički narod, koji se bori za slobodu svoju i za čovečansku pravdu.

Iz tih tihih molitvi, jednoga dana, trgla je staroga Kralja potmula grmljavina, koja je dolazila sa severa, otuda gde je Kosmaj već uvio glavu oblacima od barutnoga dima. A kada se ta grmljavina počela oglašavati i otuda od Mladenovca, okolina Kraljeva, koja je dotle tešeći ga pokušavala uvek ublažavati utisak težine situacije, morala je najzad prići mu i skrušeno, rečju koja drhće u grlu, reći:

— Vreme je, Gospodaru!

— Čemu vreme? — sevnu Kraljev pogled pod sedim obrvama, kao kad zasjakti žeravica pod belim puhorom.

— Topola nije više bezbedna!

Kralj kao da preču ili ne htede čuti ove reči, naže se ponovo nad kartom razastrtom po stolu i držeći u levoj ruci, koja je drhtala, bileten Vrhovne komande, nastavi da prati liniju koja je beležila položaje naših trupa na moravskom pravcu. Po toj liniji, naši su držali Vodice, severoistočno od Boljevca, zatim Malo Crnuće, Vranovac, Lipar, Divljačko brdo i Vrbovac, a to znači, da su bili već prebačeni na desnu obalu Ralje. Kralj je znao da se na tome frontu borilo četrdeset i četiri naša prema osamdeset i jednom nemačkom bataljonu, kao što je znao da i Topola nije više bezbedna.

— Neprijatelj je blizu i napreduje, Gospodaru!

— Onda, idite što pre, deco! — odgovori Kralj i diže glavu.

Svi se zbuniše i počeše razmenjivati poglede. Da li Kralj još ne uviđa ili neće da uvidi ozbiljnost situacije; da li se možda tamo u duši njegovoj ne krije kakva zaostala nada, ili vara sebe verom, koju on nikad nije gubio i koja ga je i na Rudniku 1914. godine tako sjajno poslužila? Svi su oni, koji se toga časa nalažahu oko Kralja i bez sporazumevanja među sobom, osetili dužnost da ne dozvole starcu, da jednoj sumnjivoj veri stavi na milost i nemilost sudbinu nosioca krune i ugled Kraljevine i, ađutant Todorović odvaži se da tu zadaću primi na sebe.

On priđe korak bliže Kralju.

— Gospodaru! Niti mi možemo poći bez Kralja, niti primiti na sebe odgovornost pred narodom i pred istorijom ako dozvolimo da jedan Kralj bude zarobljen.

— Zašto zarobljen? — prekide ga Kralj.

— Zato što neprijatelj naglo napreduje moravskom dolinom a i ozgo sa Sopota, a mi ovde sve do Bagrdana nemamo mogućnosti da mu damo otpora. A zarobljenje jednoga Kralja učinilo bi da u vojsci, koja treba da zadrži neprijatelja, klone duh i više nego to, to bi zarobljenje značilo kapitulaciju.

Kralj obrati pažnju na ove reči te to dade ađutantu još više maha i nastavi:

— Vi, Veličanstvo, izvesno ne mislite na kapitulaciju u momentu kad se Vaša vojska, i pored ovako silne navale, tako odlično bori i ima u sebi još moralne snage da izdrži do dolaska savezničke pomoći.

Kralj ponovo pogleda svoga ađutanta, ali taj pogled nimalo nije kazivao da je on ubeđen njegovim razlozima. Naprotiv, posle podužega ćutanja on odlučno, gotovo tvrdoglavo, reče:

— Ja neću kapitulirati... ja neću biti zarobljen!

— Onda Vas preklinjem, Veličanstvo, odlučite se da krenemo što pre! — zavapi ađutant.

— Ja ostajem ovde! — dodade Kralj još odlučnije.

Svi se preplašeno pogledaše, ne mogući da razumu starca. I ađutant i svi ostali iz okoline Kraljeve pokušaše još jednom da ga ubede, iznoseći svako od njih nove razloge, ali on ostade pri svome i na kraju dodade:

— Ostavite me kraj groba moga oca i deda, da umrem ovde pred crkvenim vratima. Kad neprijatelj stigne neka zateče pustu zemlju i leš jednoga staroga Kralja!

Kralj to nije rekao kao frazu, on je ove reči iskazao tonom, kojim se izgovara odluka. Njegova okolina, koja ga poznaje, znala je vrlo dobro, da se posle tih reči ne može više govoriti s njim o toj stvari i svi zabrinuto odstupiše.

Ađutant odmah pođe telefonu i zatraži hitnu vezu sa Vrhovnom komandom u Kragujevcu, moleći da se saopšti Prestolonasledniku Kraljeva namera. Izmeniše se i telefonski razgovori izmeđ Niša i Kragujevca i najzad Prestolonaslednik, da bi ga slomio da napusti Topolu, izjavi želju da stari Kralj dođe u Kragujevac.

— Pa dobro, kuda ćemo? — pita on ađutanta kad je, pritisnut razlozima i navaljivanjima sa svih strana, dao najzad pristanak da napusti Topolu.

— Ako je po volji u Niš, Veličanstvo, tamo je Kraljevska Vlada.

— Neću tamo, vodite me vojsci!

— Njegovo Visočanstvo Prestolonaslednik telefonira iz Kragujevca da bi želeo tamo da dođete, tamo je Vrhovna komanda.

— Dobro, ići ćemo u Kragujevac!

U Kragujevcu, čim se najpre video sa sinom naslednikom, pošao je odmah da poseti tada već bolesnoga vojvodu Putnika a odatle otišao je pravo u Vrhovnu komandu da se obavesti o celokupnoj situaciji na frontovima. Tu je saznao da ni veličanstveno požrtvovanje srpske vojske ni njeni natčovečanski napori, nisu kadri više zaustaviti bujicu, koja je već preplavila severni deo Srbije; tu je saznao još i gorku istinu da se ni Kragujevac ne može održati. Čete su neprijateljske u svome nadiranju naročito žurile da osvoje staru prestonicu, sedište Vrhovne komande, i neprijateljski su aeroplani već učestali vatrom, koju su sipali na Kragujevac. Vrhovna se komanda osećala neobezbeđena od iznenađenja te je već bila pripravna da napusti ovu varoš.

Kralj je sam zatražio da ga povedu u Niš, kako bi se našao u blizini istočnoga fronta. A čim je stigao tamo, zahtevao je da pođe na front. Moralo mu se učiniti i krenuo je odmah put Knjaževca, gde su se vodile borbe. Ali nije stigao donde. Kad se popeo na Tresibabu video je sa nje već Bugare u Knjaževcu i borbe, koje su se u samoj varoši vodile. Vratio se sa jednim bolom više i sutradan je odmah pohitao Vranju, jer je čuo da je ono u opasnosti. Stigao je automobilom do Vladičinoga Hana, uzjahao je odatle konja i pošao preko položaja ka Vranju. Ali, Vranje je već bilo palo i neprijatelj je nadirao ka Leskovcu, koji je još bio okićen zastavama u čast dolaska saveznika. Vratio se i odatle sa jednim bolom više i sad je već slomljen dozvolio da ga odvedu u Ribarsku Banju, gde će u miru moći da preboli nova razočaranja.

Ali, on već nigde više nije mogao naći mira, on ga nije hteo; on je još uvek verovao da može pomoći i trčao je sa bojišta na bojište, gde god je čuo da ima borbe i da ima opasnosti. Nije se u Ribarskoj Banji odmorio ni dan-dva a sazna da je jedna kolona Austro-Nemaca izmanevrovala bagrdanski tesnac i ide od Požarevca pravcem na Ćupriju. Odmah je napustio Banju i, preko Ćuprije i Jagodine, otišao na Bagrdan. U borbama pred Ćuprijom i Jagodinom bio je jednako na položajima a noćivao je u vagonima na ćuprijskoj stanici, koju su zasipali neprijatelji bombama sa aeroplana. Najzad, morao se povući u Paraćin a odatle u Kruševac.

Slika koju je tada Kruševac predstavljao brisala je iz duše Kraljeve i poslednje ostatke vere. Tu se sručila gotovo cela Srbija i tu je prvi put zapazio na licima brižnih građana da su ovi već izgubili veru u državu i njenu moć. Tu su se javili i prvi znaci rasula i bezvlašća. I kao kad ispod velike građevine iščupaš iz temelja osnovni kamen, što se ova zaljulja i hoće da padne, tako je i Otadžbina naša — to se u Kruševcu već jasno videlo — izgubila osnovni kamen u temelju — veru građana u državu i njenu moć — zaljuljala se, posrnula i svako je već sa strahom u duši očekivao trenutak da se surva i pretrpa sobom sve što je pod njom.

— Neću ovde da ostanem, neću — uzvikivao je Kralj — ovde su svi preplašeni. Vodite me vojsci, tamo mi je lakše, tamo još veruju!

I moralo se krenuti. Pošlo se onim drugim i mučnim putem kroz Jankovu klisuru, kojim se izbija tamo na Prepolac. Drum je taj zagušio izbeglicama i Kralj je, prolazeći kroz njihove redove, saučestvovao u bolu svojih bednih građana, koji su napustili domove i imanja i krenuli u planine. Kralju je nemilo i teško bilo što se on vozi na automobilu, a narod gazi duboka blata; kako bi on voleo, kad bi ih mogao sve povesti, kad bi mogao svima pomoći. Njemu je čak pričinilo zadovoljstvo, kad se automobil, koji ga je vozio, zaglibio u blato i usled napora da se izvuče, motor mu onesposobio. On je odmah pristao da ide peške.

— Ići ćemo; kad mogu žene i deca, mogu i ja!

Ali je starac precenjivao svoju snagu podajući se volji. Nije mogao poći za narodom, zaklecala su mu kolena, i zagušio ga teški, starački kašalj. Nastala je briga kako će dalje, ali je ta briga malo trajala.

— Mogli bi, Veličanstvo, na ona kola! Drumom je prolazila gomila vojničkih kola, municionih, sanitetskih i profijantskih, koja su naši vočići sa naporom izvlačili iz dubokih proloka iskvarenoga druma. Ađutant zaustavi jedne municione kare, koje su vukli četiri mala i mršava vola. Kraj vočića su išli trećepozivci sa odeljanim granama, kojima su opominjali vočiće kada bi ovi umorni zastali ili udarili u stranu.

— Vojnici! — reče ađutant trećepozivcima. — Zaustavite malo, čekajte da povezete svoga Kralja.

— Kralja?! — učiniše oni prestravljeno i dohvatiše nevojnički da skinu šajkaču gledajući umorena starca, koji je kraj druma povijen stajao oslanjajući se na jednu batinu.

— Jeste, jeste, Kralja! — odgovorio im je krunisani starac, kao da bi hteo ovim dobrim ljudima da potvrdi reči ađutantove.

— Biće ti nezgodno, Gospodaru, tvrdo je na kari! — uze da se izvinjava vođa volova.

— Je l' tebi nezgodno, je l' tebi tvrdo kad sedneš na kare? — pita Kralj.

— Ja, drugo, ja, ja...

— Što drugo, isto je. Kad možeš ti, mogu i ja. 'Odi, pomozi mi da se popnem!

— Čekaj da podmetnem što! — reče trećepozivac i skide ćebe kojim se bio obavio, savi ga dva-tri puta i položi na dasku, na kojoj će Kralj sesti.

Ađutant na svojim snažnim plećima sam iznese Kralja na karu i vodci krenuše vočiće, te kara s Kraljem uđe u masu, koja je prekrilila drum. Stari vojnici bi poznali svoga Kralja i sklanjali bi se s druma, a masa mladih regruta, koji su nosili municiju iz Kruševca, išla je kraj njegove kare i ne znajući ko je.

— Kako, deco, možete li? — pita ih Kralj s kola.

— Možemo, čiča, možemo! — odgovaraju regruti, čija se mladost još nije umorila i klonula.

A ona dva trećepozivca, što vode vočiće, ispravili se čisto i idu kraj kare nekako drukče, vojnički, isprsavajući se i kao da bi gomili, kraj koje prolaze, hteli reći: „Viš' ti šta nam Bog dade u ovoj nevolji, da mi čuvamo i nosimo Kralja!" Oni instinktivno osećaju da im je sudbina dodelila zamašno učešće u događaju, koji će docnije biti najizrazitija slika srpske tragedije i inspirisati najveće duhove ovoga sveta da joj svoje pero i svoje kičice posvete.

Oni sebe čak smatraju kao saputnike Kraljeve pa se i brinu o njemu, te će gdekad usput nežno, rođački:

— Je l' možeš da sediš, Gospodaru?

Ili će ga opomenuti:

— Pazi, Gospodaru, ovde izriven drum!

Oni se čak javljaju i onima kraj kojih prolaze, a koji skidaju kapu Kralju a prema stoci koju teraju, naročito su nežni:

— Ajde, voko, ajde! Potegli malo da iznesemo ovde uzbrdo. Ajde, blago meni!

— Slab ti taj levak — veli mu Kralj.

— Šta ćeš, Gospodaru, pati i on kao što svi patimo.

Put je dug, zamoran, ne ide se nego mili. Pešaci još i izmiču a red kola se svaki čas ustavlja, stoji dugo u mestu, jer je čelo kolone zastalo, pa, opet kreće. Na jednom takvom mestu, gde su se ustavile kare, pojavi se ratni slikar sa fotografskim aparatom i uperi ovaj na Kralja.

Kralj se bolno nasmeši i prizva bliže sebi ađutanta:

— Sećaš li se — veli mu — one Napoleonove slike pri povratku iz Moskve?

— Sećam se, Veličanstvo!

— E, eto sad istoriji još jedna takva slika! — dodade Kralj pokazujući na slikara koji je svoj posao završio.

Kad kare stigoše u Blace naiđe nova nevolja. Pojavi se komandir, pod čijom je komandom kolona kojoj pripadaju ove kare, i saopšti da on ima naredbu da se sa svojom kolonom zaustavi tu, u Blacu, te da kare koje voze Kralja ne mogu dalje ići. Saopštavajući to, komandir je, razume se, očekivao da će Kralj narediti da kare pođu dalje, čime bi on bio opravdan. Ali Kralj ne upotrebi svoju Kraljevsku vlast, jer stari vojnik ne htede da se prekrši naredba. On siđe s kare dodajući:

— E kad je naredba, mora se slušati!

I nastavlja dalje put peške, sad već i sam ubeđen da neće moći izdržati. Ađutant se zabrinu i poče da osmatra levo i desno, hoće li naći koga, ko bi povezao Kralja. I naiđoše jedne bedne taljige kod kojih se nije znalo šta je bednije da li kola, da li konji ili kočijaš. Kola su, vidi se, bila kadgod bolja kola, ali sad bi samo mogla služiti za iznošenje đubreta, konji su predstavljali životinjske skelete preko kojih je razapeta koža, amovi na njima krpe i uzice a kočijaš jadan i podrpan siromašak. Ta su kola odvezla srpskoga Kralja u Nemanjinu Belu Crkvu, današnju Kuršumliju.

Iz Kuršumlije opet nije hteo dalje. Tu je razabrao da se u pravcu Niš-Prokuplje vode borbe i zahtevao je opet da ga tamo vode. I nije se imalo gde, odveli su ga u Prokuplje odakle je izašao na front Druge armije, Stepe Stepanovića, da vidi Leskovac kako pada. Tu je, na položajima, probavio ceo dan i, tek kada se već čula grmljavina na mramorskim položajima kod Niša, napustio je Prokuplje samo nekoliko sati pre no što će neprijatelj u nj ući.

Zatim se iz Kuršumlije spustio preko Prepolca i stigao u Prištinu.

Odseo je u donjem delu varoši, tamo gde slazi vučitrnski put, u kući gde je nekada bio srpski konzulat te se na njoj pune dvadeset i dve godine vila srpska trobojka još pre oslobođenja Prištine od Turaka. Sa gornjega sprata te kuće, iz sobe u kojoj je Kralj odseo, dogleda se preko krovova niskih turskih kućica koje joj suseduju, tamo gde se prostire Široko Polje i dalje još gde Šar i Karadag, kao dve džinovske mišice, obuhvataju u svoje naručje tužno Kosovo. Iako njegove staračke oči nisu bile kadre doglednati ono što je on želeo da vidi, on je ipak dugo i dugo zabrinuto stajao na prozoru i upinjao pogled tražeći da vidi bar onaj dim koji je pao već na vode Moravine i na vode Sitničine.

— Tamo se rešava sudbina moga jadnoga naroda! — šaptao bi bolno Kralj i odvajao bi se od prozora ne mogući da dogleda mesto gde se taj veliki i koban čin događa.

To nije bio više onaj Kralj, koji je još pre godinu dana, kada je trebalo povesti odlučnu borbu i oterati neprijatelja iz zemlje, mogao sići u vojničke rovove i sobom prihvatiti pušku; to nije bio više onaj Kralj od prošle godine, čija je pojava u vojsci na belome konju, ovaploćavala u narodnome verovanju onoga „čoveka iz naroda" koji će, po jednome proročanstvu, suzbiti poplavu neprijateljevu i spasti Srbiju. To je sad već bio slomljen, iznemogao starac, bez vere u dobru sudbinu svoga naroda. Kada bi se odvojio od prozora, sa kojega je uzalud pokušavao da dogleda bojište, zavalio bi se u stolicu, oborio bi glavu na grudi i teško zamislio. Tada bi u kući zavladao dubok mir i tišina, jer niko nije hteo ni šumom da uznemiri slomljenoga Kralja; niko od onih, koji su pojmili veličinu bolova koji u ovome času razdiru dušu jednoga nesretnoga Kralja. Ali dečica domaćinova, koja to još nisu umela osećati, čuvši da se pod njihovim krovom nalazi jedan Kralj, poremetila su svečanu tišinu i udarila u grčevit plač:

— Hoćemo da vidimo Kralja!

Do starca su doprle te reči dečje i on se trgao iz svojih bolova, digao se i otvorio sam vrata:

— Pustite decu k meni! — rekao je i pozvao mališane.

Njegovome bledome, svetiteljskom licu; njegovome bolnome, umornome pogledu i njegovome staračkome, tihom i blagom glasu, odista je prilikovalo da u tom času reče bogočovekove reči: „Pustite decu k meni".

Uzeo ih je na koleno, pomilovao ih po kosici i teške dve suze zavrtele su mu se u očima. Da li je u tome času osetio da je to, što je sad na njegovim kolenima, ono pokolenje na koje će pasti sva težina zle sudbine ili svi blagodati dobre sudbine ovih događaja koji se sad dešavaju; ili je osetio da je to ono pokolenje, koje će doneti sud o tome da li je ovo epska legenda, što se sad dešava ili je zločin, težak i krvav zločin?

U Kraljevim se očima pojaviše suze a u grlu zadrhta reč:

— Gledajte me, deco, dobro me gledajte! Poslednji put vidite svoga Kralja!

Suze u očima starčevim pomutile su dečju radost da vide izbliže Kralja. Sretno detinjstvo misli da Kralj nikad ne plače, da je Kralj uvek srećan. Razočarana dečica zapitaše ga:

— A kuda ćeš ti?

— Ja? Tamo... gde su otišli toliki moji vojnici...

Scena je bila vrlo potresna, svi stariji i sama domaćica, majka dečja, nemo su je pratili i krijući jedno od drugoga poglede, koje je mutila suza u svačijem oku.

— A mi onda nećemo imati Kralja? — nastaviše deca slatkim jezikom naivnosti da zadiru duboko u ranu koja je žegla Kraljevu dušu.

— Imaćete, imaćete! — prihvati Kralj. — Imaćete mladoga Kralja koji će da vas vole i koga ćete i vi voleti.

— Pa gde je on? — nastavljaju deca.

— Tamo, eno vidiš, tamo daleko, iza onih planina, tamo gde se ljudi tuku puškama i topovima, tamo je on sa svojim vojnicima.

Deca ućutaše, ućuta i Kralj. Nastade tišina koju najzad prekide domaćica pozivajući decu k sebi. Kralj ih nije više zadržavao, deca su se s majkom tiho i nečujno izvukla i, kad se oseti samo sa svojima, Kralj im se okrete:

— Ostavite me, hoću da sam sâm!

Svi ga napustiše i pređoše u druge odaje gde su vodili tihe i duge razgovore. Kralj je nekoliko sati probavio sam u sobi, niti je za to vreme koga zvao k sebi, niti ga je kogod uznemiravao. Da li je to bio odmor, koji je Kralj hteo sebi ili se odao novim razmišljanjima posle bolnog susreta s decom što ga je bilo neobično potreslo? Ađutant je dva-tri puta prilazio na prstima vratima od sobe Kraljeve i naslanjao uvo da čuje što; ali je u sobi bila mrtva tišina i nije hteo uznemiravati ga.

Do Kralja nisu dopirali da ga uznemire oni krici, nadvikivanja i žagor gomile begunaca, koja je savijala iz čaršije u jednu raniju bočnu ulicu i tiskala se da izbije na drum koji vodi ka Lipljanu. Nju će on sresti kad bude i sam krenuo, tamo na poljima kosovskim, rasutu, umorenu strahom i pogrbljenu pod teretom brige, kako gazi polako kroz kosovske močari. Proći će on kroz taj tužni špalir izbeglog naroda, pozdravljen saučešćem koje će i on tako duboko osećati prema svojima nesretnim podanicima. Sretao ih je i do sada, na putu do Prištine, zdravio se i do sada sa njima, ali je do sada i sam verovao u nešto, pa je pokušavao tom svojom verom da uteši i druge. Kako će sada kad više ni On ne veruje?

Da li se On možda, usamljen u svojoj odaji, ne bavi tim mislima ili se pred nj pojavila ona avet, Usud, koja se sve jasnije pomalja iz mračnoga oblaka što je pao nad Srbijom i pokrio naša polja i naše gore gustom maglom, čija se figura sve jasnije izdvaja iz stostruko isprepletanoga klupčeta događaja i staje pred sedoga Kralja, zlokobno se kezeći i šapćući piskavim glasom: „Mislio si zar izbeći sudbinu koja leži na tvome imenu?"

Kad god se starac, u ovim brižnim danima, vraćao na pomisao o sudbini, koje se toliko bojao da ga ne prati, njemu bi se staračko čelo osulo hladnim kapljama znoja i pokrivao bi oči rukom, ne bi li odagnao navalu misli koje bi ga kao razdraženi roj osica spopao i mučio dugo i dugo.

„Da li je po jedna katastrofa srpskoga naroda odista vezana za ime Karađorđevića i uvek u momentu kad ovi ponesu, na svojoj snazi i svome imenu, borbu toga naroda za slobodu?", šaptao je starac sam sebi, zalazeći mislima u prošlost kada je jedan sjajan pokret srpskoga naroda, neprihvaćen od naroda koji su slobodu već umeli da cene, krvavo ugušen jednom neprijateljskom poplavom, kao ovo sad.

Njemu pade na pamet onaj detinjasti strah, koji ga je uvek obuzimao od 1913. godine. To je bila stogodišnjica propasti srpske pod Karađorđem i stari je Kralj, pun neke neobjašnjive slutnje, zazirao od te godine kao od neke crne nemani. Kada je u beogradskome dvoru primao čestitanja o nastupanju 1913. godine, stari je Kralj bio sumoran i cela ta godina bilo je doba teških slutnja starčevih. On je sa strepnjom i zabrinutošću pratio razvoj Londonske konferencije i, kada je ona donela prekid pregovora i novu akciju na Jedrenu, stari je Kralj sumorno zavrteo glavom. Nije se ni trenutka protivio da se prema Bugarima ispuni jedna, ma i neugovorena ali ipak saveznička dužnost, kada su posle Kumanova poslate srpske trupe na Jedrene, ali je još tada brižno zanjihao glavom:

„Kakva sudbina! Srbi će se opet boriti na Marici!", i sa strahom se opomenuo one velike srpske katastrofe na toj najkrvavijoj reci iz srpske prošlosti. I kad je ta borba na Marici nastavljena i u 1913. godini, on je sa izvesnom zebnjom pratio razvoj njen.

I nesretni 16. juni, kada je bugarski vladalac primio na sebe da oružanom rukom razori savez balkanskih naroda, pao je u 1913. godinu. Koliko brižnih noći i koliko sumornih briga počeše da more staroga Kralja. On se nije bojao samoga rata sa Bugarima, verovao je on u svoju vojsku, kao što je znao da ostali balkanski saveznici neće poći putem Bugara; ali se bojao događaja, slutio je da iza bugarskoga zločinstva mora biti nečega podlo smišljenoga što Bugarskoj daje podviga za drskost a Srbiji preti zlom sudbinom. Bojao se trinaeste godine i sa detinjom radošću dočekao je Bukureški mir. A kad je ta godina istekla, on je 1914. dočekao laka i vedra srca i ne sluteći da je to godina koja će doneti događaje koje je prošla godina, možda nehotice, promašila.

I evo tih događaja, evo te istorijske katastrofe, koja je za ime Karađorđevo vezana, evo proslave stogodišnjice propasti srpskoga naroda i evo opet njegovoga vođe na putu bekstva.

„I oni mi savetuju da begam, da se sklonim. Sto godina istorijske nepravde nosi na svome imenu moj ded zato da bi se istorija ponovila, da bi i njegov unuk tako isto napustio Otadžbinu u momentu njene propasti. I oni me savetuju da begam i iznose mi neodoljive razloge. Tako su isto možda savetovali i iznosili mu neodoljive razloge i moga dedu pre sto godina a istorija je prešla preko tih saveta i zabeležila je samo čin!"

I, dok on u takve misli tone i ponire, Usud, onaj neodoljivi i svirepi Usud, ispravlja se opet ispred očiju starčevih, kao neman polaže svoju mrtvački studenu a glomaznu ruku na njegovo slabo rame, koje se pod tom težinom ugiba i zlobno se kezeći šapće piskavim glasom:

„Mislio si, zar, izbeći sudbinu koja leži na tvome imenu?"

Savladan već teškim mislima, Kralj se jednoga trenutka strese celim telom, osećajući da mu kroz studenu staračku krv prostruja topla groznica. On se uzbuđeno diže sa svoga mesta, priđe vratima i naglo ih otvori uzvikujući prigušenim glasom:

— Pukovniče!

Ađutant poteče vratima i zateče Kralja na nogama, uzbuđena i groznicom usplamtelih očiju. On pojmi da je Kralj ponovo u teškoj moralnoj krizi i, kako još nije bio zakoračio prag da uđe u sobu, okrete se za sobom i pogledom pozva i ostale iz svite. Okupiše se svi oko Kralja.

Kralj prošeta jedanput, dvaput, poklecujući kolenima i ne obzirući se na svoju svitu. Najzad, sede za sto na kome je ležala rasprostrta đeneralštabna sekcija Kosova Polja, zagleda u nju pa zatim diže glavu.

— Odite ovamo, odite bliže! — reče, pošto ih je promerio pogledom.

Svi se okupiše oko stola Kraljevog.

— Vidite — reče Kralj pokazujući vrhom pisaljke na karti. — Naš se front sad prostire evo ovako, od Kačanika pa pravcem kako ide Binačka Morava, od jugozapada ka severoistoku... je l' tako?

— Tako je, Veličanstvo!

— Naš front je okrenut leđima Kosovu — nastavlja Kralj — međutim Nemci slaze ozgo, Ibrom i Labom i zalaze nam s leđa, te ćemo se danas ili sutra naći izmeđ dve vatre. Šta treba da radimo mi?

Niko ne odgovori, jer Kralj to pitanje beše gotovo sam sebi postavio.

— Naše levo krilo treba da se povuče ovamo ka Sitnici, da tako postavljen front može prihvatiti i braniti se kako od napada Bugara tako i od napada Nemaca.

— Jedva se i ovo održava... — zausti ađutant da kaže, ali ga Kralj preseče:

— Ne možemo pobediti, ali se možemo boriti. Mogli bi razviti front ovako, vidiš, sa desne strane Sitnice, da zatvorimo Ibarski klanac, kojim se slazi u Peć, Drenički, kojim se slazi u Đakovicu i Crnoljevski, kojim se slazi u Prizren. Mi bi se naslonili na Čičavicu, Goleš i Jezerske planine, a između neprijatelja i nas bila bi Sitnica.

Kralj pogleda po svima i u tom trenutku zasjaktiše mu oči naročitim sjajem. On se diže mladićkom gipkošću i uznese glavu pa jasnim, odlučnim glasom dodade:

— Na Sitnici treba primiti odlučnu bitku, neka se na njoj još jednom reši sudbina Srbije... Zar ne?

Kralj poćuta malo i dodade zatim jasnim i svečanim glasom:

— Ja ću se lično staviti na čelo moje vojske i tu ćemo na Sitnici svi izginuti!

Svi ućutaše pod utiskom ove Kraljeve izjave. Svi su bili uvereni u nemogućnost njenoga izvođenja, smatrali su je samo kao izraz jednoga trenutka raspoloženja Kraljeva, ali su se divili starčevoj jačini i svežini duha, koja kao da se beše povratila u slomljeno telo.

Kralj nastavi:

— Hoću tu, na Sitnici, da poginem. Život Srbijin je i moj život; kad ona umire, što ja da živim. Hoću tu, u poslednjoj, u odlučnoj borbi da poginem. Nemojte me savetovati, nemojte me odgovarati, nemojte me sprečavati, to je moja poslednja i nepokolebljiva odluka!

Kralj je to rekao tonom, na koji nije želeo pogovora... Njegovo se čelo u tom trenutku razvedrilo, oči zasijale živom svetlošću, glas dobio neko pouzdanje i on se u tom času osećao zadovoljan, kao čovek koji je našao soluciju, našao srećan izlaz iz spleta briga, nevolja i neprilika.

Za vreme tišine, koju je ova pojava izazvala, on se bio ponovo zaneo, poveden mišlju da pogine na Sitnici. Ta ga je misao morala odvesti u carstvo snova, u carstvo bajki, jer na njegovim se usnama pojavi razvučeni osmeh zadovoljstva, osećajući valjda da je u tom trenutku pobedio onu neodoljivu neman, koja mu je stalno šaptala u uho svojim piskavim glasom: „Mislio si zar izbeći sudbinu koja leži na tvome imenu?"

Poginuti na Kosovu, gde su se nekada dve krune u krv utopile; pasti sa svojim vojnicima i svojom krvlju obojiti Sitnicu, te da još jednom poteče mutna i krvava, izgledalo je Kralju kao lep istorijski san, koji istorija ne nudi svakom vladaocu. On je eto njen, istorijin izabranik, a smrt je tako mala cena za čast koju mu time istorija ukazuje. Sme li se on te časti odreći?

A istorija je još milostivija prema njemu, no što to na prvi pogled izgleda. Ponudila mu je priliku da krvavim mastilom ispravi u njoj ono mesto od pre sto godina, koje je njegovom neukaljanom imenu toliko nepravde nanelo. On će smrću svojom pokazati, da Karađorđevići ne ostavljaju svoj narod u danima očajanja i nevolje i da bekstvo prvoga, koji je to ime nosio, nije značilo napuštanje naroda i narodne revolucije.

Zaneta tim mislima, Kralja ponovo odvede pogled ka prozoru, sa kojega se doglédalo široko Kosovo i u dnu njegovome mrke mase Šara i Crne Gore.

Njegov se pogled naročito zaustavi na bliskom Veterniku, preko kojega prelazi put za Gračanicu. Nov niz misli, koji ga povede tim putem, ozari mu lice nekom blagom, svetiteljskom svetlošću i on se okrete ađutantu pa reče:

— Naredite sve što treba, hoću sutra da se pričestim u Gračanici!

Kralj je odlučio, on je izabrao Carstvo Nebesko!

XIV — Kroz Kosovo

Kada smo pre mesec dana krenuli iz Skoplja na Kosovo, polazili smo s uverenjem da se samo privremeno uklanjamo ispred neprijatelja. Sad već krećemo sa gorkim uverenjem da nas ovaj drum, kojim smo se uputili, vodi van Otadžbine. Da li sa težine toga osećanja ili sa one zle nepogode u koju smo krenuli — tek prvi taj korak na putu bekstva učinio nam se očajno težak. Tome su se još pridružile i velike neprilike i teškoće koje je trebalo savladati da bi se samo iz varoši izašlo. Pet stotina metara, koliko nam je trebalo od naše kuće do izlaska iz varoši, odakle ćemo se zatim kosovskim drumom uputiti, putovali smo puna dva i po sata. Izgledalo je kao da se kroz onu gužvu i splet ljudi, stoke i kola, što je zakrčio ulice, nikad probiti ne može. Micalo se korak po korak, stopu po stopu. Kola, ljudi i stoka, sve natovareno i pretovareno sve se isprepletalo, sve se utislo jedno u drugo, sve se probija, nadire guši, krha i sudara. A sve to obavija gust sneg i strahovita mećava i onaj suton kojim je nepogoda pomračila pre vremena dan. Iz te gužve samo čuješ nadvikivanja, dozivanja, uzvike i svađu. Kao potoci za vreme provale oblaka, iz bočnih ulica nadiru sve nove i nove mase ljudi, kola, natovarenih konja i druge stoke i to sve utiče u ovu glavnu reku te mrsi još više strahoviti splet. Kola koja su nadrla iz bočne ulice ušla su među kola koja su išla drugim pravcem i sad se ne mogu da okrenu; dvoja glomazna volovska kola utisla se među sobom točkovima te niti jedna mogu krenuti napred ni druga natrag da bi se mogla rasplesti; konjska kola ispela se na trotoar, da bi prošla, pa najašila na klupu ukopanu u zemlju; druga se ovamo zakačila arnjevima za dućanski kapak; tovarni konj tamo pao i tovar mu se sručio u blato. A napred negde, tamo na ćupriji, pri izlazu iz prištinske čaršije, zagušilo i ne odušuje.

Prođe po pola sata očajnoga dreždanja i čekanja u mestu, pa tek osetiš neki pokret pred sobom i pomisliš: Bože, pomozi! A već posle deset-petnaest koraka opet sve zastaje, opet se sve zagušuje, opet nastaje zamorno i očajno dreždanje kome nema kraja.

A sneg i kiša zasipaju i vetar besno duva te šiba lice i zavejava oči, uši, grudi. I badava ti dižeš jaku na šinjelu da se zaštitiš, kiša prodire, zasipa ti vrat te ti vlaži telo; zasipa ti rukave te ti kvasi ruke; badava uznosiš ruku te se zaklanjaš, mećava ti zapljuskuje oči, zasipa ih, zavejava ih. I ma kolika vika i dreka da je oko tebe, sneg i vetar ugušuju glasove, ne shvataš ni s koje ti strane dopiru, ne čuješ, ne razumeš i ne vidiš suseda, koji viče da se skloniš, ne razumeš i ne vidiš ni onoga za tobom koji te preklinje da mu se makneš s puta, ni onoga pred tobom koji se izdire da ga ne potiskuješ.

Tek je tri časa po podne a već se smrkava pod onom nepogodom i, kad se jedva jednom odušilo te smo krenuli i izbili na drum, već nas je nedaleko od Prištine, na Veternikovoj kosi, uhvatio prvi sumrak. Bojeći se nepogode u noći, koja je na kosovskoj širini mnogo strašnija i smatrajući da su najteži deo puta — izlazak iz varoši — prebrodili, mnogi su ostajali kraj druma gde su našli malo zaklona, rešeni da tu kraj vatre provedu noć. Na to ih je opredelilo što su tu van varoši zatekli logore vojske koja sutra kreće a i okolnost, što ih ni u Lipljanu, malenome selu, gde se skrhala tolika vojska i narod, ne čeka drugače prenoćište do na drumu.

Mi smo kretali kroz noć dalje jer se već i nepogoda utišala i ovladala vedra noć pa treba grabiti.

Sa Veternika, na koji smo se kosom uspeli, bacili smo još jedan pogled za nama na Prištinu, koja je utonula u tamu. Čim je svečeri nepogoda stala, nebo se počelo naglo vedriti i zadrhtala je zvezda na njemu a stegao mraz. U toj vedrini ocrtava se mračna silueta varoši u kojoj sad već spava sve što nije imalo rešenosti još da kreće i što je ostalo rešeno da se preda. Tu siluetu ovamo i onamo osula je pokoja bleda i slaba svetiljka koja trne kao svitac u mračnoj šumi. Po polju, ispred Prištine, rasule se vatre u logorima vojske i izbeglica, kao da su zvezde popadale sa neba a dim, koji se iz njih penje, razastire ispod naših nogu providan sivi oblak, koji leži nad celim prištinskim poljem.

Drum se pred nama proteže bez kraja i kroz prozračnu tamu dogledaju se u dubini mase mrkih planina čiji snežni vrhovi belasaju kroz noć obasjani mesečinom. Drumom se kreću pred nama i za nama tamne, nejasne slike, kao seni. Niko ne zbori, sve ćuti i samo se kroz noćnu tišinu čuje kako škripe volovska kola ili zabobonjaju kočije preko kakve kolebljive i trošne drvene ćuprije. Mraz sve više steže, hladnoća prosto reže a blato, koje je pokrilo drum, posle one silne kiše, zamrzlo se i pokrilo tankom staklenom skramicom te krca pod korakom i ostaje za tobom kao nožem izrezan otisak stopale na njemu. I vode, koje su legle od kiše, s jedne i druge strane druma, zamrzle te se pod mesečevim zracima sjakte zaleđena i snegom pokrivena beskrajna staklena polja.

Kroz vedrinu dogleda se na sve strane. Tamo daleko u dubini, s desne strane druma, opet mala grupa svetiljaka i dim iz kojega se uznose kao minareta tri-četiri jablana. To valjda selo u noći ili opet kakva grupa begunaca, ne mogući od mraza da kreće, zastala da se ogreje i okrepi za dalje napore. Levo, u dolini, koju su osenčili proplanci, među koje se skrila, ocrtava se tamna tačka sa isturenim vrhom. To je Gračanica, ona znamenita kosovska Gračanica pred kojom su negda zbor zborila gospoda hrišćanska i koja je prihvatila telo Lazarevo posle kosovske katastrofe. To je ta Gračanica u kojoj je Kralj Petar Karađorđević, kada je izabrao carstvo nebesko, poželeo da se pričesti pre no što pogine.

U debeloj senci noći dubokim snom spava hram Božji i sa njim i sva prošlost i sve tradicije naše, kojih je on čuvar i koje smo zalud budili iz nekadanjeg dugog i predugog sna.

Pogled na tamnu i nejasnu siluetu Gračanice i nehotično povlači za sobom bezbroj misli koje vraćaju čoveka u daleku prošlost, prošlost kojoj je pozornica bio baš ovaj deo zemlje Srbijine, na kome se i danas završava jedan deo njene istorije.

Odista je to čudna igra sudbine! Na jednom parčetu zemlje od nekoliko časova dužine i širine, odigrava se čitava istorija jednoga naroda, koja traje preko jedanaest vekova. Kao što je ono u Svetoj Zemlji svaka stopa, svaki izvor, svako smokvino drvo, jedan deo istorije Božjega sina i uspomena na njegova dela i stradanja, tako ovde na Kosovu, svaka stopa zemlje, svaki kamen i svaka vodica, deo je istorije srpskoga naroda. Celo to drago parče zemlje je jedan hram, panteon, gde leže pogrebena velika i svetla dela prošlosti, kao i muke i stradanja jednoga naroda. Pa gde je Usud istorijski i mogao na drugom mestu dodeliti da se završi ova velika tragedija koju sad preživljujemo, do na Kosovu?

Evo ovde, kraj Lipljana, kome smo se mi sad uputili, bila je ona znamenita borba 1012. u kojoj kralj srpski Vojislav, sišav sa Raške pobeđuje Vizantince i pobedom tom označava pravac ekspanzije mlade i bujne srpske države. Tamo, pod Mitrovicom, kod Pantina, Nemanja 1169. razbija svoju braću, predstavnike feudalnoga gospodarstva, i stvara jednostavnu i snažnu srpsku državu koja slazi u kosovsku i skopsku ravnicu. Tu na mestu kojim sad hodimo, razvija se najslavnije doba srpske istorije — Milutinovo doba. Eno, tamo u Paunovom Polju, koje doglevamo s druma, leži Svrčin, dvor Milutinov, gde se u XIII i XIV veku rešavala sudbina balkanskoga poluostrva, gde su dohodili znameniti poklisari Istoka i Zapada, gde se docnije i sam imperator Kantakuzen bavio na dvoru srpskoga kralja, Milutinova unuka, moleći za pomoć srpsku. U dubini tamo, eno ga Nerodimlje i Petrič grad, gde se dešava tragedija Dečanskova a eno je u dolini ispred Nerodimlja i ona Glavica gde je narod preneo i tragediju nejakoga Uroša. Na Kosovu, izmeđ Prištine i Vučitrna, izmeđ Laba i Sitnice, tamo gde cvetaju kosovski božuri, propada i srpsko carstvo, gine Lazar i Obilić i cvet srpskih junaka i ruši se ona veličanstvena zgrada koja se prostirala od Jadranskoga do Jegejskoga mora i predstavljala snažnoga naslednika truloj vizantijskoj imperiji.

Kada je 1878. godine vojska malene Srbije, koja je pošla da oslobađa porobljenu braću, sišla sa Morave u kosovsku ravnicu i zakucala na vrata Gospodnjega hrama crkve Gračanice, da se u njoj pomoli, širom celoga srpstva kliknulo se: „Osana!", i u duši se srpskoj tad probudio novi san koji je zatim hladna, nemilostiva i sebična diplomatija, diplomatija nasilja, razorila. I tek 1912. godine, kada je srpska vojska, sada snažnija i duhom i snagom, sišla s Kopaonika, na njenim se pobedničkim zastavama mogadoše ispisati reči: „Za Kosovo — Kumanovo!", i srpska se zastava zalepršati na čarobnim obalama Ohridskoga i Dojranskoga jezera, na Markovom Prilepu i Dušanovom Prizrenu, na Skadru braće Mrnjavčevića i Vladimirovom Elbasanu i na obalama našega, sinjega mora.

I danas, eto, na tom istom Kosovu, vode se poslednje krvave borbe, pre no što će još jednom propasti srpska država i srpska kruna utonuti u krvi.

Tišina, kojom je noć obgrlila Kosovo, podržava te i odvodi sve dalje u tim mislima i ti koračaš polako, tromo, koračaš putem sudbine koja će jednoga dana opet biti deo srpske prošlosti, deo srpske istorije. Iz zanosa te budi potmuli tutanj ozdo, iz dubine kosovske ravnice, koji u prvi mah izgleda kao daleki, vrlo daleki pucanj topova; zatim se zvuk jasnije izražava i izgleda ti kao blaga grmljavina, koja daleko negde romori nebom. Malo zatim još, pa ozgo iz gornjeg Kosova, iz duboke tame, javljaju se dva žmirava svetla oka, koja bivaju sve jasnija i jasnija. I tutanj je sve glasniji i sad se javlja ravnicom zmijasta figura voza koji usamljen u ravnici juri iz Mitrovice u Lipljan. Iz dimnjaka mu se rasipa zvezda repatica a zlatna rosa pada na polja i u trenutku iščezava.

U vozu su izvesno begunci iz Mitrovice, iz koje se danas kao i iz Prištine, počelo naglo begati put Prizrena.

Drumom, pred nama, dogledaju se neke vatre ali to još nije Lipljan gde ćemo dockan u noć stići, to je maleno kosovsko selo Čaglavica kroz koje prolazi drum. Mnogi koji su našli tu zaklona od zla vremena, zadržali su se i tu će prenoćiti i mnogi međ nama, koji nailazimo, pridružuju im se. Oko sela je bilo nešto ogolelih drva i sekira ih je poobarala te goleme vatre bukću po dvorištima seoskim i plamen se iznosi iznad blatnih zidova kojima su ta dvorišta ograđena. Selo utonulo u dim od vatri i noćnu tamu, te se kuće i ne vide već samo neke nejasne i tamne gomile. Natovarena kola ostala su na drumu a stoka uvedena negde pod zaklone; gomile se begunaca i vojnika sabrale, greju se i vode žive razgovore. Pridolaze im novi koji uvraćaju s druma, oni im prave mesta kraj vatre ili ih upućuju gde mogu drva nabaviti te užeći sebi novu vatru.

Mi nastavljamo dalje, sad već proređeni i grabimo u noć. Daleko otud, kad smo već izmakli iz sela, čuje se jasno kroz mirnu noć topot konja kao kad ptica noćnica udara krilima. Malo zatim i dve nerazgovetne a postepeno sve jasnije tačke ukazuju se na drumu i malo zatim dve senke koje žure u susret nama. Kopite njihovih konja ravnomerno udaraju o tvrdo tlo zamrznutoga druma a njihove figure sve više rastu i sve se jasnije obeležavaju. To su dva konjanika koji zaustaviše naglo konje ispred naše grupe.

— Je l' to Gračanica, te vatre tamo što se vide? — pita jedan od njih.

— Nije, to je Čaglavica.

— A ima l' puta otud za Gračanicu?

— Ima, pripitaj tamo u selu!

Oni obodoše konje i hitro odoše dalje a mi nastavismo put nagađajući ko li su i što li žure ovako noću u Gračanicu.

Tišinu, koja nas je stalno pratila, odjednom prolomi vrisak pred nama. Konj, koji je vukao jedna kola ispred nas, udario je u stranu i mal nije sunuo s kolima u šanac. U kolima je majka s dečicom i otac, koji je vodio konja, pritegao je snažno rukom dizgine te ustavio ga. Priđosmo svi da vidimo šta je i da pomognemo čoveku. Na drumu je ležao mrtav čovek i konj je još jednako strigao ušima i drhtao celim telom. Zaklonismo mu šakama oči, podupresmo kola, koja su točkovima već odronila ivicu druma i, kad kola već izmakoše, mi se svi iskupismo oko mrtva čoveka.

Borbe se vode dosta daleko odavde, dovde još ne dopire ni puščano tane ni top; otkud ovde mrtav čovek? Ali to i nije vojnik, već Arnautin iz kosovskih sela. Ležao je grudima po zemlji kako je ničke pao; jednu je ruku bio savio pod sobom a drugu opružio više glave i stegao grčevito pesnicu. Krv, koja se razlila po drumu iz rane na slepoočnjači, još se poznavala, nije ju isprala ni ona silna kiša, što znači da je skoro, posle nepogode poginuo, možda i večeras tek. Zašto li je poginuo i ko ga je ubio?

— Meni se čini, ljudi, kao da sam čuo neko puškaranje — reče neko iz gomilice koja se okupila oko lešine.

— Kad otprilike? — pitaju ga.

— Ne znam, svečeri.

— Je l' pre Čaglavice ili posle?
— Tek smo izašli iz sela.
— Jedan se saže i opipa lešinu.
— Sasvim hladna. Mora imati više nego jedan sat kako je poginuo?
— Biće rabadžije u svađi da su se pobili. I danas u Prištini, daj Bože da nije bilo kakvoga ubistva, tamo u ulici gde smo zagušili. Video sam očima da su ljudi potezali revolverima jedno na drugo.
— Znaš kako je u ovakvim prilikama, čoveku dosadi život pa ga da bud zašto!

Kretosmo dalje izmireni mišlju da je nesretnik poginuo u svađi, ali nismo prošli ni pedeset metara i slika se ponovi. S druge strane druma, polovinom tela u šancu, ležao je drugi mrtvac i, dok smo se mi oko njega zabavljali, ponavljajući svoja otojičašnja razmišljanja, neko od onih što su izmakli ne hoteći da se zadržavaju, uzviknu: „Evo ga i treći!" Maločas naiđosmo i na četvrtog.

— Ovo već ne može biti zbog svađe, ovo je...
— Ja ću vam kazati šta je ovo — reći će onaj što je kod prve lešine ispitivao telo i utvrdio vreme kad se otprilike ubistvo moglo desiti. — Ovo su sve Arnauti iz okolnih sela; oni nisu izginuli pre one mećave već posle, jer evo lokve krvi na zemlji nisu isprane. Znači izginuli su kada je pao mrak pre sat i po ili dva. I ništa drugo neće biti nego su ovi, čim je pala noć, napali na naše begunce radi pljačke, naši su bili oružani i — eto!

Svima bi jasno da je odista tako moralo biti. Onaj što reče maločas da je čuo puškaranje potvrdi to sad ponovo.

— Kažem ja — veli — da sam čuo!
— Al' ti kažeš skoro si čuo?
— Skoro? — učini on. — Šta znam ja šta je skoro a šta nije skoro. Niti znam ja koji je sat ni koji je dan a da me zapitaš ne znam ni godinu. Znam samo kad je dan da je dan a kad je noć da je noć. Čuo sam puškaranje kad je već bio mrak, eto to ti je...

To potvrdi još više pretpostavku da je moralo biti napada na begunce i svi se zabrinusmo.

— Moramo se uzeti u pamet! — reći će neko.

— Dabome! — dodaje onaj što je postavio pretpostavku da su ovi izginuli napali begunce radi pljačke. — Ne valja ovako kako idemo. Poostajali mnogi usput, naročito ovamo u Čaglavici, pa smo se sad proredili drumom i svako ide za svoj račun. Eno, gle kako oni tamo izmakli, ne bi ih mogao ni dovikati.

— Treba da se priberemo, da idemo u grupi! — javlja se neki brižan glas iz gomile.

— Ima li ko oružja? — zapita nepoznati, koji nam sad već postade vođa, koji će nas voditi dalje kroz noć i kroz opasnost.

Javiše se nekolicina s puškama i revolverima.

— Napunite i otkočite puške, a vi koji imate revolvere držite otvorene futrole. Vas dvojica s puškama pođite napred a vi ostali ovamo ali ne zbijeni u grupu, tako može lako da nas gađa iz zasede, nego se rasturite, razredite se, dalje jedno od drugog ali tako da se ne pogubimo, da se dogledamo. Ovi zadnji nek se osvrnu češće za sobom.

— Ako napadnu, oni će iznenada, iz zasede — reći će neko.

— Zato pazite. Polje je ravno al' opet; kad naiđe kakav poveći žbun, kakvo obaljeno drvo, dublji šanac ili kakav plast sena, naročito plast sena, a vi odmah puške na ruke.

U bojnom poretku, sa teškim osećanjem straha, krenuli smo dalje ne govoreći više jedan sa drugim ni reči.

Tamo dole, gde se maločas voz izgubio i gde drum iščezava pred pogledom, izdižu se nekoliko drveta koja se na vedrom nebu jasno ocrtavaju a nad zemljom lebdi tanak sloj svetlosti kao ono kad u velikoj daljini gore ritovi. Kažu to je Lipljan ali je još vrlo dugo poći do njega. Drum je tako beskrajan a mraz sve više steže te se jedva korača.

Još malo napora i strpljenja i ukazaše se već pred nama plamenovi sa vatri i siluete kuća koje kao da se iz sred plamena uzdižu. Već dopire do nas potmuli mrmor i žagor, kao ono roj kad se izdaleka glasi, nailazimo već na prve vatre, na usamljene kuće, na gomile kola s leve i desne strane druma i sad se već jasno čuje vreva i žagor i vide se senke ljudi koji se kreću ovamo i onamo i čuje se puckaranje vatre i glasovi koji se dovikuju i nadvikuju.

Ulazimo dublje u selo, u sve gušću vrevu i gomilu. Iako je ponoć još je sve na nogama. Onde se skrhala kola, onde se druga isprečila, konj koji se odrešio lunja sam po drumu, zadocneli automobil zaglavljen u blatu stenje i brekće kao životinja u procepu ali mu se put ne otvara niti mu ko prilazi da ga iz blata izvuče.

Vatre levo i desno; na plamenu prošći iz seoskih plotova, sanduci, burad i točkovi od polupanih kola. Kreću se vojnici kroz mrak i nose na glavi seno, koje su počupali ko zna iz čijeg plasta; drugi nose odnekud vodu, treći promrzli lutaju od vatre do vatre ne bi li našli malo mesta da se ogreju ali su sve vatre tako pritisnute, tako posednute da im ne možeš prići.

Oko vatre sedi umoran vojnik i prozebao begunac, sedi brižna majka, koja je stegla dete međ kolena, sedi slomljen starac, sedi ispijen bolesnik uvijen u ćebe, sedi ranjenik koji je sam krenuo iz bolnice iako mu je rana još nedolečena. Sve ćuti i predalo se brizi svojoj i naglo se unapred, ne bi li što bliže bilo plamenu koji obnavlja život mrazom ugrožen. Jedni suše opanke natopljene kroz močari i blato koje su danas pregazili, drugi greju na plamenu tvrdu koru hleba ne bi li malo omekšala, treći unose ruke u plamen te ih peku ne bi li im proradili prsti koji su se ukočili. Dim se povija čas levo čas desno, te se ljudi brane šakom koju nadnose na lice, jer ih štipa za oči i smeta im da se greju. U razgovoru, ako i kažu koju reč, izbija maglica iz usta, jer mraz sve jače steže.

Kraj jedne vatre, među vojnicima, pod nepouzdanom svetlošću plamena, koji se povija čas tamo a čas ovamo, opazio sam i ono bledo voštano lice i oči pune toploga izraza one gospe u crnini, koju sam prvi put zapazio na skopljanskoj železničkoj stanici a drugi put na prištinskome groblju kada je obilazila grobove i palila sveće izginulima u ratu. Vojnici oko nje, koji su joj načinili mesta kraj svoje vatre, vodili su žive razgovore, koji su se ukrštali sa svih strana, a ona je naslonjenih laktova na kolena i glave na ruke, gledala u plamen koji je buktao i povijao se.

Mi ne znamo gde da se ustavimo. Idemo tako od vatre do vatre, sa jedne strane druma na drugu i svud je podjednako blato i svud podjednaka zima. A na prenoćište već ne možemo ni misliti. Što je bilo krova i mesta pod krovom, ispunilo se gomilom ljudi koji su se tiskali i gušili po odajama, po hodnicima, po šupama, po drvljanicima i pod strejama. Ko je nabavio ili našao gdegod drva, založio je vatru nasred druma, nasred puta i tu će kraj nje probditi noć ali je velika gomila onih koji ne mogu naći čime će i vatru naložiti. Ljudi su najzad počeli da se priljubljuju, da se više njih zagrle, da se uvijaju kao zmijska klupčad nasred ulice, ne bi li jedan od drugoga pozajmili toplote. Bilo ih je koji su legli sa stokom, prislonili leđa uz volovska leđa te tako probdili noć. Ta noć u Lipljanu bila je najhladnija noć one oštre zime koja nas je u izgnanstvu pratila.

Teško je bilo prići čijoj vatri, ljudi su bili sebični, znajući koliko ih je truda stalo dok su stekli ovo malo vatre i nisu puštali k njoj. Oni su s velikom mukom nabavljali sanduke, plotove, točkove, kola, železničke pragove i vrata s pustih kuća i polagali ih na vatru, te nisu trpeli gotovane koji bi hteli da se greju a da ne ulože truda. Krenuo sam u mrak i počeo lutati po tuđim dvorištima, po nepoznatim stazama, ne bi li ma gde našao kakav direčić, granu, ili proštac iz tuđeg plota ili klupu pred kućom ili prazan sanduk pred dućanom, ne bi li što priložio vatri te da stečem prava da se ogrejem.

Lutam po mraku i upadam u bare, saplićem se o kamenje i lupam o zidine kojima su ograđena dvorišta, ali nigde ni parčeta drveta. Naišao sam tako lutajući i na železničke šine, mora da sam zašao u stanični reon. Da li ću tu bar, međ železničkim vagonima, naći kakvo parče daske, koji istruleli šliper ili kakav prazan sandučić? Ohrabren tom nadom zašao sam među vagone dok me ne preseče glas stražarev: „Stoj, ko ide?"

Pretrnuo sam živ i pođoh kao zločinac, krijući se iza vagona, da se povlačim gazeći pažljivo po zemlji kako ni najdaljim šumom, ne bi odao stražaru gde sam. Umirio sam se tek kada sam spazio zidove zgrade u kojoj je stanica i požurio tamo. U čekaonici i u svima prostorijama male i skromne zgrade stanične, zgrvala se masa sveta te se prosto guši i dahom svojim greje. Jedni posedali po zemlji, drugi na stvarima, treći dremaju, prislonjeni uza zid. Sa tavanice čkilji lampa i bledom svetlošću osvetljava umorna i brižna lica gomile a dim duvanski obavio je kao gusti oblak.

Srećom, pred stanicom sam sreo jednog prijatelja iz Skoplja. Bio je to jedan od onih valjanih mladića koji mi se oduševljeno stavio na raspoloženje i svesrdno pomagao pri obrazovanju građanske garde, koja je primila na sebe da u poslednjim kritičnim trenucima bdi nad Skopljem i bezbednošću skopskih građana. Kako se povukao sa komandom trupa, tako je i dalje ostao na službi, koju je revnosno vršio. I u ovome času, pred stanicom, on je imao da učini neka službena saopštenja šefu stanice. Obratih se njemu da mi pomogne i požalih mu se kako mal nisam nastradao lutajući međ vagonima.

— A, tamo? — učini on. — Zar ste čak tamo zalazili?

— Zar ja znam, gde sam zalazio u mraku?

— Tamo je vagon Vrhovne komande.

— Vrhovne komande? — iznenadih se ja. — Zar Vrhovna komanda nije u Prizrenu?

— Da ona prava, a ova naša.

— Koja naša? — zapitah ga, ne mogući još nikako da ga razumem.

— Pa komandant trupa novih oblasti i đenerali, koji su na ovome frontu. Ovo je sad jedini front na kome se borimo, da bi se sa drugih moglo odstupiti. Šta tu ima Vrhovna komanda? Jedina njena naredba i jedini njen savet može biti: „Držite se koliko možete!"

— A zar su tu i đenerali sa fronta?

— Tu su.

— Koji?

— Rašić i Gojković.

— A zašto?

— Drže sednicu. Bio je posle podne i Kralj u tom vagonu, imali su dugo posla sa njim, jedva su uspeli da ga nateraju da ide u Prizren pa oni ostali i dalje da rešavaju.

— Šta li rešavaju?

— Šta? — učini poznanik i uznese ramena. — Rešavaju izvesno da se ne mogu više držati.

— Zar?

— Ne može! — dodade on odlučno. — Sutra će se i Ferizović napustiti.

— To znači prekosutra biće zatvoren put za Prizren?
— Ili bar ugrožen.
— Ama da li...? — otegoh ja pitanje, koje je trebalo da iskaže sumnju. Još mi se tamo, na dnu duše, u dubokom nekom kutu, zadržao jedan delić vere i on se sad bunio i nemoćan hteo bi da se odupre ovoj bujici nepovoljnih vesti.

Mladi prijatelj moj osvrte se pažljivo oko sebe da vidi sluša li ko iako smo bili sami samciti u mraku pred stanicom, pa se onda naže bliže meni i uze mi šaptati:

— Noćas komanda trupa ide u Gračanicu!
— Kad noćas?
— Sad, kroz koji čas, dok svrše sednicu.

Prođe mi u tome času kraj očiju slika one dvojice konjanika koje smo sinoć sreli ispred Čaglavice i koji su hitno žurili raspitujući za put u Gračanicu.

— A gde je taj vagon, gde se drži sednica?
— Eno ga tamo, na šinama — i on me izvede nekoliko koraka napred do mesta sa kojega se dogleda usamljen jedan salonski vagon osvetljenih prozora.
— To je poslednji savet šefova srpske vojske! — rekoh više šapćući.
— Poslednji! — dodade moj mladi prijatelj.
— Kosovska večera! — prošaptah ja bolno sam sebi.

Maločas se ćuteći rastadosmo. On se izgubi u mraku a ja se vratih tamo, gde je svetlost sa vatri obasjavala male, dvospratne, blatom oblepljene kućice, koje su se načetile oko stanice. Jedini osvetljen prozor te noći bio je na kancelariji načelnika stanice na gornjem spratu jedne od tih kućica. Gledao sam sa žudnjom u taj prozor, tamo u sobi mora da je toplo, ali je načelnik već pribrao masu ljudi, koji su mu ispunili sve prostorije malene kancelarije, te za mene tamo ne bi bilo mesta. Tu, pod tim osvetljenim prozorom, odstojaću celu ovu užasnu, ovu studenu noć, na kojoj će i stoka od mraza lipsavati.

XV — Slikareva tragedija

Prva zora. Mraz malo popustio, u zraku kao da lebdi svetao dan. Vatre se na sve strane pogasile, još samo vreo pepeo pokriva zemlju i pokoja dogorela glamnja se puši. Ljudi se dižu iz gomile, izlaze iz raznih kuća, kapija, dućana, magacina, uvijeni u ćebad, obamrli od zime, modra lica i podnadulih, neispavanih očiju.

Dižu se i oni sa kaldrme. Ono što si noćas kraj vatre video kao gužvu od koje su volovi stuknuli, bila je gomila ljudi koja se isprepletala kao klupče zmija, te se sad rasplićе. Izdvajaju se iz te gomile najpre glave, pa noge i ruke a zatim se pojavljuje čovek, jedan, dva, tri, četiri i pet, i na zemlji nema više onog klupčeta.

Kreću se već ljudi ovamo i onamo, pribiraju se u grupe nasred ulice i vode razgovore o noćašnjem strahovitom mrazu. Drugi se nadvikuju, treći dozivaju. Udara sekira u drvo, opravljaju se neka kola, prolaze vojnici vodeći konje da ih napoje, iznose iz kapija stvari i tovare na kola; dere se jedan iz gomile traži ćebe koje mu je neko noćas svukao s leđa; luta drugi i raspituje za konja, koji mu se noćas odrešio i odtumarao; vajka se treći da mu je vo crkao od mraza, te kako će sad dalje sa tovarnim kolima a sa jednim volom; jada se domaćin koji se digao jutros i video razgrađenu avliju a nigde nijednoga prošca od ograde; izdire se jedan narednik da se maknu kola koja su se isprečila nasred druma; svađaju se neki oko jedne kofe, koja je ispala iz tuđih kola. I što zora više osvaja, žagor sve više raste.

Najzad krećemo ne bi li se, promrzli noćas, pod suncem koje već počinje da zrači, zagrejali pokretom. Pred nama se prostire široka kosovska poljana, kroz koju belasa Sitnica, koju ćemo maločas preći preko kamene ćuprije koju je Jašar-paša izgradio kamenom iz crkava kosovskih. U daljini se sad već jasno ističu Crna Gora i Šar, poslednja zaštita srpska. Na podnožjima njihovim vodi se borba.

Na padinama Šarovim, pod koje nas vodi put, izbija s vremena na vreme pramen beloga dima, kome sunce odmah opervazi ivicu i, dok se taj oblačić još koluta u zraku, do nas dopire glas topa. Malo docnije i sunce će se sa Ovče Polja ispeti preko Šara i obasjati ove pramenove punom svetlošću, te će kititi nebo kao raznobojni lampioni o veselim svetkovinama.

Zanet tim znamenjima, koja su kitila nebo nad nama, ja se nisam još bio obazreo ni pred sobom ni za sobom da sagledam onu tužnu povorku, koja se lagano kretala i gmizala po drumu.

Kada smo, juče u sumrak, krenuli iz Prištine a kroz noć nastavili put, sva se ova tuga i bol nije ni dala okom shvatiti. Noć nas je bila zastrla svojim crnim pokrovom i promicali smo jedan kraj drugoga kao senke, ne sagledavši jedno drugome ni lica, ni pogleda, ni suze u očima. Tek danas, pod oštrim zracima studenoga zimskog sunca, mi se vidimo i dogledamo svu veličinu nevolje, koju naša povorka izgnanika predstavlja.

Danas se ljudi već i zbližuju jedno drugome, razgovaraju se, teše se i ne pitajući jedno drugo ni za ime. Ispovedaju se, ispovedaju se gorko i iskreno, kao što bi se čovek svome najrođenijem ispovedio. I meni je prišao jedan mladi ranjenik, desne ruke u zavoju. Prišao mi je kao znanac, kao poznanik.

— Vi me se ne sećate? — veli i donosi levu ruku do šajkače pozdravljajući me.

— Ne bome, ali se nemojte čuditi. Ljudi danas tako promiču jedan kraj drugoga, tako se u trenutku sretnu iako se dotle nisu nikad videli, da se opet u trenutku rastanu i možda opet nikad ne vide. Ako smo se ovih dana sreli....?

— Da, ovih dana! — prekide mi mladić reč. — Ono veče kod vas, u Prištini; primili ste nas na prenoćište.

Setih se da je to onaj mladi podnarednik koji je sa mnom i sa učiteljima probdio kraj mangala celu jednu noć sve dok ga umor nije savladao.

— Sećam se! — rekoh.

— Eto — nastavi podnarednik — morali ste i to malo krova u Prištini da napustite.

— Morao sam! — slegoh ja ramenima.

— Kako ste proveli noćas u Lipljanu?

— Tako, na mrazu, na drumu.

— I ja. Bila je užasna čiča.

— Čudim se da smo je preživeli. A i vi, može vam zima pogoršati ranu.

— Ah! — učini on, odmahujući glavom. — Nema šta više da se pogorša. Odsečena mi je ruka.

— Odsečena?

— Da, cela šaka, do članka. Pa sad, i ako prozebe, mogu je seći i dalje, nemam šta da žalim.

— Eh, ipak... — zaustih ja da ga tešim.

— Ja od nje nemam više koristi pa bila duga do članka, kao sad, ili do lakta ili samo virila iz ramena!

— I to baš desna?

— Desna! — potvrdi on bolno.

— Šteta! A šta ste po zanimanju?

— Slikar! — odgovori i tužno mahnu glavom pa dodade više sebi. — To jest, bio sam slikar...!

— Slikar? — ponovih ja, ne umejući u trenutku da nađem reč utehe koju je ovome mladiću trebalo reći.

— Bio! — ponovi on još jednom i nastavismo ćuteći da koračamo jedan kraj drugoga. Najzad da prekinem ćutanje, koje je mladiću dalo prilike da nastavi misliti o svojoj tragediji, ja ga upitah:

— Šta ste svršili?

— Kako svršio? — probudi se on iz svojih misli ne razumevajući moje pitanje.

— Pitam, jeste li svršili koju slikarsku školu?

— A, da! — učini on. — Da, svršio sam. Svršio sam našu slikarsku školu. Bio sam i na strani, na akademiji.

— Dugo?

— Bio sam dve godine u Pragu, državni pitomac. Mislio sam preći sad u Minhen ali eto, dođe rat i... otkide mi ruku.

— Imali ste izvesno uspeha?

— Mislim, verujem, na izložbama sam uspevao, to mi je donelo stipendiju. Profesori u Pragu su me hrabrili, obećavali mi veliku budućnost, bio sam ljubimac njihov.

— A rekoste, izlagali ste?

— Da, na manjim, školskim izložbama.

— Radove s prirode ili kompozicije?

— Studije, snimke, portrete. Sad sam tek bio počeo jedan veći rad, jednu kompoziciju... ostala je tamo, u Pragu.

— Siže?

— Obnova, buđenje, proleće. Nebo puno zraka pod kojima blešti još neotopljen sneg na vrhovima planina. Kroz zrak proleće ptica noseći u kljunu slamčicu da svije novo gnezdo. Voda nabujala, zemlja otvorila pluća i isparava, bubica proteže krila, budi se gušter koji je spavao pod kamenom i diže zelenu glavicu da srče zrak; grane u mlada drveta, koje su se bile povile pod teretom snega, ispravljaju se, kora puca na drvetu; nailazi sok i obnavlja život. U mlade žene šire se zenice strašću; dojke joj brekću od mleka, mišić joj na ruci narastao, grudni joj se koš uzneo; nailazi sok i obnavlja život...! — sve je to mladi umetnik izgovorio brzo, sa puno zanosa i toplote i, gledajući pred sobom ukočena pogleda, kao da gleda u svoju sliku, kao da je ona tu, pred njim, kao da pogledom ide po zategnutom platnu i prelazi s predmeta na predmet i kazuje ga.

— Lepa misao! — rekoh. — A, nedovršena?

— Da — učini mladi slikar bolno — nedovršena...

Zatim ućuta da u sebi savlada težak bol, pa opet diže glavu, pogleda me i dodade:

— Kao što je nedovršen i život moj...!

Nisam mu umeo ništa više reći, on nije mogao meni ništa više reći. Njega je ovaj poslednji uzdah izvesno odveo u njegovu tako skoru i tako kratku, ali ipak punu snova i nade, prošlost. Vratio se tamo, početku svome i začetku dara svoga — sirotinji. Setio se dugih napora i snažne, mladićke volje kojima je savlađivao; setio se prvih uspeha svojih i onih prvih zadovoljstava mlade, sanjalačke duše. Opomenuo se snova, beskrajnih i bezbrojnih snova o budućnosti svojoj i ambicije, koja je kao mlada, žilava, nesalomljiva stabljika nikla iz duše mu i uporno se uspravljala pod vetrovima i olujinama. Ona mu je bila protkala mladost čarobnim snovima, ona ga je snažnom i čvrstom rukom vodila u život, ona mu je podržavala i snagu i volju i obećavala pobedu. Sve, sve je to on u ovom času možda prelazio mislima i podajući im se, koračao oborene glave ne obzirući se oko sebe. A gomila izgnanih, gomila bednih i nevoljnih, promicala je kraj njega i išla svojim putem stradanja.

Da prekinem dugo ćutanje ja ga upitah u kojoj je jedinici služio.

— U đačkoj četi — veli — posle u vodu.

— To je šteta, u vodu može svako biti. Zar vas nisu mogli poštedeti, dati vam kakvo zgodnije mesto?

— A gde bi onda oni koji su sad na tim zgodnijim mestima? — upita on bolno nasmehnuvši se.

— Ne mislim ja da izbegnete službu, ali bar da budete sačuvani. Nadležni su na to mogli da misle.

— Ah, gospodine! — kliknu on bolno i planu živim mladićkim žarom. — Zar vi mislite da u ovoj zemlji ima koga koji misli o svemu o čemu bi ipak neko trebao da misli? Oskudica tih ljudi koji bi mislili o svemu, razočarava me često pred pomišlju da smo potegli da gradimo veliku državu. Pitam se uvek, ima li međ nama ljudi koji će prihvatiti tu veliku državu?

— Ima ih verovatno! — prekidoh ja brzi tok mladićevih misli.

— Ima ih? — učini on i pogleda me čudnovato, kao da bi se hteo uveriti, verujem li ja odista u to što tvrdim. — Verujete li vi odista da u nas ima i Garibaldija i Macinija, i Kavura i Gambeta? A bez njih, možemo li poneti, jesmo li dorasli da ponesemo jednu ovako ogromnu zadaću? Ne pravi se jedno veliko doba u istoriji bez ljudi koji vode događaje, bez ljudi koji misle o svemu. Zar ne vidite da mi zidamo državu s krova i, kad budemo s krovom gotovi, mi ćemo tek opaziti da nemamo temelje na kojima će se taj krov držati.

— Mislite? Temelji smo mi, koji smo kadri krov sagraditi.

— Ko mi? Vi koji prolazite ili mi koji nastupamo?

— Pa, svakojako vi koji nastupate!

— A gde smo mi? Je li ko vodio računa o nama? Oni što su se zavukli po kancelarijama poslali su nas da izginemo. Pet generacija omladine satrveno je, a što je ostalo živo, ne valja više ni Bogu ni ljudima.

— A kako bi drukče, da l' stariji da ratuju a omladina...

— A ne, ne, ne! — prekide me nervozno mladić. — Ne idem ja tako daleko, ne mislim ja tako naopako. Ono što mene buni, to je oskudica svake dobre volje kod nadležnih da vode računa o onome o čemu nije smelo da se ne vodi računa. Vidite, u nas treba da prođu po dve i tri decenije pa da se pojavi jedan slikarski talenat i — izvinite što ovako neskromno mislim o sebi — moralo bi se voditi računa o tome da budućoj velikoj državi nisu potrebni toliko generali i državni savetnici već mnogo više kulturni radenici. Ne zamišlja se valjda jedna država samo geografski velika već i kulturno velika, dorasla i dostojna evropskoga društva?

— Ko bi zaboga, u ovako velikim događajima, koji se tako naglo razvijaju, koji se valjaju, koji nas pretrpavaju, mogao da se seti svih tih obzira?

— Ko? — učini on, pa pohita da preteče moj odgovor. — Onaj ko hoće da primi na sebe zadaću osnivanja takve države i kraj njega onaj, koji se u ovako velikim događajima, koji se tako naglo razvijaju, koji se valjaju, koji nas pretrpavaju, setio drugih obzira, setio da skloni svoje rođake i rođake svojih prijatelja. Hoćete li dozvoliti da vam kažem jedan primer, koji će vam odgovoriti na pitanje, ko je taj koji je trebao misliti na sve i koga nisu smeli omesti događaji?

Ja sam ćutao, ali je on živo, kao otvorena knjiga, kazivao svoje misli koje je morao dugo pribirati u sebi, čekajući priliku da im da oduška.

— Još pre više od pola veka, 1855. godine, ruski car Nikola I, zapazio je da jedan mlad vojnik, koji se bori na Sevastopolju, piše neke stvarčice sa puno talenta. Naredio je odmah da se taj mladić ukloni iz sevastopoljske borbe i uputi na koju drugu bezopasniju službu. Nikola prvi sačuvao je time budućoj Rusiji velikoga Tolstoja.

— Mislite li zar, da je to Nikola prvi zapazio?

— Recimo njegova okolina — dodade naglo mladić, spreman na ovu primedbu. — Ali je on taj koji je umeo izabrati sebi okolinu i to je njegova zasluga.

— A ja ću vam, vidite, kazati jedan obratan primer, koji je sadanji, nije od pre šeset godina i dešava se u jednom narodu koji je pokazao više no ma koji, da ume ceniti kulturne radenike. To su Francuzi. Zapitajte koga, koji poznaje prilike u njih, pa ćete čuti da u njihovim bojnim redovima ginu i književnici i pesnici i umetnici.

— Taj mi primer ništa ne kazuje — odvrati mladić jogunasto — ili bar ništa što protivureči mojim navodima. Vi mi navodite zemlju koja u svakoj generaciji ima tri hiljade književnika, pet hiljada slikara i deset hiljada glumaca. Ja ne poznajem tu zemlju, ali evo napamet tvrdim da i u njoj, i pored ovoga ogromnoga broja talenata, prema jačima i istaknutijima ipak mora biti obzira. Ali ja vam govorim o zemlji u kojoj se za trideset godina rodi jedan slikar, jedan pesnik, jedan umetnik, govorim vam o nama.

— E kad govorite o nama, onda morate uzeti u obzir da veliki podvig oslobođenja i ujedinjenja, traži i velike i skupocene žrtve; da nas je malo i da moramo svi, svi izginuti i satrti se u službi toj ideji a tek daleka, buduća pokolenja, mogu iz naše katastrofe pocrpsti jedan mir blagosloven kulturom i napretkom.

Mladi se podnarednik trže kao da sam mu tog trenutka povredio čime ranu na ruci, pogleda me pa planu i uze sipati bujicu reči praćenih živim gestom one zdrave ruke i gnevom koji mu je plamteo iz očiju.

— Svi, svi, svi, da svi! To ste dobro rekli. Svi, svi, svi! Tako sam i ja mislio, tako mislim i sad. Vi mi činite nepravdu ako mislite da mi je žao ove ruke, koji gubitak za mene znači najtežu tragediju. Ne žalim je, verujte; ne bih žalio ni obe ruke, ni oba oka, ne bih žalio ni život. Jer, vi ne možete pretpostaviti da ja, u ovim godinama, nisam u ovaj rat pošao sa oduševljenjem da se žrtvujem velikoj ideji, kojom je cela naša generacija zadojena. O, da vi znate kako smo mi rado ginuli i da znate kako smo zavideli onome međ nama, kojega su proneli na nosilima teško ranjena ili iznosili sa bojišta mrtva.

— I šta vas je razočaralo?

— Sve. Zar nije dovoljno da vas razočara ovo na primer: ja slikar, neuki podnarednik, vodim vod u borbu, na štetu svih onih nesretnih ljudi koji su mi povereni a mlad potporučnik, koji se za to spremao, kome je to karijera, koji je svoj život posvetio vojničkom zanatu i na njemu hoće da zida sebi budućnost, sedi u kancelariji kakve više komande i prepisuje akta ili kuca na mašini za pisanje, kao devojka. I zašto to? Zato što ima oca pukovnika u kakvoj višoj komandi ili, što ima oca koji je prijatelj sa tim pukovnikom.

— Vi ste, mladiću, uzeli za primer nekakav izuzetan slučaj. Ja znam naprotiv, da su naši mladi oficiri ginuli hrabro i padali kao snoplje.

— Čast i slava im! — reče podnarednik i diže šajkaču s glave. — Gledao sam ih kako padaju, ti časni mladići, opijeni slavom oružja i ljubavlju prema Otadžbini. Ja bih njihovoj svetloj uspomeni činio gorku nepravdu, ako bi vi primer koji sam vam naveo hteli da prostrete i na sve njih.

— Pa što ga onda navodite?

— Nisam mislio da ostanem pri njemu — uze da se brani podnarednik.

— Naveo sam ga samo kao uzgredan primer, a ima i drugih, jačih, opštijih, koji su me morali razočarati, koji su me morali ogorčiti, koji su morali učiniti da svoju nesreću teže podnesem no što bi inače.

— Onda, navedite takve primere.

— Vi malopre pomenuste Francusku, kao zemlju koja ne štedi svoje ljude. Pa dobro, dozvolite mi da se i ja na nju pozovem. Raspitajte se, pa ćete čuti, koliko je generalskih sinova u Francuskoj poginulo, a gde smo mi, gde je kraj ratu, koliko će ih još tek poginuti. A raspitajte kod nas gde su generalski i pukovnički sinovi, jeste li čuli da je ko poginuo ili da je ranjen? Ako su već u vojsci oni su po kancelarijama a ako su dorasli do vojske, njih komisije oslobađaju. I to da je bar sinove, već i šurake i druge rođake.

— Ja znam jedan primer...

— Eto, vidite — prekide me podnarednik — i vi se sad pozivate na jedan, izuzetan, primer.

— Pa mi i nemamo više nego šest đenerala.

— I dve čete pukovnika i sto šeset i četiri narodnih poslanika.

— Prebacujete i njima. Ja znam dva narodna poslanika čiji su sinovi junački poginuli i znam...

— U svakom redu ima svetlih izuzetaka i ja im odajem poštovanje. Možda ima i u beogradskoj glavnoj čaršiji izuzetaka i, kad ih saznam, ja ću im odati priznanje. Ali dotle, prođite mislima kroz tu čaršiju, čitajte firme i pitajte gde su im deca bila u ovome ratu?

— Pa to vi optužujete ceo svet?

— Ne, ne optužujem seljaka, koji je zakrvavio sva polja i gore naše, ozgo od Save i Dunava pa dole do Vardara, od Drine pa do Timoka i Bregalnice; ne optužujem onog čestitog, onog nekancelarijskog oficira našeg, koji je i sam ginuo i deca mu kraj njega ginula; ne optužujem činovnika, ne optužujem profesora, ni učitelja koji je junački i sa požrtvovanjem ginuo. Optužujem one koji su trebali da nam dadu primer a oni su naprotiv učinili da se razočaramo.

— Vidite, mladi čoveče, ja ne kažem da vi u svemu nemate pravo ali, mislim da u polemiku — jer mi smo gotovo iz razgovora prešli u polemiku — mislim dakle, da u polemiku unosite mnogo žuči. Ja vas razumem, jer razumem vaš bol. Tane, koje vas je pogodilo, nije razmrskalo vašu ruku, ono je razmrskalo vašu budućnost, vaš talenat, vašu ambiciju, sve, sve vaše. Vi ne možete bez bola i bez ogorčenja govoriti o svemu ovome što smo razgovarali. Ja to razumem i, ako hoćete, čak pristajem uz vas u osudi ružnih pojava, kao i u tome da je trebalo voditi izvesne obzire ali, vi morate pomišljati da ima pojava koje izgledaju moguće a u stvari su nemoguće. Ja na primer znam da je u Vrhovnoj komandi bilo dosta dobre volje da se od omladine spase što može.

— Je l' vi to kažete da bi me umirili ili iz uverenja? To znači vi i ne znate šta je sve spasavano?

— Ne znam odista. Znam da sam činio i ja jedan pokušaj ali nisam uspeo.

— Razume se da niste uspeli, zato što ste srpski književnik. Da ste bili beogradski kafedžija vi bi uspeli.

— Kako?

— Znači da vi mnoge stvari ne znate. Raspitajte se malo; raspitajte se pa ćete čuti, da su beogradske kafedžije pisari u štabovima armija i u višim komandama, da su beogradski bakali pisari u Ministarstvu vojnom a đaci, omladina, koja je imala da ponese veliku državu, služe kao meso za topove. Govorite mi o dobroj volji Vrhovne komande a ja govorim o dobroj volji pojedinaca iz Vrhovne komande. Zar vi ne vidite da su kod nas, u ovakvim prilikama, životi ljudi u rukama kakvog poluobrazovanog čoveka, koga niko ne kontroliše. Takav čovek nalazi da je Srbiji potrebniji jedan kafedžija i bakalin, jer je on njemu potreban, no budući javan radenik.

— Ama čekajte malo! Kad sam kazao da je u Vrhovnoj komandi bilo dobre volje, ja nisam mislio onako, na neku dobru volju u teoriji, jer znam da je Vrhovna komanda izdavala i izvesne naredbe komandama trupa da se đaci poštede koliko je moguće.

— Može biti, i takve naredbe mogu jednoga dana vrlo lepo poslužiti kao dokument, koji će potvrditi da se i na to mislilo. Ali, da li se Vrhovna komanda postarala da njene naredbe imaju izvesnog autoriteta i da važe nešto. Bilo je komandanata koji se od običnog, nekulturnog čoveka, razlikuju samo po tome što imaju zvezde na epoletama. Takvi su se komandanti gejački kezili na ove naredbe Vrhovne komande i dodavali: „Hoće gospočići da se izvuku!", i naprotiv, posle te naredbe, čija je vrednost zavisila od njihovoga nahođenja, đaci su slati u prve redove.

— A ja znam komandante koji su očinski primenili tu naredbu.

— Bilo ih je, priznajem da ih je bilo ali, ja nisam bio srećan da budem pod komandom takvoga jednoga kulturnoga čoveka.

Ućutao sam, ne toliko pobeđen njegovim razlozima koliko zamoren dugim razgovorom. Nisam se, umorena duha i tela, osećao kadar da vodim duge razgovore. Nisam osećao ni da je vreme u ovome trenutku tim i takvim razgovorima i nastavio sam put ćuteći.

Mladi slikar išao je kraj mene takođe ćuteći. Osetio je da mi je dovoljno bilo i da mi je dovoljno kazao; osetio je da je odlio malo gorčine iz duše pa mu je valjda sad bilo i lakše. Ipak, u jednome trenutku, on se poboja da ceo ovaj razgovor ne ostavi kod mene rđav utisak, pa diže glavu i dodade:

— Ja ne bih želeo da vi rđavo razumete moje razočaranje. Ono je samo bol al' nije i odricanje. Nijednoga trenutka ja nisam došao na misao da ne treba da vršim dužnost svoju, zato što je drugi ne vrše. Ne, gospodine! I, ako dođe do toga da gde god u ovome ratu obnovimo borbe, meni je dovoljna i ova jedna ruka da vršim svoju dužnost kao srpski vojnik. I, ja vas uveravam da ću je vršiti i da neću tražiti da me poštede!

Opet ućutasmo i oborene glave nastavismo put ne obraćajući pažnju na gomilu koja se valjala drumom i koja je promicala kraj nas. Obratismo pažnju tek kad ceo pokret zagusti na jednome mestu. Okupiše se ljudi oko nečega, zgomilaše se i zagušiše drum, te se ceo pokret zaustavi. Desilo se valjda što, pao konj ili se možda skrhala kola. Prišli smo i mi gomili da vidimo šta je.

Jedna baterija, koja je maločas trkom prošla kraj nas žureći ka frontu i pred kojom se gomila što je zakrčila drum žurno razmicala, krhajući se u šančeve levo i desno, zastala je odjednom. Jedan konj u zaprezi malaksao je i pao.

— Dreši štrange, ispreži! — naređuje komandir baterije.

Vojnici, koji su hitro sjahali, uzeše da oslobađaju malaksalog konja koji je posrnuo i još se držao na prednjim nogama ali opuštene glave. Kad ga oslobodiše štranga, konj posrte i pade na rebra a glavu položi na zemlju. Noge mu počeše drhtati od umora, oči se zastakliše, čitava mreža žila iskoči mu po koži, slabine počeše ubrzano da se nadimaju a iz nozdrva para očas ovlaži čitav krug zemlje oko njegove glave.

Vojnici dovedoše rezervnog konja koji je bio vezan za karu i upregoše ga na mesto ovoga koji je pao i koji će sad ostati na drumu da čeka svoju laganu smrt. On je junački podnosio sve tegobe ovoga velikoga rata; grudima je svojim uznosio topove na teške položaje, izvlačio ih je iz dubokih blata, kisao je, zebao je, gladovao je i stajao je dignute glave usred borbe, kada su oko njega praskali šrapneli i padali vojnici. Podneo je sve, sve, i evo je sad malaksao, izdala ga snaga i, pao je. Ostaviće ga tu, na putu, i niko više o njemu neće voditi računa, niko ga pogledati, niko glave okrenuti, sem što će gavrani sletati na njegova rebra i, ne čekajući da ispusti dušu, početi da kljuju meso sa njega živa jošte.

Upregli su već rezervnog konja na njegovo mesto, topovska je posluga već u sedlima i komandir snažnim glasom komanduje:

— Marš! Marš!

Konj polumrtav sluša, čuje tu komandu na koju je svikao, on misli da se ona još uvek i njega tiče, zna da ona znači pokret i u njemu se mrtvome budi još jednom osećanje vojničke dužnosti i, sa naporima jednoga samrtnika, dršćući, on se diže, diže se na prednje noge. Njegove ugašene oči još jednom dobijaju sjaj, grudi mu dršću grčem od napora, nozdrve se ponovo šire — on bi hteo napred. On se upinje, pokušava da ustane, da pođe, da poleti, da odgovori svojoj dužnosti, da se odazove komandi, ali — baterija je njegova već daleko kosom izmakla a on, nemoćan, slomljen, ostavljen, opet pada i zaronjava glavu u blato, gasi mu se pogled i slabine opet ubrzano kreću i usne dahću.

Zastali smo kraj te dirljive slike a kad izmače baterija, te se otvori put i masa krenu htedoh i ja, ali me mladi slikar uhvati za rukav i zadrža da zaostanem. Pogledah ga a njemu suze orosile oči. Zar toliko ga kosnula sudbina ovoga konja?

— Hajde, da krećemo! — rekoh, pošto sam zastao jedan trenut posmatrajući ga.

— Jeste li primetili maločas pokret životinje kada je čula komandu?

— Jesam!

On ne odgovori nekoliko trenutaka pa onda mi se odjednom okrete i sa puno bola i gorčine reče:

— Da imam ruku naslikao bih tu scenu.

— Odista! — potvrdih ja.

— Naslikao bih je, jer to je moja sudbina.

— Ne vidim — zaustih da porečem.

— To je moja sudbina! — ponovi on još jedanput. — Odgovorio dužnosti u ratu sad sam evo napušten, ostavljen, bačen kraj druma. Niko se neće više na mene osvrnuti, niko ni zapitati za mene. Kad svanu novi dani, kad svi legnu na veliki i svetao posao, kad čujem poziv boginje umetnosti: „Na posao, na rad!", ja ću polumrtav poverovati da se taj poziv i mene tiče, napregnuću se, dići se, krenuti i kad osetim da sam bednik, da sam odbačen, da sam napušten, posrnuću, pašću opet kraj onoga velikoga druma kojim će budućnost kretati i predaću se laganoj smrti, na koju sam osuđen. A oni od mojih drugova, koji su bili srećniji, proći će kraj mene i otići, otići će tamo u život, u borbu...!

Ni reči mu nisam odgovorio. Duboko, vrlo duboko su me kosnule njegove reči. Krenuli smo ćuteći i izbegavajući da nam se pogledi sretnu.

Uveliko je prevalilo zimsko studeno sunce kada u dnu Kosova ugledasmo maleno selo Štimnju. Oko sela se već uzdiže dim sa vatri i vidiš kako gmiže roj vojske i naroda koji je selo već pritisnuo. Nad selom se uznosi, na jednoj uzvišici i dogleda sve do širokoga kosovskoga polja, bela crkvica koju su podigle darežljive ruke beogradskih gospođa, ali koja još nije propojala. Suđeno joj je valjda bilo da proplače pre no što propoje!

XVI — Priča o Bojku „Malome"

Pred selom gde je vojna stanica, uvek prednji redovi zadrže zbeg pa ne može po sat i dva da se uđe u selo. Obično pred stanicom zaguši, jer kako ko pristigne tu raspituje za dalje putovanje ili traži prenoćište ili pokušava da dobije hleb ili, najzad, raspituje o izgubljenoj komandi ili o izgubljenoj porodici, koja je možda već prošla ili je otišla nekim drugim, nepoznatim putem. Tako se ceo drum zaguši i zatisne, pa se daleko unazad pokret umrtvi.

U Štimnji se još i ukrštaju zbegovi te utoliko veća gužva. Mi iz Mitrovice i Prištine preko Lipljana; drugi stižu preko Ferizovića iz Gilana i moravskih sela, treći sa fronta, ozdo sa Kačanika. A tu se u Štimnji ukrštaju gotovo i namere ove zabrinute gomile. Jedni se raspituju za dalji put i odmah ga nastavljaju, kako bi se što više primakli Prizrenu; drugi se rešavaju, iako bi se do mraka moglo još koji sat pešačiti, da ostanu tu na prenoćištu jer ne bi radi bili da ih usred pustoga Crnoljevskog klanca zateče noć; a treći vraćaju se u Prištinu, ne bi li tamo stigli pre neprijateljske vojske pa da se predadu. Tek su dva konaka od Prištine, pa ih već salomio umor i patnja, a kad su još treću noć morali po ovoj čiči zanoćiti pod vedrim nebom, usred duboke mračne klisure, izgubili su svu hrabrost i rešili se predati sudbini. Moglo je i do Prištine biti tegoba, patnji i nevolja, ali je sve dotle begunce podržavala vera. Iz Prištine već, nijedan begunac nije poneo sobom veru i pouzdanje.

— Kad sam očima video, gospodine, kako mi deca noćas na drumu cvokoću od zime — pravda mi se jedan od tih, koji je pošao natrag a koga sam sa porodicom sreo na izlasku sela Štimnje — e onda... prepuklo mi je nešto ovde... Nisam spavao celu noć, prozebao sam kao nesretnik, jer sam sve sa sebe svukao da pokrijem decu, ali badava, ne pomaže, kad moram da spavam pod vedrim nebom, usred klanca... Zašto bih ja vodio decu u sigurnu propast, zašto? Idem natrag, predaću se pa šta mi Bog da! Ako mene zakolju, decu će mi valjda poštedeti. Naći će se možda međ njima neko koji je i sam ostavio decu kod kuće, a ako se ne nađe...

Tu prekide, nemajući dovoljno hrabrosti da razvije celu misao i manu rukom kao da bi hteo reći: „Nek bude, što bude!" I onda, očiju punih suza dodade:

— Zbogom braćo! — pa nastavi put tamo odakle mi begamo, pod teškim osećajima da, iako se vraća Otadžbini, da to ipak nije ona.

Sličan osećaj nikao je u mojoj duši negda, kad sam posle dugog rastanka, pozvan stigao doma da zagrlim mrtvu mater.

Tu, ispred sela, ostali smo u blatu više nego jedan sat, dok najzad ne odujmi malo pred nama, te kretosmo i približismo se prvim seoskim kućama. Sve kuće već posednute, u svakom dvorištu već logori izbeglica i njihove stoke, svud po dvorištima gore vatre od oborenih plotova i manjerke se na njima puše pune uzavrele vode, u koje će se domalo nadrobiti suvi hlebac te izgladneli i prozebli založiti čime toplim. Kraj plotova jedni razapinju šatore, drugi kraj druma opravljaju kola na kojima se skrhao točak. Oficiri preleću na konjima ovamo i onamo i izdaju neke naredbe; ranjenici i bolesnici vapiju, raspitujući gde bi se prozebli sklonili; izgladnela stoka riče i njišti, očekujući da se prihrani kad je već stigla na konak!

Pred arnautskim kućama, koje su pošteđene, stoje bosonogi Arnaučići i uznevereno posmatraju šta se sve ovo zbiva na njihovom drumu, kojim su nekad jedva jedna ili dvoja kola prolazila dnevno.

Svako od dece drži ponešto u ruci što je našlo u ovome metežu: jedno potkovicu, drugo praznu kutiju od konzerve, treće otkinuto parče kaiša od amova. Vojnici i izbeglice već se razišli po selu, svaki traži nešto i vuče što nađe. Jedan nosi vodu, drugi naramak slame koji će metnuti poda se, kad legne na blato; treći uprtio o rame dvadeset drugarskih čuturica pa zašao od kapije do kapije i raspituje ima li gde rakije; četvrti vuče, da je baci na vatru, mladu posečenu granu koja za sobom povlači žitko blato.

— Ih, bolan, što poseče mladicu, grehota je! — primećuje mu trećepozivac, u kome se budi bol domaćina čije su mladice na imanju već posekli neprijatelji.

— Grehota je i ja da propadnem — brani se vojnik — moram se ogrejati. Drvo će opet da izraste, a ja ne mogu još jedanput.

Pred stanicom, koju označava jedan izbledeli i prokisli trobojni barjačić, najveća gužva i glasno objašnjavanje i svađa; pred jednom drugom kućicom, u vrh sela, koju označava prljavi beli barjačić sa razlivenim od kiše crvenim krstom, dreždе blatom isprskani i ukaljani ranjenici i očekuju nešto, što neće dobiti. Pred mehanom, u kojoj se već ništa više ne može dobiti, tako isto gomila koja ipak strpljivo čeka. Na ćupriji, koja premošćava rečicu Nerodimku, koja dvoji selo na dve nejednake polovine, još veći metež. Krenula kola i s jedne i s druge strane, po dvoja i troja u redu, pa se nasred ćuprije zaglavila te sad ne mogu ni napred ni natrag. Objašnjavanje, svađa i psovka penje se sve više, potežu se i stupci, uznose i kundaci nad glavama, a ti očajno sediš s ove strane ćuprije i misliš nikad neće biti kraja niti ćeš preći tamo iako te samo nekoliko metara razdvajaju od protivne strane.

Iskupili smo se kraj obale, pa da nam prođe vreme, posmatramo dole kraj potoka kako Arnauti deru crknutoga konja, a u potoku Cigančići peru u blato uvaljan pirinač, koji se negde na drumu prosuo iz komore. Dođe najzad u pomoć nekakva komanda. Jedna baterija zaustavi se s one strane ćuprije i artiljerci sjahaše s konja te počeše rastočavati kola što su se zaglavila na ćupriji, da bi sebi otvorili put. Izneše najpre na ramenima tovar, pa onda izvedoše volove, pa iznesoše rude, pa točkove. Dok su momci iz baterije to radili, komandir sjahao s konja te da malo protegli noge.

Baterija je dolazila s fronta i — ako mora i ona preći ćupriju, znači da ide put Prizrena. Svi se očas zbunismo pred tom mogućnošću. Našto bi baterija napuštala front kod Kačanika, gde se vode očajne borbe, i žurila Prizrenu? Nije li tamo, ispod Prizrena, nastala kakva nova opasnost, te mi u stvari begamo ne da se spasemo, no da što pre upadnemo u mišolovku?

— I kad se uzme u obzir — poče tamo za mnom objašnjavati jedan sveštenik sa natučenom šajkačom preko očiju i ušiju, tako da mu brada izgleda kao da iz šajkače niče — i kad se uzme u obzir, da niko u stvari i ne vodi računa o onim operacijama na Raškoj...

— Ama kako da ne vodi — izbrecnu se na njega narednik iz te gomile, na kome se nikako nije moglo primetiti, bar približno, kojoj profesiji pripada u civilu. — Ne vodimo ja i ti, pope, ali vodi Vrhovna komanda.

— Jest', ja! — učini jedan mali čovečuljak i mignu čak ovamo na mene, sretnuvši se u tom trenutku sa mojim pogledom.

— Ama, nije, brate nego evo u čemu je stvar — nastavlja sveštenik svoje objašnjenje. — Ovaj front ovamo, Kačanik i Giljane, privukao nam je svu pažnju; a Austrijanci se spuštaju Ibrom.

— Pa šta onda? — prekinu ga opet čovečuljak i pogleda opet na mene, smatrajući me već sad kao svoga pristalicu.

— E pa onda, brate — odgovori pop malo uzbuđenije — Ibrom se može sići i u Peć, a iz Peći može u Đakovicu, a iz Đakovice se može da izbije i na Drim pa da ti zatvori sve puteve.

— A Debar, a Bitolj? — učini čovečuljak i iskrivi glavu, kao da bi hteo reći: „Aha, šta ćeš sada, uhvatio sam te!"

Pop slegnu ramenima i uze da objašnjava naredniku kako on to misli. Ujedanput marveni lekar, koji već pet dana traži svoju komandu a koji je stajao malo u stranu od te grupe, uzviknu:

— Gle, pa ono je Mlađa! — i predade dizgine svoga konja jednome do sebe a on uze da se provlači kroz gomilu na ćupriji, ne bi li došao do komandira koji mu je bio poznanik i saznao štogod bliže o tome, zašto se baterija sa fronta povlači put Prizrena. Siromah doktor, na kome je još trajala gojaznost koju je stekao za vreme mirnodopskog nadziravanja beogradskih klanica, morao je jedna kola preskakati, morao je i ćupriju objahati te ići njenom spoljnom stranom tri ili četiri metra, dok nije dostigao na drugu obalu, gde se upustio u dug i ozbiljan razgovor sa komandirom baterije.

Utom već i artiljerci svršiše posao, te se ćuprija raščisti. Komandir uzjaha konja, uzjahaše i vojnici i baterija zatutnji preko drvene ćuprije pa se uputi prizrenskom džadom a na raščišćenu ćupriju pokulja masa, koja je očekivala s ove strane i koja je za vreme dugog čekanja sve veća pridolazila. U tome guranju i tiskanju ja izgubih doktora ali ga docnije, kada se već smestismo u selu, nađoh i on mi reče o bateriji:

— Povlači se, nema nijednog metka više, povlači se u Prizren. Ispucala što je imala... ali vas molim, ne govorite to, čovek mi je poverljivo kazao.

Siromah doktor, dobroćudan kao i svi marveni lekari, on je i ovoga trenutka, pred Štimnjom, verovao još da je naša katastrofa poverljiva stvar.

Kad se jedanput gomila nađe na levoj obali reke, rasprešta se, razredi i udari svako na svoju stranu, izbegavajući jedno drugoga, da traži prenoćišta. Gde bilo, makar pod strejom, pod kolima ili najzad i kraj plota, ako ima samo nekoliko stopa suvote. Ali ni toga nigde, svaka suva stopa zemlje zauzeta već.

Koliko u ovakvim prilikama ima sebičnosti, toliko često i velikodušnosti. Samo što ćete sebičnost stalno sresti kod ljudi, koje ste zadužili u životu, a velikodušnost kod onih koje nikad ničim niste zadužili.

— Ti tražiš prenoćište? — zapita me sa saučešćem stariji vojnik, noseći neki težak tovar pokriven ćebetom.

— Tražim! — odgovorih očajno umoran od teškoga hoda po seoskom blatu.

— Samo... ovaj... ako ti je zgodno... Kolicina ste?

Ja mu rekoh.

— Nije znaš dobro, al' koliko da skloniš glavu.

— Ama dobro je, kako da nije dobro! — uzeh ja pouzdano tvrditi jer najzad, sve što nije ulica i blato, dobro mi je došlo.

— Štala je, pa ima i stoke, i đubreta!

— A ima krova?

— Ima! — zavrte vojnik glavom.

— A šta nam smeta stoka? Šta smo mi, korsem, bolji od nje! — uzeh ja ubeđivati vojnika ne bi li ga što čvršće pridobio.

— Ko stoka, je l'? — nastavi on živo. — Vala, ako hoćeš, pravo da ti kažem, nije bolji nego smo mi gori od nje. Podnosi, vidiš s nama sve zajedno i vojuje i vuče i gladuje i gine pa — ćuti i trpi. Vidi, mora se tako. Nema se gde, pa ćuti i trpi. Ih, što sam imao vočića, mog rođenog vočića, nije bio stoka nego brat i prijatelj. Kod kuće mi je bio 'ranitelj a ovde, u ratu, prijatelj.

— Pa gde ti je?

— Pogodi ga kuršum, ovde u slabinu. Pade, pa, žali za mnom, izdiše pa me gleda — a suze mu teku.

U tom razgovoru stigosmo do jedne kapije, kraj koje sam ja malopre prolazio i uzalud pokušavao da mi se otvori. Za kapijom veliko dvorište, u koje su već pojedini uterali kola. Desno iza kapije prostrana zgrada, strane joj pletenice od šiblja blatom oleplјene ali na čvrstim direcima uznosi se zdrav krov, crepom pokriven, koji obećava suvotu pod sobom.

Stoku, koja je do maločas bila u štali, čim je kroz otvorene vratnice počeo da kulјa narod u dvorište, odveo je gazda na neko sklonitije mesto, bojeći se da se u prvu zoru, kad narod krene, ne pridruži i njegova stoka kakvoj komori.

Široka dvokrilna vrata na štali bila su otvorena i iz njih je bio zadah svežeg đubreta i toploga stočnog obitališta, na kome su do maločas bila zatvorena vrata.

S ushićenjem, kao i svi moji, posmatrali smo svoje obitalište, previđajući i ono malo rupa na zidu i onu veliku gomilu stočnog đubreta, preko kojega smo morali preskakati da bi našli suvo mesto na koje se može stati. Tamo gde si mislio da je suvo ugaženo seno, ukvašeno izmetom, pištalo je pod našim stopalom i noga je, upadajući u seno, očas bila prelivena prlјavom tečnošću. Pa ipak sve je dobro, kad samo ima krova.

Valјalo je samo što pre uhvatiti mesta i raspremiti jer su sve novi i novi gosti pridolazili, a što se više veče bliži, naići će sve veće gomile onih što su na drumu daleko za nama zaostali. Rasprtismo tovare s leđa i zađosmo po dvorištu da nađemo što, čime bi se moglo čistiti. Jedan donese sa đubrišta parče teneće od polupane petrolejske kante, drugi crep s krova, treći komadić daske i već čime je ko stigao naoružao se i otpočeo posao. Potegosmo svi jednovremeno da počistimo koliko se to može učiniti, jer se toliko veliki sloj đubreta nagomilao da nikome ni na pamet nije padalo da počisti sve. Glavno je bilo skinuti gornji vlažni sloj đubreta a dublјe je valјda suvlјe. Pacovi, stanovnici ove prlјave zgrade, izvesno su iz svojih rupa sa nezadovolјstvom posmatrali nepozvane goste, preko kojih će oni noćas morati da preskaču, tražeći stočni izmet kojega sad neće biti na svome mestu.

Čim se uspelo da se koliko-toliko počisti đubre, nasta određivanje mesta gde će se naložiti vatra i unošenje stvari, koje su bile još na konjima, kolima ili u samom blatu pred štalom. Spuštajući stvari, kraj mesta gde će se maločas založiti vatra, svaki je glasno uzvikivao: „Ovo je moje mesto!", starajući se pri tome da obezbedi sebi što veći prostor kraj vatre. I odmah je prisvojio taj prostor, razastirući ćebe na pod i podmećući torbu tamo gde će položiti glavu. A kad je taj posao bio svršen, žene, deca i starci ostali su da čuvaju mesta i stvari a svi ostali razišli su se po selu da nabave drva, rakiju i sve što bi se još moglo naći za hranu i piće.

Kad je veče palo, u štali je već uveliko buktala naša vatra i pripremale su se dve-tri nove. Svaki je od nas sedeo na svome mestu, zadovoljno svlačio obuću da neposredno uz vatru otkravi noge koje su promrzle o noćašnjem mrazu u Lipljanu, a nisu se zagrejale ni putovanjem po studenom iako sunčanom danu.

Štala se ispunjavala jednovremeno dimom i mrazom koji je prodirao spolja. Unutrašnjost ove neobične kuće, sa vatri koje opkaljuju zbijene gomilice tamnih senki, koje se kroz dim jedva naziru, dobija sve tajanstveniji oblik. Od siline jare pod tavanicom se lelujaju razapeta platna paučine i kad se u vatri veliki panj skrha ili džarne ili kad se nov položi, razleti se tamom jato varnica i ispuni mrak, koji se pod krov najgušće sabio. Oseća se vonja stočnoga đubreta i konjskog znoja sa sedala koja se kraj vatri isparavaju.

Kod pojedinih vatri već krčka manjerka, kraj drugih se peče slaninica nataknuta na vrh nožića ili zašiljene grančice a kod svih razvio se živ razgovor ljudi, koji su se već malo odmorili i zagrejali.

Nailaze novi gosti, ulaze, razgledaju i kad im se ne sviđa polaze dalje, verujući da će naći bolje. Vraćaju se zatim i kaju, jer je već naišao drugi i zauzeo baš ono mesto koje su oni hteli. Kroz rupe na zidovima duva studeni vetar i dopire hladnoća, te dok jednu stranu greješ kraj vatre druga ti zebe. To je opet nova briga i nov posao. Dižemo se svi i zatiskujemo čime možemo: izbačeno vlažno seno ili ćebe, šatorsko krilo, šta bilo, tek treba obezbediti da se prespava ova noć, kad znamo kako smo prošlu u Lipljanu proveli i kad još bolje znamo kakve nas noći očekuju u Crnoljevskom klancu.

Jedan konjanik unosi sedlo i bisage i merkajući sa tim stvarima na rukama, čijoj bi se vatri prikučio, poče pričati da dolazi sa fronta. Svi ućutaše i okretoše se da ga čuju.

— Dobro je — veli — naši napuštaju kačaničku stanicu i povlače se ka Ferizoviću. Namamiće Bugare da se spuste sa visova, sa kojih oni dominiraju i onda dole u polju, naši će primiti odlučnu bitku.

Svi odmahnuše glavom i nikoga ne ushiti povoljnost ove vesti. Iz dubine štale, iza dima, posle jednog ozbiljnog kašlja, ču se:

— Jest', sve je tako, što reče!

— A što da nije — nađe se uvređen narednik i spusti stvari baš kraj te vatre sa koje je pala uvreda. — Vi građani mislite...

Onaj u dimu opet se zaceni pa kad ga pređe a on upade u reč.

— Ne mislimo, brate, mi građani ništa; niti ko nas pita šta mislimo, a šta ne mislimo. Samo neću da se lažemo više. Da se nismo lagali i zalagivali, ne bi sad moja porodica robovala Austrijancima... Hoćeš valjada da ti verujem pa i ja da ostanem da me zarobe!

— Ne kažem to, ali... vidite, moglo bi biti ako Moravska divizija... — poče narednik da objašnjava, pošto se ugurao u red oko vatre a podmetnuo sebi sedlo za sedište.

— Čekaj, molim te — upade mu u reč onaj iz dima, koga je ovoga puta, kad je zinuo, sretno mimoišao kašalj. — Reci ti meni, prijatelju, putuješ li ti sutra dalje, za Prizren?

— Putujem! — odgovori narednik.

— E onda mi nemoj ništa dalje govoriti.

— A zašto ko bajagi? — izbrecnu se narednik.

— E pa zato — učini onaj — što, kad bi sve tako bilo, kako ćeš ti sad da objasniš, ti ne bi putovao u Prizren, nego bi ostao ovde u Štimnji da posmatraš borbu.

Narednik posle ovih neoborivih razloga sleže ramenima i pređe na drugi razgovor.

Kao da je pristiglo jelo, jer malo zatim oko svih vatri poče da izumire razgovor ili se čuje reč i dve a pridigli se i oni koji su leškarili pa se povili oko vatri i samo se vide osvetljena lica i pokret ruku, koje se pružaju i povlače, te izgledaju kao neke tajanstvene ruke jer se telo kome pripadaju, skriveno gustim mrakom, ne vidi nikako.

Napolju je već stegla jaka hladnoća i puše mrzli vetar, koji se oseća kako prodire kroz one rupe na duvaru, koje smo zatisli. Kad se otvore vrata, da ko uđe ili izađe, sune u štalu čitav tovar hladnoće i začas osveži zagrejan vazduh a obraze nam ošine mraz. U takvom slučaju, celo štalsko naselje digne graju:

— Zatvaraj, zatvaraj bre, što se šećkaš!

Na to se onaj pravda da je bio po vodu ili išao da obiđe konje ili počupao nečiju tarabu, te vuče prošce da ih stavi na vatru. Nađe se uzica te uvezaše vrata, da ne može svako i bez razloga otvoriti. I taman se to svrši i zagreja hladan vazduh, kojim nam se bila napunila štala a opet neko lupa, opet bi neko hteo unutra.

— Ne puštaj! — viče neko nevidljiv iz dima.

— A što bre kad ima mesta — odgovori drugi. — I stoka pa grehota je što je napolju po ovom mrazu! — i ustade ovaj dobrodušni pa sam odveza vrpcu, kojom je maločas vezao vrata i propusti čoveka stara, kome se osvetli lice svetlošću vatre najbliže vratima. To je bio trećepozivac sa lipljanske stanice.

— Uh, ala je hladno — reče i sav se strese i stovari se odmah kraj prve vatre. — Dajte, ljudi, samo ruke da ogrejem, ne mogu da maknem prstima.

On čučnu i unese ruke u plamen pa poče da ih kravi, a kao kiriju za grejanje morao je odgovarati na razna pitanja onih, koji su bili gospodari te vatre.

— More kako — odgovara on na nekoliko raznolikih pitanja. — Nek te niko ne laže, nema brate ništa; ode i Komanda noćas u Gračanicu, prođe Kosovom i Kralj i Vlada i Vrhovna komanda, svi odoše... kažu i Ferizović pao...

— Pa to bre mi nismo sigurni noćas ovde, šta je od Ferizovića dovde, dva sata! — govori onaj glas iz dima.

— Pa... koliko za noćas, može se... — teši trećepozivac — a sutra treba poraniti.

Svi se odista zabrinusmo, i svako donese u sebi rešenje ujutru da se probudi sat ranije, no što je sinoć pred mrak odlučio.

Trećepozivac sad se već raskravio malo i pripalio lulu, te nastavi sam kazivanje bez ičijih pitanja.

— Ih, što se napravi džumbus na stanici...

— Na kojoj stanici?

— Pa na lipljanskoj. Ostali neki sanduci u vagonu. Što je bilo da se odnese odnesoše a ove sanduke niko ne traži, pa ostaše. Kad vide narod da ćemo već da napustimo stanicu a on se sleže oko vagona da razvaljuje. Neko kazao da je šećer pa nagrnuše i žene i deca sa korpama, boščama i džačićima da prigrabi svako sebi. A mi velimo neka ih, bolje naša sirotinja neka uzme nego Bugari. Pa... zagušilo oko vagona, vri, čeka. Tek prsoše sanduci pa kad poče da se prosipa po blatu orden. Svi sanduci puni Karađorđeve zvezde. Bre, kad se zasija po blatu gomila ordena, a oni pomisliše valjda zlato, pa napuniše žene kecelje, deca korpe i nedra i gazi narod po onom ordenju a ono se rasulo po blatu na sve strane.

— Eh, eh, eh, baš tako mnogo? — pripitaše neke neverice.

— Evo, more, vidi! — i istrese starac torbu te popadaše po pepelu sedam-osam ordena.

— Pa što si ti uzeo?

— Tako, uzeo, žao mi ih da se valjaju po blatu... Da idem kući pa da ponesem deci da igraju, ovako ne znam ni sam što će mi — i on se saže da pokupi ordene koji su se zapretali u pepeo pod njegovim nogama.

I nehotice naiđu na čoveka teške i bolne misli u ovakvim i inače sumornim trenucima. Kroz tamnu noć dopire do nas topovski pucanj, to se još bore poslednji redovi vojske, koja nije prestala verovati u dobru sreću Srbinovu. U toj vojsci ima ih koji zadivljuju junaštvom i koji veruju da će im junačke grudi krasiti Karađorđeva zvezda, a ne znaju da se, nedaleko u njihovoj pozadini, to sveto znamenje junaštva valja već po blatu i da ga arnautske žene zbiraju u korpe i kecelje da snabdu svoju decu igračkama.

Opet neko lupa. To će tako valjda celu noć.

— Ko je to? — pita onaj glas iz dima koji se stalno buni kad naiđu novi gosti.

— Činovnik! — odgovara glas spolja.

— Pa i ja sam činovnik! — odgovara glas iznutra.

— Morate me pustiti, imam arhivu i računske knjige sa sobom! — govori onaj spolja zvaničnim glasom.

— E — odgovori glas iznutra — onda izvini. Ja sam mislio ko drugi pa da te pustim. A ovako metni bratac računske knjige pod glavu a pokri se arhivom, pa lepo prospavaj!

— Ama, ko je to unutra? — prodra se onaj spolja još zvaničnije i udari nogom u vrata.

— Ne lupaj bre, da te sad ne vežem. Ovde je divizijski štab, pukovnik Zdravković!

Onaj spolja ućuta, ne progovori ni reči nego preplašen, odmače od vrata.

Svi udariše u smeh a onaj što se oglasi za pukovnika Zdravkovića dodade zadovoljno:

— Jesi li video kako podvi rep?

— A što ga, bolan, ne pusti? — zapita neko sa druge vatre.

— E, dosadiše mi te državne arhive i računske knjige! Ama celim putem kola, konji, sve je to potrebno za računske knjige, a kad tamo a ti na kolima vidiš neke žene i kućevni nameštaj. Pa još dok se begalo železnicom, gospoda s arhivama i računskim knjigama traže zasebno kupe, pa se u njima kockaju na putu, a mi vojnici mrznemo i kisnemo na otvorenim vagonima. A znam sigurno da nijedan od te gospode neće spasti državne arhive i računske knjige, nego bi hteli da one njih spasu!

Odobriše i drugi da je tako i zametnu se oko vatri razgovor o raznim prilikama i neprilikama koje su ovog ili onog postigle zbog te gospode sa arhivama i računskim dokumentima. Usred tog razgovora neko iz dubine tek uzviknu:

— More legajte ljudi, pa da ranimo da nas ne pohvataju ovde na legalu kao miševe.

I ovaj uzvik kao da nas sve opomenu te, pošto se svako još malo pozabavi da popravi vatru, poče jedan po jedan da se pruža po podu, da se namešta i udešava kako bi zgodnije legao a da ne smeta drugom do sebe.

Kao da su svi zadocneli putnici našli sebi prenoćište, ne dođe više niko da nas uznemiri i nasta mir u celom naselju. Jedva po ko progovori reč ili potraži što ili se požali da ga bole leđa, noge, krstine ili samo teško uzdahne, pa opet mir. Moj sused, koji se greje na vatri do nas oslonjen leđima na moja leđa, jednako se meškolji. Pokušava da skupi noge, pa da ih pruži, čas podmeće nešto pod glavu, čas oduzima i čini sve moguće pokušaje da se ugodnije namesti, ali badava. Najzad huknu umorno:

— Ho, brate, baš ne mogu da zaspim pa to ti je!
— Što, tvrdo? — pita ga njegov sused.
— Nije, nego... pitam se samo kud sam pošao? Šta će mi da sebe spasavam kad sam ostavio ženu i decu i bez novaca i bez hrane? Kuda ću da mi je da znam?
— Pa tamo gde i svi ostali? — teši ga njegov sused.
— Ama gde je to tamo?
— Tamo — učini sused. — Zar ja znam gde. Šta ćeš kad si vojnik pa moraš.
— E to je ono!

Razgovori se već vode poluglasno, više šapatom, jer pojedini su zaspali i tamo iz dubine štale čuje se hrkanje mirne savesti.

— I kad bih znao, koliko će to sve da traje — nastavlja onaj za mojim leđima, šapćući. — Lanjske godine bar nije trajalo drugo, vratili smo se brzo u osvojene krajeve.
— Kako kome! — odgovara mu sused. — Ko je zatekao sve u kući nije mu dugo trajalo, a ko nije...

I razvi se među njima tih, monoton razgovor o lanjskoj godini, o Austrijancima, o njihovim zverstvima, o stradanju pojedinih sela i porodica.

Ja takođe nisam mogao da zaspim i čas sam obraćao pažnju na njihov razgovor, a čas ga ispuštao i povodio se za svojim mislima, koje su se u ovoj tamnoj sredini punoj ljudi, dima i mraka, čudnovato plele i raspletale. Ipak nastade jedan trenutak, u toku pričanja moga suseda, koji mi privuče svu pažnju na njegovo kazivanje i, što sam pažljivije počeo slušati, sve sam više žalio što nisam priču čuo od početka. Sused je pričao o nekom vojniku koga su zvali Bojko „Mali" i zloj sudbini njegovoj prilikom progonjenja Austrijanaca iz Srbije prošle godine u ovo doba.

— A Bojko — šapće lagano moj sused naslonjen leđima na moja leđa — bio je nekako dobra srca. Svakom da učini, svakom da pomogne, pa ga svi voleli. Ostavi narednik ili kaplar, nego i vojnik, njegov drug, tek: „Ajde, bre Bojko, trkni donesi vode!" I on posluša. Onako mali, lak, odskakuće dole u potok i časkom se vrati. Bojko celoj četi kupuje duvan, kupuje rakiju, pa čak i propere košulju drugu kad sebi pere. I sve mu dobro, sve trpi i sve podnaša. Oblije nas kiša te kaplje sa nas kao sa streje, a Bojko veli: „Ako, more, isušiće se!" Naiđe mrazna noć pa ne smeš da mrdneš prstom, misliš slomiće se, a Bojko veli: „Sutra, ako Bog da, u zoru biće borbe pa ćemo se zagrejati!" Marširamo po deset, dvanaest sati bez daha da stignemo na položaj, pa svi popadali i posustali, a Bojko veli: „Dobro je i ovo, ima gore. Oni što su izginuli ne marširaju više!" Eto takav je Bojko. Ako je kome do šale s Bojkom će se našaliti, on se ne ljuti; ako je da se sprda, s njim će se sprdati. Ne ljuti se, nego sve to prima i samo se nasmeši kao dete kad se smeje.

— A kakav je bio u borbi? — pita slušalac tek da ne zadrema.

— Da vidiš, nije mu se ni tu moglo zameriti — odgovara pripovedač. — Nije bio od onih što će istrčati pred četu i viknuti: „Za mnom te, braćo!" Ne bi mu to nekako ni dolikovalo. Ali se držao kao najbolji vojnik, ne bi napuštao položaj sve dok mu se ne naredi, a kad bi bilo juriša, onako mali i lak, provukao bi se izmeđ redova i pojavio se napred! I uvek se smešio, kao dete, i u samoj se borbi smešio. Jedanput čak komandir reče: „Ajde, Bojko, nek da Bog da se ovo sretno svrši pa se ti nećeš vratiti u selo bez medalje za hrabrost!" On se opet nasmeši, kao da bi hteo reći: „Ako date hvala, ako ne date — opet hvala!"

Pripovedač tu prekinu priču i pruži se te uze nameštati vatru. Ispruži nogu te petom od čizme uze lupati panj koji je po sredini pregoreo i kad ga prebi a on gurnu dve polovine na plamen. Varnice, kao zlatna kiša, ispuniše pomrčinu koja je utoliko gušća bila što su se vatre već počele da tule i samo još ovamo i onamo rumen žar pokriva zemlju kao usijano i rastopljeno gvožđe. Kad uredi vatru on nastavi:

— Pa kad počesmo lane u ovo doba da čistimo Srbiju od Austrijanaca, poterasmo ih kako ih niko i nikad nije terao. Veruj nismo im dali ni da se okrenu za sobom. Ono je bilo, kako da ti kažem, kao kad tuđa stoka uđe u njivu pa je skleptaju sa svih strana i ko stigne taj udari. Pričaju naši vojnici, njihov đeneral Poćorek kad je zanoćio u Krupnju, napisao svome caru pismo: „Otkako si, care, metnuo krunu na glavu, nisi ovakve batine dobio!" A car mu odgovorio: „Izvukao sam ja, nije mi to prvina, nego tebi; zato čim primiš ovo pismo da mi vratiš ordene što sam ti ih poslao u Valjevo!" Nije tako bilo ali vojnici, znaš već kako je, čuje jedan od drugoga pa pričaju... Ali ako đeneral i nije pisao caru i car đeneralu, batina je bilo. Ono si trebao da vidiš, pa da ne veruješ šta se učini od jedne carske vojske. Evo da vidiš, sprovodim sam samcit dvesta zarobljenika, pa dok da stignem do Milanovca dvesta sedamdeset i pet. Ne beže, kao što bi bio red da zarobljenik beži nego pridolaze; izvlače se iz kukuruza, iz jarkova, sa tavana, iz podruma pa samo dižu ruke i mole.

Opet danu pripovedač pa odmah nastavi:

— A nadrli smo kao maniti, ne može komandant da nas ustavi. A i kako će, kad je ceo naš puk otud iz Tamnave, Pocerine i Mačve, iz Rađevine i Jadra, te svaka stopa što smo je oslobađali bila je naša. Naša polja, naše gore, naša sela i naše crkve, naše kuće i naša deca. Ih, kako nam je tek, danas ovome a sutra onome, zaigralo srce kad bi spazio poznat drum, poznatu šumu, poznatu stazu, poznato drvo. Tamo na kraju staze te, iza one šumice, blizu onog drveta, njegovo je selo, moje selo, naše selo. Onde nam je familija, žene i deca, koju smo ostavili i koju sad hitamo sa radošću i strepnjom da oslobodimo. Kad se odmaramo ili kad se sklonimo gde od kiše, a mi samo o tome govorimo. Pričamo jedan drugome svak o svojoj kući, o svojoj deci, o svome malu. Sećam se, ne znam samo da li beše to u Osečini ili na Zavlaci, zanoćili smo te se nas nekolicina uvučemo u jednu košaru da se sklonimo od kiše. Pa Bojko tako poletao do mene i kazuje mi, to što svi kazuju, o svojima o kojima svi govore.

— Imam — veli — dve udate sestre, u dobre kuće. Brat se podelio od mene kad me oženio. Šta znaš hoće li se složiti žene, toliko se njih zbog žena podeliše ili odoše na sud i osramotiše, kao da nisu braća. Što bi mi to, nego da se podelimo odmah sad, pa da se gledamo kao braća a da nam se žene gledaju i da jedan drugog pomažemo. Tako smo se bratski i bez ijedne reči podelili, te mi je brat i pre i posle pomagao a i ja njemu. On me je i oženio, iz dobre kuće, a žena mi se pazi s majkom kao da joj je rođena. Majka i živi kod mene. Ugodila se sa mojom ženom pa joj dobro, a zavolela je i decu. Imam jednu devojčicu, viš' 'vološna je, na mene, te rekao bi ne zna ni dve unakrst a da znaš samo kako je mudrica i kako ume da kaže, te toliko put sam pomislio: šteta što nije muško! A nije samo na jeziku i kućanica je; pomaže bome majci na svakom poslu; ume sama skuvati kafu, ume očupati pile pa čak i prosejati iako jedva ručicama obgrli sito. Ranko je godinu dana mlađi od nje i pošao u školu, pa ako Bog da, nek mlađi prihvataju kuću a ovoga je šteta odvojiti od škole. Uči i sluša. I da vidiš samo kako on pazi knjigu, da mu ne kane kap vode, da mu se ne podvrne list, da mu se ne iskalja. Kad legne a on knjige pod glavu, da mu ko ne dira a ako hoćeš, može i ne jesti ali neće dići glavu s knjige kad ima što da nauči, pa makar mi jeli bez njega. A da mi vidiš Batu, ništa nije ovo dvoje prema njemu. Nema ni tri pedlja od zemlje — i on je mali na mene — a okrugao je kao lubenica. Kad ga gurneš a on se valja oko sebe i ne može da se ustavi. Obrazi mu narasli kao hlebovi i zacrveneli se kao jabuke. I čudno neko dete, otkad je palo na svet nikad se nije zaplakalo, samo se smeje. Kaže nana mojoj ženi: „E, moja snajo, da behu moji tako da ne plaču, pristala bih i po dva godišnje da rađam, ali kakvi su moji bili, propištala mi mladost od njih!" Znaš li, bolan, moj Bata kad hoće da spava on se smeje, kad se probudi ujutru opet se smeje, igraš s njim, on se smeje a šopiš ga, kad ne valja, on se opet smeje. Ne zna da govori, nego tako brlja jezikom kô pijana baba. A biće napredno dete. Ako mi se Ranko odmetne od kuće i oda se školi, onda ću na Bati kuću, nek mi on bude domaćin. Samo ako Bog da da se sve ovo lepo svrši...

Eto tako mi je govorio o svojoj kući i o svojoj deci — završi pripovedač i zastade da napravi cigaretu.

— I još mi je govorio — nastavi — mio mu bio znaš taj govor jer nemamo nego jedan dan hoda još, ako ovako pođe, pa da sagleda svoje selo i kuću, majku, ženu i decu, pa se sve boji da ne zastanemo, da ne dođe Austrijancima kakva pomoć te da nas zadrže. Još samo onu planinu da prođemo, još samo ono polje, još samo... da je samo sutrašnji dan da svane!

A sutradan produžismo tako, sve napred, sve napred. I već dogledamo poznata mesta poznate puteve, poznate njive. Malo-malo pa po neko uzvikne: „Eno njive Petrove, a Petar ostade, pogibe!", ili „Eno more, ono je kuća Sime Dabića!" I tako svaki čas na svakom koraku.

Zagazismo i u Jadar, a Bojku srce naraste. Tu je, u svojoj zemlji, poznaje svaki kamen, poznaje svaki trn. Ide, ide napred a upro pogled tamo, tamo iza onih topola, tamo je njegova kuća, njegova ćerčica koja pomaže majci, njegov Ranko, njegov Bata. Čekaju ga oni, jer se tamo već čuje pucanje srpske puške, jer su mu selo izvesno već napustili Austrijanci. Eh, Bože pomozi, još malo, još malo! Da može, da sme, napustio bi redove pa bi potrčao ispred nas.

Tek prođosmo otud Jarebica, a komandat zaustavi bataljon. Kažu, stigao odnekud glas, Austrijanci se ustavili kod Krupnja i tu će kao da nas čekaju da se brane, pa se moramo zadržati da sačekamo pojačanje. A i dobro nam došlo malo odmora. Nisu nas umorile toliko borbe i naglo nastupanje koliko blata. Gaziš ono pusto blato pa ti teža noga nego i puška i torba i municija zajedno. Sad prvi put siđosmo na drum, tu gde se ustavismo, a četiri dana smo jednako gazili preko njiva i livada i utrina, i tek kad bi se dočepali kakve padine što bi osetili malo suvote.

Pa tako tu posedali kraj druma, te jedan uzeo iverku i skida blato s obuće, drugi savija cigaru, treći se pretovaruju a četvrti se prihvatio malo hleba te žvaće koru koja je otvrdla u rancu. Znaš već kako je na odmoru. Pa se zametnuo i razgovor a ne razgovaramo ni o čem drugom no o svojima, o svom kraju, o onom što nam je pred očima...

A u Bojka svetle oči, pune suza i radosti. Sa toga mesta na kome smo, dogleda se njegova kuća. Eno je tamo preko njiva, ispred onog zabrančića, nalevo od druma. Čim je sagleda on priđe poručniku, koji je umoran seo na jedan kamen. Priđe mu, pa se isprsi i tresnu nogom o nogu.

— Gospodin poručnik, molim pokorno!

— Šta je Bojko? — pita ga poručnik.

— Molim za dozvolu da obiđem kuću?

— Bogami, Bojko... — uze zatezati poručnik.

— Nije daleko, eno preko onih njiva, eno se dogleda.

— Je l' ono? — učini poručnik.

— Jes', gospodin poručnik! Ostavio sam same žene s decom, pa da vidim kako su prošli. Neću sedeti, samo da navirim, da se pozdravim, pa eto me!

— E kad je tako blizu a ti hajde. Pa nemoj samo da naviriš, pozdravi se lepo sa svojima i progovori. Otud, od tvoje kuće dogleda se ovamo, kad vidiš da krećemo a ti hajde za nama.

— Hvala, gospodin poručnik! — kliknu Bojko veselo, osvrte se pa nas pogleda sve redom, kao da bi hteo da jedan deo svoje sreće i nama da, pa se otisnu s druma u njive i poče preskakati potoke i plotove pa sve prečicom ode kao tane iz puške. Mi gledamo za njim kako grabi pa i radujemo se njegovoj sreći i zavidimo mu.

— Ih, blago njemu! — reći će jedan.

— I na tebe će doći red! — dodaje drugi.

— Hoće ako podrži ovako! — teši sam sebe onaj prvi pa dodaje: — Izgleda mi kao da se sad bijem za moju njivu. Samo neka krenemo, nek ne gubimo ovako vreme, pa čini mi se zubima ću klati neprijatelja kad sagledam svoje selo.

— A kako ti je bilo tek kad si ga napuštao, pa gledaš očima kako neprijatelj ulazi u tvoje selo.

— Nismo prošli ovuda i hvala Bogu te nismo!

Bojko uđe u kuću, uđe i ostade nešto. Počeše ovamo već da mu broje koliko je ostao, počinju da prave i šale na njegov račun, pa i da ga dozivaju i da zvižde, mada se dole do Bojkove kuće ne bi ni čulo. Pametniji će među njima reći:

— More, ostavite čoveka s mirom, znate kako je kad se vidi sa svojima.

I poslušaše, te ga ostaviše na miru ali se Bojko bome dugo, vrlo dugo zadrža, te rekoše neki da pošaljemo po njega. Zaboraviće se, vele, pa će ostati te navući krivicu sebi. Potraja još dosta dugo, te se svi ozbiljno zabrinusmo što se ne vraća.

— Da opalimo jedan metak — veli kaplar — pa ako je i zaspao probudiće se.

— Jok more, sad će on. Znaš kako je, zagovorio se s decom pa i ne oseća kako vreme promiče.

Utom se Bojko pojavi na kapiji kraj vratnica i svi graknuše.

Ali Bojko ne polazi ovamo k nama, već stao pred kapiju i gleda. Gologlav, puška mu o ramenu, stao i gleda da vidi valjda jesmo li još na drumu ili smo krenuli. Uzeše opet naši da mu dovikuju i da zvižde, iako se ne čuje donde, a on stoji pred vratnicama, gleda ovamo a ne miče.

— Pazi niko ga od njegovih ne ispraća! — primetiće neko i odista, sad nam tek pade u oči da niko njegov ne izađe za njim, te uzesmo da objašnjavamo to. Utom Bojko, koji se još nikako ne mače s mesta, skide pušku s ramena i obori je na ruke, pa je onda diže do oka i nanišani ovamo, pravo na nas. Dok se mi samo okretosmo jedno drugom a Bojkova puška planu i tane prosvira iznad naših glava.

— Šta mu bi? — zapitaše se s raznih strana i još ne stigoše da jedan drugome odgovore a ono puška i po drugi put planu i tane prosvira baš izmeđ nas.

— Ama ko to puca? — skoči poručnik i dok htedoše da mu obrate pažnju na Bojka, Bojkova puška otpoče ubrzanom paljbom: pljas, i jedan s leve strane druma drekmu:

— Jaoj, pogodi me!

Svi se uskomešasmo, svi uzbunismo a Bojko i dalje stoji tamo na vratnicama i puni pušku i nastavlja žurno paljbu na nas. Pade još jedan i to ovaj pogođen u srce. Nije ni zevnuo.

— Brzo, šta čekate, šta ste se zbunili? — dreči poručnik.

— Da pucamo? — pita narednik.

— Pucajte!... ili... čekaj! Ima u kući dece, nisu kriva! Det'de jedan s jedne a drugi s druge strane pa ga opkolite. Hoću živa da mi ga dovedete. A vi ostali polez'te, ne ginite ludo!

Vojnici su se već izranije sklonili ili pričučnuli u jarak kraj druma a neki i polegali. Odvoji se jedna desetina te krenu niz drum a druga desetina preskoči jarak te kroz njive. Tek što ova desetina preskoči jarak a iz nje jedan pade ranjen od Bojkove puške. To već treći.

Ja sam pošao sa prvom desetinom, jer nekako poručnik pogleda u mene kad reče da se odvojimo u potere. Trčali smo niz drum, pa kad smo izmakli pravcu u kome je Bojko pucao i njegovom pogledu, uskočismo i mi preko jarka, te kroz njive pravo iza kuće. Dotle su već stigli i oni s druge strane, te opkolismo tako kuću da nam ne može umaći.

— Bojko, predaj se! — viknuh baš ja glavom, skriven iza ćoška. On prestade da puca i spusti pušku. Pritrčasmo i jedni i drugi i dočepasmo ga za ruke a kaplar otpasa tkanice i poče mu vezivati ruke. Bojko se nije otimao, on je dozvoljavao da se čini s njim šta se hoće; on je samo drhtao i tresao se celim telom a iz zamagljenih i krvavih očiju vrcale mu suze i promuklim, zagušenim glasom drao se:

— Pustite me, pustite me da ih pobijem sve! Pustite me da ih pobijem?

— Šta učini more! — dreknu kaplar i poteže razjaren da ga udari pesnicom. Ali ga ne udari, i on ga je voleo kao i mi, nego ga samo dočepa za gušu i zatrese uzvikujući: „Šta učini, more?"

Bojko samo ćuti, dahće od umora, na slepoočnici mu biju modre žile, koluta očima i grize izgorele usne iz kojih mu već šikće krv. Ne možeš da ga poznaš, lice mu se sasvim unakazilo, po čelu mu se ispisale brazde i onaj njegov osmeh sasvim se izbrisao.

Dok smo se majali oko Bojka a jedan od vojnika, koji je ušao bio u kuću da vidi ima li koga tamo i da pita šta bi čoveku, izađe otud bled kao vosak.

— Ih, ljudi Božji, odite da vidite nesreću i grehotu!

Potrčasmo svi u kuću sem dvojice-trojice, koji ostaše kraj Bojka. Potrčasmo i ustavismo se na vratima. Ne daj ti Bože da očima svojim vidiš ono što smo mi sagledali. Sve poklano, sve živo po kući leži u usirenoj krvi.

I sad mi pred očima ona krv i ona nesreća. Stara majka, kako potrčala valjda da zakloni unuče, udarena kundakom i lobanja joj raspolućena te leži kraj ognjišta. Odmah do nje, držeći se i sad još rukom za babinu suknju, devojčica preklana preko grla. To je ona, što Bojko pričaše da je kućanica, da je mudra. Njene mudre očice ostale su otvorene a silna krv, koja joj se prosula iz grla, prelila joj odelo crvenilom te izgleda kao otkinuta i uvela bulka. Malo dalje, u jednom uglu, leži mlada žena grleći čvrsto rukama Ranka, onoga što voli školu. Majka sva izbodena bajonetima a dete razbijene glave. Nasred kuće, kao preklana ptičica, leži u krvi svojoj Bata, onaj Bata što se uvek smeje, što je uvek veseo, što je sreća očeva i majčina. Bata leži u krvi, poleđuške i smeši se, i sad se u smrti smeši.

Zločin je morao biti izvršen još pre nekoliko dana jer je krv kraj leševa bila tvrdo usirena, lica su u mrtvaca već bila uvela i osećao se zadah lešina.

— Ih, grehote! — učini i sam kaplar.

— Grešni Bojko, kako i da ne poludi! — dodaje drugi.

— A koj' otac ne bi poludeo kad bi sagledao ovo! — veli treći.

— I viš' u ludilu je pucao na nas, mislio je bije neprijatelja koji mu je kuću iskopao! — razmišlja opet kaplar.

— More, pucao bih ja i na Boga! — dodade jedan od onih u čije ćemo selo sutra ući.

Povedosmo Bojka vezana, ali ga nismo grdili usput, žalili smo ga i kazivali mu blage reči, ali ih on nije razumeo.

* * *

Ne znam je li moj sused nastavio i dalje kazivanje. Dovde sam slušao sa pažnjom a zatim me je san savladao. I čudan sam san usnio te noći. Kao na lipljanskoj stanici, pa se iskupio silan narod oko sanduka iz kojega se rasulo ordenje Karađorđeve zvezde. Pa tu kao đeneral Gojković, bela mu brada do kolena, stoji kraj vagona, diže one zlatne krstove i pita svakog redom i daje svakom redom. Pa naišao i Bojko i smeši se a đeneral ga pita:

— Koliko su ti dece Austrijanci poklali?

— Troje, gospodine đenerale! — odgovara Bojko.

— E, evo ti tri krsta, a evo još, uzmi još — i daje ordene. Ali ti krstovi kao da nisu zlatni a nisu ni mali te se ne mogu na grudima poneti, već veliki i teški.

Povio se grešni Bojko noseći ih na leđima, oznojio se i posustao te kao zapomaže: „Pomagajte, ljudi, ne mogu ja sam ove krstove poneti!" I mi mu prilazimo i svako od nas prima po jedan i svako svoj krst nosi...

XVII — Četrdeset hiljada mučenika

Od jutros zakrčio drum koji vodi iz Štimnje u Prizren. Drum se i ne vidi već samo kroz ravnu poljanu proteže se crna živa linija koja se kreće, povija, gamiže kao ono kad mravi iz mravinjaka obeleže sobom put kojim kreću na posao.

Pošlo je sve što je noćas otpočinulo u Štimnji; krenulo je i ono što je stiglo od jutros iz Lipljana a ne smelo se zadržati na odmorak, nastavilo je put i ono što neprestano stiže sa fronta, što tamo ne može više biti od koristi.

Sad se već jasno čuje topovsko pucanje jer borbe se vode negde u blizini i gomila ide ćuteći, pognute glave, kao red osuđenih kojima je već saopštena presuda.

Nebo je puno tužne boje te surovu sliku jednoga čitavoga naroda koji kreće u zbeg, u planine, osvetljava nekom mističnom maglicom koja, kao pokrov izatkan iz pregorelih sunčanih zrakova, tajanstveno obavija bedu i nevolju. Sećam se jednoga našega vajara koji je tugu tako zaogrnuo providnim velom ispod kojega se suze nisu videle ali su se osećale.

Nemoguće je bilo okom shvatiti svu veličinu nevolje koja je kretala od jutros. Svako je video samo najužu sliku oko sebe a daleko mu je izmicalo pogledu ono što je pred njim i ono što je za njim. Tek kad je sunce malo više odskočilo, pre no što ćemo iz kosovskoga ravništa ući u duboki Crnoljevski klanac, seo sam na jedno oboreno drvo, na prvi odmorak i tada mi je pred očima promicala slika za slikom, od kojih je svaka zasebno predstavljala jednu celinu bede i nevolje a sve zajednički, povezane, celu tragediju jednoga naroda.

Promiče baterija teško izvlačeći glomazne točkove iz debeloga blata koje je pokrilo razriven i prolokan drum. Napred jaše komandir preplanula i umorna lica po kome su dubokim brazdama ispisani svi napori dugotrajnih i natčovečanskih borbi i sve razočaranje jednoga čestitoga starešine koji je, sem hrabrosti, ulazio uvek u borbu i sa verom u pobedu. Zavaljene kape daleko iznad čela a oborene glave, on prelazi u pameti sve one slavne borbe iz 1912, 1913, 1914. i 1915. godine, koje je ova baterija, od koje se on nikad valjda nije odvajao, vodila. I sada na putu povlačenja, dušu mu obuzima neko osećanje stida koje ga muči i sa kojega on ne diže glavu i izbegava da se sretne pogledom sa beguncima kroz čije guste redove promiče. Konji u zaprezi pokriveni blatom, umorni i malaksali jedva kreću; sedla na njima većinom prazna, oni koji su ih jahali ostali su tamo, na bojištu. Kad udari točak u kakav kamen, kare šupljo zazvone kao što praznina zvoni. U njima nema više municije, ispucalo se, izginulo se i — sad se povlači, ako se bar mogu da spasu topovi da ne padnu u ruke neprijatelju.

Odmah za baterijom idu jedne taljige pune stvari i dečice. Ljupke dečje glavice vire uvijene u marame, šalove i ćebad a majka, noseći još i odojče na ruci, prati kola sa najdragocenijim tovarom. Konjić naramljuje na jednu nogu, izvlači kola iz blata amovima iskrpljenim kanapom i nastavljenim užetom. Njega vodi starac koji se i sam pomaže batinom da ne bi posrnuo. Sin mu je pod puškom; možda ono što se čuje od jutros i njegova puška puca i ne sluteći da nedaleko iza fronta promiče njegova porodica, njegova deca i sve dobro njegovo. Deda, na kome je ostala kuća i briga, opremio je rasušene taljige koje su se bile rastočile pod strejom, okrpio je užetom i kanapom stare amove, koji su visili u kući iza vrata: majka je izmesila punu vreću proja, te su tako krenuli u zbeg za ostalim svetom odmičući se po nekoliko časova dnevno, onoliko koliko je deda mogao da hodi, onoliko koliko je konjić mogao da tegli. Pošli su za svetom, za narodom, ne pitajući kuda i sad idu ne znajući kuda i ne sluteći da će uskoro naići na albanske planine gde će im taljige biti suvišne a bedni konjić teško moći na sebe primiti da ponese jednu porodicu a stari deda teško moći primiti na sebe da ponese jednu tako tešku brigu.

Za taljigama idu jedna volovska kola opet pretovarena stvarima, ženama i decom. Vočići teško dahću i posrću nemogući da izvuku kola koja svaki čas upadaju u proloke, a dve-tri snahe koje idu kraj kola svaki čas podmeću ramena i mladom snagom svojom iznose kola.

Za ovima idu peške ostaci nekog engleskog artiljerijskog odeljenja koje odstupa iz Beograda. Ovi tuđinci, koji su do pre neki dan branili srpsku prestonicu, zašli su sad u srpske planine da sa nama zajedno podele sudbinu jednoga nesretnoga naroda. Krenuli otud, sa dalekih severnih ostrva, prebrodili prostrana mora, da nam donesu ne toliko pomoć koliko veru da u ovoj gigantskoj borbi nismo sami, da je do nas kadra dopreti ruka moćnih, da nad nama bdi briga moćnih. Pa kako je i ta vera nemoćna pred silom!

Za Englezima brekće i stenje sav blatom umazan jedan automobil pun naroda koji se guši u njemu. On ide istom brzinom kojom i volovska kola a tako često i zastaje nemoguć da izvuče točak koji se zariva više osovine u žitka blatna jezera koja ispunjavaju proloke. Svetina, koja se natovarila na automobil, čas slazi s njega da ga izvlači čas se penje da on nju izvuče.

Za automobilom lagano škripe glomazna volovska kola sa državnim volovima, pretovarena nekim sanducima, gvozdenim krevetima i kutijama sa instrumentima a preko svega toga posedale milosrdne sestre, uvijene u vojničke šinjele, sa prljavim belim maramama oko glave i crvenim krstom više čela. To su ostaci neke ruske misije i doktor, šef misije, u glomaznim mužičkim čizmama, ulepljenim blatom više kolena, sa zabačenim kačketom unatrag i naočarima spalim na vrh nosa, ide napred i vodi volove za uzicu.

Pa onda se niže tako redom slika za slikom. Čitav beskrajan niz vojnih kola sa natpisom sa strane kojoj komandi pripadaju, prekinut pogdegde kakvim seoskim kolima, taljigama ili dvokolicama koje se nenadležno unele u red. Ta vojnička kola predstavljaju zalutale delove pojedinih komanda, izmešane, bez reda, rasturene tako da se jasno vidi kako svako za se i za svoj račun tegli. Jedna sanitetska kola Vardarske divizije, pa troja municiona kola Moravske divizije, pa dvoja kola iz komore Drinske divizije, pa onda neka poljska kujna Dunavske divizije i tako redom a bez reda. Na tim kolima ima i državnih i privatnih stvari i državnih i privatnih lica, ima i bolesnih vojnika i čitavih porodica, žena, dece i staraca.

A iza toga niza državnih kola pojavljuju se opet sve one slike koje smo videli kad je prokupački zbeg slazio labskim drumom. Putnička kola sa arnjevima i umornim konjićima čije sapi brekću kao mehovi a blato im iskitilo trbuh te vise čitavi grozdići; pa onda automobil, mali, crn, lakovan sa četiri sedišta, naviknut da vozi od Beograda do Topčidera; za njim veliki tovarni automobil golubije boje, i sa motorom koji brekće i stenje kao razdražena životinja i gumama koje su se ojele; pa onda mala seljačka kola sa vočićima kao srndaćima i točkovima koje je obmotalo blato slojem debljim i od samih naplataka; pa dvokolice koje vuče konjić oznojenih rebara i usahnulih kukova; za ovima fijaker sa beogradske kaldrme na kome još vise, kao krpčići na prosjačkim čakširama, gume oko točkova i na kome je još pogdegde sačuvao lak svoj sjaj a pliš svoju boju ali ga gledaš sa sažaljenjem kao bivšu lepoticu na kojoj se još održali tragovi prošlosti; za njim taljige sa bednim konjem u rudama, jedne od onih taljiga na kojima se prenose drva i espap sa beogradske stanice; pa onda fijaker od onih koji su osamdesetih godina još i izgledali nešto na beogradskim ulicama a od toga doba služe za prenos pošte izmeđ dveju varoši u unutrašnjosti; pa špediterska kola, velika, prostrana, čitava kuća na točkovima a vuku ih tri umorna konja raskrvavljenih grudi, koji su ih sa velikim naprezanjem izvlačili iz svih blata kroz koja se prošlo; za ovima opet par vočića vuku nešto što se i ne može nazvati kolima, dva točka i visoki stupci sa strane; za njima poštanske čeze, pa onda sakadžijske dvokolice sa kojih je skinuto i bačeno bure da se zameni tovarom, pa bolnička ambulantna kola, pa laka štajerska kola sa platnenim krovom. I redom tako, sve vrste kola, sve što ima točkove i što može da povuče zaprega. I sve to natovareno i pretovareno senom, brašnom, pokućanstvom, decom, ženama i starcima.

Uz sve to, oko kola i izmeđ njih pešači masa sveta poprskana blatom po grudima, po kosi, po licu i ubrljana do kolena i do pojasa. Kroz gomile pešaka tiskaju se još i konjići osamareni i natovareni, kravica koju vuče majka da bi ishranila decu i ovca koju je grešni domaćin poterao da se negde u planini ishrani zimus.

I sve se to izmešalo i sve izjednačilo, vojnik i građanin, varošanin i seljak, činovnik i radenik. Svako podjednako ponižen, podjednako nosi teret brige i bola i kreće pognute glave predosećajući da su ovo tek prvi koraci na dugome putu patnje i stradanja.

Lagano kreće zbeg koji je zagušio drum. Nesretna majka koja nosi na leđima svoj najdraži teret, svoje čedo isceđena, bleda, voštana lica; ranjenik, koji je nedolečen krenuo iz postelje ogrnut bolesničkim ćebetom; pa otac koji nosi kuću na leđima i majka koja vodi umornu dečicu za ruke; zarobljenik promrzao, pocepan, izgladneo, koji sumanuto zvera idući za gomilom; pa ruski mornari i francuski bolničari; pa zalutala deca bez roditelja, bez topla odela, bez zaštite — sve te slike i druge bolnije, promiču kroz gomilu kola volovskih, konjskih, kraj kola svih vrsta, svih oblika, kroz niz automobila, municionih kola, topovskih kara i tovarnih konja. I sve se to izmešalo, i kola i ljudi i stoka i sve se tiska, sve grabi iako se jedva kreće i probija kroz gomilu i svako nosi, osim one opšte još i svoju sopstvenu nevolju, svako svoj bol, svako svoju istoriju, uvek tužnu istoriju. Jedni su krenuli u svet a ostavili kuću i tekovinu svoju na milost i nemilost pljački koja sad već besni u njihovom zavičaju; drugi su krenuli a najdraži im iz kuće na bojištu i ko zna jesu li živi i ko zna hoće li ih videti i hoće li kadgod čuti o njima; treći su krenuli sa gorkim saznanjem da su za sobom ostavili grobove svojih milih koje niko neće obići, niko opojati, niko prekaditi; četvrti su krenuli a nemoćne svoje, decu ili roditelje, ostavili usput u nepoznata mesta, kod nepoznatih ljudi; peti, šesti, sedmi... svako nosi svoju nevolju, svako svoj bol, svoju istoriju, uvek tužnu istoriju.

Idu jedno za drugim roditelji bez dece i deca bez roditelja, očajni bez utehe, bolni bez nege, izgladneli bez ponude, iznureni bez odmorka. Uznevereno i uzbuđeno, sa osećanjem straha, poniženja i patnje, kreće se povorka nevolje i jada i teče drumom kao nabujala reka bolova.

Viđao sam duge povorke pobožnih koje je vodila vera; gledao sam beskrajne povorke vojski, vodila ih je volja jača i starija; video sam gnevne povorke naroda koji se buni, vodila ih je misao; gledao sam šarene povorke veselih, vodilo ih je zadovoljstvo ali — šta vodi ovu povorku bednih i nevoljnih što klonula duha i tela kreće drumom? Vodi li je razočaranje i bol, vodi li je tuga i rastočene nade? I kuda će? Idu li ovi bednici na poklonjenje hramu čovečnosti i pravde ili idu na vrhove planinske da se otud, bliže nebu, pomole Bogu milosti ili, možda idu na obale sa kojih se dogledaju veličanstveni svetski hramovi kulture, prosvete i civilizacije, te da otud, smrću svojom, iskažu velikima da su ti hramovi tek onda uzvišeni, tek onda veličanstveni, kada se dižu u dušama narodnim a ne samo kao ukrasi velikih svetskih gradova? Lagano kreće zbeg koji je zagušio drum. Kraj druma leže mrtvi konji, koji su popadali, juče-prekjuče. Njih su već Cigani odrali a gavrani ih raščupali; leže polomljena kola koja su se ozgo s druma skrhala i nisu se mogla opraviti da nastave put; leže mrtvi volovi koji se raspadaju i oni koji su tek lipsali i sa kojih gladan vojnik seče parče mesa pre no što stignu psi da ga podrpaju.

Što dublje u klanac zalazimo sve veća hladovina bije i reže uz obraze a telo se ježi i duša grči, te studena groznica prožima te skroz i počinješ drhtati. Kad pogdegde probije sunčani zrak, tamo gde se klanac otvori malo i proširi, on samo izaziva još veću jezu kroz tela koja su mrzla one lipljanske noći a ne zagrejala se studenim zracima jučeranjega sunca.

Pred nama ide žena i nosi na rukama dvoje dečice uvijene u krpe. Ono starije bi i moglo hoditi ali od mraza ne može da makne nožicom a ono mlađe još se nije odvojilo od naručja materinog. Dečici zacrveneli obrazi od studi kao zrele jabuke, ručice im se podnadule tek što ne prsne krv pod kožom a na očima krupne suze, one što ih mraz izaziva. Promrzla su a nedovoljno obučena pa im je teško zagrejati se. Jadna majka pokušava da im dahom iz usana greje ručice ali ni daha dovoljno nema, umorna pod teretom koji nosi.

— Promrzla dečica? — pita je ranjenik koji se tetura drumom oslanjajući se na jednu granu.

— Promrzla, što ću! — odgovara majka a reči joj zvone bolom.

— Nigde vatre da ih zagreješ? — nastavlja ranjenik sa puno roditeljskoga saučešća i osvrće se na sve strane ne bi li zapazio kakvu vatricu kraj koje bi žena sebi snagu a deci dušu povratila.

— Nema! — odgovara majka.

— Da mogu — dodaje opet ranjenik — poneo bih ti jedno dete, al' eto, jedva i sebe nosim.

— Hvala ti! — blagodari očajna majka.

Utom naiđosmo na vola koji ostavljen leži porebarke kraj druma, boreći se s dušom i teško dišući kroz nabrekle nozdrve. Premorio ga put; ko zna odakle on, ozgo iz Srbije, vuče teret i ne odmara se ni danju ni noću. Pa uz to nigde hrane a noći mrazne, te stoka nezbrinuta, nenahranjena, nesklonjena, malaksava polako i pada kraj drumova. Oslobodili ga jarma, odveli ga van druma da ne smeta prolaznicima i ostavili ga da tu lipše. Ranjenik, kojega je zabrinula sudbina one dečice, seti se nečega kad spazi ovoga samrtnika.

— Slušaj, snaho, eto vo lipsava. Još je topao, položi decu po njemu, zagrejaće se!

Žena ga pogleda čisto neverice a on ponovi:

— Zgrejaće se, veruj mi, položi ih samo.

Žena ga posluša i položi decu po volu a vo, koji je već bio sklopio oči predajući se smrti, osetiv teret na svojim rebrima, otvori još jednom one velike, one pametne i pune izraza oči i pogleda bolno dečicu. Izgledalo mi je u tome času kao da u njegovim očima vidim suzu i kao da mu čujem reči: „Grejte se, grejte, srpska dečice! Učinio sam svoje; izvlačio sam topove srpske na Rujan i na Oblakovo, iznosio ih na grudima svojim na Lisac i na Osogovo, na Cer i na Jagodnju i pošteno služio gde god je trebalo i kad god je trebalo. Sad sam malaksao, umirem, pa ako, neka i poslednjim dahom svojim koristim vama bar, srpska deco. Grejte se, grejte, toliko ću još disati dok vas ne zagrejem!..."

Ali nije samo poslednjim dahom svojim koristio čestiti srpski vo. I posle smrti još, tek mu se ugasilo oko a žena digla zagrejanu dečicu sa njega, zabodoše gladni vojnici i zarobljenici noževe u njegovo telo da otkinu parčad mesa koju će kod prve vatre baciti na žar i jesti ga nedopečeno, onako uvaljano u pepeo i sa komadima uglja koji vise o njemu.

Jer, avet gladi uveliko lebdi nad ovom vojskom izgnanika. U Prištini poslednjih dana već se nije moglo doći ni do hleba ni do brašna. Tamo već tiskale su se gomile pred pekarnicama i kada su prvi, koji su snagom ramena i ruku prodrli do ćepenka, razgrabili količinu koju je jedna pekarnica kadra bila dati, ostali su se vraćali očajni i gladni. U Prištini sam već čuo reč: „Četrdeset i osam sati nisam okusio zalogaj hleba!", a siromašna kosovska sela, kroz koja smo prolazili, nisu nam bila kadra ni mrvice ponuditi. Sretniji, koji su kolima, ko zna odakle i iz koga državnoga magacina, vukli pokoju vreću brašna, još su daleko bili od nesretne nemani gladi koja će docnije, tamo u albanskim planinama i na jadranskim obalama, zagrliti svojim suvim i koštunjavim rukama sve što se spaslo i verovalo da je na tim obalama, kojima će žurno tegliti, kraj patnjama. Ali vojnici, regruti, ranjenici, zarobljenici, koji nisu u zbeg krenuli opremljeni i koji su mesto sveg ostalog tereta poneli samo svoju golu dušu, idu drumom već klonulo, sumorna, ugašena pogleda koji se pogdekad budi i u kome se raspaljuje plamen divljaštva kad u tuđoj ruci spazi komad hleba.

Sretah ih usput, ove jadnike, jedu lišće od kupusa koji su upljačkali u prvoj bašti koju su usput sreli i na koju su gladni pali kao skakavci; ili su podelili već pola suvu presnu bundevu koju su našli pod nečijim krovom gde ju je domaćin obesio jesenas da se suši; ili krune zubima klip prošlogodišnjega suvog kukuruza čija se zrna žute kao ćilibar.

Primetih vojniku koji je sa vola, kojega su psi već podrpali, sekao sebi parče mesa:

— Nemoj, bolan, to jesti, viš' da je stoka lipsala.

— Pa neću valjda sa žive seći meso! — odgovara mi i pogleda mrkim pogledom u kome je bilo čak i mržnje.

— Tako je, al' velim, ko zna od kad je lipsalo, eto su ga već i psi raščupali.

On me pogleda još jednom onim ružnim pogledom, koji mi je kazivao: „Idi svojim putem i ne diraj me u mojoj nevolji!", pogleda me pa dodade:

— Kad mogu psi, mogu i ja. A i kakva je razlika izmeđ mene i psa. Gladan on, gladan ja; hoće on da živi, hoću i ja; kad nam dadu mi jedemo, kad ne dadu mi eto, moramo ovako... — i nastavi posao od kojega sam se zgrozio i odmakao brže dalje.

Kad sam, sedeći jutros na onome oborenome drvetu izvadio zalogaj hleba da se založim, prišao mi je jedan čičica iz poslednje odbrane, blaga, roditeljska lica.

— Nemoj, sinko, da jedeš tako. Viš' kako te gledaju gladni što prolaze kraj tebe. Bog ti je dao zalogaj hleba pa skloni se negde, pojedi ga da te niko ne vidi!

— Ama zar?... — zaustih ja da kažem nešto a on me prekide i nastavi.

— Bolje je, bolje. Ne znaš ti još šta je to gladan čovek. Gladan čovek je gori od gladna zvera; zver te rastrgne da zadovolji glad ali te ne mrzi, a gladan čovek te mrzi.

I odista, u tome trenutku kad sam digao glavu, izgledalo mi je da sam u pogledu gladnih koji su prolazili kraj mene i videli zalogaj u mojoj ruci, sreo mržnju.

Ali slika gladi i nije bila tako strašna dok se ona samo na pojedincima sagledala, ona je izazvala u nama pravu groznicu uzbuđenja tek kad su počele prolaziti kraj nas hiljade i desetine hiljada onih kojima je avet gladi svojom surovom kičicom po voštanome, bledom licu izvajala grube crte klonulosti i odricanja.

To su bili dugi, beskrajni, u vrste postrojeni redovi gladne dece. Išlo ih je četvoro po četvoro u vojničkome redu a nevojnička držanja. Prolazili su, prolazili sat, dva i tri. Ceo je pokret na drumu zastao da propusti ove mnogobrojne redove ili se jedva micao jednom polovinom druma koliko je ova ostala slobodna.

Bila su sve to deca, mlada kao rosa, još neogarenih usana, tek odvojena od majki i kuća i odmah povedena putem stradanja i patnja. Bilo ih je valjda oko 40.000, dece koja su po naredbi povedena u zbeg, kako ih neprijatelj ne bi zgrabio, jer su to ona deca koja će marta meseca iduće godine biti regruti. Težina puta, bez čestita odmorka, nedovoljna hrana, umor i glad ispio je ovu decu, ugasio im je onaj blagi detinji pogled, izbrisao im je osmeh sa usana i posuknuo vedrinu na licu. Njihova mršava tela, njihove nerazvijene grudi i nepouzdan korak jedini su još tragovi njihova detinjstva, jer ugašen pogled, oborene glave i težak bol ispisan na licu daje im izgled staraca od sedamnaest godina. Umor i napor im je povio leđa u doba kada se mladost ume tako ponosno da isprsi a mlada snaga uspravljeno da buja kao mladi jablan. Sve su to deca u godinama u kojima, u dušama ispunjenim sinovljom ljubavlju, tek počinje bujati i jedan nov osećaj i saznanje da, kao i materino krilo, može biti topao i onaj pogled dva žarka oka koji uzbudi mladu krv te srce drugače bije. Sve su to deca koja su do juče-prekjuče još sedela na plotu, te otud posmatrala nedeljom kolo momaka i devojaka i tek se juče ili prekjuče odvažila puna stida, sišla s plota, prišla bojažljivo kolu i kad su zabola ruke u pojase devojačke osetila kako im gore prsti koji se dotiču topla devojačka tela. Sve su to deca koja su tek koraknula na sokak al' držeći se uvek još rukom za materinu ruku te su ih majke, pre desetinu-petnaest dana, kad dođe naredba da krenu, teška srca ispratile, teža no što su njihovu stariju braću u front poslale.

— Kako ćeš dete, u svet sam? Hoćeš se umeti čuvati, hoćeš se umeti paziti? Nisi nikad hodio, nisi se nikad od kuće odvajao. Al' šta ćeš, naredba je, mora se!

Majkama je ipak olakšala čas rastanka uteha da je tako dobro, da je tako bolje, da država to čini zato da bi sklonila decu od neprijatelja te sačuvala majkama hranitelje a sebi branitelje.

— Pođi, sine, pođi, skloni se od nesreće. Kralj te zove pa on će mi te i negovati, on i sačuvati majci!

Majke su ih opremile sa po jednom pogačom od kuće, mirne duše da ih dalje čeka „Kraljev hleb" i državna briga.

— Brine li ko o ovoj deci? — zapitaće me jedan sveštenik, koji je stao uza me kraj druma, očekujući da prođe tužna povorka.

— Razume se da brine! — odgovaram mu ja.

— Brine? — učini on i pogleda me čudnovato. — Pa evo već na prvom koraku na licima je ove dece ispisana glad. Šta će biti dalje?

— Na prvome koraku i moglo je biti pometnje, nije lako u ovakvim prilikama spremiti hleb za ovoliki broj ali u Prizrenu urediće se to. Izvesno će se urediti.

Kada sam u tome trenutku pokušao da branim nebrigu kojom su ova deca očupana od svojih kuća i bačena u nevolju, nisam ni slutio da su ta deca na smrt osuđena, da će tu decu maćijski baciti u planine albanske gde će umirati od gladi i zime, gde će se daviti u blatu i gde će ih bolesti obarati kao olujina nedozrelu vlat.

Nisam ni slutio da će od četrdeset hiljada srpske dece, za mesec dana, trideset i šest hiljada naći grobove svoje u snežnim ambisima i smrdljivim barama i da će Srbija čitavu jednu generaciju svoje omladine prosto baciti zverovima za hranu, kao nepotrebno meso.

Nisam ni slutio, velim, kada su ta deca, bleda i umorna lica prolazila u nedoglednim redovima mimo mene, da oni idu na svoju Golgotu i da je hrišćanstvo prema Srpstvu tako siromašno žrtvama. Dve hiljade godina mi slavimo i žalimo četrdeset mladenaca, mučenika, koliko je hrišćanstvo u borbi od nekoliko vekova podnelo na žrtvu, a mi za nekoliko dana bacamo na žrtvu četrdeset hiljada mladenaca-mučenika!

Prolaze deca mučenici u beskrajnim redovima i bacaju umorne poglede na nas koji smo stali kraj druma te ih posmatramo. Ko je od nas tada slutio da je to poslednji pogled na smrt osuđenih? Pa ipak, bilo je nekoga koji je to slutio. Kraj druma, na jednome kamenu, video sam posle one strašne lipljanske noći, sad opet onu gospu u crnini. Pratila je toplim materinskim pogledom ovu decu, ovu buduću Srbiju i iz toga pogleda mogao si pročitati dubok bol duše koja je pribrala i prisvojila sve naše bolove. Iz njenoga si pogleda mogao zapaziti kako ona predoseća zlu sudbinu koja čeka ovu decu, onako kao što je samo majka kadra predosetiti.

Kazivala mi je u Prištini jedna ojađena majka, koja je izgubila sina: „Dolazio mi je", veli, „nekoliko puta za vreme onoga zatišja na viđenje, dolazio mi je i odlazio i dočekivala sam ga radosna srca i ispraćala lake duše. Žalila sam al' nisam slutila. Poslednji put, pre no što će poginuti, kad je bio, ispratila sam ga teške duše. Pritislo me je nešto ovde u grudima, otkinulo mi se nešto ovde u duši i srce mi je zaigralo. Slutila sam!"

Slutnja je nerazdvojni deo materinske ljubavi. Materinsko srce, kao pomorac buru, predoseća nesreću kad je ona daleko, još vrlo daleko, kad je niko još i ne nazire.

Iz pogleda gospe u crnini, kojim je pratila dugu povorku ove dece i mučenika, videlo se da njeno materinsko srce sluti nesreću iako je ona daleko, još vrlo daleko. U tome je pogledu bilo puno slutnje i puno tuge, u njemu se ocrtavao dubok bol koji srećeš kod majke koja cvili nad dragim telom jedinčevim.

Promakao sam brže da izbegnem taj materinski pogled gospe u crnini u kome sam, u tome trenutku, sreo poglede četrdeset hiljada srpskih majki i, čini mi se, čitao iz njega kletvu četrdeset hiljada srpskih majki koja će kletva, kao oštra jesenja slana, sasušiti vence slave onih koji bi da ih iz ovog rata ponesu.

Promakao sam kroz grupe koje su bile preda mnom i pošao bržim korakom, ali nisam dugo išao. Napred opet nešto zagušilo pa se zaustavio ceo pokret u mestu. Ko zna šta se desilo, jer smo dugo, vrlo dugo čekali. Nije to neobična stvar da se pokret zaustavi i stoji u mestu, očekujući da tamo napred gde je zastalo oduši, pa da krene dalje. Pa ipak, kad to dugo traje, dosadi svetu tapkati u mestu gde se od silna blata nema na šta sesti te odmoriti — i onda nastaje gunđanje.

— Nećemo valjda stajati ovako do doveče!
— More hajde da pođemo njivom, pa da obiđemo.
— Ne možeš, blato je a smonica, ne možeš nogu izvući.
— Pa šta je to tamo napred, što ne pođe neko?

Najzad jedan narednik, koji je pratio neku komoru i sišao s konja da se odmori na nogama, pojaha ga ponovo, satera u šanac pa šancem potera napred da vidi šta je to tamo. Morao se dugo probijati dok je dopro do mesta gde je zaustavljen pokret, jer se vazda nije vraćao, tako da smo ponovo počeli gubiti strpljenje.

Tu na mestu gde sam se ustavio da sačekam povratak narednikov, spazio sam po strani druma među kolima, ona mala volovska kola bez lotra, na kojima su samo dvema daskama vezana dva para točkova. Sećam ih se sa prištinske ulice, kada su ono na Kosovo slazili toplički begunci. Kola vuče samo jedan sićušan konj a druga strana rude prazna. Kada sam ih pre u Prištini video, sa te druge strane bila je upregnuta kravica, al' uginula je valjda. Po daskama, na naviljku sena zastrtom šarenom ponjavicom, leži ono bolesno momče već sasvim upalih očiju. Otac koji vodi konja, sad na odmorku prišao mu, stao kraj prednjih točkova pa brižno gleda bolnoga jedinca. Majka mu podmeće seno pod glavu, podešava mu ponjavicu i toplo mu tepa a bolesnik gleda, mutnim pogledom, pogledom koji se gasi, gleda majku i gleda nebo i gleda poslednje jesenje zelenilo.

— Je l' davno bolno momče? — osetih potrebu da ovim dobrim ljudima kažem što.

— Davno, od letos! — odgovara otac.

— Pa što ne ostaste u selu s njim?

— Naredba je — sleže otac ramenima — da svi mladići dorasli za vojsku krenu iz sela.

Grešni ljudi — oni su bolesnoga jedinca povukli iz sela da ga neprijatelj ne bi odveo.

Okretoh glavu od ovog bolnog prizora i priđoh jednoj gomilici koja je još uvek gunđala što smo se ovde ustavili. Utom, na jedvite jade, stiže onaj narednik svojoj komori. Svi ga opkolismo:

— Šta je tamo?

— U jednim kolima napred umire dete, pa zaustavili kola da ga sačekaju da umre.

— Baš umire? — uzviknu neko.

— Pripalili mu sveću.

Svi koji su još maločas gunđali i protestovali, ućutaše i primiše to saopštenje sa saučešćem. A kad posle nekoliko trenutaka oduši napred i krenu zbeg, neko reče:

— Svršilo je!

I svi skidoše kape i dodaše:

— Bog neka ga prosti!

XVIII — Roman jednog devojčeta

Sećam se, video sam je na skopljanskoj železničkoj stanici onoga jutra, mislim 5. oktobra, kada je ta stanica bila pozornica najžalosnijih slika. Otada mi je njena slika ostala duboko urezana u pameti i nije se sve do sada izgladila. Van gomile očajnih žena i prokisle dece, koja su posedala na nabacane svoje stvari, cele svoje imovine, očekujući na kiši celu bogovetnu noć da dobiju mesta u vozu — stajala je ona, pod jednim ogolelim drvetom u staničnoj aleji, kao da bi je ono suho granje moglo zaštiti od kiše. Vetar joj povija pokislu suknjicu i pripija uz slabačko telo; na nogama joj plitke, iscepane i prljave cipele sa kojih se uzice vuku po blatu. Nad čelom joj se, od kiše, razlio crveni krst sa platna, kojim je povila glavu kao bolničarka, pa joj jedan crven mlazić teče čelom kao krvava brazda. Njeno tamno lice kazuje da ju je ispila teška bolest; oči joj zamagljene, ugašene i bez sjaja, usne suve i zagorele a kosa uvela i proređena.

Nju niko ne zove u voz, njoj niko ne kaže da uđe a ona sama ili nema snage ili nema hrabrosti. Stoji umorno pod ogolelim drvetom i čeka kao osuđenik kad će je prozvati. Svet se tiska i otima, gura i nadire silom u vozove koji, jedan sa drugim, puni očajnih putnika odlaze put Kosova, a ona stoji i čeka.

Prišao sam jednome žandarmu, koji je bajagi održavao red, kojega niti je bilo niti ga je moglo biti, i zamolio ga da propusti to bedno devojče. Ona me je zahvalno pogledala i ušla je u vagon, noseći jednu crnu boščicu sa koje je kapala voda i ostavljala mastiljavi trag za sobom...

Kada sam je sada na drumu sreo promrzlu i ponudio joj ćebe da obavije svoje slabačko telo, onaj pogled zahvalnosti sa skopske stanice još jednom se ponovi.

Ogrnuta ćebetom preko glave, što joj je izazvalo novu drhtavicu, ona je pošla kraj mene, izvlačeći teško stopala iz blata. Ćutala je oborena pogleda i ja je nisam uznemiravao razgovorom, uveren da joj je, u stanju u kome je, tako isto teško izgovoriti reč kao i izvući nogu iz blata.

Gomila se valjala kraj nas, kao reka nabujala kišom, kola su škripala i stenjala, pešaci pljaskali po lapavici a pogdekoji automobil prohujao bi i raskošno nas zasuo blatom po licu, po kosi i po odelu. Naviknuti na to, mi smo brisali samo oči od blata, kao ono u kupatilu posle gnjuranja u vodu, i nastavljali put mirno i trpeljivo.

Kada se devojče razgreja pod ćebetom, izvuče malo glavu i mekim, promuklim glasom prošapta:

— Vi me ne poznajete?

— Ne! — rekoh.

— Pa ipak ste tako dobri.

— Vidim vas, patite, niko ne obraća pažnju na vas.

Ona mi pogledom reče da je tako.

— Sami ste valjda, ni s kim svojim ne putujete.

— Sama sam! — odgovori ona.

Zatim smo nastavili put ćuteći, dugo ćuteći. Bacio sam pogdekad pogled na nju i video je kako oborene glave, sa naporom korača.

— Izgleda mi da ste bili i bolesni? — prekidoh ćutanje.

— Ležala sam tifus!

— Odavno?

— Sad šest nedelja kako sam se digla.

— Trebalo je još da se čuvate. Ne može, dabome, razumem, ali — zar nije bolje bilo da ste ostali? Ostao je toliki svet po varošima koje su osvojene. Ovako, kuda ćete? I mi sami ne znamo kuda ćemo, niko od nas ne zna!

Ona mi nije odgovorila, te ja ponovih:

— Zar nije bolje bilo da ste ostali?

Devojče diže glavu i pogleda me bolnim pogledom punim izraza, pogledom iz kojega sam ja toga trenutka pročitao tužnu prošlost ovoga šesnaestogodišnjega devojčeta. Događaji se pred nama i za nama tako brzo valjaju, da ni šesnaest devojačkih godina, koje su nekad predstavljale samo godine detinjstva i snova bez jave, nisu više bez velike i grube prošlosti.

Mislio sam da ne nastavim razgovor ali devojče samo, posle duže pauze, rasejano i uzdrhtalim glasom prošapta, spuštene glave, upućujući reči sebi u nedra:

— Ne, ne bih smela još jednom ostati! — a zatim joj kroz tamnu boju izbolovanoga lica probi tuberkulozno rumenilo, pa odvažno diže glavu i nastavi višim glasom, kroz koji je zvonilo toplo poverenje i detinja iskrenost:

— Ne bih ostala ni za živu glavu. Ostala sam prvi put, u Šapcu, pa zbog toga i patim. Zbog toga sam ovakva! — pa ućuta na jedan mah i dve krupne suze okvasiše joj trepavice.

Utom prođe neki konjanik te se ona spusti jednom nogom u jendek da mu načini mesta a ja ostadoh za njom. Naiđe za konjanikom čitava grupa pešaka te nas razdvojiše i ja zastadoh daleko za njom. Kad se grupa razredi, ja pružih korak, probijajući se ramenima, da bih je stigao.

— A vi ste otud, iz Šapca? — upitah tek koliko da progovorim kad stigoh do nje i uravnah korak sa njenim.

— Jeste! — odgovori devojče.

— Imate li roditelje?

— Majka mi je umrla još pre pet godina. Imam oca ali ne znam gde je, možda je i poginuo. Bio je u trećem pozivu, u šestom puku, taj se puk tukao na Mišaru, posle je odstupio. Imala sam i jednu tetku, pa i ona izbegla tada i od tad je nisam videla, ne znam gde je! Ostala sam sama, onda kad su oni prvi put osvojili Šabac, prošle godine.

— Otac vam nije ostavio sredstava?

— On je zanatlija, siromah; mi smo siromašni. A bio je i u vojsci, nije ni mogao da me zbrine.

— A nikog niste imali ko bi se starao o vama?

Ona duboko uzdahnu i ućuta, kao da bi htela dati sebi vremena da je malo mine bol a zatim nastavi:

— I on je otišao u vojsku?

— Vaš brat?

— Nemam braće... Sama sam.
— Valjda rođak?
Ona ućuta i obori pogled, razmišljajući o nečem. Verovatno je u tome trenutku donosila odluku da mi se poveri jer zatim diže glavu i poče živo govoriti. Njen tihi i mukli glas dobi novu boju, koja je bivala sve jasnija što je više odlivala dušu, kao što je sve jasniji glas čaše što više vode iz nje odlivaš.

— On mi nije ništa, samo pazio me je, uvek me je pazio i savetovao me je kao brat. Svagda predveče, kad bi izašao iz mlina gde je radio, on bi prošao kraj naše kuće. Ja sam to znala, i čekala sam ga na kapiji. On mi nije govorio ružne reči, kao drugi mladići što rade, a nije mi nikad rekao ni da me voli. On je sa mnom samo ozbiljno razgovarao i savetovao me i ja sam ga slušala. Jedan put mi je govorio kako treba više da se pazim no ostale devojke, jer nemam majke a otac mi često ostaje noću u kafani, te je za mene lako izneti reč. Drugi put me je opomenuo da se ne družim sa jednom devojkom, rekao mi je da on to ne vole. I ja sam ga poslušala i što god mi je kazao ja sam ga poslušala. Kad se objavila mobilizacija, pa je morao poći u Valjevo, rekao mi je: „Pazi se, kad se vratim, da ne čujem što ružno za tebe!" Tada sam prvi put smela da mu kažem: „A zašto, nisi mi brat, pa..." On mi preseče reč, uze me za ruku i reče mi: „Više sam ti nego brat. Ti znaš šta sam ti ja!" Eto to je sve što mi je rekao ali sam ja znala da me voli i on je znao da ja njega volim. Kad je otišao bilo mi je teško, vrlo teško. Tako mi je bilo kad mi je majka umrla pa ostala sama u kući. Samo, onda sam bila mala i došla je tetka pa me zavaravala. Pričala mi je neke priče i obećavala čim dođe leto, da će me voditi u Beograd, kod njene snaje i kazivala mi je kako je u Beogradu lepo, kako ima velikih kuća i mnogo ljudi, pa železnice, pa lađe, tramvaji. Mnogo mi je pričala i ja sam zaboravljala bol za majkom. Ali sad, ko bi mogao da mi što priča i da me zavarava, kad je on otišao. Nisam više bila ni dete, ne bi me mogao niko zavaravati. Osećala sam se sama, potpuno sama iako je otac bio još tu. Nisam izlazila nigde iz kuće i plakala sam po ceo dan i po celu noć.

Ona preseče reč jer se zaustavi cela kolona i ceo zbeg. Nešto se daleko napred desilo, ili je pao konj ili se skrhala kola ili se naišlo na kakav težak prelaz preko reke. Niko ne zna zašto smo zastali a napred se ne može. Prozebli gunđaju i igraju s noge na nogu, drugi seli kraj druma u blato, treći pokušavaju da siđu s druma te da zaobiđu kolonu ali se zaglibljuju u još veće blato i psuju sve što im je najsvetije i ljute se i na samoga Boga preteći mu i okrivljujući ga da i on ne zna šta radi.

— Nekog gospodina valjda žulji cipela te seo nasred druma a mi ovde džuprimo! — gunđa jedan, jedak na one što nose cipele uveren da od njih sve zlo potiče.

— Nije more — dodaje trećepozivac kraj njega — ne žulji ga cipela nego prigladneo pa otvorio kozeriju i fruštukuje a ovoliki narod čeka.

Jedan vojni telegrafista sjahao s konja, protegleo se, digao pantalone koje su mu spale i počeo objašnjavati jednom vojnom apotekaru kako „u Nemačkoj ne bi moglo ovo da se desi". Vojni apotekar stao uz jedna kola municione kolone i, češući leđa o lotru, odobrava telegrafisti, dodajući kako je on u Gracu „gde je posećivao Univerzitet" gledao jedanput vatrogasnu četu kada se vraćala sa požara.

— Pa iako se vraćala sa požara ipak je tu bilo nekakvog reda. A ovo, šta je ovo, zar je ovo red? — uzvikivao je vojni apotekar.

Utom se začu negde daleko, pozadi nas, užasna larma, glasovi su se nadvikivali, urlik je obuhvatao sve veću gomilu i čas zastao na jednoj strani pa se pojavio na drugoj, bliže ili dalje od nas. Pripuca i poneka puška, i arlauk gomile penje se u tome času do divljačke dreke. To zec zalutao kroz njive pa naišao na gomilu i zbunio se te ga sad gone, a on ne ume da pobegne već se jednako zaustavlja na samom drumu.

Ona je prestala govoriti, kad je povorka zastala. Kad povorka tako zastane više se zbije gomila i manje je larme no pri pokretu. Bojala se čuće i ko drugi ono što kazuje, a ona je to smatrala kao svoju ispovest, kojoj sam ja samim slučajem postao poverenik kome se ona iskreno ispovedala. Njena priča ju je zagrejala i ona je bacila ćebe sa glave i prebacila ga preko slabih ramena a spustila svoju crnu boščicu u blato i sela na nju da se koliko-toliko odmori.

Ja sam savio cigaretu i prišao jednoj gomili rezervista i građana da pripalim. Tu se vodio živ razgovor o borbi na Kosovu, koja je još trajala i koja je upravo i obezbeđivala nas da možemo dopreti do Prizrena.

— Kačanik nije trebalo ispuštati, gospodine moj! — uzvikuje jedan rezervni podnarednik, inače špediter beogradski.

— Jedna četa hajduka mogla je braniti Kačanik protiv jedne divizije! — dodaje učitelj, komesar neke poljske bolnice. — 1689. godine tu je protiv obične oružane gomile Arnauta stradala austrijska vojska đenerala Štrasera, čak je i on platio glavom. Da je Kačanik držan, mi bi se danas vraćali u Skoplje mesto što idemo u Prizren.

— E, dabome? — učini skeptički kafedžija, koji je bio magacionar pri nekakvoj vojnoj stanici i toga radi nosio oficirsku kapu pod kojom je, po uveravanju načelnika te vojne stanice, neobično ličio na đenerala Stepu Stepanovića.

— Zašto? — uzbudi se odmah učitelj. — Pre svega, Skoplje je potpuno otvoreno prema Kačaniku. Pa onda... najzad, neka ne bi povratili Skoplje ali bi, držeći Kačanik, održali vezu sa Tetovom i mogli bi se tamo povlačiti pa na Bitolj. Ovako, kuda ćemo? Idemo u Prizren, dobro, pa onda?...

— Ostaćemo u Prizrenu! — dodaje kafedžija, koji liči na đenerala Stepu Stepanovića i to tako odlučnim tonom, kakvim bi to sam đeneral Stepanović na sednici Vrhovne komande rekao.

— Kad nismo ostali u Mitrovici, u Pazaru, u Prištini — manu sumnjivo glavom špediter podnarednik.

— A vidiš li ti ovaj Crnoljevski klanac, a? — reći će opet kafedžija zauzimajući stav đeneralštabnog oficira.

— Ništa nije ovo prema Kačaniku! — dodaje učitelj, koji nikako ne može oprostiti što je Kačanik ispušten.

Dok se ovde vodi tiši razgovor, ukoliko se na drumu i na vetru može tiho razgovarati dotle malo dalje, za jednim kolima, razgovor prelazi u buru i gnev i iz dernjave se samo pojedine reči čuju:

— Ama ja bih njemu... (dodatak, kojim se začinjavaju svi burniji razgovori kod nas) zubima izgrizao jabučicu! Ko će da odgovara za ovo? Ajd', kaži mi, ko će da odgovara za ovo?

Utom se oseti neki pokret u gomilama pred nama. Odušilo napred i zbeg poče polako i postepeno da se kreće. Kočijaši poskidaše ćebad kojima su ogrnuli konje, volujari povadiše kamenje, koje su podmetali pod zadnje točkove; oni, koji su išli iza kola da protegle malo noge, počeše se tovariti i uvlačiti pod arnjeve a koji su sjahali sa konja, peti se u sedla. Gomilice, koje su se pribrale na razgovor, rasturiše se i svak potraži svoje mesto ili svoje društvo. I ja se vratih tamo, gde sam ostavio malu saputnicu. Ona je sedela na svojoj crnoj bošči, koja joj se sva uvaljala u blato. Kad je pozvah da se krećemo, ona pokuša da se digne i rado prihvati ruku, koju joj pružih da joj pomognem.

— Odmorila sam se bar! — reče pošto ustade.

— A da niste prozebli, tako neobučena a zemlja vlažna?

— Nisam... ali, najzad, ne mari!

Pođosmo laganim korakom, jer utom je već i pokret dopreo do nas. Nisam je ništa pripitivao misleći da će ona sama nastaviti priču tamo gde je prekinula, ali se ona ćuteći zagleda preda se i poče u blatu birati mesto gde će stati iako su joj i cipele i čarape i jedan deo suknje bili već toliko umazani i ulepljeni debelim slojem blata, da joj je moglo biti svejedno, gde će stati.

— Je li on živ? — zapitah ja, posle duže pauze, vrlo pažljivo, pažljivo kao kad se ranjenik prihvata te da mu se ne povredi rana.

— Jeste! — odgovori ona i podiže glavu, kao da se tog trenutka probudi i seti da mi je dužna nešto. I onda poče tiho da kazuje, onim jednostavnim, promuklim glasom, koji će docnije, kad je bude njena sopstvena ispovest zagrejala, postati jasniji i zvonkiji.

— Nisam dugo čula za njega. Znam da je bio prvo s vojskom kod Prnjavora, posle ne znam gde je bio. Kad stigoše neki ranjenici iz njegovog bataljona u Šabac, raspitivala sam se preko jedne bolničarke, koja je sedela kod nas u avliji. Čula sam da je bio u borbama i da je dobro prošao. Bio je i hrabar. Toliko sam samo čula.

Prekide za malo, ućuta i odmah nastavi:

— Posle, nije prošlo mnogo vremena a oni počeše udarati na Šabac.

— Austrijanci?

Ona potvrdi ali me pogleda jednim pogledom, koji je jasno kazivao da su „oni" Austrijanci, ali da je njoj odvratno reći to ime.

— Počeše najpre granate da padaju u varoš, pa se onda začu otud od Drenovca velika borba a posle i na Savi. Oni su bili prešli na našu stranu i tukli se dole na obali a izgledalo je kao da se već u varoši tuku. Počeše žene i deca da vrište i da se spasavaju. Begali su na koceljevački drum pa za Valjevo. Drugi su se sakrili u podrume i zatvorili u kuće. Ja nisam znala šta da radim; otac već nedelju dana nije dolazio kući te nisam imala koga da pripitam. Ona bolničarka iz naše avlije savetovala me je da ostanem, ostaće i ona i mnoge druge žene iz našeg komšiluka a samo bakalin, blizu naše kuće, kod koga smo pazarivali, reče mi: „Bolje da ideš!" Zabravim kuću pa otrčim do tetke da nju pripitam i, ako ona bega, da povede i mene. Na ulici je bilo već pravo čudo, svet je begao i jurio je gomilama, vojnici su protrčavali, jurili su i neki oficiri na konjima, a pucnjava je bila već u varoši. Jedva sam stigla do tetkine kuće, koje zbog te jurnjave a koje zbog straha. Kuća je bila zatvorena a neke mi žene rekoše da je tetka još jutros rano izbegla. Kada sam se vraćala već sam čula zujanje kuršuma oko glave i videla sam očima svojim kad udari granata u kuću Arambašića na pijaci, pa onda u Donjem Šoru, gde smo mi stanovali, počeše da padaju kuća do kuće, od kafane „Šarana" pa redom. Zadrhtala sam celim telom i dobih groznicu te počeh trčati. Nisam se obzirala oko sebe; sagla sam glavu i trčala. Utom već zagušiše ulicu naši vojnici, koji su odstupali. Provlačila sam se izmeđ njihovih redova i begala. I oni su pucali i sa svih se strana čula pucnjava. Izgledalo mi je da se tuku svud oko mene i za mnom i više mene i poda mnom. Bojala sam se da koja kuća ne padne na mene, da me ne pregaze konji, da me ne obori vojska, da me... drhtala sam od groznice i od straha. Dotrčala sam kući, utrčala kao bez duše, zariglala vrata iznutra, gurnula glavu pod pokrivač u postelji i ležala sam tako pokrivene glave dugo, dugo...

Ona zastade teško dišući, osećajući se onako isto umorna kao onda kad je preživljavala događaj, koji je sada pričala. Pa kad je malo prođe umor ona opet nastavi ali nekim pritušenim glasom, koji je jasno kazivao da joj strah guši i sad grlo od onoga što će kazati, kao što je gušio onoga trenutka kad se užas desio...

— Ne znam koliko sam tako ležala pokrivene glave. Ništa nisam čula, samo što mi je zujalo u ušima i mutilo mi se u glavi. Trgla sam se i zbacila pokrivač kada sam čula lupu na vratima. Živa sam pretrnula i drhtavica me opet ščepa. Lupa se ponovila jače a čula sam i neke muške glasove. Jedva sam umela da koračam i jedva stigla do vrata da otvorim. Pred vratima su bili oni, četiri njihova vojnika. Ciknula sam prestravljena ali jedan među njima, starešina izgleda, manu mi rukom da se umirim. On je govorio mađarski a jedan je za njim prevodio srpski. Pitali su me ima li muških u kući, rekla sam im da mi je otac vojnik i da nikog drugog nemam. Pitali su me ko stanuje sa mnom i imam li što da jedem. Rekla sam im da sam sama da imam nešto malo para i da ću izaći da kupim hleb. Onda su mi naredili da nigde iz kuće ne izlazim i rekli da u varoši i nema hleba ali će se oni postarati da dobijem. I odoše mirno, te meni spade nešto s duše i prođe me strah. Mislila sam biće zli, biće opaki a oni eto dobri, čak mi i hleb nude...

Poslednje reči izgovori sa nekom bolnom ironijom i dubokom odvratnošću i predahnu kao što bi čovek predahnuo na kakvoj visoravni penjući se na visoku planinu.

— Nisam izlazila iz sobe, nisam smela iako me je prošao prvi strah. Naslonila sam uho na vrata i osluhivala sam šta biva napolje. Čula sam da su tako isto lupali i na drugim vratima u našoj avliji i čula sam neki vrisak, pa onda psovku. Kad sam čula da cokule tropaju po kaldrmi, u blizini mojih vrata, ja sam navirila na ključanicu i videla kako dva vojnika drže pod miške jednog našeg i odvode ga. To je neko iz avlije, koji se prikrio, ali nisam mogla da poznam ko je, jer mu kroz ključanicu nisam mogla da sagledam lice. Zatim se umirilo i čuo se samo razgovor žena u avliji. Malo zatim ču se opet neko pucanje koje je trajalo čitavih po sata. Mora da je bilo blizu jer se lepo čulo. Nekoliko puta sam osetila i kako se zatresla kuća jer nisu pucale samo puške nego i bombe. Posle se opet sve ućutalo i nastala je tišina, potpuna tišina. Mene opet poče da hvata neki strah, ne znam zašto, ne znam zbog čega. Udariše mi suze na oči kao kiša. Pala sam opet na krevet i plakala. Mislila sam na oca, na njega, na tetku, pa opet na njega. Bar da sam znala gde je on?

Ljutila sam se na sebe što nisam jutros, sa ostalim svetom, izbegla, pa bi ga onda tražila. Išla bih na front, tamo gde se biju i tražila bih ga...

— Drži desno! — ču se odjednom pozadi nas grub vojnički glas i pucanj biča.

Niko ne mače.

— Sklanjaj s puta, kolona Timočke divizije! — grmi ponovo glas i nastaje krkljanac. Pešaci se sklanjaju u jarak, kola skreću s puta, točkovi s volovskih kola razrivaju obale druma i srozavaju se stranom u jendek; vočići potežu u stranu i prevrću kola, volujar psuje sve na svetu, počev od Boga pa do kaplara i udara nemilostivo grešne vočiće batinom po čeonjači i po očima; tovarni konji zbijaju se među kola i u onome gužvanju i tiskanju obaraju jedan drugome tovare u blato. Nastaje svađa, vika, dreka, psovka, gunđanje. A raščišćenom desnom stranom druma prolazi trkom „kolona Timočke divizije". Nju predstavlja jedan oficir koji vodi svoju familiju i bliže i dalje svoje rođake i komšike i prijatelje, na troja kola svakog mogućeg oblika. Prvo jedan fijaker, pa onda taljige i jedne dvokolice sa jednim konjem. To je cela „kolona Timočke divizije" koja ko bajagi žuri negde.

Svi počinju gunđati, mrmljati i psovati na ovu zloupotrebu.

— Nije ga ni sramota, oficir pa laže!

— Sklanjamo se s puta vojsci i treba da se sklonimo, njeno je prvo da prođe — objašnjava jedan penzioner, koji je navukao bele ženske čarape do kolena a na leđima nosi mesto ranca jedan šaren jastuk pun stvari. — Ali ne smeju nas gospoda oficiri ovako lagati i gurati u jendeke zato da provuku svoje prije i komšike.

— Nije istina da se moramo sklanjati — plamti od uzbuđenja jedan bakalin iz Paraćina, kome je zbog prolaska „kolone Timočke divizije" samar s magareta pao u blato pa sad zbira rasute stvari i briše ih. — Nije istina da se moramo sklanjati. I od sad ću da pucam a neću da se sklanjam nikakvoj koloni. Kad vojska ide na bojište, kad žuri tamo da stigne, dobro, skloniću se vrlo rado, leći ću čak na drum pa nek me pregazi, samo nek stigne za vremena tamo, na bojište. Ali kad bega kao i ja, onda zašto mora da stigne pre mene. Ona je čak dužna poslednja da bega a ne prva!

— Ama bar da je vojska, pa da mi nije krivo! — nadovezuje penzioner sa belim čarapama. — Nego žene! Sramota, odista sramota! — i penzioner pljunu u blato.

Prolazak takve jedne „kolone Timočke divizije" ili raznih drugih „divizijskih i pukovskih kolona" koje su vukle žene i kućne nameštaje raznih oficira, napravi uvek u povorci izbeglica, koja se u zbijenim redovima kreće, čitavu brešu i dug trag, kao ono kad veslom prođeš kroz vodu. Kad prođe „kolona" breša počinje opet da se zatiskuje, zbijeni se redovi proširuju, praznina se na drumu ispunjava; oboreni se tovari utovaruju, kola koja su posrnula u jendek uznose se ramenima na drum; oni koji su se pogubili opet se nalaze i povorka kreće opet lagano, ravnomerno, umorno, gunđajući još uvek i grdeći gospodu koja zloupotrebljava svoj vojnički čin.

Ja sam se ovom prilikom starao da se ne izgubim od devojčeta, te smo se zajedno sklonili izmeđ dvoja volovska kola, takoreći izmeđ volovskih rogova. Kad dođe na red da se krenemo, mi pođosmo levom stranom druma, na kojoj smo koliko-toliko mogli ići uporedno. Ona nastavi sama, kao da je znala da me sad već uveliko zanima njena priča, kojoj sam predosećao tužan svršetak.

— Sedela sam tako sama u sobi, dok već i mrak nije počeo padati. Kad se smrači a mene opet obuze neki strah. Pade mi na pamet da upalim kandilo ali u kandilu nije bilo ni zejtina ni fitilja a lampu nisam htela da palim, bilo bi mnogo svetlosti. Ne znam zašto, al' sam volela da ostanem u mraku iako me je bilo strah mraka. Dok se još pomalo naziralo gledala sam neprestano u prozor a kad se sasvim smrači, ja sam samo žmurila i tresla se od groznice. Ujedanput mi pade na pamet da se pomolim Bogu i kleknula sam kraj kreveta a digla glavu tamo gde visi kandilo i ikona. Počela sam Očenaš ali ga nisam znala do kraja napamet, pa sam onda govorila onako razne reči. Molila sam se za oca, za njega i molila sam se za sebe. Kako sam pri molitvi naslonila glavu na krevet tako sam i zaspala klečeći na patosu. Ne znam koliko sam spavala, znam samo da sam sanjala nešto strašno. Morala sam u snu i plakati jer kad sam se probudila bio je krevet vlažan, tamo gde sam naslonila obraz. Bila je još veća tišina i još dublji mrak kad sam se probudila. Upalila sam lampu, nisam smela više da sedim u mraku. Utom začuh i bat teških cipela pred mojim vratima. Zatreperih od straha i dunuh u lampu da je ugasim ali se ona ne ugasi. Koraci stadoše pred mojim vratima a kvaka škljocnu dva-tri puta. Ja se prestravljena naslonih na krevet. „Ko je to?", šaptala sam, jedva sam sama sebe čula. Spolja su se čule mađarske reči i među njima reč „hleb", „hleb". Biće poslao mi je onaj starešina hleb, kao što je obećao. Pođoh da otvorim vrata, jer onaj je i dalje lupao. Otvorila sam ih koliko da može hleb provući ali onaj kroz taj otvor progura nogu tako da ih više nisam mogla zatvoriti. Zatim gurnu vrata ramenom i uđe u sobu. Bio je on sam, onaj starešina i nosio je hleb pod pazuhom te mi ga pruži a zatvori leđima vrata. Dođe mi u tom trenutku da ne primim hleb i da vičem za pomoć ali se preplаših njegovog pogleda. On mi jednom rukom dade hleb a drugom me pomilova po obrazu. Prođe me zima celim telom i počeh ponovo da dršćem od straha. Govorio mi je nešto mađarski ali ga ja nisam razumela. Nije vikao, nije govorio grubo, čak se i smešio ali je mene sve veći strah obuhvatao i nisam ni reči umela da progovorim. On se onda izmače od vrata, koja je bio leđima pritisnuo, okrete se i zaključa ih pa izvadi ključ iz brave i metnu ga u džep. Mene podiđe 'ladna jeza i osetih kako mi se diže kosa na glavi. „Šta hoćete vi, šta hoćete vi, šta hoćete vi!", šaptala sam i ponavljala jednako. On sede na krevet i pozva me rukom sebi. Ja potrčah prozoru ali on skoči pre mene i ščepa me za ruku tako jako kao da me kleštima steže. Htela sam da vičem za pomoć ali me je glas potpuno izdao. Pokušah da mu se silom otmem i rvajući se sa njim udarim ga pesnicom po vilici. On se razbesni, dočepa me snažnom rukom za rame i tresnu o patos. Umukla sam, pretrnula sam i grunuše mi suze...

Opet je, kao maločas, savlada umor; videlo se jasno da je sve te događaje, pričajući, ponovo preživljavala. Njeno se lice grčilo, njene se oči vlažile suzama, njena se koštunjava i voštana ruka grčevito stezala a bolne i usahle oči čas palile čas gasile, kao žeravica koja izumire pod puhorom. Kod poslednjih reči nju savlada čitava bujica suza i zastade ne mogući dalje da ide.

Jedan prolaznik, trećepozivac, zastade kraj nas i pogleda devojče sa izvesnim roditeljskim saučešćem.

— Što je devojčetu, plače valjda od zime? — upravi meni pitanje.

— I zima i umor i ne zna gde joj je otac, sve se sabralo, prijatelju! — odgovorih mu, osećajući da sam mu dužan odgovora zbog saučešća kojim pita.

— Ne plači, mala! Zar ja misliš znam gde su mi deca? Svi smo se pogubili, naći ćemo se valjda. Ako ne drukče, naći ćemo se na onom svetu. Bog je dobar pa će nas sve sabrati kod sebe.

Starac je govorio iskrenim, potresnim glasom ali ne okrećući nam lica, već naprotiv pružajući sve veći korak da bi izmakao od društva gde se vode razgovori koji i njegovu roditeljsku dušu potresaju.

Ona ubrisa suze rukavom vlažnim od kiše, pa još uvek grcajući nastavi:

— Sutradan sam rano pobegla od kuće. Gde sam pošla ne znam, samo nisam htela i nisam smela ostati kod kuće. U kući me je sve podsećalo na majku, na oca i, bilo me je sramota. Išla sam ulicama onako; usput sretala puno njihovih i svi su mi bili gadni i odvratni. Videla sam obijene dućane, razrušene kuće, stvari iz kuće pobacane po ulici i polomljene, kuće koje su još gorele, njihove vojnike pijane kako vuku pljačku i onda — mrtve ljude, mrtve žene, mrtvu decu. Okretala sam glavu da ne gledam i žurila sam a ni sama ne znam kuda. Stigla sam van varoši i htela sam poći drumom. Nisam ni pitala kuda vodi taj drum, ma gde, samo da ne ostanem više kod kuće. Kad sam izašla u polje bilo mi je lakše, ali me zaustaviše njihove straže i vratiše u varoš.

Vraćajući se, setila sam se jedne starice, koja je poznavala majku i koja je okupala kad je umrla. Znala sam i gde sedi, čak tamo na Kamičku, te požurim njoj. Zatekla sam je, hvala Bogu, kod kuće a bojala sam se usput da i ona nije izbegla. Kazala sam joj sve, sve, ispovedila sam joj se kao što bi se majci ispovedila. Ona me je tešila i žalila, primila me je i sklonila kod sebe. Onaj me gad sad nije mogao više naći.

Tu sam kod starice probavila sve vreme dok su oni bili u Šapcu. Nije me puštala da izlazim iz kuće. Sedela sam kraj prozora, a prozor je gledao u avliju, i po ceo dan sam plakala. Jednako mi je bio pred očima on i čula sam one njegove reči: „Pazi, kad se vratim da ne čujem što ružno o tebi!"

Sa leve strane druma ukaza se niz livada na kojima se crnila zemlja, ukvašena dugotrajnim kišama, a sasušena trava se uvaljala pa se po njoj može da gazi. Ponudih joj da pređemo tamo, manje ćemo biti uznemiravani no na drumu. Pristade i pomogoh joj da preskoči šanac, koji je razdvajao drum od njive. Prešlo je još nekoliko pešaka i sad smo već bili van gomile te je mogla mirno i bez prekida da nastavi svoje kazivanje.

— Starica je izlazila pogdekad, da nabavi što i, kad se vraćala, pričala mi je, kazivala mi je sve što je videla i čula. Pričala mi je o porušenim kućama na pijaci, o nameštaju kako leži ulicama izbačen iz kuća, o konjima koje su uveli u sobe, o narodu koji je zatvoren u crkvi i mnogo, mnogo užasa, tako da sam uvek drhtala kad sam je slušala. Jednoga dana, dođe starica kući ali radosna lica, nisam je čisto mogla poznati. Uđe, pa kad zatvori vrata za sobom a ona meni: „Čuješ li?" Nisam je razumela a ona odškrinu vrata pa veli: „Slušaj!" Ja oslušnuh i čuh pucanje. Pogledah staricu a ona radosno: „Naši!" „Naši?", ciknula sam od radosti. „Jeste, jeste", šapće starica, „ali ćuti, da nas ko ne čuje da se radujemo. Vuci su još u toru!" Napregla sam uho i slušala, tako mi je drag bio taj zvuk pušaka i topova od kojega sam se pre toliko plašila. „Gde je borba, odakle se čuje?", pitala sam radoznalo. „Otud sa groblja, sa vašarišta!", odgovara starica. „Sa Dumače?", opet pitam ja. „Jeste, otud!", odgovara starica, pa nasloni uho na vrata a prstom mi kazuje da se umirim. Slušala je poduže pa se okrete, veli: „I otud se čuje, od kasarne, sa Muselinskog brda!"

Slušale smo obe tako netremice, nisam ni disala, da bi samo čula da li se pucnjava približava, da li se naši približavaju. Predveče je prestala borba a naši nisu ušli u Šabac. Naiđe strah na nas i starica uze da se krsti: „Bože, daj nam da preživimo još samo noćašnju noć!" Nismo kazivale jedna drugoj al' nas je obe bilo strah da se oni gadovi, zato što ih sad naši napadaju, ne počnu noćas svetiti na nama, sirotinji. Legla sam i pokrila sam se ćebetom preko glave ali nisam mogla zaspati. Nisam valjda spavala celu noć, samo se prevrtala i mislila i osluhivala gotova da odmah skočim ako bi čula što. Ni starica nije spavala, čula sam je kako hukće i šapće jednako, valjda se molila Bogu. Pred samu zoru mora da me je savladao san jer nisam ni čula ni osetila kad se starica izvukla iz sobe i otišla negde, niti sam znala koliko se tamo bavila. Trgla sam se samo kad je uletela u sobu i stala me grliti i ljubiti:

„Ustaj!", vikala je starica a suze joj kaplju i kvase me: „Ustaj, ustaj!", vikala je i nije umela da mi kaže ništa no samo manu rukom i ja neobuvena pojurih kao bez duše za njom na ulicu. O, Bože, kako sam se radovala, kako sam plakala, kako sam ljubila konje srpskih vojnika i čizme konjanika do kojih sam mogla stići i ljubila oficirima ruke. „Oni" su se noćas, tiho, mučki, da ih niko ne čuje, izvukli iz varoši prebegli preko Save. Pričaju ljudi i žene, koje su zbog straha probdile celu noć, te su izvirivali, da su čak konjima vezivali kopite krpama da se ne čuje bat, kako bi se samo neopaženi mogli izvući iz varoši. A naši, izvešteni, ušli su rano jutros. Nisam čisto verovala svojim očima, nisam mogla da verujem da sam sad slobodna, da mogu ići gde hoću, da se smem i svojoj kući vratiti.

Prva misao mi je bila da potražim oca. On me nikad nije toliko gledao, nikad nije toliko brinuo o meni, ponekad je bio čak i grub, a ni ja nisam toliko marila za njega, ali sam osećala da mi treba otac, da ga moram naći.

Išla sam slobodno ulicama, nije me više ničega bilo strah. Viđala sam sad njihove mrtve vojnike kao ono pre naše. Pre sam, sećam se, okretala glavu, bojala sam se da vidim mrtva čoveka a sad — zagledala sam, gde god sam videla njihova mrtva vojnika, zagledala sam da ga dobro vidim. Oh, kako sam želela da među mrtvima vidim ono nevaljalo lice koje se, čini mi se još i sad uvek, kad god govorim ili mislim o tome, kezi na mene. Nisam ga našla. A išla sam kroz mnoge, vrlo mnoge ulice, slazila sam i na Bajir, išla i do groblja i čak do Dumače prekim šorom sve do iza kasarne.

Kući nisam otišla, nije mi se išlo. Nisam volela ni kraj kapije da prođem, izbegavala sam.

Nisam našla oca. Našla sam neke iz poslednje odbrane ali mi nisu ništa znali da kažu. Jedan čak sleže ramenima pa dodade: „Ko zna, dete, da l' je izneo glavu, mnogi su izginuli!" Ja nisam dalje raspitivala, suze na očima i nešto teško u duši kazivalo mi je da je otac poginuo. Sad sam se tek osećala sama, potpuno sama... jedino on? A kako ću njemu na oči? Nisam znala šta ću, pa ipak nisam imala šta drugo. Poći ću da ga tražim, ići ću na kraj sveta, tražiću ga i naći ću ga. A kad ga nađem, ispovediću mu se i on će mi oprostiti. Ja nisam kriva, on će mi oprostiti!

Pošla sam za našom vojskom i išla sam od logora do logora, gde god sam vatru videla i naše vojnike oko vatre. Niko mi ni zlu reč nije rekao, odvajali su od svog dela i hranili me a noću, kad je trebalo leći, ustupali su mi mesto kraj vatre i svoje ćebe. Kad bi nastajala borba, sami su me vojnici uklanjali, bojeći se da mi se što ne desi. Tako sam provela petnaest dana i sve sam dalje išla i svud pitala ali ništa nisam mogla čuti. Neko mi reče da bi se najbolje mogla raspitati u kojoj okružnoj bolnici, tu dolaze ranjenici i bolesnici iz svih pukova, te oni jedni za druge znaju i kazuju.

Krenula sam u Valjevo i stigla sam tamo onda kada su kolima iznosili iz varoši naše mrtve vojnike nabacane jedne na druge kao vreće. Srela sam nekoliko takvih kola punih mrtvaca. Rekoše mi u Valjevu pomor, umire se po bolnicama, po kućama, po ulicama. Nije me to preplašilo mene radi ali njega radi. Prođe mi kroz glavu mračna misao, da nije i on u nekim kolima, da nije i on među onima što se gomilama iznose iz varoši i zajednički sahranjuju u velike krečne rupe?

Otišla sam u najveću bolnicu i molila da me puste da obiđem sve sobe, sve ranjenike i sve bolesnike. Isterali su me; rekli su mi da je bolnica puna zaraze, da se niko ne pušta i isterali su me. Spavala sam tu noć u kafani, na jednoj klupi, među mnogim vojnicima koji su spavali po patosu i po klupama. I među njima je bilo bolesnih; jedan je celu noć jaukao a jednoga su, kad je svanulo, izneli mrtvog.

Pitala sam i te vojnike ali ni oni nisu znali ništa da mi kažu. Jedan me samo nauči da odem u bolnicu i da se ponudim za bolničarku. Veli: primiće te jer im trebaju; bolničarke su im se razbegle. Tako sam i radila sutradan i primili su me. Rekli su mi najpre da nije za mene, da je teško, da je zaraza opasna, da sam suviše mlada ali kad sam ja ostala pri svome, primili su me.

Najpre nisam umela, a posle me naučiše radu. Radila sam i danju i noću, nisam se ničeg plašila, obilazila sam i najteže bolesnike i same samrtnike. I raspitivala sam uvek i jedino za njega ali nisam mogla ništa saznati. Mnogi nisu znali a mnogi nisu ni mogli razgovarati, svi su bili teški bolesnici i nije im bilo do razgovora, nisu hteli ni da odgovaraju kad sam ih pitala. Jednoga dana doneše jednoga mladića, opet bolnoga od tifusa ali vedrije mu malo oči i govori, razgovara. Kad sam mu menjala obloge i rekao mi: „Hvala sestro!", pripitala sam ga i znao je. Rekao mi je da je ranjen.

— Ranjen? — pretrnuh ja. — Je li teško?

— Ne znam, sestro, vidô sam ga u poljskoj bolnici.

— Gde, u kojoj bolnici?

— U poljskoj, u Lazarevcu.

— Je l' tamo i sad?

— Ne, ne može biti, morali su ga odneti gde u stalnu bolnicu.

— U stalnu bolnicu? Gde je to?

— A ko će ga znati, zar ih je malo. Redom duž železnice pa gotovo u svakoj varoši.

I ja sam pošla redom duž železnice. Bila sam u Kruševcu i u Kragujevcu, išla sam u Jagodinu i u Niš. Obijala sam pragove svih bolnica, spavala sam po kafanskim klupama, gladovala sam ili su mi vojnici dodavali po komad hleba. Negde sam stupala u službu, negde sam dobila pomoć od opštine a u Nišu sam opet ušla u jednu bolnicu. Pet meseci sam se tako potucala i jednako raspitivala ali ga nigde nisam mogla naći. Najzad sam uvrtila sebi u glavu da pođem u Skoplje. Vidim mnoge ranjenike tamo ispraćaju, čula sam da tamo ima nekoliko velikih bolnica a i vuklo me je nešto tamo. Sve mi se kazivalo kao da ću ga tamo naći.

Devojče se dugim kazivanjem umorilo bilo i zastade malo. Spusti bošču na zemlju i uze je zatezati jer se veze bile opustile. Ja sam pripalio cigaretu i očekivao sam je. Sad me je uveliko interesovao njen mali roman, koji je ona umela tako prosto a ipak tako lepo da kazuje. Maločas, pošto je utvrdila veze na bošči, ona je ponese ponovo, pođe i nastavi svoje kazivanje.

— Otišla sam u Skoplje i kao i svud u drugim mestima, zašla sam od bolnice do bolnice. Sad već nisam tražila da služim, nisam molila da me prime za bolničarku, nisam raspitivala ranjenike ni zalazila po sobama, no sam rekla da sam mu sestra i obraćala sam se samoj upravi, kazivala njegovo ime i prezime i pitala nalazi li se u toj bolnici ili bar, je li bio u toj bolnici? Tome sam se naučila u ranijim bolnicama. Prošla sam već dve bolnice, na što mi je trebalo skoro nedelju dana dok sam umolila, dok su pregledali spiskove.

U obema ono isto što sam viđala i u svima dosadašnjim bolnicama: ranjenici šetaju po bašti u dugim bolničkim kaputima i papučama, povezane glave, noge, ruke ili sede i razgovaraju ili čitaju novine. Kroz dugačke hodnike žure bolničari i gospe u čistim belim keceljama i sve to ispunjava miris karbola. Svud to isto gde god sam prošla. Najzad sam otišla u treću bolnicu, onu više grada. I tu sam čekala dva dana ali — on je bio tu, nađoše ga u spisku. Srce mi je najedanput zalupalo kad mi rekoše i u tom času mesto da se zaradujem, mene obuze neki strah.

Rekoše mi broj sobe i postelje i ja sam je lako našla jer sam to naučila već u bolnicama. Kad sam prišla njegovoj postelji, on je spavao. Nisam ga htela buditi, sela sam na stolicu kraj postelje i čekala, strpljivo čekala, gledajući ga kako slatko spava pokriven ćebetom i povijene polovine glave zavojem. Od jedne gospođe, koja ga je obišla i koju sam zapitala kako je ranjen, čula sam da je izgubio jedno oko i da mu je vilica razmrskana te ne može još da govori. Htela sam da vrisnem ali sam se bojala da ga ne probudim i uzdržala sam se, ali su me suze oblile. Gospođa me je tešila, rekla mi je da opasnosti za život nema, da će istina ostati onakažen i bez oka ali će ostati živ.

Gospa zatim izmače i pođe da obilazi dugi niz kreveta, u kojima su ranjenici ležali i sedeli, razgovarali ili jaukali, čitali novine ili igrali karte i sve to tiho i šapućući. Ja sam sedela kraj njegove postelje, gledala ga dugo, dugo, i razmišljala. Žalila sam ga, teško sam ga žalila: kako je bio lep onda kad smo se rastajali, kad mi je ono kazao a sad, bez oka i prebijene vilice. Nisam umela da ga predstavim sebi takvog, ja sam ga videla samo onakvog kakav je bio kad smo se rastali. Da li ću ga voleti tako isto kao i pre, kad ga budem videla onakaženog; da li on još mene vole, da me nije zaboravio? Da li će se obradovati kad se probudi i spazi me kraj postelje svoje? Kako će primiti sve što mu budem kazala? Kako ću, kojim rečima da mu kažem, kako da počnem?

Jednoga trenutka dođe mi želja da se ne budi još, da spava još dugo. Činilo mi se kao da još nisam spremna kako ću mu kazati, izgledalo mi je da se nisam još pribrala. Zatim mi dođe želja da stvorim pred očima njegovu sliku kakav sad izgleda. Pogledah ga i pod onim zavojem, koji mu je pokrivao levu polovinu glave, ja videh jednu praznu očnu duplju, gde je pre sjalo njegovo crno oko; videh i prelomljenu vilicu koja mu je unakažavala lice... Videla sam ga lepo, potpuno, onako unakaženog i ja ne znam ni sad zašto, ali to mi je učinilo neko zadovoljstvo, dalo mi je hrabrosti. Ja sam se čak u duši zaradovala što je onakažen te smo sad ravni, te smo podjednaki, te ću smeti da mu kažem: „Eto, i ti si onakažen, pa te ja ipak volem!"

Ta me je misao tako obradovala, tako utešila, tako ohrabrila, da sam sad već jedva čekala da se probudi. Nestrpljivo sam se vrtela na stolici, nadnosila sam se nad njim, pokrivala sam ga ponovo ćebetom iako je bio pokriven, i brisala sam mu oznojenu slepoočnjaču maramom koja je virila pod njegovim jastukom. Najzad, poče da se tegli, ispruži ruke i otvori ono jedno oko.

Ćutala sam i gledala ga i on me gledao i ni reči nije progovorio. Ja sam zaboravila u tome trenutku da on zbog prebijene vilice i nije mogao govoriti i činilo mi se da je naročito ćutao. Ali ono njegovo oko, koje me je tako oštro gledalo, pitalo me je: „Od kud ti ovde, šta ćeš ti ovde?" Ja sam ga razumela, uzela sam njegovu ruku, naslonila je na obraz i oblila je suzama.

— Sve ću ti kazati, sve po redu. Reci mi samo kako ti je, kako je tebi?

Digla sam glavu da saznam njegov odgovor, pogledala sam ga u oko ali ono nije odgovorilo na moje pitanje, ono me je i dalje pitalo: „Od kud ti ovde, šta ćeš ti ovde?"

Počela sam sve po redu da mu kazujem, sve od onoga trenutka kada smo se rastali, kao što vama sada kazujem. Kazala sam mu sve, sve, sve... Nisam dizala oči, da se ne bi srela sa njegovim pogledom, već sam govorila oborene glave držeći njegovu ruku u svojoj. Nisam još ni završila sve a osetih kako on izvlači svoju ruku iz mojih. Ja je stegoh, da je zadržim ali je on grubo trže. Tada digoh glavu i pogledah ga pravo u oko. Pogled mu je bio miran ali je kazivao puno, puno prebacivanja i — preziranja. Ja sam to osetila i ščepala sam ga ponovo za ruku, obasula je ponovo poljupcima i šaptala sam kroz suze:

— Pa zar sam ja kriva, zar sam ja kriva?

On me je i dalje gledao sa prezrenjem i ponovo je trgao ruku koju sam ljubila.

— Ti me ne voleš, je li, ti me ne voleš više?

I dalje me je gledao istim pogledom i nijedna se crta na njegovom licu ne izmeni niti se u oku pojavi sažaljenje prema meni. Tad ja dobih nove snage, koju dotle nisam nikad osetila u sebi, presušiše mi suze u očima, zadrhta mi reč u grlu ali je ipak izgovorih onako kako sam je smislila, dok je on spavao:

— Eto, i ti si onakažen pa te ja ipak volim!

Njegovo oko senu gnevom i mržnjom, on diže ruku i — pokaza mi vrata. Ciknula sam tako da se cela soba ranjenika uznemiri: pojedini digoše glavu ispod ćebeta, drugi progunđaše nešto a mene obli težak stid. Pogledah ga još jednom, ali se izraz njegova oka nije menjao i rukom mi je još uvek pokazivao vrata.

Digla sam se, kao najurena nevaljalica, nisam ni digla oči da ga još jedanput pogledam, nisam ni digla glavu da pogledam ostale po sobi, već sam kroz dugi niz bolničkih kreveta išla kao pijana i udarala sam se čas o jedan čas o drugi krevet. Kad sam se dočepala vrata, izjurila sam napolje kao vetrom potisnuta; trčala sam kroz one duge hodnike kao da se spasavam vatre koja je zdanje zahvatila, sletela sam niz basamake kao da me je ko gurnuo ozgo i tek kad sam se dočepala ulice, ja sam se zaustavila. Naslonila sam se na zid bolničke zgrade da se odmorim, pokrila sam lice rukama i gorko, gorko sam plakala.

Prolaznici, videći me da plačem pred bolničkim vratima, posmatrali su me sa saučešćem, misleći valjda da mi je toga časa u bolnici neko od bližih umro. A tako je i bilo, izgubila sam njega i sad više nikoga bliskog nemam, sad sam sama samcita u svetu...

I tu devojče završi priču, završi i ućuta gledajući preda se i uvijajući se ponovo u ćebe, koje joj je bilo gotovo spalo sa ramena za vreme živoga pričanja, osećajući valjda u tom trenutku zimu u duši, koju osećanje osamljenosti u svetu izaziva uvek u dušama onih koji pate.

Moram priznati da sam i sâm bio pod utiskom ovoga maloga romana koji je devojče tako iskreno a tako lepo pričalo. Bunilo mi se nešto u duši; osećao sam da smo svi takvi, svi podjednako sebični, svi podjednako odvratni. Onakaženi sami, mi s preziranjem sretamo onakažene i, mesto topla saučešća, mi nemilostivo pružamo ruku vratima kazneći teško one koje je sudbina već kaznila.

Devojče je ućutalo, jer nije imalo više šta da kazuje, ja sam ućutao jer sam joj hteo dati vremena da se odmori. Nju je priča toliko isto zamorila kao i put kojim idemo, zamorila je jer je kazivala iz duše, jer joj je svaka reč bila osećaj, svaki osećaj bol a svaki bol pozleda još sveže i nezasušene rane.

Dugo smo išli i dugo smo ćutali. Najzad, dosta neodvažno i više šapćući zapitah je:

— Pa sad?

Ona diže glavu i pogleda me iznenađeno. Ona se bila upustila u duboka razmišljanja i možda vođena mislima, i sama je sebi postavljala pitanje: „Pa sad?" Stoga je moje pitanje, koje se ukrstilo sa njenim mislima, toliko iznenadilo. Ili je možda, pod uticajem bolova, koje je ozledila svojom ispovešću, i misli, koje su je odvele daleko negde, sasvim i zaboravila da sam ja kraj nje, te je moje pitanje probudilo. Ja ponovih:

— Pa sad?

— Sad? — učini ona zbunjeno, nespremna valjda da odgovori na to pitanje i pogleda me svojim tihim i ugaslim pogledom, pa onda živo nastavi, tačno otuda gde je stala. I ja sam je slušao kao kad bi nastavio čitati knjigu od mesta gde sam obeležio znakom da sam prekinuo.

— Dugo sam plakala pred bolnicom. Mnogi su me prolaznici i pitali šta mi je ali ja nisam dizala glavu i nisam odgovarala. Kad su mi presušile suze, kad više nisam mogla plakati, ja sam se uputila niz ulicu. Nisam znala kuda ću, ali sam pošla. Došla sam na veliki kameni most koji vodi preko Vardara i tu sam zastala. Naslonila sam se na ogradu i gledala sam dugo dole u vodu. Nosila sam se mišlju da skočim dole i već sam se bila prekrstila i čekala samo da se malo raziđe svet, koji je gomilama išao mostom. Ujedanput dođe mi volja da se opet vratim u bolnicu, zašto ne znam. Ne moram ulaziti u njegovu sobu, stajaću pred vratima. Kad sam već krenula, pade mi na pamet da budem bolničarka u toj bolnici. Ne moram raditi u njegovoj sobi, radiću u drugoj, ne moram ga ni videti, ni on mene, ali ću biti tu gde je i on, bićemo pod istim krovom. Ta mi se misao poče sve više dopadati i sad sam već žurila da što pre stignem. Ušla sam opet na ista vrata i popela se istim stepenicama. Jedan stariji gospodin — ne znam šta je bio — kad me spazi u hodniku, zapita me šta ću. Odgovorila sam da bih želela biti bolničarka. On se izbrecnu i reče da nije potrebno. Otišla sam opet ali mi se to sad uvrtilo u glavu da budem bolničarka. Šta bih mogla drugo, dva dana nisam jela a sramota me je bilo da prosim.

Otišla sam i u onu veliku bolnicu, u parku. Nisu me ni tamo primili. Čula sam za jednu bolnicu dole, na Vardaru, otišla sam i tamo. Molila sam i preklinjala i najzad su me primili. To je bila zarazna bolnica i ja nisam u njoj probavila ni punu nedelju dana pa sam se razbolela. Razbolela sam se od tifusa i šest nedelja sam teško bolovala. Dva puta sam umirala pa ipak sam evo ostala. Kad sam se pridigla, kad sam pošla nogom, prvo mi je bilo da idem u gornju bolnicu, više grada, da se raspitam o njemu. Mesec i po dana sam ležala i nisam ništa znala šta je s njime, je li još tu, u Skoplju. Žurila sam ulicama ali mi je ovom prilikom nešto čudnovato izgledala varoš. Užurbali se ljudi, ulice zakrčila kola natovarena stvarima a dućani zatvoreni. Ja nisam ništa znala za vreme moje bolesti šta se dešavalo napolju, te zato mi je sve to bilo čudno. Pa i pred bolnicom bilo je tako isto. Iznose ranjenike i stvari kao da se sele. Zapitala sam i rekoše da su ranjenici iz ove bolnice odneti juče u Prištinu. I on je odnet u Prištinu.

Odmah sam se rešila da i ja idem u Prištinu i sišla sam na stanicu ali nije bilo voza, jutros rano je otišao. Presedela sam celu noć na stanici, na onoj kiši, i sutradan tek ušla sam u voz.

Devojče opet zaćuta, pa se zatim okrete meni i dodade:

— Vi ste mi pomogli!

— Jeste, sećam se! — odgovorih i izađe mi pred oči slika onog bednog devojčeta sa crnom boščom, pod onim ogolelim drvetom, na skopljanskom železničkom peronu.

— U Prištini sam služila u jedne gospođe, opet izbeglice — nastavi ona — koliko za koru hleba, samo da se ishranim. Raspitivala sam o njemu i saznala sam. Bio je u onoj bolnici odmah iza načelstva. Posle, poče svet iz Prištine da bega, odneše i ranjenike u Prizren, pa eto, i ja idem za njim.

— Ali kad vas prezire, kad vas je oterao?

— To jeste, ali ja ću ići za njim. Ići ću ovako neprestano. Ko zna... može mu zatrebati moja nega, može mi...

Duboko uzdahnu iućuta i ja je nisam više hteo pitanjima da uznemiravam.

XIX — Gospa u crnini

Već je bio pao prvi sumrak, kada smo daleko ispred nas, u jednoj dubokoj dolini, opazili vatre te nam rekoše da je to Suva Reka gde večeras moramo zanoćiti. Nebo, koje se ceo dan mučilo i grčilo, svečera se proli te u dva maha promače kroz suton sitna ali oštra i studena kiša.

Iako razgovor i žagor tako svečeri malaksava, nisu nas ipak napuštali raznoliki glasovi koji su se svakoga dana putovanja provlačili kroz gomilu, nit znaš kako niti otkuda. Čovek ne može da protumači sebi kako ti glasovi postaju; kako se i zašto rađaju, koji su to podzemni putevi kojima oni prolaze i koji su to načini kojima oni osvajaju čitavu jednu povorku neorganizovanu, nepovezanu; povorku, koja sem zajednice nevolje, ne predstavlja nikakvu drugu zajednicu i koja se prostire nekoliko sati dužine ili još bolje, koja je neprekidna od mesta odakle smo jutros krenuli do mesta gde ćemo noćas zanoćiti. Ti glasovi čak idu raznim putevima i ukrštaju se; jedni dolaze otud, daleko iz pozadine i napreduju kroz redove begunaca pravcem kojim i oni kreću, sve dok ne dopru do prvih redova; drugi polaze otud gde su prvi redovi već stigli, idu u susret beguncima i prostiru se sve do zadnjih redova, onih koji su večeras tek krenuli otuda odakle smo mi jutros. Tamo, u pozadini, stigao je redove begunaca kakav ranjenik sa kosovskoga bojišta, kazao je kakvo je stanje ostavio kad je napustio borbu i ta je vest pošla iz zadnjih redova, pošla možda još jutros i stigla među nas na zamaku dana, ne uvek onakva kakva je prvobitna bila već uveličana a gdekad i ublažena. U Suvu Reku je jutros stigao ne znam koji pukovnik iz ne znam koje komande. On hitno putuje automobilom za Prizren i zastao je samo toliko, koliko da ispruži noge i da dane dušom i, tom prilikom, on je kazao da je Rumunija objavila rat a Francuzi zauzeli Zelenikovo i Katlanovsku Banju i da Bugari zbog toga naglo odstupaju sa Kačaničkoga fronta.

— Jeste, jeste — tvrdi jedan preda mnom, koga u mraku ne mogu dovoljno da vidim. — Jutros, kad sam krenuo iz Štimnje, ja sam sreo neke železničare, dobili su naredbu da se vrate u Ferizović.

— Šta će u Ferizović?

— Znači, da Bugari odista odstupaju pa je železnička linija možda oslobođena te ih vraćaju da je prime. Možda je do sad već i Skoplje oslobođeno.

— Daj, Bože milostivi! — kliknu njegov sagovornik, skide kapu, pogleda u nebo i prekrsti se.

— More kakav Ferizović; to je neka pometnja ako je ko vratio te železničare. Evo ranjenik stigao otuda, video svojim očima da je Ferizović pao. A i u Lipljanu naši su već bacili u vazduh železničku stanicu i napustili ga.

— Uh! — učini onaj što se malopre obrati nebu i Bogu.

Znači da se tačno na mestu, gde sam ovoga trenutka bio, ukrstile dve vesti u svome putovanju u suprotnim pravcima; ukrstile su se, sukobile i potrle. Ali njima taj sukob ništa neće smetati da opet dalje pođu; svaka svojim pravcem, sem ako ne utonu u mraku i u noći koja sve naglije obavija gomilu.

Kad mrak obgrli gomilu, koja se valja drumom, tada ona gubi od one svoje tužne živopisnosti. Gube se detalji, gube se raznolikosti, iščezavaju ti pred očima oni prestravljeni pogledi, oni izrazi bola i patnje i sve se sjedinjava u jednu crnu, živu masu, koja se kreće drumom kao crn oblak. I manje je razgovora tada; da li što čovek manje vidi oko sebe te manje nalazi i razloga da povede razgovor ili što se čovek u mraku lakše odvaja od spoljnjeg, te više povlači u sebe i misli o sebi i svojima?

Ja sam se još bio i premorio dužinom puta i težinom utisaka, koji su danas bili i mnogobrojni i raznoliki, te mrak koji je sve više osvajao bio mi je dobrodošao. Želeo sam da ništa oko sebe ne vidim i da više ništa ne čujem. Napustio sam stranu druma, kojom smo mi pešaci obično išli i, da bi se što više odvojio, uturio sam se izmeđ dvoja kola. To je bio jedini način da se koliko-toliko osamim. Preda mnom su bile jedne kočije dobro pokrivene i zatvorene sa svih strana arnjevima a za mnom jedna volovska kola pretovarena stvarima, povrh kojih je polegao volujar i, pod kišom koja ga je kvasila, spavao tvrdim snom.

Iz kola, koja su išla preda mnom, dopirao je ipak živ razgovor žena. Nisam obraćao pažnju na taj razgovor jer sam znao da se odnosi na ono o čemu smo svi na ovome putu jedino razgovarali; tiče sa našega jada i naše nevolje a toga su mi bile prepune uši, presite oči i pretovarena duša. Pa ipak, kad ženski glasovi iz kola ciknuše jače u razgovoru i nehotice mi dopreše njihove reči do uha.

— Ali verujte, da nije bio ranjen ja ne bih ni reči rekla — govori jedan piskav i prozebli glas.

— Al' nemojte tako, gospa-Jelo — odgovara jasan, pun ženski glas — i drugi su ranjeni i po dva puta i po tri puta.

— To je svejedno, može se poginuti i od jedne rane kao i od dve i tri.

— Pa dobro, gde je vaš muž ranjen?

— On je bio kontuzovan a to je mnogo gore nego da je bio ranjen.

— Ju, gospa-Jelo, šta govorite. Moj Mića je imao tri rane odjedanput; jednu ovde u grudima, jednu u kuku i jednu u vratu; propljuvao je krv, na nogu ne može ni sad da stane čvrsto i vi kažete to je svejedno i još kažete, lakše je biti ranjen nego kontuzovan.

— Pa dobro, neka nije lakše, neka je svejedno. Ali, pitam ja vas: može li da bude kontuzovan neko koji nije hrabar? Eto, to pitam ja?

— Pa to jeste...

— E, a Karađorđeva zvezda se daje za hrabrost ja mislim.

— Pa jeste!

— Pa kad se daje za hrabrost, onda zašto, molim vas, njemu da dadu medalju za hrabrost a ne Karađorđevu zvezdu? A nek Bog da samo zdravlja, neće to moj Nikola ostaviti tako. Ako i ne bude Srbije, novina će biti pa ćemo se razračunati!

Obuze me teško osećanje odvratnosti i uzbuđen izmakoh opet u stranu, u gomilu koju sam hteo izbeći. Lakše je ipak slušati ona gorka jadanja o nevolji no ove rugobne razgovore sebičnih žena čija je lična sujeta jača i od nesreće čitavog jednog naroda. Ne znam ko je bio u kolima i volim što ne znam. Što će mi njihova imena koja niti bi ih mogla opravdati niti ublažiti rugobu pojave. Pade mi samo, u tome trenutku, na pamet da mi je da u ovoj gomili sretnem onog trećepozivca što nam je noćas u Štimnju doneo punu torbu Karađorđevih zvezda sa lipljanske stanice; da mi je da ga nađem, da mu uzmem jednu kilu toga ordenja da je sručim u kola, u krilo nenasite i odvratne sujete.

Noć je već uveliko ovladala kada smo se spustili u duboku dolinu u kojoj leži Suva Reka. Očajno smo pogledali oko sebe na ono nekoliko kuća koje čine selo a nas se desetine hiljada spuštamo drumom da tu potražimo prenoćište. I sve te kuće već posednute, posednuti i svi putevi i sva dvorišta i sve bašte i sve njive. Pao umoran narod kao oblak skakavaca na zemlju, poseo svaku stopu, svaki pedalj, pa se zemlja crni i buktu vatre na sve strane.

Sat i dva stajali smo na drumu pod kišom, ne znajući u onome mraku ni gde ćemo. Stajalo je tako hiljadama duša i sva zaprega, sve što je naišlo a što se sve više i više zgušnjavalo onima koji nailaze. Napred se ni koraka nije moglo jer je dole u selu zagušilo, te počesmo da se mirimo s tim da svak ostane na mestu gde je i tu na drumu da zanoći.

Oni, koji su imali kola, rešiše nekako lakše to pitanje; raspregoše kola tu nasred druma, onako u redu kako su stigli ili odjarmiše volove, počistiše koliko se moglo blato pod kolima, posuše malo slame ili sena i zavukoše se koliko da sklone glavu da ne kisnu. Buknuše očas vatre kraj kola i izmeđ kola, te se upali drum daleko za nama, hej tamo čak do visina Dulje Hana, te drum dobi oblik plamene zmije koja se repom oslonila na planinu a glavu spustila u dolinu.

Šta smo mogli do, kao ono u Lipljanu, da krenemo od vatre do vatre, spuštajući se ka selu i teško se provlačeći izmeđ kola koja su zakrčila drum i ljudi koji su polegali usred blata po drumu i po stranama.

Kraj vatri je vladala mrtva tišina, klonulo i sa samoodricanjem svako se predao sudbini bez roptanja. Što smo duže gazili u nevolje to samoodricanje bilo je sve opštija pojava i jasno se opažalo na ljudima kako se predaju bez zavaravanja i kako se sve više mire sa najgorom mogućnošću isto tako lako kao i sa najsretnijim izlazom iz ove nevolje. Kraj jedne od tih mnogobrojnih vatri, polegao vojnik užetom vezanih ruku na leđima a kraj njega drug mu sa puškom i još nekoliko oružanih vojnika. Oni razgovaraju sa njim, govore mu tiho, blago, kao što se sa samrtnikom govori a on ih gleda ukočena, bezizrazna pogleda i grize stisnute usne, krvavo ih zagriza a ne odgovara nikome ni reči. Njegovo je lice zemljane boje a oči mu izviruju duboko ispod čela. On leži slomljen i prati oblačak dima iz tuđe cigarete, ide pogledom za njim i kad se ovaj u tamnini razveje i njegov se pogled izgubi i neodređeno luta.

Zastao sam kraj ove vatre, dugo sam stajao.

— A i da te nisu uhvatili, kuda bi begô? — govori blago jedan od onih što nesretniku vezanih ruku dodaje u usta svoju cigaretu. — Nema danas na celome svetu nijednoga mestašca gde bi se mogao skloniti. Vidiš da je ova nesreća sve obuhvatila, kao plamen kad uhvati celu šumu pa hajde, nađi ti sad drvo na koje bi se mogao popeti i skloniti od požara.

Vezani vojnik i dalje ćuti, grize usne, prelazi pogledom po svima oko vatre, pa ga opet upravlja bezizrazno negde u daljinu.

— Da se vratiš — prihvata drugi — na šta da se vratiš? Da je tamo dobro, vratili bi se svi mi a ne bi ovoliko patili. Zar bi ovoliki narod begô da je dobro tamo odakle se bega. Zlo je tamo, veruj mi. I da si se vratio kući svojoj, misliš ostavili bi te oni kraj dece da ih gledaš i da ih hraniš. Ne bi bome, nego bi ti opet dali pušku i poveli ko zna gde, u tuđe zemlje i u tuđu vojsku. Ne bi mogao ni zdrav hleba, ni bolan leka potražiti među tuđinima. Ginuo bi tamo ne znaš za koga; bacili bi te u raku a ne bi znao čija te zemlja pokriva. Ovde je drugo, naše je; ako je i teško, naše je!

Vezani vojnik opet ćuti, te ni pogledom više ne prati razgovore. On ih čak i ne čuje. On zna da će noćas, kad sve ove što mu sad govore bude savladao umoran san, ili možda u ranu zoru dok još sve spi, njega povesti odavde, izvesti ga negde daleko van druma i sasuti mu šest pušaka u grudi. On to zna, njemu je to saopšteno i sve ovo što mu govore drugovi, ne tiče se njega jer on više ne postoji. Njegovo oko koluta, njegov pogled ne obuhvata predmete, ne prenosi ih u dušu no se zadržavaju samo na zenici i tu odmah i iščezavaju. Duša mu već nema veze sa telom, ona je van njega; misao i telo su se rastali. Telo je zarobljeno, vezano, predalo se sudbini, zakonu, sili; misao je slobodna, nju užad nisu mogla vezati i ona se izdvojila i otišla tamo, tamo preko Kopaonika, gde se kraj tople vatre pribrala dečica oko kolena majčina a ona ih teši i priča im priče, lepe i zanosne, ne bi li ih njima uspavala, kako ih u snu ne bi morio strah od krvave bure koja je i kroz njihovo selo provalila i koju su dečica svojim očima gledala. On je tamo, međ njima; on prihvata mezimče u snažne ruke; uznosi ga visoko više glave i spušta ga na grudi; pa onda meće na kolena devojče koje ga obasipa gomilom pitanja i koje ga slatkim, detinjim glasićem, moli da ih više ne ostavlja same, da ostane kraj njih, da se više ne odvajaju.

Tamo je on, tamo, međ svojom dečicom, tamo on provodi svoju poslednju noć.

Odmakao sam duboko tronut od ove vatre, izbegavajući da se sretnem sa pogledom nesretnikovim, i pošao sam dalje lutati tražeći gde bi se ma malo zaklonio sa porodicom, da provedem ovu noć. Naposletku, neko ispred mene reče da je dole, u selu, jedna kapija otvorena, da je dvorište puno kola, stoke i naroda ali da se ipak može naći krajičak pod krovom koji je isturen daleko u polje, te se tu može zakloniti od kiše i naložiti vatra.

Pošli smo tamo i našli pribežišta. Narednik jedan, Beograđanin inače, navukao je odnekud silna drva, razbuktao vatru i sam je poseo, spremajući kraj nje večeru sebi. Primio nas je te smo se i ogrejali i okusili malo topla jela i obezbedili od kiše pod širokim turskim krovom.

Bila je već kasna noć kad u isto dvorište uđe ona gospa u crnini, koju sam sreo danas, gore na drumu, kada je tužna, materinskim pogledom pratila onih četrdeset hiljada koje su prolazile mimo nas putujući u smrt.

Još od prvog susreta, na skopljanskoj stanici, u meni se počelo buditi neko pobožno poštovanje prema ovoj pojavi i ukoliko sam je više sretao usput, utoliko je više taj osećaj rastao u meni. Uvek mi se činilo da ova gospa ne bega kao mi ostali, da ne odstupa, već kao da nas prati, kako bi usput sabrala sve naše bolove u svoju dušu i kako bi sabrala sve naše suze na svoje oči. Kada se sada, u noći, pojavila u dvorištu, obvijena crninom, izgledala mi je u onoj tami, kroz koju je promicala, kao neko više biće, kao ona gospa koja se u srednjevekovnim romanima diže noću iz zidina starodrevnih i napuštenih zamaka i obilazi razvaline prošlosti.

Ja i nehotice ustadoh na noge kada gospa prođe mimo naše vatre i ponudih joj svoje mesto. Ona mi odgovori samo jednim blagodarnim pogledom i sede mirno kraj vatre da probdije sa nama noć. Nije progovorila ni reči i ja sam sa nekim strahopoštovanjem izbegavao da je uznemirim.

Kiša je i dalje rominjala i noćna tišina već počela da se prostire nad umorenim narodom. Čuje se samo hrkanje spavača pod jednim kolima, preživanje stoke, ječanje nekoga ozgo sa doksata kuće, kome pod vlažnim odelom sevaju zglavkovi i kosti te ne može da leži. Izdaleka, s druma, jednostavan romor gomile kao žubor reke i pogdekoji uzvik, dozivanje zagubljenih koji traže svoju gomilu a koji se kroz gust vazduh čuje kao iz podrumskih dubina. Plamen sa naše vatre probija se i igra kroz milijarde kišnih iglica, koje su nakvasile pepeo oko vatre i dogorela drva. Iz jedne glamnje, koja bukti, pišti voda; daleko negde iz noći arlauče pas.

Sve već oko naše vatre zadremalo i oborilo glave. Jedan se naslonio na zid od kuće, drugi spustio glavu na grudi, treći je naslonio drugu na koleno. Narednik se pružio po zemlji i podmetnuo pod glavu jednu cepanicu; drugi jedan vojnik namestio kamen kao uzglavlje.

Već svi spavaju, samo je ona budna. Budan sam i ja i sa zebnjom osluškujem; ponoć je već davno prevalila te me strah čuću sad već onih šest pušaka koje znače kraj života onoga nesretnika, čija mi se slika ne može nikako da izbriše iz duše.

Da izbegnem glas tih pušaka, radije sam pristao da uznemirim gospu koja se beše sva predala sebi i svojim mislima.

— Vi sami putujete? — zapitah je bojažljivo, obazrivo.

— Sama! — odgovori ona tiho i uzdahnu teško.

Nisam umeo dalje da nastavim; izgledalo mi je da sam u samom početku postavio vrlo nesretno pitanje koje je kod nje možda izazvalo bol i trgoh se ne nastavljajući razgovor. Pobuđena valjda pitanjem i bolom, koji joj je ono izazvalo, njoj naiđoše i suze na oči, te izvadi iz nedara crno oivičenu maramu i ubrisa oči.

Ćutala je dugo a zatim odjednom sama nastavi:

— Ne putujem sama, putujem sa bolovima svojim a to je najverniji pratilac na putu.

— Nisam mislio da vam ih vređam, hteo sam...

— O, vređajte ih, ne izbegavajte to. Ja volem, ja želim da se oni ne uspavaju u meni, da su uvek budni; ja ih dražim čak, ne bi li me što više mučili! — dodade ona živo i kao malo uzbuđena.

— Oh, gospo, svi ih imamo, svi ih nosimo!

— Znam! — odgovori ona sa saučešćem. — Znam!

Ućutasmo zatim, pa ona opet diže glavu i prekide tišinu:

— Hoćete li da čujete, da vam ispovedim sve svoje bolove. Ja tako provodim noći na ovome putu, kazujem ih kome ili ih kazujem sama sebi. Tako se sa njima ja zabavljam kao što sam se nekada sa svojom dečicom zabavljala. I dragi su mi, osećam da su moji; da mi ih niko ne može oteti.

— Rado ću slušati, gospo, ako vas to ne umara, ako vas to još više ne muči.

— I muči me i umara me ali, to mi čini dobro, to me drži.

I gospa u crnini poče mirno, tiho, pribrano da kazuje mnogo, mnogo, mnogo... Kazivala je tiho, gdekad šapatom a gdekad uzbuđeno; gdekad joj je izumirala reč u grlu a gdekad zadrhtao glas i zatreperio kao struna. Kazivala je smišljeno, pripovedački, literarno. Upoređenja su joj često bila tako nađena da bih ih u svakoj drugoj prilici zabeležio i sačuvao. Pa ipak, sve to kazivanje ja neću uspeti da izložim njenim rečima, jer te su reči često puta bile isprekidane uzdahom ili suzom, često razdrobljene i iskidane. Moram ih svojim rečima a u njeno ime ponoviti po nepouzdanome sećanju, starajući se, koliko mogu, da ne ozledim celinu njenoga kazivanja koje je kod mene ostavilo tako dubok utisak.

XX — Beograd

Vatra se pritajala, noć nametala mir uzbuđenoj prirodi i uznemirenim dušama; sve umorno spava i kroz tu tišinu, kao tihi žubor potoka, teku reči gospe u crnini, isprekidane gdekad uzdahom, gdekad počivkom za vreme koje je pribirala sećanja.

— Bio je lep dan, nedelja. Poslednji lep dan, jer je već u ponedeljak počelo da se muti i zatim je cela nedelja bila vlažna i kišna. Propustila sam juče, u subotu, da odem na groblje pa pođoh danas, da zapalim sveću za mrtve i za žive. Iako je bio lep dan, Beograd mi nije pravio vedar utisak kad sam izašla na ulicu. Lica, koja sam sretala, izgledala su mi zabrinuta, ulice prilično puste. U crkvi jedva pet-šest duša i svako se predao iskreno, odano molitvi. Izgledalo mi je kao da i sveštenici pevaju pesme naročitim, tronutim glasom kojim se pevaju pesme rastanka. Da li mi je odista tada tako izgledalo ili mi to sad izgleda, kad se svega toga setim, ja ne znam?

Izlazeći iz crkve, srela sam jednoga staroga znanca moga pokojnoga muža. Zapitala sam ga: „Ima li čega?" On me čudnovato pogleda i ne odgovori mi, već on mene zapita:

— Što se vi, gospođo, ne sklonite gdegod iz Beograda? Imate malo dete na rukama a s detetom je teško kad već dođe do čega. Svakoga trenutka može otpočeti napad. Ja ne verujem da će osvojiti Beograd ali je izvesno da ga neće štediti. Što ne bi otišli ma gde u okolinu, u Mladenovac na primer?

— Imam rođake u Aranđelovcu.

— E pa eto, otidite tamo. Lako ćete se vratiti!

Kad sam se rastala od njega, razmišljala sam o tome. Istina, teško bi mi bilo ostaviti kuću al' opet, bolje je skloniti dete. Dete je malo, tek prešlo dve godine, tek stalo na noge, pa bi teško bilo s njim kad bi nastala veća nevolja. Mislila sam da se posavetujem još s kim, da se spremim, pa od nedelje jednog dana da pođem.

Pred podne prešla sam jednoj poznanici, gospođi koja sedi u istoj kući iz avlije, da čujem šta ona misli, jer i ona ima sitnu decu. Ona je bila bezbrižna.

— Može da bude malo bombardovanja i ništa više. Skloniću se s decom u podrum, kao i prošle godine, pa eto ti! Volem to nego da se krpam i mučim po rđavom vremenu.

— A ako pređu?

— Neće! — odgovori ona pouzdano. — Baš sam juče razgovarala sa mojim deverom (njen dever je viši oficir) pa mi kaže da Nemci misle na prelazak na Moravi, a ovde će kod Beograda samo manevrisati.

Vratila sam se malo umirena iako sve to što mi je rekla nije bilo bogzna šta. Ali je moj mir za malo trajao. Tek što je prešlo podne, dotrča k meni ta ista gospođa.

— Čujete li? — reče.

— Šta?

— Pucaju!

Izađemo zajedno u dvorište a već na svima kvartirima otvoreni prozori i žene i deca na njima osluhuju. Pucanj se topova naizmenično čuo otuda, od Ostružnice. Celo posle podne probavili smo tako napolju, slušajući i šapćući zabrinuto među sobom. Oni koji su bili na gornjem spratu, na prozorima, uzvikivali su svaki čas: „Eno, šrapnel!", i pratili su pucnjavu objašnjenjima. Mi smo samo slušali nemile zvuke.

Tu noć sam provela vrlo nemirno. Nisam mogla dugo da zaspim; stegla sam dete na grudi, molila sam se Bogu i rešavala se čas ovako, čas onako. Tako skoro celu noć, sve do zore.

Sutradan je svanuo mutan ponedeljak. Izašla sam odmah u dvorište da se raspitam ima li čega. Niko ništa nije znao, rekoše mi samo da preko noći nije bilo pucnjave. Na ulici je bio redovan život ali se ipak govorilo samo o jučeranjem pucanju. Jedni su tvrdili da je gađana Čukarica i da su naši odgovarali sa Banovog brda, a drugi opet da su Nemci tukli ostružničke položaje gde imaju nameru da pređu.

Dok smo tako, sabrani u gomilice, razgovarali o događaju i raspitivali se, ču se opet jedan metak. Malo zatim još jedan. Celoga toga dana, u ponedeljak, čuli su se tako s vremena na vreme, topovski pucnji. Pojavio se i jedan neprijateljski aeroplan a zatim još jedan, pa još jedan. Preletali su iznad nas i njihov jezivi šum prodirao nam je duboko u dušu.

Rešila sam se da što pre napustim Beograd. Ne bih htela sama, da mi je da nađem još koga. Čula sam za jednu poznatu mi porodicu da odlazi u neko selo. Otići ću sutra do njih.

Mada je bilo više razloga za brigu no noćas, tu sam noć izmeđ ponedeonika i utornika provela ipak mirnije no prošlu. Da li što sam već imala odluku ili je to bio umor koji me je savladao?

I utorak je svanuo mutan i oblačan. Teško mi je nešto bilo na duši, da l' što je dan bio tako sumoran ili što su prilike bile takve? Do podne sve je bilo mirno ali, oko jednoga sata po podne, pojavio se jedan aeroplan nad Beogradom i počeo je da šestari. Naši topovi uzeše da ga gađaju ali se javlja i drugi tamo nad Čukaricom i Ciganlijom. Na oba aeroplana naši topovi pucaju neštedimice. Grmljavina topova poče s obe strane; naši su tukli aeroplane i Bežanijsku kosu a njihovi Banovo brdo, Novo groblje i Kalemegdan. Prolaznici neki rekoše da je onaj prvi aeroplan tukao Banjicu mitraljezom. Deca neka koja protrčaše ulicom, rekoše da su Nemci kod Kalemegdana pokušali i prelaz. Vele kako je velika magla pala na Dunav naši nisu ni opazili, do na dva-tri metra od obale, šalupu sa Nemcima koja se iz magle kao iz kakve zasede najedanput pojavila.

Svet se već preplašio i počeo da zbira u brižne gomilice. Mnogi ne dočekaše noć nego pođoše iz Beograda. Ja ne znam šta sam čekala, zašto nisam pošla već toga dana. Išla sam, raspitivala sam se i rekoše mi da mogu u voz ući u Topčideru ili Rakovici ili... niko u stvari nije znao tačno. Donde treba imati kola. Sutra ću rano poći da tražim kola.

Te noći malo je ko spavao u Beogradu i, ako ga je san savladao, probudili su ga topovski pucnji koji su se s vremena na vreme čuli. Ujutru nam rekoše da su to pucali Rusi, čije su baterije bile na gradu i Francuzi, koji su bili u beogradskim vinogradima.

A to jutro, to je bilo u sredu 23. septembra, svanuo je strašan i krvav dan. Tog dana se prelomila sudbina Beograda i svih nas koji od toga dana lutamo kao beskućnici i nigde, širom Srbije, ne možemo da nađemo ni mira ni utehe...

Gospa u crnini ućuta. Veličina i množina sećanja koja navališe na nju pri pomenu toga dana, uzbudiše je i izvedoše iz toka pričanja, koji je dotle mirno i lako tekao, kao da je celo kazivanje čitala iz kakve zapisnice u koju je svakodnevno zapisivala svoje utiske i događaje. Ona se dugo zagleda u jedan panj u vatri koji je, potpuno pregoreo, sačuvao ceo svoj oblik iz pepela. U unutrašnjosti pregorela panja još je tinjala neugašena rumen; onako kao što u obamrlome telu, koje je smrt već zagrlila, još tinja samrtnikova duša. Sedina, koja je pokrila dogoreli panj, sve se jače ističe svojom belinom osvetljenom svetlošću vedroga plamena koji su davale mladice bačene na vatru, mladice koje su se dugo opirale snazi plamena i piskale a pod svežom im korom vrio mladi sok, kao mlada krv onih što boreći se padaju i ginu prskajući, rumenom krvlju naša polja i gore.

Da li je gospa u crnini, posmatrajući zamišljenu sliku, koja se pred njom razvijala, razmišljala o kakvoj sličnosti njenoj sa životom ili su njene misli lebdele daleko tamo među događaje o kojima je kazivala i koje je verovatno pribirala i sređivala, da bi ih bila kadra nastaviti?

Nisam je uznemiravao već — obgrlivši rukama od vatre usijana kolena — strpljivo sam očekivao da nastavi svoja kazivanja.

Noć već duboka i tišina, mukla tišina, koja ti se pričinja kao onaj mir koji nastaje kad samrtnika uhvati san. Daleko negde čuje se samo bat sekire, to neko seče drva da podloži dotrajalu vatru. Nebo mutno i sve svetiljke na njemu pogašene.

Ona nastavi:

— Toga dana, u sredu, bio je dan kao i juče sumoran; svaki čas je trebala da kane kiša i gdekad je i pala pokoja kap ali sve do predveče mučilo se nebo da tek o noći prolije kišu.

Trebala sam da namirim dete pa da pođem za kola. Kažu teško ih je naći al' tražiću ipak. Sama sam s detetom na krilu pa će me možda i primiti kogod u kola.

Ali nisam stigla ni da pođem od kuće. Već od osam sati ujutru otpočela je grmljavina, neobična, nečuvena do sad. Čudan neki šum proletao je vazduhom, kao da se nešto glomazno, ogromno valja i gazi, rušeći sve sobom i kao da nešto strahovito bukti. I to sve jače, sve jače... Svi smo napustili sobe i dvorište i izašli na ulicu, pribili se jedno uz drugo i osluhujemo. Šum sve jači, buktanje sve bliže, kao da nešto krklja i stenje, kao da se nešto lomi.

Ujedanput, iz donjih ulica, začuše se izmešani ljudski glasovi i svi obratismo pažnju na tu stranu. Malo zatim i navali svet da kulja otud. Zabrađene žene natovarene boščama i dečica za njima, koja se već umorila noseći svako po kakav mali svežanj ili kakvu stvarčicu. Stari ljudi, zabrinuta i preplašena lica, jedva se oslanjajući na svoje već malaksale noge, pa onda deca, deca, deca i žene, sirotinja i bogataši, svi podjednako brižna i preplašena lica, svi podjednako odeveni ili bolje jedva odeveni. Vidi se da se razbeglo iz gnezda iznenađeno neočekivanom silom, kao ono kad požar namah obuhvati kuću pa se stanovnici njeni spasavaju dočepavši uzgred ma koju, ma kakvu, često i najneznačajniju stvar.

To je zbeg sa Dorćola koji se očajno spasava. Pripitujemo ih ali njima nije do odgovora. Svaki zanet svojom nevoljom i brigom žuri u gornje više delove varoši, verujući da će se tamo moći skloniti. Ipak poneko, onako usput, bez veze i neodređeno, dobaci po kakav odgovor i žuri dalje.

— Tuku Dorćol i grad!

— Prelaze!

Jednoj se ženi, malo više naše kapije, odveza bošča i prosuše stvari. Priđosmo da joj pomognemo i tom prilikom čusmo i nešto više.

— Tuku se — veli — već po ulicama. Ispod kafane „Šaran" i kod strugare. Videla sam očima svojim naše žandarme kako ginu. Ispod moje kuće, na pedeset metara, videla sam mrtvog našeg žandarma.

Mi se zbunili i ne znamo šta da počnemo. Poče glasno savetovanje, preko ulice.

— Šta je moglo da ih pređe, pedeset, šeset, ništa više. I juče su prelazili pa izginuli! — govori s one strane ulice jedan bakalin, koji je tu skoro izišao iz bolnice, pošto je preležao ranu, te dobio poštedu pa se sad zanima pomalo u dućanu dok mu ne istekne pošteda.

— Ovi sa Dorćola mora da se sklone ali mi Palilulci ne moramo. Do nas neće stići — odobrava mu ispred svojih vrata jedan fijakerista, čije su konje rekvirirali a on zbog starosti pošteđen.

— A može li granata ovamo? — pita jedna žena za čiju se suknju obesilo četvoro dece.

— Ne može! — odgovara bakalin sa svojih vrata. — Može da tuče Novo groblje pa tamo do palilulske osnovne škole i do pozorišta, ali mi smo ovde malo zaklonjeni.

Utom se nad našim glavama ču zvrjanje u vazduhu. Svi digosmo glave i videsmo aeroplan.

— Naš! — uzviknuše neki.

— Nije naš! — odgovori bakalin. — Njihov je!

Deca zapaziše negde daleko još jedan, pa odmah još jedan.

— Sklanjajte se, bacaće bombe! — uzviknu neko i svet se povi te se začas očisti ulica i sve se sruči u podrume i pod krovove. A kad se izgubi onaj zloslutni zvuk u vazduhu, koji se kao svrdlo zabada u dušu, sve opet poteže na ulicu.

Begunci sa Dorćola i dalje kuljaju i ne obzirući se na opasnosti od aeroplana. Naiđe i jedan čičica, ruka mu sva ogrezla u krvi. Previo je prljavom maramom kroz koju je probila krv.

— Gde je najbliža bolnica? — pita.

— Varoška — odgovori mu jedna žena — ali morao bi da se vraćaš a ko zna da i tamo već ne tuku topovi. Nego ovuda, preko Grantovca, pa u vojnu bolnicu.

— Bojim se daleko je! — odgovori čičica uzbuđeno i prestravljeno. — Bojim se da mi ne zazebe.

— A hoće i da se ugadi, eto, vezao si prljavom maramom.

— Možete li da mi date jedno čisto parče krpe? — zamoli čičica kroz suze.

Uvedosmo ga u avliju i svi se pozabavismo njime. Jedne doneše vruću vodu da mu operu ranu, druge platno a nađe se odnekud i čista pamuka. Čičica je seo nasred avlije, na jednu stoličicu koja je tu ostala kako su se deca igrala. On nam je isprekidano kazivao pogdešto ali malo, koliko je on video. A mi smo hteli više, hteli smo da znamo sve šta se dešava tamo.

— Biju se, biju se po ulicama — govorio je čičica dok mu mi peremo ranu. — Ja sam stajao pred kućom kad me udari tane. Stojim pa gledam i mislim se da l' da ostavim kuću... mislim se, pa eto ti!... Gde mene baš da nađe!... A nije samo mene, ima ih mnogo, mnogo ranjenih a... ima i mrtvih.

— Građana? — upita neko, upravo svi pitamo i svi ga ukrštamo pitanjima na koja čičica ne stiže ni da odgovori.

— Građani, dabome... žene, deca, ljudi, leže po ulicama i po kućama.

— Je li ih mnogo prešlo?

— Ne znam... mora biti mnogo jer su oterali naše iz šančeva. Ja kad sam izmakô do pozorišta, oni su već bili u Dušanovoj ulici.

— Nemci?

— Pa oni... ne znam koliko ih je, ali je Dunav preplavljen čamcima a i iz tih čamaca bljuje puška ne da ti oka otvoriti.

— Pa ima li naše vojske?

— Ima, žandarmerija i pogranične trupe i Vardarci. Dobro se tuku, ali ne pomaže.

Čičici je rana već bila lepo oprana i dobro obavijena pamukom i čistim platnom te toplo zablagodari i krete dalje.

Grmljavina topova poče nešto jače i bliže da se čuje.

— Tuku Palilulu! — uzviknu neko i svet se uskomeša. Jedna komšika, sa dvoje dece, izađe iz svoje kapije, natovarena boščama, i krete za beguncima sa Dorćola.

— Pravo ima — odobravaju jedni — što da čeka poslednji čas.

— More, preplašila se! — odgovaraju drugi.

— Pa nek se i preplaši; ima žena decu a sama je, nema ko da joj pomogne kad zagusti.

Utom stiže u avliju, sav zaduvan i zajapurena lica, dečko, gimnazista, čija majka od jutros već, još od rane zore, krši ruke brinući se gde je. Dečko je još sinoć kazao majci da on neće da bega, on hoće s braćom da pogine, braneći Beograd, ali je majka mislila to su samo gole reči neiskusnoga deteta od šesnaest godina kada je mladost, još netaknuta grubošću stvarnosti, tako lepa, bujna i sveža.

I kada je majka, milujući mu bujnu kosicu, punih očiju suza rekla: „A ko će majku da brani?", mladost, neoskrnavljena životom a opijena slavom oružja, odgovori joj bez milosti: „Zar si ti jedina majka? Kad bi svaki Srbin majku branio, ko bi Srbiju?"

Ali je to bio običan razgovor, često ponavljan u svakoj kući gde ponos nedozrela muškarčića kazuje prvu mušku reč. Na to smo mi majke naviknute, ali se uvek zavaravamo da su to samo detinje, nepromišljene reči. Tako je i ova sirotica sinoć još legla mirno a jutros osvanula očajna. Dok smo mi sve ostale osluhivale topovske metke ili dizale glave da vidimo zlokobne ptice koje su preletale Beograd, dotle je nesretna majka izvirivala iz kapije i osvrtala se levo i desno, izlazila do ugla ulice i pogledala na sve strane, neće li ugledati sina koji se jutros rano, neopažen, izvukao iz kuće i kojega nema evo sve do podne iako se kroz beogradske ulice valja smrt i obara kosa njena.

U samo podne, kad zajapurena lica i zaduvan ulete dečko u avliju, materi svanu sunce i zaboravi na brigu i svoju i onu opštu koju je s nama delila, te oproštena zloslutnih misli koje su je do sad mučile, zagrli sina i obli ga suzama. A on kliknu:

— Bio sam tamo!

— Gde? — vrisnu majka.

— Tamo gde se biju, sve sam video, sve... — i isprsi se dete svetla lica, osećajući da se umilo slavom i na mladome mu se, vedrom čelu, ispisa toga trenutka ponos.

Svi se iskupismo oko njega a on, muškarac, poče nam kazivati:

— Bio sam baš kod „Slavije" kad stiže s Banjice deseti kadrovski puk i poče da se rasipa u lanac.

— Lanac? — ciknu majka prestravljena tom vojničkom rečju koja za nas žene i majke znači isto što i smrt.

— Jest', lanac! — potvrdi gimnazista osećajući svu svoju nadmoćnost pri izgovoru ove reči.

— Zar si smeo, dete moje? — opet će brižna majka.

— A zašto? Niko se nije plašio. Svet kod „Slavije" gleda sa prozora i sa trotoara. Vojnici ih opominju da se sklone a svet stoji ubezeknut i gleda.

Pa onda nastavi, još zadihan od trčanja:

— Dva mlada poručnika sa dva voda i dva mitraljeza, počeše nastupanje ka Terazijama. I ja sam pošao za njima. Kod kafane „Albanije" jedan vod uputi se ka „Ruskome caru" a drugi ka „Kolarcu". Tu uzeše bombe u ruke i onda onaj prvi vod kroz pozorišnu ulicu a onaj od „Ruskoga cara" pored Uprave fondova, pa kroz Dositijevu ulicu. Samo čuješ „Ura!", i vodovi se sručiše dole naniže i poče da prašti bomba. Nemci potisli već one trupe koje su se borile na Dorćolu i u Dušanovoj ulici, zauzeli su već ulicu Strahinjića bana, polegali u lanac pa sipaju vatru. Ja sam ostao kod pozorišta i sišao sam polako, kraj zidova, zaklanjajući se iza kuća, dole do velosipedskog placa. Žestoka se borba otvorila, grokće kuršum i pljašte bombe i tek čuješ „Ura!" Vidim Nemci uzmiču, naši osvajaju Strahinjića bana ulicu i ja siđem za dve-tri kuće dole. Uđem u jednu udubljenu kapiju pa samo promaljam glavu i gledam šta se dešava. Borba se već vodi u Dušanovoj ulici, pa i odatle Nemce oteraše naši i sručiše ih dole, na Jaliju. Ali tu naše dočeka paljba plotuna sa čamaca. Prolaze ranjenici pa ih pitam a oni vele: „Ne može im se ništa. Oterasmo ih koliko smo mogli ali nas satiru oni sa čamaca!" Tražio sam od jednog ranjenika pušku ali nije hteo da mi da!

Na ove reči ciknu majka i blagoslovi u duši ranjenika koji joj ne posla dete u smrt.

Zatim nam je dečko pričao i mnoge druge pojedinosti.

— Mnogo ranjenih i mrtvih — veli — na putu, na vratima, na kućnjem pragu. Bolničari, naši i francuski, već ne mogu više, digli ruke, jer su počeli i oni da ginu. Ne mogu od kuršuma da se približe ranjeniku. Svet bega na sve strane i pada od kuršuma. Žene vrište, deca plaču... Njihove baterije ne tuku Dorćol, valjda zbog svojih, ali tuku Čukaricu i savinački kraj.

Mladić bi i dalje produžio priču, koju je uglavnom iscrpeo, ali svi obratiše pažnju na veliki broj aeroplana koji se počeo njihati iznad naših glava. To je bilo čitavo jato koje je prekrililo nebo od Višnjice do Žarkova.

Niko nije znao da je već prevalilo podne, niko nije ni pomišljao na vreme, jer u to doba vatra poče da uzima sve veći mah. Sad smo već znali da tuku i Topčidersko brdo i Banovo brdo, Topčider, Savinac, Novo groblje, sve, sve, sve...

Sad već krenu bežanija i iz sviju ostalih krajeva varoši i poče svet da se tiska i guši.

Bilo je valjda oko dva sata po podne, vatra sve jača i sve strašnija, izgledalo nam je kao da dršće zemlja pod nama. Ne govoreći, ne sporazumevajući se, nemo, pođoše i iz naše kuće da se kreću begunci. I, u jedan mah, nas obuhvati sve strah. Celo do podne proveli smo na ulici i na dvorištu i niko u onoj uzbuđenosti nije pomišljao na sebe a sad, čim prvi krete pa za njim i drugi, a nas obuhvati strah i hitno, uzbuđeno, potegosmo što nam je najdraže, zaključasmo vrata na svojim stanovima i uputismo se za gomilom. Ja sam nosila svoj najdraži teret, svoga sinčića...

Gospu u crnini obli čitav potok suza i prekide pričanje. Izgledalo je kao da više neće ni nastaviti.

Ja je ne uznemirih pitanjem zašto se tako gorko zaplaka pri spomenu svoga deteta, jer sam još maločas uočio kad je pomenula dete, da ga ne nosi sobom. Ostavio sam je njenoj tuzi, pun gorkoga iskustva da je u tuzi najbolje ostaviti ožalošćenoga samome sebi i svome bolu. Svi drugi osećaji daju se donekle i deliti, tuga je osećaj koji se ne da ni s kim deliti. Saučešće u tuzi je često puta uvredljiva fraza, kad se kaže zato što je to red, kad se kaže iz učtivosti. Učtivost je u najčešće slučajeva neiskrenost obučena u lepu formu a neiskrenost je porok u momentima tuge...

Ostavio sam je samoj sebi, neka u njoj prevre bol i odista, kad posle izvesnoga vremena obrisa vlažne oči, ona duboko uzdahnu, diže glavu i sama nastavi:

— Nisam znala na koju ću stranu, išla sam za gomilom. Jedni rekoše da begamo ka Topčideru, tamo ćemo moći da se ukrcamo u voz i potegosmo svi tamo.

— Kakav voz, kakav Topčider! — uzviknu neko drugi. — Tamo je pravi pakao. Tamo granata sipa kao kiša, prašti drvo i zemlja, kamen puca a šljunak se rasipa. Pod voz da legneš pa ćeš pre ostati živ no u Topčider da odeš. Pošao sam ja bio, pa evo vratio sam se.

I mi se svi vratismo. Krenusmo za ostalim svetom ka Banjici. Kad smo prošli „Slaviju" te se ispeli kod Opservatorije, pred nama je dole, kragujevačkim drumom, zagustio svet. Gmiže pešak kao mrav a kola zagustila te se prosto zakrčio drum. A sve novi i novi begunci pridolaze iz uličica oko Karađorđevog spomenika, potokom koji vodi izmeđ ludnice i Vajfertove pivare i sa raznih drugih strana, preko njiva, kroz potoke, kroz vinograde. Begalo se očajno, begalo se kao za vreme poplave kad reka probije brane pa njeni vali nemilostivo plave.

Kada bi se osvrnuli za sobom, čuli bi samo lom, prasak i tresak. Naše baterije biju sa Torlaka više nas, gađajući aeroplane a njihove tuku na sve strane. Dole negde sa Dorćola uzdizao se grdan dim. Docnije, kad je palo veče, videlo se da je to požar i to veliki požar.

Tek smo sišli niz drum a počeše da nas nadleću i aeroplani. Neko reče da daju i znake i odista, malo zatim a njihove baterije počeše da tuku u naše gomile. Nastade vrisak i cika i zaljulja se ona masa i pršte na sve strane, kao kad kamen baciš u vodu. Granata za granatom poče da sipa u redove nesretnih begunaca. Konji počeše da se penju u propac, kola da se prevrću, stvari se rasuše po drumu, svetina sunu u jendeke i građani beogradski već obliše krvlju drum i začu se jauk i zapomaganje ranjenih ljudi i žena, vrisak majki i pisak dece.

Granate su padale jedna za drugom, uvek u gomilu, uvek propraćene vriskom prestravljenih i jaukom sve novih i novih žrtava. Bilo je užasno, slika koju ne mogu nikada zaboraviti. Po drumu su ležali okrvavljeni ljudi, žene, deca, pobijeni konji i polomljena kola. Dečica vuku ranjenoga oca s druma, da ga ne pregazi svetina ili ljube mrtvu majku i praštaju se od nje zanavek jer će je ostaviti tu, u jarku, a oni moraju dalje, bez nje. Jedan konj leži na drumu udaren granatom a na kopiti mu visi mrtvo dete. On je u besu, otrgnut a ranjen, teškom nogom zgazio dete koje je ležalo na drumu, probio mu kopitom utrobu, pa i sam pao. Tamo opet fijaker polomljen i čitava porodica satrvena: mrtva majka, mrtva deca, mrtav kočijaš, mrtvi konji, samo otac, koga je nekim čudom mimoišla smrt, stoji zapanjen i gleda u tu gomilu mesa koja leži pod polomljenim kolima. A malo dalje, jedna majka sva u krvi i detence, koje još i ne hodi, grčevito se drži za materin skut i zove je i vrišti jer mu se ne odziva. Svet prolazi kraj ovoga očajnoga deteta i niko se ne obzire na njegovu tragediju, jer svako nosi svoju nevolju; svet prolazi i niko dete ne prihvata i ono ostaje na drumu okrvavljenih ruku od materine krvi, obliveno kišom koja je svečeri počela da lije i zasuto granatama koje na sve strane prašte.

Svet se rasuo po kukuruzima, pa kroz njive, kroz vinograde, kroz potoke, sve naglo ka Torlaku i Banjici. Donde nisu dostizale granate, tamo će se spasti. Gde ću donde s detetom u naručju a kiša mu natopila haljinice te drhće jadniče i pripija mi se strašljivo na grudi razrogačenih očiju i zablenuta pogleda, jer prestravljeno gomilom, vriskom i grmljavinom topova? Bojala sam se promrznuće od vlage od koje je drhtalo a drhtala sam i sama umorena strahom, užasom prizora koji sam videla i brigom za detetom. A počela je i neka magla da se spušta. Suton koji je sve više osvajao, magla koja se spuštala i dim, koji se nadnosio nad žalosnim razbojištem beogradskih građana, osvajaše sve više. Videh jednu kućicu nešto dalje od topovskih šupa gde bi se mogla skloniti iako se već silan svet sabio u nju. Sve te kuće put torlačkoga druma bile su pune sveta koji je tu sklonio glavu od granata i kiše. Domaćini su voljno i nevoljno primali pod svoj krov begunce, ne znajući da će se malo zatim i oni pridružiti opštoj nevolji.

Jedva sam dobila mesta, pustili su me iz obzira prema prokislome detetu. Dobila sam i jedan suv vojnički šinjel te sam svukla s deteta mokre haljinice da ih prosušim kraj vatre. Svet se sabio u kuću kao preplašene ovce u toru, jedva se diše od zapare i vrućine...

Razgovor jedan i isti o onome što se tek preživelo i što se još i ovoga trenutka preživljuje. Svako kazuje kako je zamalo izbegao smrt ili kako je video tuđu smrt, kako je ostavio kuću, kako je izgubio svoje. Nevolja za nevoljom, tragedija za tragedijom, ne zna se koja teža, ne zna se koja veća.

Među svetinom sabijenom u kućici i jedan vojnik. Upao da se začas skloni od kiše, pa će poći dalje. I on nam kazuje svoju nevolju. Beograđanin je i ima u Beogradu porodicu a vojnik je u 5. Drinskom puku. Taj puk je bio u Maloj Moštanici i dobio je naredbu da ide u Veliku Moštanicu, da prihvati i potkrepi jedanaesti puk Šumadijske divizije trećega poziva, koji je bio na Železniku te potisnut, jer je i Žarkovo već bilo palo. Tu se umolio komandantu da ode do Beograda i obiđe kuću, u kojoj su sami žena i četvoro dece. Komandant mu je dozvolio na časnu reč da će se vratiti, te se on od Železnika spustio preko Bulinih vinograda i ušao u varoš baš u trenutku kad je svu okolinu njegove kuće zasipala već neprijateljska granata i kad je očigledno bilo da se taj deo varoši više ne može održati.

Granata je za granatom sipala a on se provlačio uz zidove i pažljivo zaklanjao za uglove ulica, dok nije dopro do svoje kuće. Ušao je u dvorište i video sve pusto, kuća zatvorena. Pobegli su, pomislio je i zabrinuo se gde će sa malom dečicom. I dok je on suznih očiju posmatrao svoju kućicu, gnezdo u kome su u miru on i žena othranjivali ptičiće, ču kao iz groba prigušen dečji glas: „Tata, tata!"

Glas detinji i srce očinsko povede mu pogled i spazi na podrumskom prozorčetu ljupku dečju glavicu i svetle očice pune radosti i pouzdanja, što su videle taticu koji će ih sad braniti, koji će im pomoći, koji će odagnati strah sa nekada tako vedrih detinjih čela.

On polete u podrum, u jednu mračnu i tesnu podzemnu izbu i tamo nađe celu svoju porodicu. Samo, žena je ležala u nesvesti, naslonjene glave na pesak kojim je posut pod, a manja dečica oko nje, držeći je za suknju i budeći je. Na ulazak očev deca kao čavčići najedan mah kliknuše: „Tata, tata!", i obgrliše ga čvrsto, kao mali davljenici. Otac ovlaži dečje kosice potokom suza a zatim priđe ženi, koja se još ne dizaše i poljubi je u čelo, drugarski, prijateljski, bratski.

Spolja se borba sve više bližila i on je po zvuku pušaka osetio da naši već napuštaju njegovu ulicu a po uzvicima razumeo da se neprijatelj već bliži. On ne sme biti zarobljen, dao je časnu reč komandantu da će se vratiti a šta bi zarobljen i mogao pomoći svojoj ženi i svojoj dečici. Slobodan može pre.

Poslednji je trenutak bio već i on još jednom zagrli decu. Najstarije vrisnu očajno u ime cele nezaštićene porodice:

— Tata, spasi nas!

On ne progovori ni reč, izljubi decu, poljubi još jednom ženu, koja se nije ni budila da vidi svoga druga i nemo izađe iz podruma, pritvarajući vrata, iza kojih su deca i dalje vriskala i očajno dovikivala: „Tata, tata!"...

Bio je već na ulici, gde je praštala granata i fijukao kuršum, gde je krhanje i praštanje zaglušivalo svaki drugi glas, pa su ipak kroz tu celu huku dopirali do njegovih ušiju očajni glasovi: „Tata, tata!"...

Kada je vojnik završio svoje tužno kazivanje, jedan omalen, sredovečan čovek zaurlika kao ranjen i grunu se u grudi.

— A ja? A ja? — zapišta nekim prigušenim, životinjskim glasom. Kad svi obratismo pažnju na njega on uze naričući kazivati: — Juče mi umro sin... jedinac... sedamnaest godina... Jutros sam trebao da ga sahranim... Neće niko... nema kola, nema sveštenika... niko ne sme na groblje, tamo sipa granata... Šta ću, kud ću s njim?... A naišlo ovo... tuče granata, zasipa kuršum a oni osvajaju ulicu po ulicu... Treba da begam... kukavica, do beganja mi je bilo, do sebe mi je bilo!... I šta sam radio... skinuo sam mrtvo telo u podrum, ostavio ga tamo a ja nesretnik pobegao da se spasem, kao da ja trebam kome, kao da valjam čemu?... I sad kad dođu oni, provaliće podrum i izbaciće ga kao strvinu... Ko zna gde će ga baciti? Neću mu ni groba znati!... A ja pošao da se spasavam, teško meni! Idem, idem natrag, idem tamo!...

I pre no što stiže ko od nas ma jednu reč utehe da kaže očajniku, on otvori vrata i sunu u noć, sunu u smrt!

XXI — Pusta kuća

Priču o vojniku, iz petoga Drinskoga puka i onu drugu o nesretnome ocu ispričala je gospa u crnini sa puno osećaja i topline. Da li što je u njihovoj očinskoj nedaći osetila saučešće u svome materinskom bolu ili što joj je godilo da svoju iskrvavljenu dušu pretrpava i tuđim bolovima? U velikoj tuzi to nije nepoznata pojava; onaj koji pati, želi što više bolova koji ga draže kao zaljubljenoga ljubomora. A tuđ bol često i pomaže da se snosi svoj.

I na mene ostavi dubok utisak sudbina one dečice od koje se otac nemilosrdno otkida i koja sad, bez očeve zaštite, preživljuju već prve dane ropstva. I mene zabole nesretna sudbina onoga oca, koji se vratio svome mrtvome detetu.

Gospa u crnini ućutala je, te sam ja mislio završila je svoju priču o poslednjim danima Beograda, mada sam zapazio kod nje nameru da mi sve o sebi kaže. I odista, ona nakon duge pauze, koju ja nisam ni jednom rečju prekidao, nastavi sama:

— Spolja su dopirali sve ređi zvuci što se veče više spuštalo. S vremena na vreme samo čule su se ovde i onde granate, a iz daljine — rekoše na Dorćolu i na Gradu — i dalje su topovi groktali. Utom je i kiša prestala, pa se pojavi među svima namera da krećemo dalje. Bolje je vele po noći.

Detinje se haljine bile osušile a ono se u šinjelu bilo zagrejalo te ga obučem i uzmem u naručje pa i ja krenem.

Izašla sam iz kuće i ušla u noć, najstrašniju noć u mome životu. Nebo je bilo mutno i oblačno, nijedne zvezde na njemu. Mrak gust kao testo. Kroz taj mrak promicale su senke nesretnih izbeglica, natovarene stvarima i decom. Tamo, iz Beograda, dopirao je još uvek tutanj topova i težak prasak a nebo se u daljini zažarilo, valjda sa onoga požara na Dorćolu, te se dogledala mračna slika prestonice.

Tek sam izmakla, ne umem ni sama da kažem koliko, a topovi opet počeše na sve strane da biju, kao da se ujedanput otvori vatreni kazan pakla. U onoj noći, na drumu, sa detetom na rukama, izgledala mi je ova grmljavina još strašnija. Kao da se zemlja rastočila, kao da se nebo prolomilo, kao da su se srušila brda i planine. Počeše opet granate da padaju među nas. Neko zajauka na drumu, neko pisnu i zacika u jarku.

I Bog se pridruži neprijatelju. Poče kiša opet da promiče a zatim da pada sve jača i najzad se proli kao da se nebo provalilo. Ja ne znam da li se varam ali mi se činilo da je i nebo grmelo natičući se sa grmljavinom na zemlji. I jednoga trenutka ja se osetih usamljena na drumu; da li su drugi begunci izmakli a ja ih ne mogla stići, ili se sklonili od nepogode? I ta usamljenost izgledala mi je užasna. Ja ništa strašnije ne znam, ja se ničega strašnijega ne sećam. Sećam se da sam takve scene gledala nameštene, na pozornici, pa i tada me je, u prijatnome sedištu, uvek jeza obuzimala. A sad ja preživljujem to.

Dete mi se uznemirilo, preplašilo se i zacenilo od plača. Stegla sam ga jače i tešila brišući mu šakom lice mokro od kiše. Kiša se i sa njega i sa mene cedila u mlazevima i ja sam već počela da drhćem od zime. Granate su još jednako gruvale i ja sam odista nekoliko puta osetila kako je zadrhtala zemlja poda mnom.

Dete je i dalje plakalo i ničim ga nisam mogla da umirim. A nisam više imala ni snage ni reči. Pored zime, poče i strah da me mori, jer još nikoga nisam srela kome bih se pridružila; nikoga za mnom, nikoga preda mnom. Da l' se razbegao svet, da l' se skrio, ili da nisam ja u onoj tmini zalutala van druma? I kad bi se bar mogla skloniti gde, jer se više nije moglo izdržati? Niti sam imala snage da nosim sebe i teret, niti sam imala hrabrosti da idem dalje u pusti mrak, mada sam bila već van domašaja granata koje su tamo dole, za mnom, još ispisivale nebo svetlosnim linijama.

Jedva sam dogledala kroz tamu jednu kuću i pohitala sam, uverena da će me primiti. Ko ne bi primio jednu majku s detetom, koja po ovako paklenoj noći bega ispred Boga i ispred neprijatelja? Žurila sam se, žurila sam, šibana kišom i nošena strahom i što sam bila bliže kućici sve mi se dalje činila. Najzad sam stigla...

Gospa u crnini odahnu, kao da je ovoga trenutka preživela sve što kazuje i dospela do kuće u kojoj će se zakloniti od kiše i spasti straha. Malo zatim ona nastavi:

— Obuze me još veći strah kad spazih da je to pusta i porušena kuća, bez vrata i bez prozora, mada je na njoj ostalo nešto malo krova koji bi me mogao zaštititi. U pričama naših starih, tako sam ja na pustome mestu zamišljala usamljenu kuću gde su se noću zbirale veštice i neduzi. Tada, u toploj sobi, sedeći na krilu materinom, koja bi mi to pričala, strah mi je dizao kosu uvis a detinja uobrazilja zamišljala je ovakvu istu noć, buru, pljusak i grmljavinu. Docnije, kad su mi do ruku dolazile mračne knjige, koje tako gode mladoj, sanjalačkoj duši, ja sam ovako zamišljala mesto gde će se o ponoći razbojnici sastati i opet ovakvu noć, buru, pljusak, grmljavinu. U drugom slučaju ni danju ne bih smela ući u napuštenu i usamljenu kuću na drumu a sad sam u njoj gledala drago pribežište koje nudi spasenje mome detetu.

Ušla sam u gust mrak i pretrnuh na ulasku kad čuh unutra ljudske glasove. Učini mi se kao da stupam u skrovište nečastivih, u zmajevu pećinu, u veštičinu kućicu. Iz kućice je dopirao ženski jauk koji mi je prodirao kroz dušu, kroz srce i kroz kosti. Izgledalo mi je kao da čujem glas nesretnice koju razapinju na krst ili joj veštice kidaju meso usijanim kleštima.

A to i beše odista žena kojoj se otkidala duša kao da su je kleštima čupali. U kućicu se zbilo još nekoliko njih, koji su stigli ovamo pre mene, i jedva se u mraku nazirali kao senke. Žena jedna među njima, valjala se po podu, i piskala gruvajući se pesnicama u grudi i čupajući kose.

— Prokleta mi duša i ovoga i onoga sveta! — nariče kukavica a oni oko nje je teše bez uverenja, bez topline, te im uteha studena kao pozna jesen.

— Umiri se, možda će doći, možda ćeš ga naći!

Takva uteha samo draži i nesretna majka nastavi svoju zapevku. Zapitala sam one oko sebe šta joj je.

— Izgubila dete nesretnica — odgovori mi jedan od onih, drhćući i sam od vlage kojom mu je valjda natopljeno odelo. — Jedno nosila a drugo vodila pa... pala granata ispred nje, dete se valjda preplašilo, otkinulo se od nje a preplašila se i ona te stuknula u jarak a posle, nigde deteta...

— Ko zna siroče — nariče nesretna majka. — Ko zna gde je, luta možda samo po drumovima, po njivama ili ga pregazili ili granata?... — ciknu kukavica kao ranjena.

Nisam je htela uznemiravati u bolu a i da sam htela, nisam imala reči, ne bih ih umela naći.

— Je li ga tražila? — obratih se onome koji mi je kazao njenu zlu sudbinu.

— Tražila, do sad je lutala drumom i poljima, na sve strane pa... nema. Kažemo joj baš, nek se skloni ovde, pod ovaj krov, dok ne zazori, nek onda pođe opet da ga traži.

— A dotle? — pisnu nesretnica.

— E dotle, šta možeš — nastavi onaj obraćajući joj se — stegni srce pa trpi, kad ti je takva sudbina!

— Idem opet da ga potražim! — reče žena i diže se, uze u naručje ono drugo dete i pođe.

Ja htedoh da je ustavim, ali me zadrža onaj maločašnji moj sagovornik.

— Neka je — veli, kad ona izađe u mrak — svaki čas tako izlazi, ide po poljima, doziva dete pa se opet vrati. Neka, lakše joj je kad tako čini!

— Prođi ovamo, snaho, tu kisne! — reći će mi drugi glas iz mraka.

I odista, ja tek sad primetih da je na mestu gde sam stajala kisnulo kroz krov. Raskopčah se, ne bih li našla koji donji deo haljina suv da izbrišem dete, kome je kosica i lice bilo mokro od kiše, ali sve, sve na meni bilo je podjednako vlažno; kiša je bila prodrla do samoga tela. Uzeh rukom da izbrišem detinje lice i čelo a ono opet pisnu i rasplaka se.

— Nikad nije toliko plakalo! — pravdam se ja pred novom svojom okolinom.

— Nikad nije toliko ni patilo! — odgovori mi jedna žena iz tame, koju dotle nisam ni zapazila.

— Samo ako nije nazeblo? — dodaće jedan.

— Toga se i bojim — uzdanuh ja i opipah opet čelo detinje koje je još uvek bilo vlažno od kiše.

Jedan od prisutnih uze kresati žigicu da bi upalio cigaru, ali ovlažena žigica nije htela nikako da upali i on je psujući nastavljao posao. Najzad, u jednom trenutku sevnu žigica ali se opet ugasi dok je on doneo do visine cigarete.

— A što ti je tako krvava ruka, snaho? — upita me ona žena, koja je valjda pri toj momentalnoj svetlosti opazila to.

— Meni? — prenuh ja i poseče me po duši osećanje slutnje.

— Malopre, kad sinu, spazih, pa rekô da nisi ranjena?

— Ja... nisam... ne osećam da sam ranjena! — ali mi u taj čas pade na pamet detinji vrisak i plač, pade mi na pamet da sam mu tom rukom maločas brisala čelo i očice i pretrnuh. — Dete, da nije dete? — vrisnuh očajno i počeh mu ljubiti kosicu, oči, obraze. Ono se rasplaka. — Kako ću da vidim, kako mogu da vidim...?

— Čekaj, ako upali... — reče onaj koji je još uvek bez uspeha kresao žigice.

Ja sam međutim uzbuđeno i usplahireno zavlačila detetu ruku u grudi, pipala mu nožice, čelo i nigde nisam mogla opipati ni traga od rane. Ipak sam osetila da mu telo gori kao u groznici.

Najzad, upali se jedna žigica i kad je prinesmo videsmo da je lice detinje sve okrvavljeno, valjda kako sam ga brisala te razmazivala krv. A mlada, rumena krv, curila je i dalje pod uvetom gde je bila prilično velika i duboka ranica.

Vrisnula sam, kao da sam tog trenutka ja bila ranjena; počela sam da drpam sa sebe haljine, ne bih li našla ma jedno suvo parče kojim bih mu previla ranicu i najzad, zdrah sa grudi deo svoje košulje te parče krpe, previjene nekoliko puta, naslonih detetu na ranicu ne bi li stala krv.

Ja ne znam kad je ranjeno, ja se ni sad ne sećam kad je to moglo biti. Bila sam dva-tri puta u blizini granate koja se rasprsla ali nisam osetila nijedno parče da nas se dotaklo.

Previjala sam se od bolova, kao maločas ona majka što ode u noć da traži izgubljeno dete; tešili su me oni oko mene, isto onako i istim rečima, kao maločas onu nesretnu majku. Pritisla sam dete na grudi kao da mi ga je od nečega trebalo oteti; zasipala sam mu usta poljupcima kao da mu je trebalo udahnuti nove snage. A ono je plakalo i drhtalo je celim telom a čelo mu i ručice gorele su kao žeravice.

— Izgubila sam ga, izgubila sam ga! — vrištala sam ja.

— Ne, snaho, ne boj se; to je samo groznica od rane, proći će to! — tešili su me oni isti i istim onim glasom kao maločas onu nesretnu majku.

Tamna noć je ispunjavala pustu kuću. Oh, kako je to bila duga noć! Izgledala mi je čitava večnost! Celoga svoga života nisam preživela toliko događaja koliko od prvoga sutona pa do sada. Izgledalo mi je sve što sam preživela kao ogromna, prostrana prošlost, koje sam trebala da se dosećam, da je pribiram u pameti. I niko ne zna koje je doba noći, niti iko zna koliki nas još događaji očekuju do prve zore? Oh, kako sam žudno pogledala na tu zoru; gušila me je noć, nisam mogla da dišem...!

Vatra kod deteta nija popuštala, groznica mu je obuhvatila celo telo i treslo se kao šibljika. Ona žena kraj mene nađe u svojoj bošči jedno parče suve krpice i dade mi. Je li bilo čisto ili nije, ko će to u mraku videti; tek valjalo je zameniti onu prvu krpu na rani koja se sva natopila mlakom, detinjom krvlju.

Oko mene se vodio razgovor šapatom, ja ga nisam slušala, jer kad nisam mogla okom ja sam uhom bdila nad detetom. Slušala sam mu dah i brojala mu udare srca. Zašto su ljudi oko mene šaptali, ne znam. Niti nas je ovde gde smo, neprijatelj tražio; niti je tako blizu da bi nas mogao čuti. Mogli smo vikati iz svega glasa i ne bi nas niko čuo. Da li se šaputalo iz obzira prema mome bolu, kao što se uopšte oko teškoga bolesnika šapće ili je tu potrebu izazvalo samo ovo pusto mesto, tako tajanstveno i tako usamljeno?

Malo zatim i ču se hod drumom.

— Neko ide? — reći će jedan u mraku.

— Omalila kiša pa valjda krenula bežanija, da ih zora ne uhvati na domašaju granata — reći će drugi.

Jedan od ovih izađe na vrata i čusmo ga da razgovara s nekim.

— Svrati, vojniče, ovde ima malo krova! — viče naš s vrata.

— Neka, žuri mi se a i prestala je kiša! — odvikuje vojnik iz noći.

— Odakle ideš?

— Otud, iz Beograda.

— Šta je tamo, boga ti?

— Pređoše!

— Ne mogoste ih oterati?

— Pređoše! — odgovori vojnik i nastavi dalje u mrak.

— Ih! — učini ovaj s vrata.

Pa se malo zatim priseti i uzviknu za vojnikom, koji je već bio odmakao:

— Znaš li, boga ti, vojniče, koje je doba noći?

— Prođe davno ponoć! — odazva se vojnik iz daljine.

Onaj se vrati s vrata u našu gomilu da nam ponovi vest, koju smo i sami čuli.

— E baš mišljah ovaj put neće ući! — reći će pošto nam je saopštio svoj razgovor sa vojnikom.

— A što da ne uđe, sila je pa mu se može; a teško nama što tu silu plaćamo kožom! — odgovori mu jedan mrzovoljan glas.

— Rekoh — onaj će prvi — prošli put znaš, bili smo sami, sami ispustismo Beograd pa ga sami i povratismo, a sad... Rusi na Kalemegdanu, Francuzi na Topčiderskom brdu, pa onda engleski admirali, pa francuski aeroplani...

— I Nemci sa one strane Dunava i Save — dodaje onaj mrzovoljni.

— Pa jes'... Nemci! — učini ovaj kao ubeđeno, pa će malo zatim: — Pitam ja nešto gospodina direktora (po daljem razgovoru videla sam da je to bio momak u nekom novčanom zavodu beogradskom): „Kako to?"

— Koje? — pita onaj mrzovoljni.

— Pa to, za Nemce i za Ruse i Engleze i Francuze. On te stvari zna, govori francuski i prima neke strane listove sa slikama i, kad se skupe prijatelji kod njega u kancelariji, uvek govore samo o politici i ubrljali su crvenom pisaljkom celu kartu što visi na zidu. Pa, pitam ja njega, kako to, a on kaže: „Nemci, Tomo, imaju jednu politiku a naši, Francuzi, Englezi i Rusi drugu. Nemci kad osvoje jednu varoš oni upoznadu njenu vrednost a Francuzi, Englezi i Rusi kad izgube jednu varoš, oni upoznadu njenu vrednost."

— Gotovo!

— Tako će i Beograd, videćeš! — nastavlja Toma. — Izgubiće ga, pa će tek onda da napregnu sve sile da ga povrate. Neće Beograd ostati ni nedelju dana u neprijateljskim rukama. Dok mi izmaknemo do Mladenovca, toliko...

Drumom se opet ču neki razgovor i pljaskanje nogu po blatu, kao da čitava gomilica pešači. Radoznali poslužitelj novčanoga zavoda izađe opet na vrata i pozabavi se duže napolju. Nismo čuli razgovor koji je vodio, jer nije ostao na vratima nego sišao na drum. Tek kad se vrati saopšti nam ga.

— Istina — veli — prešli su. Evo provedoše tri Nemca zarobljenika.

— A šta je tamo, šta kažu?

— Ne kažu ništa, sležu ramenima!

— Pa jesi pitao?

— Pitao, vele, prešli, šta ima drugo da kažu.

— Pa onda... i mi treba da krećemo, a?

— Ono... eto je i kiša prestala. Šta znamo hoće li ih naši moći uzdržati da ne krenu još noćas dalje. Da pođemo bogami!

— A na koju stranu? — zapitaće ona žena.

— Pa ovako, na Resnik. Tamo ćemo možda naći voz.

— Je l' daleko Resnik?

— Stići ćemo do zore.

Ja nisam ni reči govorila. Krenuli su, krenula sam i ja sa njima.

Morala je odavno prevaliti ponoć, morala je već biti blizu zora ali je još uvek vladala duboka tama i stud. Pokrila sam bolno dete čim god sam stigla i pritisla ga čvrsto na grudi, ne bi li ga što više zagrejala.

Išli smo dugo, išli smo teško po gustome blatu i noseći terete na rukama a bol na duši. Ja sam usput svaki čas zavlačila pod maramu ruku i pipala čelo i ručice detinje. Čelo mu je bilo toplo, vrlo toplo, gorelo je a ručice kao žeravice, ali je prestala ona silna jeza i drhtanje. Zašto je prestala; da l' mu je bolje? Dete je bilo mirno, pogdekad čula sam ga da jekne i trgne se kao da ga je što štrecnulo.

Išli smo dalje. Noć je već počela da se razređuje, kiša je sasvim bila prestala ali je jutarnja studen počela da osvaja. Kako smo svi bili prokisli, jeza uze da nam prožima telo i drhtavica da nas osvaja. Dete, koje je dotle bilo dosta mirno, poče ponovo da se trese od jeze.

Jedva sam čekala da svane i tada sam tek mogla lepo sagledati ranicu pod uvetom. Bila je istina natopljena krvlju ali izgledalo mi je da je kost razbivena. To bi bila već teška rana za nemoćno dete a ja ovako u polju, na jesenjem mrazu, niti imam čim da mu operem ranu, niti da je previjem. Kako će je jadniče preboleti?

Što je više zora osvajala to je i studen, ona rana jesenska studen, bivala sve jača. Dete dobi silnu vatru i poče grčevito da se trza. Čelo mu je gorelo, ručice su mu gorele a usijanim očima gledalo me je pravo u oči. Oh, nesretna majko, da li je to bio pogled praštanja ili molba za pomoć? Kada sam još sa suvih, usijanih usana, čula vapijuću reč: „Mama!", ja sam posrnula te me dobri ljudi prihvatiše.

I nisam mogla dalje.

— Pođite vi, dobri ljudi — rekoh im — ja ne mogu a eto i detetu je rđavo.

— Nemoj, gospo, gde ćeš sama? — reče mi jedan od njih.

— Dan je već, ne plašim se više, mogu ostati i sama. Odmoriću se a i dete da pogledam!

Nastavili su put a ja sam sela kraj druma da pogledam dete ali, šta sam mu mogla pomoći? Suzama sam mu polila lice te mila krv a poljupcima je brisala.

Sedela sam dugo tako na drumu, dok ne naiđoše nove gomile begunaca, ispred kojih smo mi noćas izmakli. Okupiše se oko mene i posavetovaše me da ne sedim, jer će detetu biti gore. Rekoše mi da žurim u Resnik pa otud u Mladenovac, da se tamo javim načelniku stanice te da me uputi lekaru.

Misao o lekaru dade mi nove nade i nove snage. Pođoh sa novom gomilom koračajući ispred svih. Žurilo mi se, htela bih što pre da stignem.

U Resniku smo na stanici dugo, vrlo dugo čekali. Jedan je voz već bio otišao put Mladenovca a na stanici je bio drugi, koji je rastovarivao topove i konje. Dok se taj posao svršavao, sve su veće i veće gomile beogradskih izbeglica stizale na resničku stanicu. Sve pokislo na noćašnjoj kiši, sve prestravljeno, sve preneraženo i sve priča o strašnoj noći, koju smo preživeli i o krvavim događajima koji su se te noći dešavali.

Najzad, istovari se baterija i narod jurnu u vagone. Jedva sam se provukla, jedva dobila mesto u jednom vagonu, koji je bio vlažan i udarao na zadah štale i gde smo gazili po balegama konja koji su se tek istovarili. Bilo nas je toliko mnogo da se nije moglo disati a uz to nas je i onaj zadah gušio. Pomislila sam da bi to moglo detetu škoditi, njemu sad treba vazduha, treba mu zraka; pomislila sam i da siđem, pa ma i peške nastavila, ali se nije moglo ni izaći iz vagona. Bila sam čak u dubini i opsednuta u jednom uglu gomilom, koja je i sama jedva disala zbog pretrpanosti.

    Najzad, krenuo je voz. Groznica kod deteta nije prestajala ali se manje trzalo, sve manje, sve manje. Počelo je sad teško da diše te me to još više preplaši. Volela bih da se trza kao ranije, to mi je trzanje ipak bilo dokaz života. Jednoga trenutka, učini mi se čak da ne diše i nagoh se da čujem. Disalo je a čelo mu je bilo još uvek vrlo toplo. Zavukoh ruku da mu opipam ručice i učini mi se da nisu tople kao maločas. Volela bih da su tople, ta mi je toplina bila dokaz života. Teknu me sumnja te skidoh mu s nogu cipelicu i čarapu. Nožica je bila hladna, prstići studeni. Zamolih jednu ženu, koja je sedela kraj mene, da i ona vidi, da mi i ona kaže. Ona učini i kad opipa detinje nožice, ona mi ne reče ni reči, samo me pogleda. Ja sam joj pogled razumela i ciknula sam tako silno da se svi u vagonu uskomešaše i zbuniše. Mislili su da je gomila prigušila nekog. Kad zatim čuše šta je i kako je, umukoše svi i posmatraše me pogledom saučešća. Oh, kako je taj pogled težak; kako ga je teško izdržati!

    Stigli smo u Mladenovac i — ja sam iznela iz vagona mrtvo dete.

XXII — „Bacajte sami u oganj decu!"

— Da li što sam je ja kroz suze gledala — nastavi gospa u crnini posle duge, vrlo duge počivke, ispunjene bolnim sećanjem — ili je malena varošica Mladenovac toga trenutka odista strašnu i jezovitu sliku predstavljala? Videla sam gomilu preplašenu, prestravljenu, užasnutu, kako očajno napušta svoje domove u Beogradu zasute vatrenom kišom; provela sam onu strašnu noć u pustoj kući, preživela sam poslednje dane Skoplja i onu očajnu gomilu begunaca; videla sam i onaj slom bez nade i bez utehe na Kosovu — pa ipak, kada se setim one slike u Mladenovcu, ja ništa toliko užasno ne znam čime bih je uporedila.

Mladenovac, koji je postao zbeg Beograda, Palanke, Valjeva i cele Kolubare, ličio mi je onoga trenutka na varoš pometenih, varoš sumanutih, koji su se tiskali ulicama bez cilja, bez razloga, ne znajući kuda će, ne znajući šta će; ličio mi je na logor spasenih davljenika, kojima iz očiju još nije iščezao blesavi pogled straha, koji još ne mogu da pojme da su živi, jer do maločas bili su pomireni sa smrću; ličio mi je na nesretnu varoš, na koju se bio srušio breg i pretrpao je, pa je hitno raskopali te ono stanovništvo, što je izašlo iz groba, ne ume čisto da pojmi svetlost dana; ličio mi je na ogromni mravinjak, koji je zgazilo teško stopalo sile pa se mravi pomeli i žure unezvereno na sve strane, ne znajući gde će, ne znajući šta će.

Možda je tako meni izgledalo — veli nesretna majka — jer sam sve to gledala kroz suze, noseći na rukama mrtvo dete i lutajući i sama, sa malim mrtvacem u naručju, ne znajući gde ću i ne znajući šta ću. Išla sam kroz ulice i zastajala na uglovima, sedala sam na kamen da se odmorim i opet se dizala i išla. Svako se osvrtao za mnom, svako me je čudno pogledao pogledom sažaljenja koji ne teši no draži bol.

Rekoše mi da idem u bolnicu, da predam mrtvače na sahranu. Otišla sam, ali mi tamo rekoše da je to vojna bolnica i uputiše me u opštinu. Rekoše mi da nađem sveštenika i otišla sam u crkvu, ali ga tamo ne beše, crkva je bila zatvorena. Najzad mi rekoše da idem načelniku vojne stanice i ja se uputih njemu. Svet me je žalio što se toliko mučim a nije ni slutio koliko mi je sebičnoga zadovoljstva pričinjavalo ovo lutanje koje mi je odlagalo rastanak sa dragim teretom. Čisto bi me oveselilo kad bi mi rekli: „Ne može ovde u Mladenovcu ništa biti od sahrane, moraš ići u Jagodinu, Ćupriju, Paraćin, Niš!" Što dalje, samo što dalje! Kada sam pošla ka načelniku stanice ja sam čisto strahovala da me on ne predusretne ljubazno i sa sažaljenjem, da mi ne ščepa mrtvače iz naručja i reče: „Dobro, ženo, ti sad idi, mi ćemo svršiti svoje!"

Našla sam zgradu u kojoj je vojna stanica po onoj gomili vojnika i naroda koji se tiskao pred njom. Probila sam se kroz tu gomilu jer se svet rasklanjao pred malim mrtvacem i skidao je kapu i šaputao je: „Bog neka ga prosti!" Dojila sam ga i hranila, negovala i podizala da mi životom svojim probija put u životu a ono se evo smrću svojom odužuje nesretnoj majci!

Gomila je bila na ulici, u zgradi još veća. Tiskalo se i vrilo kao u košnici; teško je bilo doći do načelnikovih vrata a teško ostati u toj gomili. Zagušljiva vonja od ljudskoga znoja, pokislog odela, koje se puši i isparava i mokrih obojaka i opanaka. Od teškog zadaha čovek da posrne a neka jara bije iz gomile i žagor liči na klokotanje kazana koji ključa. Uznela sam najzad mrtvače više glave i pošla sam. Gomila se razmicala, propuštala me, a neko čak reče glasno: „Puštajte, ljudi, ovu nesretnu majku!"

Ušla sam u kancelariju. Nisam ni reči progovorila, nije ni bilo potrebno. Načelnik je video i razumeo. Ponudio mi je stolicu da sednem i dozvao jednog obveznika koji je bio tu na službi, te ga poslao da dozove kmeta.

Taj jedan čas čekanja u kancelariji načelnikovoj izveo mi je pred oči sve nevolje sabrane ujedno. Tu sam saznala da nisam bila sama ojađena majka. Izgledalo mi je u tome času kao da su se tu, u Mladenovcu, sabrali bolovi svih matera i tragedije sve dece. I to je ono samo što sam ja za jedan čas videla a koliko je nevolja pre mene proteklo i koliko će ih još posle mene proteći!

— Eto, vidite! — veli mi načelnik. — Ne mogu da stignem ni da utešim a kamoli da pomognem!

A svetina kulja u kancelariju, i moli, kumi, bogoradi, žali se, traži, zahteva, te joj se ne može ni naodgovarati a kamoli učiniti sve. Nevolja se niže za nevoljom i jad za jadom. Vrata se kancelarijska svaki čas otvaraju i kad god se otvore, dopire otud spolja onaj težak i zagušljiv vazduh i brujanje kao iz košnice. Meni čak ona soba, u kojoj sam bila, nije ni ličila na kancelariju, pre mi je ličila na mučionicu, jer sam saosećala sa svakim onim čiju sam nevolju toga časa saznala. Možda je sam Bog hteo sve to tako da bude, da bi mene očvršćao u bolu. Hvala mu!

Nisam zapamtila sve one nevolje koje su se preda mnom nizale, ko bi ih upamtio. Pred očima su mi uvek samo nevolje majki, teške, duboke nevolje iz kojih sam saznala da nisam ja sama ojađena majka.

Ulazi jedna devojčica od četrnaest-petnaest godina, slaba i sirotinjski obučena. Ona nosi u naručju odojče.

— Šta ćeš ti mala? — pita je načelnik.

— Donela sam ovo dete! — odgovara mala preplašeno.

— A zašto si ga donela?

— Rekli mi!

— Pa dobro, al' šta hoćeš sa tim detetom?

— Da ga predam ovde! — odgovara mala i obzire se na sve strane preplašeno.

— Zar to nije tvoja sestrica? — pita dalje načelnik blago, da bi ohrabrio malu.

— Nije!

— Pa čije je dete?

— Ne znam!

— Kako ne znaš? Ne može biti da ne znaš; ti si pametna, ti si odrasla, moraš znati?

— Ne znam! — ponavlja mala zbunjeno.

— Pa ko ti ga je dao?

— Jedna žena.
— Gde ti ga je dala?
— Tamo, na stanici.
— Poznaješ li tu ženu?
— Ne poznajem je!
— Gde je ta žena?
— Ne znam!
— Pa što si primila dete?
— Tako... — učini mala i još se više zbuni i unezveri.
— Ajd', kaži nam, mala, sve po redu kako je to bilo i šta je bilo? — poče načelnik vrlo blago.

Devojče se ohrabri i odreši jezik.

— Bila sam — veli — na stanici da gledam svet. Sva deca otišla, pa i ja. Stajala sam kod ograde, u stranu, da me ne gura gomila. Dođe jedna žena i zapita me jesam li odavde, iz Mladenovca; pa onda me zamoli da joj pridržim dete, samo dok ona izvadi objavu. Izvadi iz marame i dade mi jedan dinar. Dade mi dete, poljubi ga dva-tri puta i zaplaka se, pa ode. „Sad ću ja!", veli, pa se izgubi.

— I ne dođe? — pita načelnik. — Ili je ti nisi čekala?
— Čekala sam dugo, od jutros pa sve do sad, pa nisam mogla više.
— Jesi je tražila?
— Jesam.
— Pa nema je?
— Nema!
— Nesretnica! — učini načelnik okrenuv se meni i naredi da se dete odnese u opštinu.

Ulazi zatim vojnik i on vodi dete malo, majušno, tek prohodalo. Na detetu prokisle i zgužvane haljinice a veselo gleda i čvrsto se drži za vojnikov kažiprst. Vojnik salutira:

— Gospodine, ovo smo dete našli u kukuruzu, više Beograda. Majki šrapnel probio glavu pa leži mrtva a ono kraj nje, sedi i igra. Pa rekoh, grehota je.

— Grehota, dabome! — dodaje načelnik i naređuje opet da se dete vodi u opštinu.

Ulazi žena i nosi raskrvavljeno dete u naručju. Kazuje nesretnica kroz suze kako je begala, kako je bombom iz aeroplana ranjeno dete i pita šta će, gde bi ga ponela da se previje, jer mu je rane previla krpama koje je otkidala sa svoga odela, pa se boji da se ne zagade. Dok majka kroz suze govori, dete pišti i vije se u rukama materinim a taj pisak proseca dušu kao usijano gvožđe. Načelnik daje ženi neku ceduljicu i upućuje je u bolnicu. Ulazi druga, tako isto okrvavljena, samo nije dete ranjeno već ona u grudi a dete, kako je sisalo, okrvavilo usne i obraze materinom krvlju. Užasna, strahovita slika. I nju načelnik upućuje u bolnicu.

Ulazi najzad jedna žena, druga moja po nesreći. Ona nosi mrtvo dete pod pazuhom, prilazi mirno načelnikovom stolu i polaže dete na sto.

— Evo vam ga! — veli. — Radite s njim što hoćete. Ja sam ga već izgubila a pred vratima me čeka još troje pa ih moram povesti.

— Šta mogu ja? — buni se načelnik.

— Što god znate! — dodaje žena. — Išla sam od nemila do nedraga i niko neće da mi pomogne. Eto ga vama pa činite šta znate!

I kod tih reči, ne obzirući se na sve pozive načelnikove, ode i zatvori vrata za sobom a mali mrtvac, drugarčić moga čeda koje mi je ležalo na krilu, ostade na stolu ne plačući za majkom koja ga je ostavila.

Načelnik pogleda u mrtvo dete, čije su očice bile otvorene i kad se srete sa njegovim pogledom, njemu naiđoše suze na oči i okrete glavu, zatim je opet diže i okrete meni:

— Imam i ja dece i ne znam šta je s njima. Ostali su tamo, u Beogradu, ili su pošli... ne znam. Nisam smeo da napuštam dužnost pa da im pođem u pomoć. Sami su se pomogli, ne znam kako!

Zatim, ne mogući više da izdrži pogled malog mrtvaca, koji je ležao na njegovome stolu, izvadi iz džepa jednu maramu i pokri njome lice detinje.

I mene zabole teško pod srcem, te stegoh grčevito na grudi moje mrtvače. Bolela me je gorko suza one majke, koja se morala prevarom osloboditi svoga deteta, neka bi nesreća ako će ga postići, bila daleko od materinskih očiju; bolela me je sudbina one mrtve majke kraj čijeg se tela igra nevinašce i one, što joj bomba raskrvavila dete i one što je svojom krvlju zadojila dete. A kako me tek ne bi zabolela nevolja majke, čije dete leži na stolu u trenutku kad ja svoje mrtvo držim na krilu.

Posle jednoga punoga časa čekanja, dođe najzad kmet. Načelnik mu glavom pokaza mrtvo nevinašce, koje je ležalo na stolu lica pokrivena džepnom maramom i na ovo, koje je ležalo na mome krilu.

— Šta ćemo sa ovom mrtvom decom? — upita ga načelnik.

— Bog neka ih prosti! Šta možemo, gospodine, drugo nego da ih sahranimo, kad stigne sveštenik.

— Kako kad stigne sveštenik? Šta radi on te je toliko zauzet?

— Sahranjuje, gospodine, jednako sahranjuje.

Načelnik ućuta pa se okrete meni:

— Umiru vojnici, umiru izbeglice, ne umiru upravo nego padaju. Šta možemo? — on se okrete kmetu. — A ima li gde da se smeste ova deca?

— Ima, u kapeli! Ima tamo još dece, pa ćemo ih sve zajedno opojati.

Načelnik se opet okrete meni:

— To je sve što se može uraditi, gospođo. Odnesite dete u kapelu.

— Gde je to?

— Na groblju!

— Nemam ni sanduka.

— Nećete ga nigde ni naći, nema ko da pravi. Mi već od nekoliko dana sahranjujemo bez sanduka.

Meni grunuše suze a načelnik uze da me teši:

— Šta ćete, gospo, vidite i sami kako je. Dobro je kad se može bar da opoje, bar tu hrišćansku dužnost da izvršimo. Vidite kako je, sami vidite. Sručilo se ovde sve, sva nesreća i nevolja i nema se kad, poslednji je čas. Čekamo svaki čas naredbu pa i mi da napustimo stanicu. Da mogu, gospođo, ja bih vam pomogao, verujte, pomogao bih vam!

Poverovala sam mu, jer mi je govorio iskreno, iz duše. Digla sam se da pođem.

— Gde je groblje?

— Poći će jedan od mojih ljudi da ponese ovo dete, pa pođite i vi s njim. Ostavite tamo u kapeli dete a vi krećite, savetujem vam da krećete što pre odavde. Navala će biti još veća kad naiđe vojska s položaja. A i ovako, niti imate šta jesti ni gde leći. Krećite odmah, to vam je moj prijateljski savet.

Pošla sam sa jednim starcem iz poslednje odbrane, koji je bio na službi pri kancelariji načelnikovoj. On je nosio pod pazuhom ono siroče a ja svoje. Išli smo kroz ulice pokrivene blatom, lagano, korak po korak, on opterećen godinama a ja bolom. Išli smo ćuteći. U jednom trenutku, kad oseti da ja grcam, starac diže glavu i pogleda me dobrodušno i očinski:

— Nemoj da plačeš! — reče toplim glasom kojim samo starost ume govoriti. — Nemoj da žališ, možda ga je Bog baš izabrao da ga spase. Zar ne vidiš kakva nesreća tutnji nad našim glavama; ko zna kakve patnje stoje pred nama! Pa, ako ćemo da patimo ja i ti, zašto da pati ovo jadniče. Možda ga je Bog izabrao da ga skloni u svoja naručja ispred ove nepogode.

Toplina starčevih reči godila mi je ali me nije tešila. Teško mi je bilo i pomisliti da se tako rastanem od deteta i neopojanog i neožaljenog.

— Kako ću, kako da se rastanem od njega i kako da ga sahranim ovako neopremljena? — pitam očajno starca, osećajući potrebu da čujem još reči od njega, da čujem još mnogo reči.

— Ti si se već rastala — veli starac. — Od živog se čovek rastaje a ne od mrtvog. Živ je tvoj a mrtav i nije tvoj, on je zemljin. A zemlja ima materinsko srce, ona ga prima i grli ga a i ne pita kako si joj ga ti opremila, u zlatne kovčege jal u nestrugane daske.

Usahnule su mi suze, kao da ih je ovaj dobri čovek toplinom svojih reči sasušio. U njegovim rečima ja nisam osećala samo saučešće no i snagu koja mi se povraćala. Ja ne znam šta je to bilo u njima što me je ohrabrilo? Kada sad, daleko od neposrednih utisaka, razmišljam o starčevim rečima, ja ne nalazim da je ma čega bilo u njima i mislim da će to, što je na mene tako snažno uticalo, biti prva topla reč koju sam čula, u trenutku kada sam se osećala tako osamljena i tako prazne duše.

Starac je nastavio razgovor, kao da je osetio moju potrebu da ga slušam.

— I ja sam imao... imao sam jedinca, odrasla... — tu zastade, jer mu zaigra reč u grlu, pa se pribra i nastavi. — Vojnik, odvedoše ga lanjske godine u vojsku...

— Pa? — zapitah ja iako sam slutila odgovor.

— Poginuo! — dodade starac i zaćuta. Dugo je ćutao. Zatim opet diže glavu i nastavi. — Gde će i da iznese glavu, vidiš kako se to gine.

— Kad je poginuo?

— Ne znam!

— Gde je poginuo?

— Ne znam! — odgovori starac i sleže ramenima.

— Kako ne znaš?

— Rekli mi ranjenici da je poginuo. To toliko.

— Možda je to samo glas, možda nije poginuo. Bivalo je to! — pokušah da ga tešim.

— Istina je, srce mi kaže da je istina. Kad tako govorim o njemu ili kad sam sâm, pa mislim na njega a meni srce zaigra, zaigra i ne može da se ustavi — i te reči zaigraše u starčevom grlu a trepavice mu se ovlažiše, te on okrete glavu od mene.

— Kako to da te ne izveste? — pokušah radi utehe da ga pitam.

— Eh, kako! — manu starac onom slobodnom rukom. — A ko za mene i zna da postojim? Imaš sina za vojsku, znaju te, nađu te, imaju te zapisana u spisku; poginuo ti sin, ne znaju te, ne mogu da te nađu, izbrisali te iz spiska.

Utom već stigosmo do groblja, na vrhu varoši. Ućutasmo, savladani možda istovetnim roditeljskim osećanjima, ulazeći u ovaj mrtvi grad. Groblje je tužno izgledalo, puno manjih i većih obojenih i neobojenih drvenih krstića, među kojima pogdekoji grubo istesani kamen. Na groblju mrtva tišina sem, kad mi naiđosmo, što prhnuše vrane, koje su se prokisle odmarale na krstovima i duboko tamo, sa drugoga kraja, što se ču udar gvožđa u šljunak i vide kako se iz zemlje odmereno iznosi ašov. To grobar kopa novu raku. Kiša raskaljala staze i grobovi se rasuli i utonuli. Grobljanska vlaga miriše na trulo drvo i kosti. Sa krstova se razlila boja i iščezli zapisi. Nedogorele sveće savile se, vlažni se peškiri usukali; svega kraj jedne krstače gori svećica, valjda jutros upaljena, i po grobu nešto jestiva. Prođosmo kraj nekoliko praznih raka, u kojima se nabrala voda od kiše a izbačena zemlja razlila se u žitko blato. Nigde crkvice, nigde zgrade.

— Eto tu — veli starac — vidiš kolicina ih se odmara. Sve nov krst, sve ovih dana: tu ranjenik, tu bolesnik, tu zarobljenik, tu izbeglica. Viš' ono tamo, oni krstići u redu, sve je to vojska, srpska vojska. Ovo je već četvrta godina kako se tu ređaju drug do druga.

— Gde je kapela? — upitah starca.

— Eto, ta koliba! — odgovori on i pokaza mi glavom jednu kolibu od dasaka, koju je opština na brzu ruku podigla da bi imala gde skloniti od kiše i nepogode mrtve, koji čekaju na sahranu.

Trgla sam se i užasnula, kao da mi je toga časa ponovo izdahnulo jedinče koje sam nosila. Steže mi se nešto u duši i mal ne ciknuh od bola. Starac il' opazi il' oseti to pa dodade:

— Nije crkva od mermera, nema ni zvona ni krstova... a i što će; nek duša samo ode u Božje dvore a telo... ništa, pregorelo drvo!

Nisu me reči njegove umirile i što sam se više bližila kolibi bila sam sve uzrujanija, gušilo me je nešto, mučilo me je: izgledalo mi je kao da sam pošla da učinim nepravdu, da učinim zločin prema svome detetu. Poumih jednoga trenutka da se vratim, ali gde i šta zatim da činim? Moje predosećanje nečega užasnoga, nečega zločinački užasnoga, bilo je opravdano. Kada sam naišla na otvor kolibe, vrisnula sam kao ranjena i trgla se okrećući glavu i pokrivajući oči rukama. Ono što sam videla bilo je strašnije od svega sa čega se duša čovečja naježi a telo hladan znoj probije. I sad mi je pred očima, uvek mi je pred očima, niti ću ikada da izbrišem tu sliku iz očiju i iz duše. Viđam je u snu, viđam je i budna, ona me prati i ganja, ona mi san prekida i budi me i uvek mi pronosi groznicu kroz telo.

Pod krovom leže po zemlji dve daske, nešto malo udaljene jedna od druge. Po tim daskama položena mrtva dečica. Devetoro leže jedno kraj drugoga koje obuveno, koje boso, koje sklopljenih a koje otvorenih očiju, koje plave a koje crne kosice, koje poprskanih haljinica krvlju a koje pokrivena lica maramicom. Leže mrtvih devet anđelaka jedno kraj drugoga, ni sanduka, ni pokrova, ni svećice. Izgledaju onako bačena na zemlju, kao kad bura pokida sa žbuna grančice na kojima su nikli pupoljci i raspe ih po zemlji. Pod njima vlažna zemlja, u koju su se utisla stopala nesretnih majki, koje su ostavile ovde svoju dečicu, oprostile se sa njima i sad već izmiču valjda drumom sa ostalim zbegom ne znajući ni gde će im grob porodu biti.

I kako mirno leže ova dečica, nijedno ne plače za majkom koja ga je ostavila, nijedno ne pruža ručice da ga majka prihvati! Ono gore, prvo u redu, slatko devojče, lepo zaglađene kosice, koju je majka valjda suzama nakvasila a prstima začešljala. Oči mu upola zatvorene te izgledaju kao ugašena kandioca a usnice odškrinute kao tek raspukao pupoljak te mu vire beli, mlečni zubići! Do devojčeta gologlavo seljače sa još vlažnim opancima a isprskano blatom po košuljici i stručkom suvog bosiljka zadenutim u nedra. Pa onda opet jedan mališan, stisnutih vilica i bledih usana ispucanih od vatre. Pod pazuhom mu jabuka koju mu je majka od milošte dala valjda pri rastanku. Jabuka nagrižena malo i na njoj se poznaje trag sitnih dečjih zubića. Nosila je valjda majka u nedrima da detetu nakvasi usne kad ožedni, pa mu je i ostavila ali njegova mrtva ručica ne može je prineti ustima koje su se isušile od poljupca smrti. Do njega mala lešinica deteta, čije je lice pokriveno maramom ispod koje viri pramen čupave kosice. Kroz maramu probila krv i crna se mrlja na njoj osušila i okorela. Pa opet devojčica, kojoj smrt nije izbrisala sladak detinji osmeh sa usana, opružila ručice kao da traži majčinu ruku da je povede i do nje druga, zamršene i bogate plave kosice i visoka čela, ispod kojega su upale dve duboke duplje. Osmeh joj se na usnama okamenio, hladan, kao na mramoru dletom izrezan. Do njega strahovita slika jednoga okrvavljenog deteta. Čelo mu prelivano širokim crvenim vencem od krvi koja se iz rane izlila na jednu i drugu stranu čela, slila se kraj ušiju i napravila male usirene lokve na podu, a iz nosa mu crna krv zalila usta i obojila obraze. Mali mučenik je grčevito stegao ručice koje su sve ispucale od zime. Pa onda sedmo, osmo, deveto... ko bi ih gledao, ko bi imao srca, ko snage i očiju da ih sve vidi?

Na grudima jednoga mrtvačeta udenuta ceduljica. Sagla sam se da je pročitam. Nepouzdanom, ženskom rukom, napisala je nesretna majka reč: Dragomir. Ostavila je svešteniku ime detinje, da ga pomene pri opelu. Mali

Dragomir je još držao u ruci ugašenu svećicu, koja se razlila, te mu vosak pokapao i iskitio cvetićima ručicu. Njegovo je lice mirno, kao da leži na materinim grudima a ne na vlažnoj i raskaljanoj zemlji; iz okruglih obraščića mu odišla krv, te bledi već se pripijaju za kost a usnice stegao zubićima te mu upale i unakazile lice.

Čiji si ti mali Dragomire; ko ti je otac i gde je; ko ti je majka i gde je? Radovali su ti se, je li, kad su te rodili; zvali su te Dragče, je li, kad su te milovali, a ti si se slatko smešio i tapšao rukama i grlio si tvoje srećne roditelje?

I ko zna, Bože moj, kako su se sve zvala ova druga dečica? Ona tamo čupava možda Dara, Darče, Darica; ona do nje, sa krvavim vencem oko čela, možda Milica, Milče, Mila; onaj muškarčić sa jabukom pod pazuhom, možda Milan, Milanče, Mile. I svi ostali, ko zna kako se zovu? Oh, što nemam snage da probudim tu pospalu decu; da progovorim sa njima, da im kažem toplu materinsku reč, da ih upoznam sa novim drugom svojim, mojim nesretnim detetom, koje još nikako nisam imala snage da odvojim od nedara, ni hrabrosti da ga spustim na one daske, na vlažnu zemlju.

Zanetoj ovim mislima, posmatrajući onu mrtvu decu, počeše da mi vrcaju suze na oči kao bujica i ja još snažnije, još sebičnije pritiskoh svoje malo mrtvače na grudi. Starac me ostavi da plačem a sam spusti na daske dete što ga je nosio, pokri mu lice onom maramom kojom je bilo pokriveno, prekrsti se i diže glavu.

— Ja ne znam da l' to ima negde u knjigama zapisano — poče starac i ne gledajući u mene, više sam sebi — ali kažu ljudi, nekad u staro vreme, bila neka aždaja koja je žderala decu. Padne tako pred selo pa pisne a majke svako jutro po jedna, nose joj svoje čedo i bacaju joj u čeljust, te ga proždere i umiri se do sutra ujutro. Ako koja majka, kad joj dođe red, ne htedne dati dete, aždaja joj razori kuću i sve živo po kući pokolje. Tako se priča da je bilo a, veruj i jeste! Eto, pogledaj ovu dečicu! Zar ne izgleda kao da je aždaja gladna i halovita pala pred Mladenovac, pa ne pišti samo jutrom, već od bele zore pa do mrkla mraka?

Ja nisam dizala glavu, naslonila sam obraz na hladno lice moga anđelčeta i grlila ga sve čvršće. Što se više bližio čas rastanka, ja sam ga sve čvršće grlila;

izgledalo mi je kao da hoće da mi ga otmu. Kad starac ispriča priču a meni se ona koliba učini odista kao otvorena čeljust aždajina, u koju moram da bacim moje čedo jer je došao na mene red, i zatresoh se celim telom koje poče neka opaka groznica da pali.

Starac nastavi sam da razmišlja:

— A nije pala samo pred Mladenovac, pala je na celu Srbiju aždaja i ždere nam decu, ždere mnogo... potamaniće nam porod! Zlo, golemo zlo!...

Zatim poćuta pa opet dodade:

— Ajde, ajde, ženo. Ne pomaže suza i druge su je majke prolile, kad su ostavljale ovde svoju decu pa eto, zemlja suzu upila a tuga ostala. Taj teret moraš poneti, ne biva drukče. Tako je valjda Božja naredba, pa mora da se snosi!

Ja digoh glavu i pogledah ga.

— Ajde — nastavi on — spusti dete. Spusti ga tu, kraj ovoga. Vidiš kako su se dečica skupila pa će lepo da se uhvate za ruke da igraju kolo oko Božjega prestola.

Starac diže ruku i rukavom obrisa suzu koja mu zasvetli na trepavicama, okrećući glavu da je sakrije od mene. Zatim se pribra i okrete mi se:

— Spusti, spusti i ti tvoje! Metni ga u red sa ostalom dečicom, sa njegovim drugovima i drugaricama. Nije samo, neće biti samo. Bog se postarao da dečica budu u društvu!

Spustila sam ga i — sad je jedanaest mrtvih anđelaka ležalo na daskama jedno kraj drugoga...

Gospu u crnini obliše suze, zagrcnu od plača i prekide kazivanje...

XXIII — Majka

Dugo je, bolno i gorko jecala gospa u crnini a ja sam, potresen njenim kazivanjem, ćutao oborene glave, nehoteći ni pogledom da je uznemirim. Duboka tama vladala je oko nas. Na vatri su dogorevala drva te je gomila rumena žara pokrivala zemlju i prostirala oko sebe toplotu i blagu, rumenu svetlost. Mora da smo daleko od ponoći odmakli i već se približili zori ali je kiša još uvek rominjala te se u vazduhu nije moglo opaziti da se tama već razređuje.

Kada je prođe navala suza, gospa u crnini sama diže glavu i pribrana nastavi:

— Nisam vam još sve kazala. O kako je dugo i kako je mnogo to što bih imala kazivati. Moje bekstvo iz Beograda i smrt moga deteta nisu jedine moje nevolje niti jedini moj bol. Imam ih puno još u duši.

— Zar vam njihovo ponavljanje ne pozleđuje bolove?

— Pozleđuje ih, ali ja imam potrebu da ih pozleđujem. Mene održava to neprestano draženje, to neprestano mučenje duše. Kad gdekad pokušam da se odvojim od svojih bolova, ja malakšem i klonem. Bolovi su već toliko srasli sa mnom, toliko postali moja priroda da se ja bez njih osećam malodušna, slomljena, osećam se kao stvorenje bez živaca. Bolovi su moj alkohol i ja se kao alkoholičar tek pijana njima osećam snažna i sposobna, bez njih malaksavam i klonem. Oh, ne znate vi kako je to velika duševna potreba to pijanstvo od bolova.

Verovao sam joj jer je odista bol, kada ga je kazivala, vraćao uvek njenome mramornom licu izraz života a njenim ugašenim očima sjaj. Ne samo to, već kada bi iskazivala svoj bol, kod nje bi se javljala i neka naročita rečitost, onako otprilike kao što žene pri naricanju vrlo često napuštaju običan dnevni jezik i zalaze u poeziju.

— Ja nisam samo to jedno dete izgubila, izgubila sam ih sve! — nastavi gospa u crnini. — Moja je kuća opustila potpuno a do pre dve godine ta je kuća skrivala jedan dobar brak i srećne roditelje, koji su negovali troje zdravih i naprednih muškarčića.

Muž mi je poginuo u bugarskome ratu, na Vardaru. Bio je hrabar i čestit oficir. U turskome ratu bio je dvaput ranjen, prvi put odmah u početku, pred Kumanovom. Rana je bila laka, preboleo je brzo i stigao je da se na Bitolju opet bori sa svojim vojnicima. Tu je teže ranjen i lebdeo je izmeđ života i smrti. Prezdravio je najzad, da pogine u bugarskome ratu, za vreme prvih borbi, kada su Bugari prodrli na Krivolaku.

Kada se praštao, polazeći u taj rat, mezimče, ovo što sam ga ostavila u Mladenovcu, tek se bilo rodilo. Kad ga je otac uzeo u naručje da se oprosti dete se nasmejalo. To je bio prvi osmeh detinji a poslednja radost očeva. Ostavljajući tri sina u kući, otišao je ponosan i zadovoljan u rat iz kojega se nije vratio.

Bio je to težak udar za mene i velika briga primiti troje nedorasle dece na svoja pleća. Tešilo me je što mi je najstariji sin već bio dobro izmakao, ušao je bio u osamnaestu godinu. Drugi za njim imao je punih petnaest a mezimče rodilo se pozno, vrlo pozno. Zato nam je valjda i bilo tako drago.

U jesen te godine, za vreme primirja sa Bugarskom, pošla sam da potražim grob muževljev i povela sam sobom srednjeg sina. Stariji je bio zauzet školom a mezimče sam ostavila kod majke. Učinila sam dužnost prema ocu što sam povela ma i jedno dete te da sinovlja suza kane na očev grob, ali sam učinila greh prema detetu. Dete se tu zarazilo i kad smo se vratili u Beograd pade u postelju teško bolesno. Uložila sam u negu sve napore jedne majke koju je grizla savest i morila pomisao da već na prvom koraku u životu nije umela sama da ponese teret brige nad decom koja su njoj ostavljena. Probdila sam mnoge brižne dane i besane noći nad bolnim detetom ali je bolest bila i suviše teška. Bio je tifus koji se još od turskog rata kod nas zacario i sve do tad se nije ugasio.

Lekari su iskreno založili sve svoje znanje i umenje, ja sam ih dopunjavala materinskom predanošću u nezi, pa ipak pomoći nije bilo. Izgubila sam ga, umrlo mi je ovde na ruci na kojoj sam ga i dočekala kad je došao na svet. Vrisnula sam od teškoga bola i verovala sam toga časa da i ja ne treba više da živim. Osvestilo me je odojče, koje mi je bilo na rukama i sin koji je dorastao, te koji će još malo, samo ako mu Bog da života i zdravlja, podeliti sa mnom brigu koju sam nosila.

I on je rastao i njegovo mi je zdravlje bilo najtoplija uteha. On je rastao ali ne za mene već za vojsku. S jeseni 1914. godine sazvaše đačku četu i on sa drugovima ode u Skoplje gde se đačka četa vežbala. Borio se zatim na Rudniku i Ceru i, kad je nastalo ovo dugo zatišje od austrijske propasti u Srbiji do sad, dolazio mi je, dolazio mi je dva-tri puta. Vojnička služba i ratni napori izmenili su bili potpuno ovo dete. Ono je postalo čovek; čovek po snazi, čovek po držanju i čovek po ozbiljnosti koja je sa njegovih usana izbrisala detinji osmeh. On je prilikom tih dolazaka sa fronta probavljao sa mnom duge sate brinući o kući, o poslovima kućevnim, o načinu kako ćemo udesiti život kad se bude rat svršio i o svemu onome što je majci tako drago da razgovara sa sinom. Ja sam u njemu već gledala odmenu i gledala sam, ako ne hranitelja a ono branitelja kuće. A to mi je tako godilo i tako mi je trebalo. Osećala sam se sama, suviše sama, jer mi je te zime, po smrti moga drugoga sina, umrla i majka.

Kada je poslednji put odlazio od kuće, pred kraj avgusta, ljubeći mi ruku i praštajući se rekao mi je:

— Sad se nećemo dugo videti?

— Zašto, sinko?

— Izgleda da će skoro nastati borbe.

I borbe su nastale. Nastale su pred kraj septembra padom Beograda i nizom nevolja koje evo još traju. A odmah, na početku tih nevolja, ja sam u Mladenovcu preživela onu jezovitu tragediju sa mojim mezimčetom kome nikad više neću znati groba. I da se završi taj takoreći pokolj, koji je Bog mojoj porodici i mome porodu nameniio, u Skoplju čuh da mi je i poslednja moja nada, potpora moja, jedini zrak koji je zaostao da me greje, čuh da mi je i najstariji sin, u borbi kod Velikog Popovića, poginuo...

Očekivao sam da će posle ovih reči, kojima je gospa u crnini završila i vrhunac svoje velike i teške porodične tragedije, pretrpana bolom i suzama ućutati i predati se svojim nemim duševnim patnjama. Verovao sam da će kriza, koja nastaje u takvim trenucima, prilikom jednoga bujnoga izliva duše, biti duga i beskrajno bolna. Ali gospa diže glavu i srećući se, u onoj polusvetlosti, koliku je gomila žara oko sebe rasipala, sa mojim pogledom i razumevajući ili bolje osećajući instinktivno šta ja u tome trenutku mislim — nastavi:

— Vi se čudite možda što sam vam sa više bola i sa više suza govorila o smrti moga mezimčeta no o ovoj najvećoj nesreći mojoj, o pogibiji najstarijega sina?

Ja nikakvim znakom niti potvrdih niti osporih njeno pitanje.

— Objasniću vam! — nastavi ona. — Onu sam smrt očima gledala, ono je bilo nevinašce kome nije namenjeno da gine u ratu, ona je smrt bila slika užasa od koje i sad zadrhćem kad mi izađe pred oči. A moj najstariji sin poginuo je na bojnome polju, kao vojnik, kao sin oca vojnika, vršeći savesno dužnost svoju. Njegova smrt je moj najveći gubitak i moj najveći bol; on je završio niz nesreća naše porodice, sa njime se ugasila i poslednja moja nada i poslednji razlog za moj život. Ali, u njegovoj smrti ima bar toliko utehe — iako je to jednoj majci nedovoljno — da je njegova smrt bila jedna dužnost.

Moj muž nas je na svoj način sve u kući vaspitao. Reč Otadžbina je za nas bila tako čist i uzvišen pojam, da smo je mi sa idolopokloničkom predanošću zamišljenoga božanstva izgovarali. Otadžbina je bila sve, iznad svega, starija od svega. Kada je moj pokojni muž izgovarao reč kuća, reč porodica, izgovarao ih je sa poštovanjem i toplinom ali, kad bi izgovorio reč Otadžbina, njemu bi se uznele grudi i u glasu mu je bilo nečeg zvonkog i svečanog. Kada je polazio u rat mi nismo smeli smatrati to za tužan rastanak; kada se vratio ranjen mi smo se morali ponositi time. Kada je drugi put došao, sa teškom ranom u grudima i lebdeo izmeđ života i smrti, govorio nam je često — meni i najstarijem sinu: „Ne smete me žaliti ako podlegnem rani; treba žaliti one koji nisu ispunili svoju dužnost prema Otadžbini a ne mene koji sam je ispunio!"

Docnije, kad je polazio u bugarski rat, on je verovao da će ga preživeti ali je verovao i u to, da njime neće biti završen niz ratovanja na Balkanu. I tada je rekao: „O, borićemo se još zajedno, rame uz rame, ja i moj sin, i pašćemo jedan kraj drugoga, kao oni što su ih opevale narodne pesme!"

Moj sin je bio srećan kada je slušao ove očeve reči; u njemu se još tada razvijao muški ponos i osećanje dužnosti prema Otadžbini. Njegov je mladićki ideal već tada bio da padne na bojištu za Otadžbinu. Kada sam mu ja docnije, u svojoj materinskoj sebičnosti, govorila da ima i drugih bojišta na kojima se može boriti za Otadžbinu, da ima i drugih dužnosti koje Otadžbina traži od svojih sinova, on mi je gorko prebacivao i molio me da ne vređam uspomenu njegovoga oca.

Sa takvim vaspitanjem moj je sin otišao u rat. Ja sam morala da stegnem svoje materinsko srce i nisam smela, isto kao ono otac kad je polazio, da smatram to za tužan rastanak. I on mi je, kao i otac govorio, kada je dolazio na viđenje:

— Moraš biti hrabra, ne smeš vređati očevu uspomenu. Ako se i desi da poginem, moraš stegnuti srce, moraš se izmiriti s tim da sam ispunio svoju dužnost!

Obećala sam mu, sve sam mu obećavala a ja sam sama znala koliko je duševnih patnja izazivala u meni slutnja da bih ga mogla izgubiti. Ni pred kim nisam smela iskazivati svoju strepnju i pred svetom sam se pokazivala gorda što je sin zamenio oca. Tako je on želeo. Jedini poverenik mojih slutnja i mojih bolova bio je grob moga drugoga sina. Tamo sam često odlazila, tamo sam se počela miriti sa mišlju da je bolje i u ratu no u grobu.

Učinila sam i jednu nepravdu, jednu gorku nepravdu prema svome sinu, u trenutku kada se on kao vojnik borio. On je otišao na onaj svet i ne znajući da sam mu je učinila. Ne znam hoće li mi je oprostiti?

Bila sam u jednome trenutku slaba; teško je materinskoj ljubavi razumeti i podneti starešinstvo obzira i dužnosti. Bila sam slaba, priznajem, a možda me je zavelo u slabost i to, što sam videla i srela toliko njegovih drugova, sinova viših oficira, oslobođenih fronta i upućenih na razne službe. Mislila sam, zašto ne bih i ja sebi sačuvala hranitelja. Otac mu je poginuo, on je već bio godinu dana u borbi, dakle podneo je jedan deo tereta dužnosti; zašto sad ne bi bio sačuvan te da može ispuniti i drugi deo dužnosti, one prema kući i porodici?

Pošla sam u Kragujevac, Vrhovnoj komandi. Tamo znaju zasluge njegovoga oca, tamo znaju da cene istinsku potrebu da l' nekoga treba poštedeti ili ne.

Otišla sam u onu veliku zgradu načelstva, gde je bila smeštena Vrhovna komanda i tu sam se obrtala ceo jedan dan, ne znajući kome da se obratim. Srela sam na ulici poznanike i drugove moga muža i oni me uputiše, te sutra odoh ponovo i nađoh vrata na koja ću zakucati. Ali me g. pukovnik nije mogao primiti toga dana jer se slikao. Doveden je iz Beograda jedan naš poznati umetnik — kao vojni obveznik — da za budući ratni muzej radi portrete sviju šefova odeljenja Vrhovne komande.

Toga dana je slikar morao završiti portret g. pukovnika jer sutradan ujutru videla sam ga kad je sa svojom kutijom za boje otišao starome konaku da slika pukovnika šefa kujne Vrhovne komande. Otišla sam u načelstvo, uverena da ću danas biti primljena.

Vojnik pred vratima, kome sam se javila, reče mi da pričekam dok g. pukovnik svrši telefonski razgovor. Naslonila sam se kraj vrata i strpljivo sam čekala. Vrata se ili nisu dovoljno preklapala ili su bila od tanke daske, tek otud iz sobe čuo se jasno ženski glas koji govori na telefonu.

— Da, ja sam, ja! Kako si Pavle? Je li i tamo hladno?... Je li kišovito? Čuvaj se da ne nazebeš, čuvaj se molim te! Obuci one tople čarape što sam ti poslala... da, zbog vlage. Dođi sutra opet na telefon. Da, svaki dan u ovo doba, svaki dan; koliko samo da mi se javiš, da znam kako ti je!

— To ne govori g. pukovnik? — zapitah šapćući vojnika.

— Ne, njegova gospođa, govori sa sinom.

— A gde im je sin?

— U armijskom štabu, u kancelariji, ali znaš kako je, majka...

— Znam vojniče, majka sam i ja, razumem ja tu brigu.

Utom izađe gospođa iz kancelarije i ja na njenome licu opazih sretan osmeh majčin. Taj me osmeh toliko ohrabri da sam unapred već sanjala o svome uspehu. Eto, i oni su roditelji i oni imaju roditeljske osećaje i, kako se vidi, vrlo nežne osećaje. O, pa kome bih se mogla pre obratiti, ko bi me pre mogao razumeti? Sa izvesnom lakoćom u duši, očekivala sam povratak vojnikov koji je ušao u kancelariju da me prijavi. Sve do toga časa ja sam se sama pred sobom libila koraka koji sam preduzela; strepila sam od pomisli da taj koga treba da molim, može biti vojnik; vojnik u onom smislu u kome je to bio moj muž i može me dočekati prebacivanjem koje sam zaslužila i koje bi me teško peklo a savest mi opteretilo grižom da sam učinila nepravdu i sinu i mužu. Ali, od trenutka kada sam osetila da u tome vojniku ima oca, da hladan vojnički poziv nije u njemu ugasio toplinu roditeljskih osećaja, da on, koji toliko drhće nad sudbinom svojega sina, mora razumeti i moju materinsku brigu — od tog trenutka bilo mi je lakše, osećala sam se mirnija i slobodnija.

Kada me propusti posilni da uđem u kancelariju, u mome pogledu, na mojim usnama, na mome čelu, bila je ispisana nada. Rekoh g. pukovniku sve, rekoh ko mi je muž, rekoh da mi je sin već godinu dana na frontu, da je bio u borbama, nije ih izbegavao; rekoh da sam sama i zamolih ga da mi učini ono što je već učinio drugima i što je učinio sebi i svome detetu, ono što je u njegovoj ruci; zamolih ga da mi ukloni dete.

— Nemoguće, gospo! — odgovori g. pukovnik strogim, vojničkim tonom, u kome nije bilo ničega roditeljskoga, ničega nežnoga. — Nemoguće je ceo svet osloboditi.

— Ne kažem ceo svet, gospodine...

— Da, ali vi molite za svoje dete, drugi za svoje.

— Izvinite majci...

— Da, razumem, ali kad bi se majke slušale ne bi ni bilo vojske.

— On je đak...

— Utoliko pre. Zbog tih đaka mi smo u Vrhovnoj komandi prosto omrzli slovo „Đ" u azbuci!

— Ne mislim da se oslobodi, ali pri kakvom štabu.

— Pa to je to, gospođo. A šta znači u štab, nego izvući se. To nije čak ni lepo, jedan mlad čovek da se zavuče u štab.

— Ne želi on to, ne misli on to, to ja...

Osetila sam se u tome času strahovito ponižena, osetila sam se sama u svojim očima bedna, niska, podla. Izašla mi je pred oči slika moga muža, stroga lica, sa gorkim prebacivanjem; setila sam se svoga sina, koga će strašno zaboleti ako jednoga dana sazna šta sam učinila. Duboko sam se toga trenutka kajala što sam polazila i što sam dolazila.

Ja ne znam kako sam izašla iz kancelarije, ja ne znam da li sam se oprostila od g. pukovnika; soba mi se okretala; nešto me je gušilo i hitala sam što pre napolje, na vazduh. Prolazeći kroz dugi hodnik, meni izađe pred oči slika one majke koja je maločas sa sretnim materinskim osmehom izašla iz iste kancelarije. Oh, kako me teško u tome trenutku zabole gorka istina koja mi sinu pred očima, istina da u Srbiji samo armijske gospođe i gospođe iz Vrhovne komande imaju pravo da budu majke i niko više!

Ceo moj postupak izgledao mi je još odvratniji, stidela sam se sama sebe i, kad sam već jednom bila na ulici disala sam duboko, halapljivo sam srkala onaj vazduh koji mi je gasio vatru u grudima.

— Neka ga, neka gine, kao što mu je i otac pogino — šaputala sam sama sebi — neka gine! A oni, koji su se izvukli, kad budu pravili karijeru na račun onih što su izginuli, uzeću zemlju sa groba detinjeg, zamesiću blato materinskim suzama i tim ću im blatom zamazati prljava čela!

Eto, takvo je raspoloženje bilo u meni u trenutku kad sam u Skoplju saznala da mi je sin poginuo. Eto zato sam njegovu smrt, moj najveći bol, primila kao nešto sa čime sam bila skoro izmirena, nešto što me nije moglo mimoići...

Ućutala je. Ne znam da li je bol ili umor savladao, ali je ućutala i zagledala se pomno u vatru koja je dogorevala.

Tama je počela da se proređuje, kiša je prestala rominjati. Mada me je umor bio davno savladao, kazivanje gospe u crnini održavalo mi je napregnute živce i odupirao sam se snu. Ali, kad ona zaćuta, meni klonu glava i poluotvorenih očiju predadoh se snu, onome snu pri kome čovek nema više vlasti nad svojim telom, a razum mu ostaje budan i održava vezu sa spoljnim pojavama. Spavao sam ali sam čuo i stoku kako negde u dvorištu preživa i narednika kako, naslonjen na kućni zid hrče a osećao sam i nju, gospu u crnini, kako naglo i teško diše.

Zora je morala biti blizu.

XXIV — „Onamo! Namo!..."

Puklo je šest pušaka... Trgao sam se kao da sam pogođen njima. To su onih šest pušaka, što sam ih sa strepnjom očekivao da mi oglase zoru a onome nesretniku, što sam ga sinoć video vezana kraj vatre, večitu noć. Glas je taj morao odnekud iz velike daljine dopreti, jedva prodirući kroz gust i vlažan vazduh. Pronela ga je duboka i mrtva tišina, koja je još vladala nad Suvom Rekom.

Kako je to teška, kako je to sumorna zora, koja se oglašava jednom smrću!

Oko mene je još sve spavalo. Narednik je polegao stranom uza zid i prebacio šinjel preko glave a neki građanin naslonio glavu na njegovo koleno. Jedan se opružio po zemlji, podmetnuo manjerku pod glavu a pokrio se ćebetom, koje se natopilo kišom. I gospa u crnini oborila je umornu glavu na kolena.

Pod kolima, kojih je puno dvorište, polegali spavači te im noge, koje su ispružili van kola, vlažne od noćašnje kiše. A prokisla stoka, koja je polegala po blatnjavome dvorištu, umorno klima glavom i lenjo preživa.

Daleko je još od pravoga svanuća te bi se moglo još malo odmoriti ali, iako sam silom sklapao oči, nisam mogao zadremati. Gušilo me je nešto iako sam bio pod vedrim nebom. Možda onaj sumor, koji je u vlažnome vazduhu lebdeo ili glas onih smrtonosnih zvona, kojima je zora oglašena, a koji mi se uvukao u dušu pre no što sam i oči otvorio.

Osećao sam i vlaga da mi prožima telo a jeza ga stresa, te sam se digao lagano iz gomile umornih spavača oko vatre, i pošao da izađem na drum, ne bi li kretanjem umanjio jezu i ne bi li se razgalio do vremena kad nastane buđenje i pokret. Poneo sam i jednu praznu manjerku, koja je ležala kraj vatre, rekoh da zahitim gdegod vode te da poprskam čelo i oči, ne bi li me to osvežilo.

Drum još mrtav, pogdegde niču iz tame nejasni predmeti i tromo se kreću. Dopire ti uhu i pogdekoj neopredeljen zvuk te kazuje da se budi noć. Iz jednoga dvorišta čuje se tupo udaranje sekire, to valjda neko sprema da obnovi vatru, koju je noćas kiša zagasila; iz drugoga dvorišta čuje se sitno i odmereno udaranje čekića; to u ranu zoru potkivaju negde konja ili vola, koji je juče obosio a danas treba da krene na dalji put. Vatre se tamo drumom već ne dogledaju više, pogasila ih je kiša i duga noć; samo pogdegde još uznosi se tanak dim od panjeva koji dogorevaju.

Nebom tromo plove oblaci olovne boje te jedva se pogdegde izmeđ njih nazire plavilo neba. Na vrhove onih planina sa kojih smo juče sišli, pali suri oblaci, ustavili se tu i polegli kao orlušine, koje su pale na odmor. Šar, koji se od jutros dogleda iznad vrhova Crnoljeve i Jezerske planine, prosekao je oblak te se uzneo ponosan i svečan ali ipak tužan.

Sretoh se na ćupriji sa jednim vojnikom, koji nosi vodu i on mi glavom pokaza stranu, gde je izvor. Spustih se stazom kroz njivu te izbih na raskaljužene obale jednoga prljavoga potočića jedva izvlačeći noge iz masne smonice natopljene kišom. Imalo je daleko van druma poći. Sura i vlažna ravnica prostrla se sumorna, a po njoj nisko polegla magla iz koje kao kroz procepano platno, izbija pogdegde ogolelo drvo, vršak kakvoga humića ili krov od kolibe. Po oranju i kukuruzištu, zaštićene debelim maglenim pokrovom, probiraju hranu jarebice i kad ti čuju šušanj prhnu na jedan mah, izbiju iz magle i rasipaju se. Obalu potoka, kojom hodim, okitile kržljave i ogolele vrbe te ti izgledaju kao tužbalice koje još nisu dorekle svoju zapevku.

Kod izvora sam zatekao dve manjerke te se osvrtoh levo i desno da vidim ko ih je tu ostavio. To je bio vojnik, koji je daleko u polju stajao gologlav i usamljen. Šajkača mu je bila pod pazuhom, u levoj je ruci držao upaljenu svećicu a desnom se krstio.

Posmatrao sam ga dugo, pa mu priđoh. Bio je stariji čovek, ispijena obraza i umorna pogleda. On diže glavu i pogleda me, ali ga moje prisustvo ne uznemiri već mirno i nemo nastavi krstiti se.

— Moliš se Bogu? — uznemirih ga ja.

— Činim pomen! — odgovori tiho kao da ne bi rad da poremeti svečanost trenutka.

— Kome?

— Danas je četrdeset dana kako mi je brat poginuo!

— Bog neka ga prosti! — prekrstih se i ja i skidoh kapu, osećajući jedno duboko i iskreno saučešće.

On nastavi nemo krstiti se, pošto mi je pogledom blagodario.

— A umeš li da se pomoliš Bogu za dušu bratovu?

— Ne umem! — reče i pogleda me kroz suze koje mu se nabrale u očima.

— Daj ovamo tu svećicu! — rekoh mu, i on mi je sa puno poverenja pruži. — Kako ti se zvao brat?

— Jovan!

Ja se prekrstih, obratih se pogledom nebu i otpočeh molitvu, koju ni sam nisam znao, ali koja mi se nametala i iz duše tekla. Maglovita jutarnja jesenja svežina, koja mi je do maločas pritiskala grudi, kao da me u tome trenutku osveži i poče bolno da mi draži grudi. Pogled koji sam upravio gore, nebu, i uzneo ga iznad prostora, koji je pritiskivala magla, sreo je tamo gore svetlost koja se budi. Ta svetlost izgledala je kao otvaranje neba, kao što u mlade, čedne devojke prva svetlost u očima znači otvaranje srca. Osećao sam neku iskrenost i snagu u duši. U meni se toga časa probudila neka nova, dotle nepoznata pobožnost; ne ona koja posti i metaniše, ne ona koja kleči pred oltarom i krsti se ne razumevajući ni molitve rad koje se krsti; već neka krepka, silna i snažna pobožnost, slična neznaboštvu, koje se klanja suncu i neposredno iz svoga božanstva crpe toplotu i život. Tu neposrednost, tu bliskost nečemu višem, osećao sam i ja u ovome trenutku, koji je bio svečaniji na pustoj, vlažnoj poljani, pod olovnim krovom, koji su činili kišni oblaci, no što bi bio pod visokim hramovnim kubetima zlatom optočenim i dragim kamenjem iskićenim.

Mnogo i često puta u životu govorio sam pred gomilama, u trenucima svečanim i važnim, u trenucima zadovoljstva i tuge i, sve ono uzbuđenje koje mi je davalo snage i moći da misao iskažem, nije mi oskudevalo ni ovoga trenutka, pred ovim jednim jedinim slušaocem, na ovoj pustoj poljani.

Kazivao sam molitvu glasno:

— Oče naš, koji si na nebu, razgrni mutne oblake, kojima si ga zastro, da do prestola tvojega dopre molitva moja za pokoj duše roba tvoga Jovana, koji časno život svoj položi za slobodu i veličinu Otadžbine svoje i za veliku, večitu i neumitnu pravdu, kojoj si Ti branilac i zaštitnik, Oče naš, koji si na nebu!

Oče naš, koji si na nebu, neka se slavi ime tvoje i neka ono znači milost onima, koji su odužili dug svoj Otadžbini krvlju svojom i neka znači pokoj dušama njihovim i duši roba tvoga Jovana. Kao što će iz krvi njihove, kojom su bogato natopili naša polja i naše gore, nići sloboda jednoga naroda; tako neka iz duša njihovih pravednih, sabranih oko prestola Tvojega, nikne molitva za spas doma, domovine i naroda, radi kojega oni živote svoje položiše. I kroz tu molitvu neka se slavi ime Tvoje, Oče naš, koji si na nebu!

Oče naš, koji si na nebu, neka priđe carstvo Tvoje; carstvo pravde, carstvo istine i carstvo mira; jer to carstvo doneće ucveljenima, postradalima i mučenima utehe a onima, koji su ga životom svojim i krvlju svojom iskupili na zemlji, večno blaženstvo na nebesima. Tim blaženstvom nagradićeš tada i dušu roba tvoga Jovana, kada priđe carstvo Tvoje, Oče naš, koji si na nebu!

Pomeni, Gospode, i pomiluj roba Tvojega Jovana, kao što ćemo ga i mi uvek, u dobru i u zlu, pominjati i sećanjem odužiti se čestitu vojniku, koji je život svoj dao za Otadžbinu! Slava neka je Jovanu i mir i pokoj duši njegovoj. Amin!

Kada sam završio molitvu i okrenuo se vojniku da mu vratim svećicu, njegove su oči bile pune suza kojima mi obli ruku sagnuvši se da je celiva.

— Baš ti hvala, gospodine! — reče glasom koji je drhtao u grlu.

Ugasio je svećicu, savio je kotur, metnuo u torbu te smo ćuteći krenuli ka izvoru. On mi je zahvatio vodu u manjerku, on je sa svojima poneo, niti je hteo dozvoliti da to ja činim.

— Lakše mi je, lepo ga ožalismo! Baš ti hvala, gospodine! — dodade opet posle dugoga ćutanja, pa posle izvesnog vremena poče da mi kazuje o svom bratu.

— Bio je mlad, tek se zamomčio. Ostali smo sami, stariji nam pomreše, pa sam mu ja bio i brat i otac. Pa ja uzeh i da brinem o kući a njega dadoh na škole.

— Je l' đak bio?

— Jest'! Učio ratarsku školu. Imamo nešto imanja pa, rekoh, kad se vrati da ga oženim te da to imanje zajedno podržimo.

Pričao mi je i dalje o svojim namerama, o nadama, o budućnosti, govorio mi je sve dok nismo izbili na drum.

Na drumu zatekosmo već kretanje iako je još rana zora. Nije još ceo zbeg krenuo ali pojedinci već promiču drumom i grabe Prizrenu. Promiču vojnici zaostali iz komanda, koje su juče ovuda prošle, ranjenici koji su se sami evakuisali; bolesnici u košulji i bolničkim papučama uvijeni u bolničku ćebad, zarobljenici odrpani i bosi i izbeglice natovarene teškim teretima. Svi oni žure da izmaknu ispred kola koja će docnije krenuti i zakrčiti drum.

A dole u selu, već živ pokret. Sve je na nogama i sprema se za polazak. Volovi se poje, konji se samare, kola se tovare. Oni, koji su se noćas u noći pogubili, traže se među sobom; tamo na drumu uznose ljudi na leđima kola koja su noćas u mraku zagazila stranom u jarak, drugi pretovaruju kola koja su se skrhala, treći potkivaju konje, koji su obosili. Žagor, galama, vika, prepirka tamo i amo i uopšte sve ono što je bilo juče i što je bilo prekjuče, kad se u ranu zoru budi zbeg i hoće da krene.

I najzad se kreće. Najpre pojedince, po jedan čovek ili po jedna kola, pa onda grupa ljudi, svaka zasebno i grupa kola, dvoja, troja, četvora, dok se sve ne otisne i ne zagusti drum narodom i stokom. Dotle je već i dan svanuo iako teški oblaci još zastiru nebo i ne daju zraku da potpuno probije.

Krećemo kroz prizrensku ravan, kojoj se na dnu uzdižu dva kolosa, Paštrik i Koritnik, gradeći džinovsku kapiju, kroz koju dere Drim a na istoku, odmah nad nama, prostrana grbina Šarova i njegov ponosni vrh, gde su se srpske vile ponovo sabrale da zapevaju pesmu tužbalicu koju su negda, posle Kosova, jednom zapevale.

Pošto se ravnica kojom idemo prelomi i uznese u jednu višu ravan, na dnu se ove ocrtava, tamo u dubini, silueta grada na jednoj uzvišici pod kojom se prostire varoš od koje se, iz grupe krovova koji ti se čine kao mrka i tamna polja, dogleda tek pokoje minare ili jablan.

To je Prizren.

Veličanstven u prošlosti, iskićen sjajem najsvetlijega doba istorije jednoga naroda, zanosnim legendama koje su se tkale na tkivu razapetom izmeđ gusala i istorije i jednom rodoljubivom čežnjom, koja je u doba buđenja svesti o slobodi, zadojavala nekoliko pokolenja ponosom i požrtvovanjem.

Skoplje ima drugači, veliki i važan politički značaj; ono je prestonica vardarske Srbije i središte onih večnih, istorijskih balkanskih puteva kojima su se oduvek valjali veliki svetski događaji nikli iz susreta istoka sa zapadom. Prilep je pesma srpskoga naroda; tu je Marko orao drumove, tu delio megdane, tu iz mešine vino pio i tu proslavljao slavu svoju, Svetoga Andriju. Ohrid i Peć su vera hrišćanska i vera srpska; to su hramovi pod kojima je prvi put propojala hrišćanska i prvi put srpska molitva. Hreljin Pazar je kolevka srpska, začeće života i države.

Iznad svih tih gradova i milih i dragih, Prizren ima svoj osobeni značaj; ima svoju naročitu draž, ima svoj svetao i zračan oreol. Prizren ja san srpski, on je jedna čarobna legenda. Onamo, namo, iza onih brda, leže razoreni dvori našega cara; onamo, spomenici naše veličine, onamo ponosna prošlost jednoga naroda. Onamo valja poći, onamo upraviti želje, onamo težnje. I kada su jednom dve mlade vojske, dveju tek niklih državica, krenule jedna drugoj u sretanje, mačevi su njihovih vojskovođa tamo ka Šaru upravljali svoje vrhove a Prizren je bila reč koja je u smrt zvala i smrt slatkom činila. I kada je evropska sebičnost grubo razorila san jednoga mladoga naroda i onemogućila da se dve bratske vojske sastanu pod zidinama Dušanova grada, srela su se tada na podnožjima Šarovim dva poklića: „Iako se srpski steg posred Niša vije, jošte tužno Kosovo osvećeno nije!", i onaj sa zapada, otud sa Lovćena: „Onamo! Namo, za brda ona!..."

Oba su poklića iskazivala jednu i istu težnju, težnju da se nemilostivo razoreni san nastavi, i da se još jednom pođe putem istorije, putem tradicije, putem pravde i putem slobode. I pošlo se jednoga dana, i stiglo se. Na Prilepu se Marko probudio, zazvonila su zvona u Ohridu i Peći; pojavio se Markov buzdovan sa morskoga dna pod Dračem a na Prizrenu se Dušanovom zalepršala srpska trobojka. Eno je, eno, onamo, namo!... Iako je mutno nebo iako su nam isplakane oči, mi je dogledamo, mi je vidimo, ona nam kazuje put kao poklonicima zvezda vodilja.

I krećemo, idemo tamo gde nju vidimo, idemo ka Prizrenu. Iznureni glađu, izlomljeni tegobama puta, malaksali od mraza i zime, bedni i skrušeni, krećemo u beskrajnim povorkama svojoj Meki i Medini, svome Jerusalimu, svetim grobovima prošlosti naše!

Ali, ne idemo mi na poklonjenje svetinjama tim, već idemo da u temelje svetoga grada, gde je sahranjena slava naša, sahranimo i poslednje nade naše!

Onamo, namo, za brda ona, leže razoreni dvori, razoreni hramovi, razorena prošlost srpska; tamo se sad zbira sa svih strana i razorena država srpska. Tamo ćemo i mi prognanici sa ognjišta svojih i iz domova svojih!

Hoćeš li nam otvoriti carske tvoje kapije; hoćeš li nas primiti, ponosni carski grade? Hoćeš li nam, prognanim beskućnicima, dati zaštite međ zidinama tvojim, gde se zaklonio poslednji delić slobode srpske?!

XXV — Slom

Sećam se jednoga velikoga požara, pre nekoliko godina. Gorela je prostrana i visoka zgrada od temelja do krova. Najpre se u donjim odeljenjima pojavila vatra i dim je kroz razbijen prozor počeo da kulja. Uzbuđenje je očas obuzelo celu kuću ali oni na višim spratovima, udaljeni od mesta gde se vatra pojavila, verovali su još uvek da za njih nije nastao krajnji momenat, da se požar može još i ugušiti, ako pomoć brzo stigne. Požar međutim napreduje i tamo, gde je do sad kuljao dim, javlja se plamen koji se dohvata tavanice i probija vrata i prozore. Nastaje panika među stanovništvom kuće, zbunjenost, pometenost, bekstvo, spasavanje. Plamen bukće, tutnji i krha, obara vrata, prozore i liže zidove i dohvata se već stepenica kojima i poslednji, koji su zaostali u kući, treba još da se spasu. Vrisak žena, pisak dece, dovikivanje onih koji spasavaju, uzvici svetine, sve više rastu. Po ulici leže stvari spasene ili izbačene kroz prozor, polupane, iskvašene vodom kojom se gasi i izgažene; a kraj stvari neodeveni, kako su u poslednjem trenutku izbegli, prozebli, prestravljena pogleda pred užasom koji im guta imovinu, stoje nepomični i nemi stanovnici kuće koju ždere plamen.

Plamen već bukće, progoreo je prvu tavanicu i probio je u gornji sprat, razorio već stepenice koje vode ozgo a u svetini valja se po kaldrmi i previja nesretna majka čije je čedo ostalo gore a otac odjurio u plamen da ga spase ali ne može dospeti gde je pošao. Požar se širi, plamen halovito grabi sve dalje, pršte vrata i prozori, čuje se tresak balvana a crn dim kulja plastovima i guši one koje obuhvata. Sad je već probijena i druga tavanica, plamen je prodro u sve prostore i liže kroz rupe gde su bili prozori i vrata; crep se na krovu usijao i oseća se kako popušta i stenje krov.

Plamen već bukće kroz prazne prostore izmeđ golih zidova gde ždere još i poslednje ostatke drvenarije. Lep sa zidova u velikim komadima pada a direci u duvarovima već se pretvaraju u žar. Počinju da se survavaju zidovi koji dele unutarnje prostore a koji su izgubili pod sobom osnove na kojima su počivali; cigla sa treskom pada u žar i razvejava oko sebe guste snopove varnica i plamen dobija sve šire i šire prostore izmeđ četiri osnovna zida, koji još stoje, te cela kuća izgleda kao usijana peć. Najzad javlja se pukotina i na jednom od osnovnih zidova, ona se širi, zid popušta, naginje se i sa strahovitim treskom čitavo jedno ogromno platno pada, zasipa ulicu, pretrpava decu i ljude i nastaje vrisak i cika. Krov se već naherio, jednim delom visi u vazduhu, crep pršti i sručuje se, odžaci koji padaju na nj drobe ga u sitnu parčad, pada već i drugi zid, zaneo se i treći i, još malo pa jedan užasan krah, jedan užasan slom i sve se sručuje sa strahovitim treskom. Tamo gde se juče još uzdizala ugledna i zdrava bina, sad već leže ruševine i žar i po njima polegao crn dim koji guši.

U času kada smo ulazili u Prizren meni se ponovila i nametala cela ova slika požara. Pod krovom, koji je pokrivao našu Otadžbinu, poprskali su već zidovi koji ga nose i plamen je pomamno lizao i buktao kroz sve prostorije, uništavajući i poslednje ostatke naše imovine. Crep je već prštao na krovu, dogoreli balvani sa treskom su padali, osnovni se zidovi delom porušili i krov je već visio u vazduhu. U jednome kraju vrisak onih koji su u plamenu izgubili svoga, u drugome beda onih koji su izneli samo glavu i krpe na sebi i užas svetine i pometnja i sve, sve, kao o požaru. I najzad, onaj strah kojim se očekuje svakoga trenutka krah koji je neminovan i koji će pod sobom pretrpati sve što se za vremena ne skloni.

Skrhalo se sve, skrhala se cela Srbija u one isprepletane, tesne i prljave ulice prizrenske. Valja se gomila i pokriva sobom svaku stopu kaldrme, kao ono kad o poplavi dere nabujala reka, koja nosi sve što je dočepala i počupala. Imaš utisak kao da stenje zemlja i ugiba se. I Kralj i Skupština i vojska i narod i Vlada i Vrhovna komanda i ostaci onih koji su se borili i ranjenici, koji su napustili bolnice i tumaraju kroz ulice i zarobljenici, koji ne znaju šta će sa sobom i za koje niko ne zna šta će sa njima. Pa onda regruti, strane misije, žene, deca, starci, nadleštva, arhive, blagajne, komande bez vojske, tovarni konji, kola, automobili, baterije bez municije i silna stoka. Sve se to skrhalo, sve se izmešalo, sve to izvire iz raznih ulica, guši se, sapliće, gura, tumara, tiska, ukršta se i jedno drugom prepleta put, tako da ne možeš preći s jedne na drugu stranu ulice i ne možeš, ti pešak, po čitav sat, provlačeći se izmeđ konja, kola i volovskih rogova, da načiniš ni dvesta metara puta.

A po stranama ulica, pod strejama, kao ono o požaru, načičkala se prestravljena svetina uznevjerena pogleda i stoji nemo i posmatra sve ovo. Stoji tako od jutra do podne i od podne do mrkloga mraka. Kao davljenici koji su se dočepali obale, pa još nesvesni potpuno opasnosti koju su preživeli te nemo gledaju za sobom ukočena, sumanuta pogleda u reku gde su se davili; tako ova svetina bez izraza, bez saučešća, bez svesti gotovo, gleda za sobom i pred sobom i ne ume da se pribere.

Ljudi raskopčani, kaiševi sa opanaka se opustili i vuku po blatu; lica se srozala, odelo već podrpano i blatnjavo, prokislo i omlitavilo. Žagor i žamor kao u paklu, tropot po neravnoj kaldrmi kao da jednovremeno dvadeset vozova stižu sa raznih strana.

U toj gomili što promiče ili onoj, što stoji stranom ulice, srešćeš sve što se, kao na dnu levka, sručilo sa raznih strana Srbije. Tamo engleski admiral, koji je ne znam kojim slučajem zapao u Srbiju, gde ga je dočepala bujica događaja i zajedno sa nama počela nositi drumovima našim; on razgovara sa francuskim avijatičarem, koji je do pre mesec dana sa obala savskih i dunavskih nadletao Srem i Banat. Dalje malo od njih, žene u vojničkim šinjelima, članice neke amerikanske misije, razgovaraju sa nekim ruskim lekarima. Ovamo opet srpski ministar u živome razgovoru sa francuskim artiljerijskim oficirima a malo dalje viši oficir sa nekim engleskim lekarima. Kroz svu tu šarenu gomilu promiče po kakva ruska bolničarka sa kožuhom i čizmama, po kakva žena pod šajkačom i u muškom odelu, francuski tobdžija, ruski miner, naš oficir sa fronta, neobrijan, bez sablje, umoran i malaksao ili po kakav oficir iz Vrhovne komande, čist, izbrijan, zakopčavajući brižljivo šinjel do grla kako bi sakrio Karađorđevu zvezdu od pogleda onih koji su došli sa fronta. Kraj ovih promiču žene, ukaljane blatom do pojasa, deca uvijena u krpe, vojnici bez pušaka, bez ranaca i opasača, ranjenici bez odela i begunci bez hleba.

— Nikad valjda ovoliko naroda nije Prizren video u svojim ulicama — veli, oslonjen na jedan ćepenak jedan omalen čovek sa naočarima na nosu i teškom torbom na leđima.

— Tako je valjda bilo — odgovara mu drugi, isprskan blatom do grla — tako je valjda bilo u Prizrenu, za vreme krunisanja Dušanova, pa sada kad jedna srpska kruna pada!

I da tu misao podvuče i pojača, on pruži prst na jednu zabačenu uličicu, gde se dogledao jedan bolan prizor. Tri para vočića koje gone vojnici, upinju se da izvuku iz strme ulice ona velika dvorska kola za svečanosti, u stilu Luja XIV. To su ona kola, u koja se prežu dva para biranih konja, okićenih srebrnim amovima i peruškama nad čelom; na kojima pozadi stoje dva izbrijana paža sa belim perikama; pred kojima i za kojima jaše eskadron garde u zelenim bluzama izvezenim žutim gajtanima i dolamama prebačenim preko ramena; ona kola sa velikim staklenim prozorima, kroz koje Veličanstvo pozdravlja svetinu koja mu aplaudira i kliče. Ta kola su evo dospela nekako do Prizrena, točkova umazanih blatom kao i ostala seljačka kola, prozora polupanih a mesto niklovane rude, uz koju su se prezali pastuvi iz Kraljeve konjušnice, uturena je jedna očišćena grana, za nju su konopcima privezani jarmovi i ujarmljena tri para volova. Kola su natovarena kuferima i sanducima sa konzervama, koji su se rasprtili po sedištu na kome je nekada Kralj sedeo.

U dubini, iznad uličice kojom se tegle ova kola, uzdiže se brdo, koje nosi grad prizrenski i ovaj se gore, na visini, jasno ocrtava. Kao da je neko hteo naročito da ovoj slici namesti kao zaleđe Dušanov grad, simbol moći i snage srpske; kao da je neko hteo da pred ovim zaleđem da što bolniju sliku. Neka bi se jednim pogledom mogla obuhvatiti i prošlost i sadašnjost, i ono oronulo kamenje na gradu, koje priča o slavi jednoga naroda i ova dvorska kola natovarena sanducima, koja vuku vočići a koja pričaju o tragediji jednoga naroda.

Da dopuni valjda sliku bojom i nebo se nad Prizrenom natuštilo kao sumorno čelo po kome su ispisane brige i očajanje, a na zapadu, tamo gde se ono naslanja na vrhove Prokletije planine i gde Paštrik uznosi svoj vrh, gone se čitave armije kišnih oblaka.

— Bože moj — nastavlja razgovor onaj mali gospodin pod strejom, gledajući u strmu uličicu — kome je to moglo pasti na pamet da vuče ova paradna dvorska kola čak ovamo? Razumem još do Niša, ali dalje...

— Ja mislim — odgovara onaj gospodin izlepljen blatom — da će se sad tek u Prizrenu videti jasno koliko je izlišnih stvari spaseno a koliko je važnih ostavljeno neprijatelju.

— Što ćete, to je tako, tako mora biti. U najtežim momentima čovek gubi glavu. Sećam se jedne moje tetke, koja je i novac i nakit i akcije držala kod sebe. Bila je bogata i drhtala je nad parom pa je sve kod sebe čuvala. Kuću joj jednoga dana zahvati požar koji je vrlo brzo napredovao tako da se jedva ona spasla. Htela je poneti sve, sve iz kuće; žao joj bilo svake stvarčice i, znate li šta je od svega iznela? Jedan vezen jastučić. Žalosno ju je bilo pogledati na ulici, pred kućom u plamenu, koji joj ždere svu imovinu i novac i nakit i akcije, a ona čvrsto drži na grudima onaj jastučić. Tako mi nešto i ovo izgleda! — završi pokazujući na ona dvorska kola koja vuku vočići.

— Ta da, tako nešto — odgovara gospodin ulepljen blatom — samo, rekoste, to je bila tetka, ali oni koji upravljaju državom ne smeju u ovim trenucima biti tetke.

Inače, gomilice koje stoje kraj ovih, i ne obraćaju pažnju na dvorska kola o kojima ova dvojica vode tako živ razgovor. Svetinu više ne interesuje ništa, postala je apatična i nema te pojave koja bi kod nje mogla izazvati kakav naročiti utisak. Videla je svetina ta već i Kralja na taljigama, i Vrhovnu komandu u planini, i komandante bez vojske i ministre bez vlasti, videla je i uglednu porodice, koje u Beogradu nisu mogle ni do Kalemegdana bez automobila kako gaze drumski glib i bogataše kako gladuju i siromahe kako umiru u blatu. Sve su videli i srce im je izgubilo osećanje, duša im je presita utisaka, a živci im ogrubili i otupeli. Oni posmatraju svaku, pa i najsuroviju pojavu, sa ravnodušnošću i izrazom koji kao da kazuje da to tako treba da bude, da to tako mora da bude.

Uostalom, što se dublje gazilo u katastrofu, što se u tome vrtlogu koji nas je zahvatio, slazilo niže i bliže dnu levka, sve se više gubio interes za opšte pojave i sve se više isticala sebičnost. Niko više nije raspitivao o novostima sa bojišta, niko o tome, hoće li Rumunija stupiti u rat; niko o tome da li je već stigla ruska ili francuska pomoć. Ako je ko i pokušao da govori o tome, ostali su ga s čuđenjem posmatrali i izmicali se dalje da ne slušaju prazne reči koje im još od Kruševca i Kragujevca zvone u ušima.

Briga koja je svetinu morila bilo je pitanje o hlebu, koji je vrlo teško bilo naći i razgovori, koji su se vodili u svetini, bili su samo o putu kojim je valjalo poći. Na putu dovde još se i moglo zaravati ovakvim i onakvim glasovima, ali se sad već jasno i očima videla situacija. Poći se mora, u to više niko nije sumnjao, ali kako i kojim putem?

Do Prizrena svako se samo sklanjao od neprijatelja ali od Prizrena poći, znači potpuno se otkinuti od Otadžbine, potpuno napustiti misao o povratku i raskrstiti sa svima nadama. Do Prizrena se išlo nekom određenom mestu i određenom cilju, sa opravdanom ili neopravdanom verom da će se u njemu naći zaštita; ali odavde niko nije umeo reći kuda će a još manje kako će. Ma kojim se putem pošlo, na sat, dva i tri od Prizrena već je granica Kraljevine Srbije; preći je značilo je otisnuti se u tuđinu. Kuda u tuđinu? — pitao se svako zabrinuto, jer ta tuđina bile su nedogledne planine, ta tuđina bila je glad i nevolja.

Pa onda, do Prizrena bilo je puta, bilo je drumova, slazili su njima kola i automobili i nosili su na sebi čitave porodice; nosili su se čitave kuće stvari, nosili su se čitavi džakovi brašna i tovari hrane. Odavde pa dalje, nema više dobrih puteva a i što ih ima ne mogu njima kola hoditi do najviše sat ili dva iza Prizrena. Može se po basnoslovnu cenu kupiti jedan pa i dva konjića ali šta oni mogu poneti, možda po jedno ćebe, malo brašna i po jedno dete na samaru. Šta će se sa ostalim stvarima koje su se dovukle do Prizrena a šta sa porodicom? Kako će se peške u planinu, kako će se bez hrane putevima gde nigde nema sela, nigde krova, nigde vatre?

To su bila ta mučna, ta teška pitanja kojima su se svi bavili, koja su sve brinula i kojima niko rešenja nije umeo naći.

— Ja ne znam šta ću? — vajka se jedan inženjer. — Ja ne znam šta ću? Dovukao sam celu kuću dovde, sedam kola stvari. Mislio sam prezimićemo ovde, u Prizrenu. Šta ću sad sa stvarima?

— Baci, brajko! — odgovara mu pakosno sreski načelnik, koji je bez igde ičega, sa torbom na leđima, stigao u Prizren.

— Da bacim? — zgranjava se onaj.

— Da baciš, nego šta. Dočepao si se nekakvih državnih kola, koja su ti data možda radi popravke kakvog druma, pa potovario sve; povukao si čak i korito i staru, razlupanu burad da ti ih ne uzme neprijatelj, da te ne ošteti. E, eto ti sad, bacaj sad!

— Baciću ja stvari i tako mi Boga neću požaliti — veli očajno inženjer — ali šta ću s decom, četvoro ih je. Šta ću s njima?

I zbilja, strahovito je bilo gledati kako su se bacale stvari koje su se na kolima dovukle dovde. Mnogi su i prodavali ali po kakvu cenu. Za dva i po dinara prodat je pred mojim očima jedan francuski šporet, jedna stolica za ljuljanje za dva dinara; dvanaest pletenih stolica za sedam dinara, jedna dečja kolica za četiri dinara.

— Ja ne prodajem, ja gorim moje stvari i grejem se — veli jedan blagajnik koji je uz bolnicu povukao i kuću. — Juče sam izgoreo crni etažer koji sam platio sto i dvadeset dinara; jutros, kad sam pošao od kuće, isekao sam za vatru dve fotelje. Da prodam ne vredi, za te pare ne mogu da dobijem toliko drva. A i nema gde da se kupe drva.

— A što si vukô fotelje? — pita ga poreznik koji nosi pod miškom poreske knjige.

— Što, pitaj me, imaš pravo da me pitaš? — veli blagajnik srdeći se sam na sebe.

— Što da te pitam ja, nek te pitaju oni grešnici koji su išli peške zato što si ti vukao fotelje.

A kupaca je ipak bilo dovoljno. Meštani, naročito muhamedanci, kupovali su rado sve što stignu. Kupovalo se najpre za novac ali je vrednost srebrnog novca bila ogromna. Ako kao prodavac tražiš tri dinara, kupac ti nudi deset ali u papiru. Docnije je nastala razmena, davali su se razni kućni predmeti za brašno, šećer, kafu i drugo.

Dok su se s jedne strane bacale, gorele i prodavale u bescenje stvari, s druge je svet zašao u zabačene uličice prizrenske i pošao od kapije do kapije, tražeći konje. Konj, koji nije obećavao da će izdržati ni prvi dan hoda pod teretom, prodavan je po sto pedeset i sto osamdeset dinara. Ako ga nisi kupio danas, sutra si već tog istog konja plaćao dvesta dinara. Cena je konja naročito mnogo skočila kada je Vrhovna komanda počela naglo da kupuje veliki broj konja. Raščulo se bilo na sve strane da je Vrhovnoj komandi potrebno dvesta konja sa samarima.

— Šta će im dvesta konja? — uzvikuje očajno jedan nesretan roditelj koji već dva dana ne može da nađe konja.

— Kako šta će im? Kad bi ti video koliko je žena i koliko rođaka ušlo u sastav Vrhovne komande, priznao bi da joj je i trista konja malo — odgovara mu jedan, koji je i sam pokušavao da uđe u sastav te Komande pa nije uspeo.

— Pa onda kujna Vrhovne komande! — dodaje pakosno jedan pomoćnik okružne blagajne na čijem se licu jasno vidi da je izgladneo a, po vratu i tragovima podvaljka, da je ljubitelj dobre kujne.

— Kakva kujna?! — nervira se očajan roditelj.

— Pa kujna koja i sad u Prizrenu ima svoj redovan jelovnik i propisan broj jela.

— Ama zar se rasturi država a ta se kujna još održa?

— Eh, država — dodaje pakosno izgladneli činovnik okružne blagajne — država je drugo a kujna je drugo. Kujna Vrhovne komande je jedna tradicija, koja se održala kroz sve ratove. Ne možete vi tražiti da se jedna tradicija tako lako rasturi, za ljubav toga što je država propala.

No kupovina konja za Vrhovnu komandu učinila je još i drugi utisak na preplašenu svetinu. Ta kupovina znači da Vrhovna komanda napušta Otadžbinu i znači da je nastao poslednji trenutak za spasavanje. I to tumačenje nije bilo netačno, utoliko pre što je već pukao glas da je put za Debar nemoguć jer su Bugari zauzeli Gostivar, te se više ni u kom slučaju ne može pomišljati na odlazak u Bitolj preko Debra i Ohrida.

Dotle, dokle taj put nije bio zatvoren i vlada i Vrhovna komanda nosile su se mišlju da i sami krenu preko Ljum-Kule na Debar i Bitolj, koji je još slobodan i odakle se, u slučaju nevolje, uvek da za vremena odstupiti ka Solunu. Tim putem već od nekoliko dana odlaze čitavi karavani i, mada je tegoban, stižu gde su krenuli. Tim putem su imali krenuti i diplomatski predstavnici stranih savezničkih sila, koji su se takođe uz vladu u Prizrenu nalazili. Za njih je čak utvrđen bio ceo raspored putovanja tim putem i izdate bile potrebne naredbe a doveden u Prizren i jedan konjički puk koji će ih pratiti.

Uoči samoga dana polaska stranih poslanika, ministar predsednik ih je prizvao sebi i izjavio im da su Bugari zauzeli Tetovo i Gostivar i da napreduju dalje. Svakoga trenutka mogu preseći put koji vodi u Debar i Vrhovna je komanda izjavila da ne odgovara više za bezbednost putovanja savezničkih predstavnika, kojima ne ostaje ništa drugo do da promene pravac i da se upute na sever, preko Đakovice i Peći. Toga dana počinju već i da se vraćaju sa Ljum-Kule oni koji su jutros i juče krenuli tim putem i oni doneše nove glasove o opasnosti, koji se glasovi naglo šire u mase i izazivaju novu zabrinutost. Do toga trenutka, najveći deo begunaca izmirio se bio s tim da krene putem preko Bicana i Debra. Neugodnosti toga puta trajale su dva i tri dana ali se bar znalo kuda će se. Ide se u jedan još slobodan deo Srbije, Debar, Ohrid i Bitolj. Ako bi poplava neprijateljska provalila i dotle, iz Bitolja se za jedan sat, i to železnicom, prelazi u Grčku, gde je čovek odmah obezbeđen. Svaki drugi put vodio je u tuđinu, u nepoznate krajeve, u neizvesnost. Otuda tolika zabrinutost kod begunaca kada pršte glas da je put za Bican zatvoren.

— Sad smo u klopci! — uzvikivao je očajno jedan poštar, koji je sutra rano hteo da pođe s porodicom, jednovremeno kad i strani poslanici da bi se koristio zaštitom koja će njima biti obezbeđena.

— Mi smo prosto opsađeni! — dodaje drugi njegov prijatelj s kojim je trebao u društvu da putuje.

— Ama kako opsađeni? — teši ih jedan rezervni oficir. — Put je ka Skadru otvoren.

— Opsađeni, gospodine! — ponavlja naglašavajući poštarev prijatelj.

— Sa severa neprijatelj, sa istoka neprijatelj, sa juga neprijatelj a sa zapada najveći neprijatelj, neprohodne albanske planine.

Među onima što su se krenuli ka Bitolju pa se vratili sa Ljum-Kule i vajkali se gomili koja se okupila oko njih, sreo sam i jednoga staroga poznanika. Bio je to onaj viši činovnik sa skopljanske železničke stanice, koji je u trenutku kad su kretala jednovremeno dva voza, jedan za Solun a drugi za Mitrovicu, sišao sa solunskoga voza i seo na mitrovički, ubeđen razlozima onoga profesora u suroj šajkači, koji mu je razvio plan odlučne borbe na Ovčem Polju. Docnije, kada sam sreo toga gospodina kako pešači izmeđ Štimnje i Suve Reke, on mi se teško vajkao:

— Ama lepo sam ja pošao za svojom pameću al' tako je to, kad ja u poslednjem trenutku hoću da slušam strategijski plan i to od koga, od profesora! Već sam bio metnuo nogu na stepenik solunskoga voza i kamo da sam se i popeo, kud bi mi sad bio kraj. Ali on veli, na Ovčem će se Polju tući odlučna bitka. E pa deder, ne ubij ga! I bar da mi je da ga sretnem gdegod usput, da mi objasni ako zna kakav novi plan: da mi kaže po njegovom planu gde mogu prenoćiti, gde dobiti hleba. Samo to da mi kaže.

I ovom prilikom, u Prizrenu, kad smo se sreli, žalio mi se na toga istoga profesora.

— Ama ništa gore, gospodine, nego kad čovek ne ide po svojoj pameti. Zamislite samo, još pre pet dana sam kupio konja i trebao sam da se krenem. Već sam bio natovario i da sam kojom srećom krenuo, ja bih sad već bio u Bitolju. Ali se sretnem opet sa onim profesorom što me je skinuo sa solunskoga voza. I još sam se spremao, ako se ma kad u životu sretnemo, da mu očitam bukvicu te da mu nikad više ne padne na pamet da koga ubeđuje. Pa eto...

— Ubedio vas ponovo?

— Počeo je, gospodine, da mi razvija plan rumunske akcije, nacrtao mi je pisaljkom na ćepenku pravac bugarskoga odstupanja i ubedio me da ne žurim. Veli iz Prizrena se još može lako vratiti u Skoplje ali kad se jednom zađe u planine... I, veli, za bekstvo ima uvek kada. Evo kako ima kada; sad sam se vratio sa Ljum-Kule i ne znam kuda ću, samo zato što sam ga poslušao pa sedeo četiri dana u Prizrenu, ni sam ne znam zašto. Ama takvi ljudi zaslužuju da ih čovek prosto ubije kad ih sretne. Ko zna koliko je još porodica upropastio taj čovek?

Dok su se poslanici savezničkih država spremali da krenu za Ljum-Kulu i Debar, to još nije činilo tako težak utisak. Tim se putem išlo opet u Srbiju, onoliku kolika je, i taj je put bio neka nada, neka daleka, tamna i nejasna nada. Strani poslanici moraju znati opštu situaciju, njih su njihove vlade izvesno obavestile i, čim se oni ne odvajaju od srpske vlade i čim oni hoće u Bitolj, to znači da kod njih postoji neko uverenje da će se sve ovo u poslednjem trenutku nekako popraviti. Ali, kada se i oni već rastaju od vlade, kad kreću drugim putem, najbližim do granice, to znači napuštanje Srbije, to znači napuštanje svake nade, to znači kraj.

Otuda je odlazak stranih poslanika iz Prizrena, sedmoga novembra, ispraćen sa onoliko uzbuđenja. Svetina je opkolila njihova kola, ispitivala njihove kočijaše i najzad i njih same pitala glasno: „Kuda ćete?"

A kad su oni prešli bistrički most i okrenuli put severa u Podrimlje, svetina se na jedan mah pomela i počela kolebati u odlukama koje je svaki bio doneo.

— Ja ostajem pa šta Bog da! Ne mogu ja sa četvoro dece na taj strašan put. Da sam bar znao pa da nisam ni dovde petljao. Da sam ostao u Kruševcu a ne ovako i prozebla mi deca i rasturio kuću i opet ostajem i to ovde, gde nikog poznatog nemam! — odlučuje se onaj otac što nekoliko dana traži konja da kupi.

— Ostao bih ja, nego šta! Ali nisam prestareo a viši sam činovnik; mogu me internirati, odvesti me, odvojiti me od porodice, pa šta sam onda učinio? — vajka se drugi.

— I to je istina!

— Pa onda, učestvovao sam u svima javnim manifestacijama, u svima rodoljubivim pokretima.

— Kao da će to oni znati.

— Neće znati i ne bi znali, ali će se naći ko će im kazati. Austrijanci uz vojsku koja okupira varoši vode i vojsku špijuna.

— Neće valjda oni zauzeti Prizren! Bugari silaze ovamo.

— Oni su još gori.

— Ja kao računam, Prizren je jedina varoš na Balkanskom poluostrvu na koju Bugari ne pretenduju, pa će nas valjda ovde tolerirati.

— Ne, varate se. Oni ne pretenduju na Prizren ali zahtevaju da se on da Albaniji. Pod Šarom bi imala da se graniči buduća Bugarska sa budućom Albanijom.

— Pa?

— Pa će vrlo verovatno oni u Prizrenu, naročito štititi i podržavati albanski elemenat i dražiti ga protivu nas.

Tako su zabrinuti ljudi među sobom vodili razgovore, ne mogući nikako da se odluče šta i kako da učine. Pa ipak sve se više peo broj onih, koji su se rešavali da ostanu. Dok su se jedni rešavali da ostanu, drugi su naprotiv u ovoj novoj situaciji nalazili razloga da im se treba kretati i to sa celom porodicom a treći su donosili srednje odluke: da porodicu ostave a sami da krenu. I svako je tražio i nalazio razloga svojoj odluci, jer je svako osećao potrebu da pravda sebe pred samim sobom i pred drugima za ovakvu ili onakvu odluku.

— Šta ću — pravdao mi se jedan poznanik — premišljao sam svakojako, pa opet sam našao da deca budu kraj mene. Hoću da ih povedem. Ako patimo nek zajedno patimo, ako stradamo nek zajedno stradamo. Gde da ih ostavim same? Šta znam ja koliko će ovo trajati; hoće li imati šta da jedu; hoće li ih proganjati? Volem ovako, neka su kraj mene!

— Šta ću! — pravda mi se drugi. — Majka prešla šeset godina, najstarije dete devet godina, a najmlađe na rukama; gde smem da ih vodim u planinu? To znači ja sam da im potpišem smrtnu presudu. Bolje neka ostanu. Ja moram poći a oni neka ostanu.

Bilo je mnogih, koji su tako prelomili svoju sudbinu. A tužni su to bili rastanci roditelja, koji ostavljaju decu ne znajući na što, a sami polaze ne znajući kuda će. Da l' će se videti kadgod, da l' će čuti jedno o drugom, da l' će se moći javljati jedno drugom?

— Čini mi se — govorio mi je docnije na putu jedan roditelj — čini mi se, lakše mi je bilo odvojiti se od deteta, koje sam sahranio pre dve godine. Znao sam gde ga ostavljam znao sam da ga predajem grobu, pa svršena stvar! Bolelo me je, teško mi je bilo, ali sam bar znao, a sad?... Ostavio sam ih i, bogami, sve mi izgleda, kao da sam ih sahranio, kao da ih nikad više neću videti.

I dok ovako svako brine o sebi ili o svojima, dotle je vladu i Vrhovnu komandu pritisla ona velika, ona opšta briga.

Celokupna vlada smestila se u zgradu načelstva. To je stari turski, najpre valijski a poznije mutesarifski konak u vrhu Prizrena. U tu zgradu skrhale su se sve ministarske kancelarije, sve blagajne, sve arhive, koje su se dovukle do Prizrena. Zgrada je od juče i prekjuče posednuta narodom, kao za vreme arbanaških pokreta, kada su oružani Arnauti iz Ljume opkaljali konak i tražili zbacivanje carigradskih činovnika. Već ulicom, kojom se penje u načelstvo, vri svetina: jedni odlaze drugi dolaze. A u prostranome dvorištu kao o zavetini oko crkve; pa onda po hodnicima, po stepenicama, gamiže i vri i vrata svake kancelarije, posednuta gomilom, tek što ne prsnu. Otkako se došlo do uverenja da se mora begati u tuđinu, poteglo je sve da se snabde pasošem, jer ko zna, na koju stranu i u koji kraj sveta će ga baciti ovaj oluj. Po nekoliko hiljada pasoša izdavano je dnevno.

U toj zgradi, na gornjem spratu, zauzeo je kancelariju načelnika okružnog ministar predsednik a sekretarevu ministar unutrašnjih dela; a na donjem spratu, u jednoj prostranoj sobi, cela je vlada bila neprestano na okupu.

Vrhovna komanda, odnosno njen operativni i obaveštajni odsek, koji su jedini u ovim trenucima još mogli imati okupacije, smeštena je bila u zgradi mitropolije. U toj zgradi u jednoj prostranoj sobi, za dugim stolom, po kome su bile razastrte karte, radio je pomoćnik šefa Vrhovne komande. Vojvoda je bolovao, ali je pratio događaje, i toga radi pomoćnik mu je stalno sve referisao.

I vlada i Vrhovna komanda, brižno su očekivali izveštaje sa kosovskoga bojišta i sa južnoga, savezničkoga fronta, prema kojima bi imali da izvrše ili izmene svoju zajedničku odluku donetu još u Kruševcu i na Raškoj. Tada je vlada, u sporazumu sa Vrhovnom komandom, donela odluku: ako se ne može probiti na Skoplje, da se vojska povlači preko Prizrena i Debra na

Bitolj. Toga radi, izdvojili su se još sa Raške dva člana vlade, ministar vojni i ministar građevina, i otišli pravo u Bitolj, da tamo učine sve pripreme za takvo povlačenje. Za izvođenje te vladine odluke od velikoga je značaja bilo stanje na gilanskome frontu, gde bi eventualni uspeh mogao doneti probijanje ka Skoplju; kao i kretanje bugarskih trupa ispod Šara, koje su posle zauzeća Tetova i Gostivara, pretile presecanjem puta ka Debru.

Vlada je držala neprestane i brižne sednice, te nije ni čudno, što je ta briga obuhvatala i svetinu iako neposvećenu u pojedinosti, koje su vladi pogoršavale brigu.

Za vreme tih sednica, a naročito od trenutka, od kad se vrati bežanija sa Ljum-Kule, napolju je već počela da se šapće reč kapitulacija. U početku ona nije izgovarana glasno, nije ni kazivana njenim pravim imenom, ali je ipak ona lebdela u vazduhu. Izgovorena možda u kakvom razgovoru izmeđ dvojice i trojice, ona je počela naglo da se širi a malodušni su je prihvatili kao davljenik slamku.

— Da, šta čekamo? — uzvikuje jedan stariji gospodin, koji je već odlučio da ostane u Prizrenu sa porodicom, pa šta Bog da. — Boriti se više ne možemo, saveznici nam neće ili ne mogu da pomognu, e pa... šta čekamo?

Mnogi su čak prebacivali vladi, što ne prilazi toj meri, šta čeka, i navodili su sve dobre strane kapitulacije. Takva mišljenja nisu mogla ne dopreti i do same vlade, odnosno do pojedinih ministara, ali ni na jednoj sednici nije o njima govoreno. Jedan od ministara imao je prilike da jednom višem oficiru i direktno odgovori na pitanje o kapitulaciji i taj njegov odgovor bio je ujedno i mišljenje cele vlade, koja je u tom pogledu bila jednodušna.

— Kapitulacija u ovom slučaju ne znači samo predaju već i odricanje, odricanje od svega, pa čak i od prava na egzistenciju! Vlada nema prava da u ime celoga naroda izvrši ovo odricanje! — bio je odgovor ministrov.

Najznačajnija, a ujedno i poslednja sednica vladina, održana je 9. novembra pre podne, u kancelariji komandanta Vrhovne komande. Za dugim stolom pomoćnikovim sedeli su svi ministri, u čelu ovoga Prestolonaslednik a u dnu sam pomoćnik komandantov.

Sastanku je bio cilj da čuje poslednja obaveštenja sa frontova i sa drugih strana i da, u sporazumu sa Vrhovnom komandom, donese i poslednje odluke.

Pomoćnik komandanta Vrhovne komande saopšti najpre poslednje izveštaje sa kosovskoga bojišta, iz kojih se jasno videlo da se više ne može računati na uspehe na toj strani a najmanje još na mogućnost proboja ka Skoplju. Iznese zatim i napredovanje neprijatelja na jugu od Šara, koje ugrožava Debar i zaključi, prema svemu, da se odstupanje ka Bitolju, koje je bilo rešeno na Raškoj, ne može izvršiti.

— Prema tome šta nam ostaje? — upitaće brižno Prestolonaslednik.

— Jedino odstupanje prema Jadranskom moru.

— Kojim putem, kojim pravcem?

— Samo su dva pravca moguća — odgovori pomoćnik. — Jedan odavde na Ljum-Kulu, pa Drimom ka Skadru i drugi, na Đakovicu pa kroz Crnu Goru opet na Skadar. Trupe, koje su već ovde i one, koje se povlače s Kosova Crnoljevskim klancem, mogle bi poći ovim putem preko Ljume, a one koje se povlače Ibrom, i koje se nalaze u Sandžaku, mogle bi sići u Peć pa odatle, preko Andrijevice i Podgorice, nastaviti ka moru. Vojska i inače ne bi mogla cela jednim pravcem da odstupa, jer su pojedini putevi takvi, da bi se moralo pojedinačno ići.

— To onda znači — zapitaće predsednik vlade — da se vojni materijal ne može spasti?

— Ne! — odgovori odlučno pomoćnik. — Ja sam doduše naredio da naročiti oficir otputuje, kao izvidnica, iz Peći u Andrijevicu i očima se svojim uveri o prohodnosti toga puta, kao i o tome da li se na brzu ruku, sa zarobljenicima i pionirskim četama, može što pomoći; ali, poznavajući te puteve, ja sam već sad uveren u negativan odgovor.

— To znači — dodaće malo kasnije Prestolonaslednik — da se materijal mora uništiti, jer nećemo ga tek neprijatelju ostaviti.

— Tako je, Visočanstvo! — odgovori pomoćnik.

— I šta ćemo onda s vojskom bez materijala, bez opreme, bez municije, bez topova? — pita Prestolonaslednik.

Pomoćnik sleže ramenima.

— Koliko vojske računate da možemo izvući? — zapitaće Pašić.

— Ja mislim, maksimalno dve stotine hiljada, toliko može izići! — odgovori pomoćnik.

— Onda nam ne ostaje ništa drugo — prihvati predsednik — nego da prihvatimo predložene pravce za odstupanje, da se pomirimo sa uništavanjem materijala i da odmah, odavde još, javimo saveznicima da smo prinuđeni povući se na Jadransko more, ali, da im naglasimo da polazimo bez materijala, bez topova, bez municije, te da nam spreme sav materijal za dvesta hiljada vojnika.

— Hoće li? — zapita neko od ministara.

— Njihov je veliki interes, kao i naš — odgovori Pašić — da dvesta hiljada vojnika na Balkanu ne sede skrštenih ruku.

— Postoji samo jedno važno pitanje — reći će pomoćnik komandantov.

— Koje? — zapita Prestolonaslednik.

— Pitanje ishrane?

Uze opet Pašić reč i potvrdi da prema izveštajima savezničkih vlada, koje su primile na sebe našu ishranu, hrana već mora biti prebačena u Medovu i mi ćemo je tamo zateći. Jedina bi briga bila, kako bi se ta hrana prebacivala tamo, gde se budemo skoncentrisali, jer Medova svakojako ne može biti ta tačka, gde bi se koncentracija izbeglih trupa mogla izvesti.

Pošto su doneta rešenja u ovome smislu i odlučeno da se i ministrima, vojnom i građevine, telegrafiše te izveste o promeni direktive u povlačenju i pozovu da i oni odmah dođu u Skadar, sednica se — poslednja sednica na zemljištu Srpske Kraljevine — rasturila, da bi se pristupilo izvršenju odluka, koje su na njoj donete.

Pomoćnik komandanta Vrhovne komande, otišao je bolnome vojvodi da mu referiše o svemu. Bolesni vojvoda je pažljivo saslušao referat i dugo, dugo mislio. Najzad se pridiže, uze pero i svojom drhtavom rukom sam napisa telegram komandantima armija. Telegram je glasio:

„Usled zadocnele pomoći naših saveznika, naši pokušaji za probijanje kačaničkoga fronta, da bi se dočepali glavne komunikacije ka Solunu, nisu uspeli. Stoga smo prinuđeni da od svojih namera odustanemo i da se bacimo na milost i nemilost u albanske krševe. Vojvoda Putnik."

To je bio poslednji vojvodin akt.

Odmah zatim otpočele su hitne spreme i u vladi i u Vrhovnoj komandi za polazak iz Otadžbine.

* * *

Veče se spustilo nad Prizrenom puno tame i puno studene tajanstvenosti neke. Oglasile su ga hodže sa minareta silno kličući Alahu. Svetina, koja je do maločas gmizala po ulicama, povukla se nekuda. Gde — sam će je Bog znati! Spavalo se po ćepencima, po dućanima, po arovima, pod kapijama, po tremovima ispred džamija, u kolima i pod kolima. Vatre je bilo dosta, jer se noćas predavalo plamenu sve što se ne može poneti.

Svetiljke se po kućama počele već izranije da gase i tišina postepeno da osvaja. Još pogdekoji oficir podvrnute jake, vraća se odnekud kroz kaljave sokačiće, gde je zašao valjda izdavajući svojim ljudima naredbe za pripreme, ili se iz kakve prazne i puste uličice čuje bat patrole ili zazvrji automobil sa kakvim višim komandantom i raspe u gusti mrak kojim je uvijena varoš, raskošnu svetlost iz svojih očiju, osvetljavajući ćepenke i gomilice vojnika i građana koji su pod njima polegali.

Noć osvaja sve dublje i, sve što će ujutru da rani, predaje se snu. Kralj spi, vlada spi, Vrhovna komanda spi, vojska i narod spi... Cela Srbija spava!

To je poslednji san Srpskoga Naroda!

XXVI — Istorijska noć

To je bila noć od 12. novembra koja se spustila nad Prizrenom. U prvi mah tamna, kao da bi što gušćim pokrovom da pokrije Srbiju, koja prespavljuje poslednju noć na svome tlu a zatim, od ponoći, vedra kao da bi zarana da osvetli staze i bogaze mračnih klanaca, u koje će se sutra zorom probuđena Srbija uputiti. Pred ponoć je dunuo ozgo, sa Dulje, studen severac i rasterao mračne oblake, koji su bili zastrli nebo nad Prizrenom i rasuo studenu vedrinu širom ravnoga Podrimlja. U toj vedrini ocrtavaju se nejasno, tamo u dubini, mrkosive mase dva susedna džina, Koritnika i Paštrika i oštro se beleži neravna grbina Šarova nad Prizrenom. Po podrimskoj ravni leži tamna i prozračna maglica kroz koju pogdegde belasne Bistrica kao beli konac koji prošiva modar ćilim a ovamo u vrhu, gde ona izbija iz klanca, na obale joj legao sumorno Prizren, utonuo u maglu i dim što se kroz dimnjake diže sa vatri oko kojih, promrzli i umorni, spavaju oni što su još zaostali i koji će sutra krenuti u planine.

Kao vaskrsla prošlost, koja se zabrinuta digla iz groba da bdi nad očajnom decom svojom, uzdiže se iznad Prizrena Dušanov grad i studen vetar, koji briše ozgo sa Jezerca, peva tužnu pesmu kroz pukotine na njegovim oronulim bedemima; pesmu, koja čas liči na zadnju reč samrtnika, koji se očajno bori sa ropcem; čas na vrisak majke nad krvavom decom svojom; čas na očajni krik onoga, koji pada ali se ne predaje; čas na pisak napuštenih siročića nad kojima više ne bdi snažna ruka koja ih je štitila a čas na taman grobni šapat prošlosti, na razgovor ponoćnih seni na pustome groblju.

Ptica noćnica, koja je prespavala prvu tamnu polovinu noći u kakvoj kamenoj duplji u Bistričinom klancu, probuđena vedrinom sunula kroz maglu i povija se nad Podrimljem kao zalutala duša, koja odvojena od tela traži sebi sklonište.

Duboko tamo u klancu, kroz koji se Bistrica lomi pre no što će sići u Prizren, tamo gde se ponosno uzdiže Drvengrad, na obalama Bistrice, kao kolo duhova sabranih na zbor, leže rasuti ostaci veličanstvene crkve Svetoga Arhanđela, pod čijim je svodovima ceo srpski narod negda klicao: „Slava tebi, Bože naš!", u času kada je Dušan Silni stavljao sebi carsku krunu na glavu. Mramorno stablo sa polomljenom vizantijskom kapitelom leži prebijeno preko razdrobljene stene i baca daleku, mršavu senku, kao mrčev skelet; parče kamenoga friza uzjahalo na grbinu prozorskoga svoda izatkanog kamenim tkivom sličnog onom sa nevestinskih darova; kameni carski presto, razdrobljen u sitnu parčad, leži u mulju; oltarski stub, tanak i beo kao devojačka ruka, zario se i štrči kao kost iz oskrnavljenoga groba; kameni beli orao, koji je negda krasio prepratni svod, polomljen i zatrpan; debela stena, koja je nekad nosila časnu trpezu, leži sad duboko urivena u zemlju kao nadgrobna ploča koja pokriva prošlost.

Među kamenjem tim, ponikla trava i proklijala zova, u njegove se žlebove naneo mulj i osvojila mahovina; u dupljama, koje kamenje gradi, prosuto jedno na drugo, zalegla se zmijurina koja o sunčanome danu izlazi da se uklupča na osveštenoj ploči časne trpeze ili na ploči sa carskoga prestola a u tamnoj noći, iz mračnih kamenih duplja, pronosi jezovit cik kroz pusti ovaj klanac. Tu gamiže još i kornjača i hitro se vere zeleni gušter i tromo mili puž. Tu posle jesenjih kiša nabujala Bistrica nanosi mulj, blato i pesak i sve dublje zasipa prošlost.

Vekovima leže ti ostaci tu, mirni, nepomični; leže strpljivo, čekajući pokolenje koje će ponovo na tom mestu zapevati pesmu u slavu Božju i razgrnuti kamene prošlosti da bi na čistome tlu, na zdravici narodne snage i moći, podiglo novi hram, hram budućnosti.

Vekovima leže ti ostaci tu, mirni, nepomični, nepokretni. Sve se oko njih kreće, sve prolazi, i ljudi i vreme i istorija, a oni se uporno zarili u Bistričine obale i mirno leže tu kao komađe stene vezane dubokim korenom za srce planine. Ali noćas, nad Prizrenom caruje sudbonosna noć; nešto tajanstveno lebdi u vazduhu, okom se vidi kazaljka istorije kako se odmiče, kao ono što se na velikim satovima, na tornjima germanskih opštinskih domova, okom da sagledati kako odmiče vreme.

Tajanstvena noć... a ponoć već prevalila. Iz gomile svetoga kamenja koje leži zariveno na Bistričinim obalama, jedna se ploča sama diže, diže se teško i sa naporom, jedva uznoseći težinu šest vekova koji leže na njoj; diže se tajanstvenom nekom moći, kao u noći uoči Vaskrsa Gospodnjeg ploča pod kojom je počivao veliki nauk koji će zatim svetom ovladati. Diže se, i iz mračne dubine koja se pod njom pojavi, poče se uznositi nad gomilom razvala prozračna sen beloga jednog viteza. Sve na njemu, vidi se, bilo negda carsko, sve sjajno, sve iskićeno kao što je bilo sjajno i iskićeno i doba naše istorije koje je sa ovim vitezovima u grob sišlo. Sve sjajno, sve iskićeno negda, ali na svemu ovom sjaju sad leži memla šest minulih vekova. Na sokolu od suvoga zlata, koji bi da se otisne sa grbine bogatoga šlema, krila prebijena, perje polomljeno a gde su mesto dva oka sokolova nekad sjala dva draga kamena, sada zjape dve prazne duplje; bojni oklop, koji mu pokriva muške grudi, ulubljen, te se na njemu jedva drži pogdekoji ostatak dvoglavoga zlatnog orla koji je negda širio krila po oklopu i krasio okovane grudi junakove; iz mača, koji mu o bedru visi, pospadali biseri i drago kamenje a duplje u kojima su počivali, zatislo blato iz vlažnoga groba; ogrtač na njemu carski, prikopčan pod grlom sa dva zlatna puceta, istrulio te izgleda kao od paučine izatkan. Lice u viteza modro i ispijeno a bela mu brada i bela duga kosa izgleda kao od pregorela puhora koja se još drži dok je prvi dah ne razveje. Još samo dva svetla oka u dubokim očnim dupljama sačuvala su pun sjaj kao dve svetle žeravice u pregoreloj vatri.

Sen stade na ploču koja joj je do maločas grob pokrivala i osvrte se najpre levo i desno; pogleda tamo gde se uznosi čuka sa starim Drvengradom i zatvara istočno grotlo Bistričina klanca, sećajući se valjda slave i veličine koju je negda taj grad kazivao; pogleda po rasutom kamenju pod nogama i oko sebe, sećajući se valjda doba koje je tu leglo da počiva; pogleda tamo gde

Bistričini vali žure i gde se uznosi prizrenski grad ispod kojega, na obalama Bistričinim, ugasiće se noćas i poslednji trag života jedne države. Oslušnu žubor Bistričinih talasića, koji se krše i lome o razdrobljeni kamen koji se o danima kiša i bujica survava sa kamenih visina u njeno korito; osluhnu krik jejine koja iz kamene duplje pozdravlja ponoć; osluhnu tajanstveni razgovor noći koji vetar sa Jezerca svojim piskom i zviždukom, koji se rađa u klancima, raznosi po uspavanim dolinama. Pogleda u nebo da vidi leži li još večernjača koso te da nije minulo doba u koje oni što iz grobova posećuju svet smeju još hoditi po zemlji. Zatim krenu hodom laganim, odmerenim, lakim, kao što hodi sen i pođe uskom stazom, koja od razvala Svetoga Arhanđela pa levom obalom Bistrice vodi kraj onoga stoletnoga platana na Marašu, gde su se nekada carevi pokliсari i skorteče, pod hladom široke krune, zalagali pre no što će uskočiti u strmene i otisnuti se ravnom Metohijom, da se uspnu na planine koje su Drim obgrlile i sađu na obale Sinjega mora, noseći primorskim kefalijama poruke Gospodareve.

Od toga platana, na Marašu, već nastaju i prve kuće prizrenske, koje se na levoj obali Bistrice penju uz strmu stranu i pripijaju uz stenu kao gnezda, nadnoseći se jedna nad drugom. Sen još jednom obazrivo zastade tu, kod prvih kuća, da se uveri spava li sve što je noć zagrlila. Mir i tišina svud, samo što se studen vetar uvlači u krovove, trese trošne dimnjake, povija ogolela drva i fijuče oko visokih minareta koja se u noći uznose te se pričinjavaju kao nadgrobni spomenici nad grobovima koje predstavljaju kućni krovovi, iznoseći se iz magle u koju je varoš potonula. Visoko negde, brdom gde su zadnje kuće, čuje se arlauk promrzla psa, klepeće negde u donjoj mahali otkinuto kolo na praznoj potočari, šume i žubore kroz uske ulice jazovi i potočići što se iz avlija i česama slivaju u Bistricu. Inače mir, sve spi, mrtvim snom spi.

Sen dalje kreće. Prolazi uskim ulicama, prikradajući se kroz senku koju debeli zidovi bacaju i izmičući pažljivo da ne probudi one koji su, nemajući krova, polegali po ulicama ispod streja i kapija; zavija zatim jednom ulicom koja se nešto malo penje i dolazi do jedne velike i ugledne zgrade, čije dvorište zatvara čvrsta dvokrilna kapija. Pred kapijom je vojnik sa nožem na pušci; uvio se u šinjel i natukao šajkaču na uši a naslonio se na direk koji nosi kapiju pa, boreći se sa dremežom koji mu nameće nedoba i mraz, uvlači glavu duboko u podvrnutu jaku od šinjela, te se zagreva sopstvenim dahom.

Vojnik je na straži, vojnik čuva! Šta je to u ovome času što se može sačuvati, kad ni Bog više ne čuva Srbiju? Ili je ovaj stražar možda postavljen da bdi nad mirom, kako nikakav šušanj ne bi uznemirio onoga što umire; ili je to možda počasna straža kraj kovčega onoga koji je već umro? Šta čuva i koga?

Beli se vitez uputi pravo toj kapiji i stražar se trže iz sna, izvuče glavu iz podvrnute jake, razrogači oči, prestravljeno i hitro spusti pušku na ruku, odape je i prozeblim glasom prošapta:

— Stoj! Ko ide?

— Ja! — odgovori beli vitez tamnim, grobnim glasom.

— Ko si ti?

— Kralj Vukašin Mrnjavčević!

— Šta je odziv?

— Kraljevska Kruna! — odgovori pouzdano sen.

— Prolazi!

I sen maričkoga Kralja, koja je negda sa one daleke i krvave reke potegla čak ovamo, da bi ispunila sveti zavet čuvara Carske Krune u grobu, prođe kroz odškrinutu kapiju, pređe tiho i nečujno preko dvorišta i dođe pod jedan prozor kroz koji se jedva nazirao žižak, čija se svetlost kao svitac kretala po mračnoj odaji tamo i amo.

Nešto se značajno moralo tamo događati jer beli vitez zastade kraj prozora, nasloni se i upre svoj mrtvački pogled tamo.

* * *

To je zgrada srpske prizrenske Bogoslovije gde je odseo Prestolonaslednik, vršilac kraljevske vlasti i vrhovni komandant srpske vojske.

Stanovao je na gornjem spratu, u odeljenju koje je od svoga stana odvojio rektor Bogoslovije, koji se sa svojom porodicom povukao u drugo krilo. Tu je Prestolonaslednik probavio nekoliko brižnih dana, tu primao izveštaje, tu održavao savetovanja — poslednja savetovanja. Soba, u kojoj je stanovao, prostrana je i zastrta srpskim ćilimovima sa mnogo porodičnih slika na zidu. Iz sobe dva prozora gledaju u dvorište Bogoslovije ali, visinom svojom na spratu i visinom položaja same zgrade na padini brda uz koje se penju prizrenske kuće, prozori gledaju preko dvorišnoga zida i preko krovova susednih kuća koje su pod njim, tako da se sa njih dogleda gomila krovova varoši prosute u dolini i preko njih polje u kome se gubi Bistrica u Drimove vode a u dubokoj pozadini, iza čitavog niza planina, uznosi Prokletija koja deli vode i ograđuje pitomu Metohiju od divljih planinskih predela koji se za njom sve do morskih obala prostiru.

Na okruglome stolu, nasred prostrane odaje u kojoj stanuje Prestolonaslednik, leži razapeta karta, po kojoj je mladi nosilac krune, debelom pisaljkom ispisao silne crvene brazde. Ta karta kazuje mnogo, u ovome času sve. Na njoj je nepouzdanim potezom ruke koja je drhtala, izbeležena jedna debela linija koja polazi od Mokre Gore i vodi Limom na Prijepolje pa ispod Sjenice izbija na Giljevo te, presecajući Ibar negde ispod Rogozne, prolazi pod Mitrovicom Kosovskom i ide na Drenicu. Odatle, preko Janjeva i Gilana, seče Binjačku Moravu pa savija na jug Kačaniku i slazi padinom Šarovom te, obuhvatajući Tetovo i Gostivar, spušta se na Kičevo i dohvata se izvora reke Crne, slazi njome u prilepsko polje i odatle, preko vrhova Selečke planine, preseca ponovo reku Crnu i prekida se kod grčke granice. Ta linija beleži granicu do koje je doprla neprijateljska poplava. Van granice te poplave, kao dve male oaze ili kao dva još nepotopljena ostrva, stoje još samo Prizren i Bitolj. Linija je jednim potezom izvučena celom dužinom svojom, samo je izmeđ Lepenca i Binjačke Morave nekoliko puta izvlačena i pomerana čas na vrhove Crne Gore, čas u dolinu Binjačke Morave, izmeđ Kačanika i lakta Moravinog kod Domorovaca. Na tom su delu karte pojedina mesta nervozno podvlačena po dva i tri puta, pojedine kote obeležene malim crvenim krugom i, linije povijane i opet ispravljane. Tu su se vodile poslednje borbe koje su rešavale sudbinu i ovoga zadnjega ostatka Srbije pod Šarom planinom.

Već dva dana, juče i danas, Prestolonaslednik ne izlazi više iz ove odaje. Dotle je još odlazio od jutra do večeri na one mnogobrojne i beskrajne sednice Vlade i Vrhovne komande na kojima je, posle dugih i burnih savetovanja, imala da se utvrdi jedna gorka ali, jasna kao dan, istina — da više nikakve nade nema. Upravo na te sednice niko nije ni većao o nadama, svako je već dolazio na njih ne noseći sobom više nikakvu nadu i većano je još samo o putevima kojima će se napustiti Srbija.

Prestolonaslednik se sa tih sednica vraćao umoran i duhom, kao što su mu već klonuo pogled i opuštene ruke, kazivale da je umoran i telom. Sa njegovih je usana iščezao onaj mladićki osmeh koji ga je krasio u momentu kad je, kroz kišu neprijateljskih tanadi, ujahao u osvojeno Kumanovo, kao god i u momentu, kad je obasut cvećem, ujahao kroz triumfalnu kapiju u Beograd, vraćajući se sa bojišta. On bi klonulo seo na prostran minderluk, zaturio se i oslonio leđima na jastuk, pritisnuo dlanovima slepoočnjače i umorno gledao pogledom bez izraza, dugo gledao u jednu tačku, podajući se, usamljen u tom trenutku, osećanju rezignacije protiv koje su se njegova mladost i pouzdanje, koje ga je uvek pratilo, do sad stalno bunile. Neko osećanje praznine i usamljenosti, osećanje teškoga pritiska duševnog, osvojilo bi u ovim časovima mladoga princa, koji već četiri godine svoje najlepše mladosti, provedene stalno u vojničkome logoru na bojnome polju, završava ovako tragično. Njegove bi misli u ovim trenucima bile nedovoljno određene, one bi preletale čas na trenutak kada mu se predaje Dušanovo Skoplje, čas na Torlak sa kojega je posmatrao onu veličanstvenu borbu koja će osloboditi Beograd; čas na službu Božju odsluženu u Sabornoj crkvi po zaključenju mira a čas na prvu pušku, prvi plotun, prvi drhtaj mladosti, kada je 1912. godine iz Vranja krenuo preko granice. I tako redom, preletale bi mu misli ne zadržavajući se ni na čemu stalno, preletale bi sa događaja na događaj, sa slike na sliku, sa jednog sećanja na drugo iz množine, iz gomile događaja koji su njegov mladi život tako bogatim učinili. Događaji i trenuci su se nizali pred njegovim očima brzo, hitro, bez reda, bez veze, bez zadržavanja, kao kinematografski snimci. I sva ta osećanja kao da bi mu donosila nov umor i klonulost, te bi sklapao oči ne bi li prekinuo niz sećanja i niz bolova koji počeše u duši da mu se javljaju sa svakim od tih sećanja.

Poslednja zajednička sednica Vlade i Vrhovne komande, sa koje se Prestolonaslednik vratio tako umoran, održana je još preksinoć. Na njoj su donete i poslednje odluke koje su odmah i izvršene — Vlada i Vrhovna komanda napustile su juče izjutra Srbiju. Prestolonaslednik je ostao da to učini zajedno sa vojskom i od juče ujutru, on već ne izlazi iz svoje sobe, gde prima svakog trenutka izvešća o poslednjim borbama koje se vode na putu od Kosova ka Prizrenu.

Kada je pala večeras noć, noć od 12. novembra, Prestolonaslednik se odmah po večeri povukao u svoju odaju i, pod svetlošću jedne petrolejske lampe, nanovo se nadneo nad onu kartu oslonivši brigom već izorano, mlado čelo na ruku. Drugom je rukom opet prihvatio pisaljku, ali njome nije više beležio ni promene na frontu, ni granice poplave koja je svako jutro i svako veče sve više bujala i rušila i poslednje svodove na kojima je do juče počivala srpska država. Izveštaji, koji su juče i danas stigli i stižu neprestano takvi su, da se više sa karte nema šta čitati niti na njoj zapisivati. Druge i drugačije linije izvlačio je Prestolonaslednik sad na karti, linije koje su se od Prizrena zračile ka zapadu i jugozapadu. Jedna je od tih linija išla Drimu pa njegovom levom obalom do Ljum-Kule a odatle pravo na jug putem koji je probio Crni Drim, pa preko Bicana na Debar i dalje na Strugu; druga je, idući uporedo sa prvom do Ljum-Kule, nastavljala put obalom sjedinjenoga Drima do Spasa a zatim napustila reku i preko Dukađinskih planina opet slazila na njegove obale, gde on pod Skadrom savija na jug ka svome utoku; treća je linija išla Podrimljem da prebrodi Beli Drim do Đakovice i Peći, gde se račvala u tri ogranka od kojih je jedan išao na Plav i Gusinje pa preko Prokletije na Skadar, drugi preko Rugove i Čakora a treći preko Rožaja i Berana na Andrijevicu. Budući srpski Kralj beležio je puteve kojima su srpski Kralj, srpska vojska i srpski narod pošli napuštajući svoj dom i svoju državu i za kojima će sa ostatkom vojske i on sutra krenuti.

Noć je već bila dublje zamakla, još sat pa će ponoć a mladi princ, naslonjena čela na obe ruke, još jednako sedi kraj stola, nadnet nad kartu na kojoj su obeleženi putevi sudbine njegovoga naroda i prolazeći po stoti put u pameti te puteve nikad neslućene, nikad neviđene, njega opet odvede misao na prijatna sećanja, koja su mu bila u ovome trenutku tako teška a ipak ih nije mogao da izbegne. Njegov je pogled preletao po karti sa Rujna na Oblakovo, sa Bregalnice na Cer i Jagodnju a taj pogled vraćao ga je opet u one svetle dane, u dane slave. I mesto te misli da ga isprave i osveže, izazivale su kod njega tešku klonulost, te se opuštenih ruku niza stolicu poče predavati dremežu, onome dremežu koji umor duše nameće. Da bi ga se otresao, mladi vojnik skoči sa sedišta i prošeta po prostranoj sobi nekoliko puta, kršeći prste na rukama kao da bi hteo i iz samih zglavkova da odstrani klonulost koja se iz duše zarazno širila kroz celo telo.

Najzad nervozno pogleda na sat, izvlačeći časovnik i vraćajući ga u džep dva i tri puta, kao da je uvek metajući ga natrag zaboravljao koliko je sati. Časovnik je beležio skoru ponoć i Prestolonaslednik je sad već nestrpljivo gledao u vrata kojima se ulazi u njegovu sobu. Gdekad bi zastao, zaustavio disanje i pažljivo osluhivao na tim vratima, pa kad ne bi ništa čuo, nastavljao šetnju po prostranoj sobi.

Najzad se ta vrata lagano otvoriše i na njima se pojavi jedan mlad čovek, kojega on s vrata dočeka pitanjem:

— Gde ste?

— Vi još ne spavate, Veličanstvo? — upita njegov sekretar tihim glasom, kao da ne želi remetiti ponoćnu tišinu.

— Ne, ne mogu! — odgovori Prestolonaslednik suvo i klonulo.

— Pa ipak, dobro bi bilo. Sutra treba raniti.

— Da, znam! Ko je dole?

— Oni, pukovnici i ja. Niko više.

— Hoćete li početi? — upita Kraljević tiho, kao da zbori kraj samrtnikove postelje.

— Da, sad, dok prevali ponoć i dok se uverimo da sve po kući spava — odgovori tako isto tiho sekretar.

— Samo obazrivo. Javite mi kad se svrši.

— Nećete dotle leći?

— Ne, ne mogu. Javite mi!

Sekretar se povuče iz sobe, isto tako tiho kao što je i ušao i laganim korakom, da ne bi nikoga u kući uznemirio, siđe na donji sprat i uđe u jednu prostranu sobu, koja je, verovatno u redovnim prilikama, služila za školsku učionicu. Mala petrolejska lampa, pod plavim šeširom, koja je sa jednoga stola osvetljavala sobu, jedva je nešto oko sebe davala svetlosti a ostali deo sobe osvojio je polumrak kroz koji su se predmeti jedva nazirali. U toj polutami videle se u jednome uglu sobe nabacane školske klupe a na zidu slika sv. Save i Sime Igumanova zaveštaoca ove zgrade srpskoj Bogosloviji. Oko stola, u uglu, iz kojega lampa osvetljava sobu, sede dva mladolika konjička pukovnika, jedan krupna stasa i nešto opuštenih brkova a velikih izbuljenih očiju i debelih usana a drugi neobično živih i izrazitih očiju i malih, gotovo mladićkih brkova. Treća je stolica za stolom prazna i njoj se uputi i sede sekretar. Na stolu je dopola ispijena boca crnoga i gustoga Hočkog vina, po stolu pepeo i gomila ugašenih cigareta i drvaca od žižica a celu grupu obavio plav oblak dima od cigareta koji je i celu sobu ispunio. Razgovor se oko ovoga stola, iako dosta živo, ipak tihim glasom vodi. Govorilo se o onome, o čemu je u to doba ceo svet govorio. Govorilo se o povlačenju i pogreškama ovoga ili onoga, što je to povlačenje tako a nije drukče izvedeno, o žrtvama koje su podnete i koje će se podneti, o bespuću kroz Albaniju i o svemu onome, o čemu se stalno govorilo i na drumovima i kraj vatri i na ćepencima i pod šatorima.

Kad prevali ponoć i sekretar se diže da obiđe Kraljevića, razgovor zaneme za čas. Nastade jedna duga tišina i muklo ćutanje. Svesni da je već nastupio težak, sumoran, bolan trenutak, niko od govornika nije imao hrabrosti da ga ma jednom rečju uznemiri. Sekretar se vratio i ćuteći seo na svoje mesto.

— Ne spava još? — upita jedan od pukovnika.

— Ne! — odgovori sekretar.

— Spava li sve po kući?

— Izvesno! Potpun je mir.

Pukovnik pogleda u sat.

— Mogli bi?

— Još malo. Nek prevali potpuno ponoć.

To doba sačekalo se u potpunom ćutanju, kao ono kad se očekuje poslednji izdisaj nekoga koga je već i ropac izlomio. Svi znaju da mora umreti i nemo čekaju čas.

Lica ovoga maloga društva zaklonjena su senkom koju baca lampin šešir nad sobom i samo se još vidi kretanje ruku koje se pružaju do stola da stresu pepeo sa cigarete ili da je ugase. Ćutanje, koje to prati, daje o toj slici punu tajanstvenost.

Posle dužega vremena, sekretar se ponovo diže s mesta.

— Hoćemo l'? — upitaše ga pogledom oba pukovnika.

On klimnu glavom odgovarajući potvrdno i udalji se opet iz sobe. Malo zatim uđe jedan momak noseći u ruci maleni ručni fenjer, u kome je gorela sveća a za njim drugi noseći teške alate, ćuskiju, ašov i dleto. Pukovnici se digoše sa stola i pođoše za sekretarom i momcima u jednu malu sobicu, vrstu magacina, gde su bile stovarene neke dvorske stvari u sanducima.

— Evo ovu dasku — reče sekretar, pošto je prihvatio fenjer iz ruku momkovih. — Povucite ovaj sanduk, legao je baš na nju.

— Pazite, nemojte oštetiti dasku da se ne bi poznao trag! — dodade jedan od pukovnika.

— I nemojte udarati, da se ne bi ko u kući probudio! — dodade drugi.

I pod siromašnom svetlošću maloga fenjera, momci pristupiše poslu lagano i oprezno. Podigoše dasku iz patosa i počeše da kopaju zemlju pod patosom. Valjalo je iskopati grob gde će se sahraniti Kraljevska Kruna koju ne htedoše poneti u nepoznate albanske planine, gde se nije znalo šta očekuje ni same kraljevske begunce. U Prizrenu već leži sahranjena jedna srpska Carska Kruna, tamo negde pod razvalinama crkve Sv. Arhanđela, neka tu nađe grob i Kraljevska srpska Kruna.

Grobari su tiho, bez razgovora, bez šuma, vršili svoj posao. U mraku, kroz koji je probijao slabi zračić iz maloga fenjera, kretale su se alatima oružane senke, uznosile se i spuštale motike i budaci bez šuma, bez lupe.

Dok se u maloj sobici taj posao vršio, sekretar se i pukovnici povukli u raniju sobu da opet sednu oko stola za kojim su dotle očekivali da mine ponoć. Niko ni reči ne zbori, niko ne diže glave, posađuju se oko stola nemo i ne pogledajući se među sobom.

Ipak, posle duže pauze, uzdahnu jedan od pukovnika i reče tiho, šapćući:

— Nisam nikad slutio da ću prisustvovati pogrebu Kraljevske Krune! — a na njegovim se trepavicama pojaviše dve suze.

— Da! — dodade drugi, sa rezignacijom nemajući u trenutku na raspoloženju nijednu reč kojom bi izrazio svoje osećanje.

Šapćući, kao što se šapće u noći kad će se izvršiti zločin, nastavili su razgovor o tužnome činu. Sećali su se doba kada je tu istu krunu, sakovanu od Karađorđevih topova, pronosio na glavi kroz beogradske ulice Karađorđev unuk. Oni su tada kao mladi oficiri bili u eskorti i učestvovali u velikoj toj svečanosti narodnoj. Koliko se nada vezivalo toga dana za tu Kraljevsku Krunu, posle kosovske propasti; i ko bi tad slutio da će ista generacija, isti ljudi, još u punoj mužanskoj snazi, doživeti da učestvuju i u sahranjivanju te Krune.

— Ko će doživeti da je iskopa? — reći će opet jedan od njih. — Mi, ili oni što idu za nama?

— Teško nama ako toliko bude počivala u grobu, da sačeka nova pokolenja. Mi, mi je moramo iskopati! — dodade drugi sa onim upornim pouzdanjem čoveka naviknuta na borbu, koje ni u času sloma ne iščezava.

— Veruješ li odista?

— To je još jedino što nam je ostalo, gola vera.

— U šta? — upita pukovnik kome je prisustvo pogrebu Kraljeve Krune izbrisalo iz duše i poslednju iskru vere.

— U ono što će doći, u ono što mora doći. Ne može jedna ovako velika borba ostati bez pravednih rezultata! — hrabri se još uvek pukovnik, koji je sačuvao pouzdanje.

— Da postoji još srpska vojska i ja bih imao tu veru.

— Postoji narod!

— Samo, kad bi se ta vera sačuvala kod naroda.

— Kad se mogla sačuvati kroz pet najmučnijih vekova, od Kosova do danas, zašto bi danas posrnula.

— Kosovo je manja katastrofa. Kada je na Kosovu stradala jedna vojska i jedna država, bilo je još srpskih država koje su živele i koje su postojale.

— Pa i danas. Evo postoji Crna Gora.

— Da, postoji danas a hoće li postojati sutra?

Za vreme tih razgovora dizao bi se jedan po jedan od stola, otvarao lagano vrata od sporedne sobe, gde su grobari tiho i bez šuma kopali, i navirivao bi da vidi je li posao gotov. Grob se morao dubok, vrlo dubok, iskopati i to se moralo raditi bez udara motike i budaka, tiho i nečujno, zato je posao i trajao duže.

A gore, na gornjem spratu, odmah nad tom sobom gde se kopao grob srpskoj Kruni, mladi njen nosilac i dalje se borio sa teškim i sumornim mislima. On je znao šta se u ovom trenutku dešava pod njim i nemirno je, nervozno, krupnim koracima prelazio sobu, prevlačeći pogdekad šakom čelo osuto hladnim znojem kojim groznica orošava čelo. Čas po čas bi zastao, činilo mu se da je u tome trenutku čuo udar motike i taj bi se zvuk zario duboko u mladu mu a već iskrvavljenu dušu. Pod osećanjem teškoga bola on bi dalje nastavio šetati, dok mu se ne bi ponovo učinilo da je čuo udar motike.

Umoran od naizmeničnih udara osećanja i bolova, on najzad priđe prozoru i razmače zavese da na mrazom zamagljeno staklo, nasloni usijano čelo i klonulu glavu. Napolju se vedrina zimske noći već bila zacarila. Pod njegovim toplim dahom suknu staklo i otkravi se tanka skramica mraza, koja ga je bila zastrla a kroz otkravljeno okno njegov pogled poče da bludi po onoj daljini koja se u sivoj i bledoj perspektivi, bez senki, prostirala pred njim. Da li je Kraljević u tome trenutku putovao pogledom preko onih planina, krševa i stena, s one strane Drima, gde njegov nesretni narod, izmučen i gladan, poslednjim ostacima svoje krvi boji snežne staze albanskih klanaca ili, neodvažan da se osvrne na neposrednu prošlost, zalazi mislima duboko, duboko tamo, u prva doba naše istorije koje se tu, na tome krajičku Srbije, koji se sad prostire pod njegovim pogledom, i razvijalo.

Iz bedema gradskih, osvetljenih vedrinom, koji su se uznosili iznad mrtve varoši i koje je prve njegov pogled sretao, učini mu se da vide ili bar oseti, kako se uznosi onaj veličanstven i svetao oblak, velika misao Dušanova, koja odatle plavi sve doline i planine balkanske, dopire do zidina solunskoga grada, odbija se odatle i pretapa pitome Strumičine doline, te se ustavlja pred Carigradskim bedemima. I, dok se Kraljević povodi za veličinom tih istorijskih podviga, koji su nikli tu iz tih bedema, dotle do njega kroz mrtvu noć dopire žubor Bistričin i on se trza, sećajući se da Bistrica tu nedaleko kvasi grob koji tu veliku misao pokriva. Je li to onaj veliki, onaj neodoljivi istorijski Usud tako naredio, da se jedna velika misao sruči u ambise ovoga klanca iz kojega je i ponikla? I da li je taj Usud hteo da slom srpski ponovi na istom mestu ili je to izabrano mesto hram bola srpskoga, gde se uzdiže žrtvenik na kome srpski narod vrši uvek obred požrtvovanja svoga?

Poveden tim mislima, on zađe dalje u prošlost, u davnu prošlost srpsku i poče se zaustavljati na svima istorijskim slomovima srpske države: pod Bodinom pa zatim pod Časlavom, pod Lazarom pa zatim pod Đurđem Brankovićem i najzad pod Karađorđem dedom i pod Karađorđem unukom. On pođe u pameti da pribira, da traži: nema li jednog istog istorijskog ili možda unutarnjeg, što leži u psihi srpskoga naroda ili u njegovom karakteru, u njegovoj sudbini ili možda u nekom fatumu; nema li nečega opštega, nečega zajedničkoga, u svima ovim katastrofama srpskoga naroda?

— Ipak ima — šaptao je mladi Kraljević uzbuđeno. — Ima, ima...!

Svaki od ovih srpskih slomova nastao je iz drugih razloga, pod drugim okolnostima, u drugim prilikama, ali je ipak sve, kao omorina, kao težak vazduh pred nepogodu, pratila i bila im predznak zavada srpske vlastele i rasulo i rastrojstvo, koje je iz te zavade klijalo; lukavstvo i zla volja iznad vrline i vrednosti; ambicija i sebičnost iznad podobnosti i poštenja; mali, uski, bedni interesi iznad opštih i zajedničkih. A je li to doba, je li to stanje jednoga naroda koje daje uslove da se on povede na velika dela; da li takvo stanje rađa Kavure, Macinije, Obiliće i Sinđeliće?

— Jesmo li bili dorasli da ponesemo ogromnu zadaću osnivanja velike države ili smo je trebali ostaviti poznijim, zdravijim pokolenjima? — jauknu mladi Kraljević i, osećajući jedan deo odgovornosti na sebi samome, on se odvoji od prozora i umorno se sruči ponovo na minderluk, osećajući se teško slomljen i pregažen nekim nevidljivim ali stostrukim teretom.

* * *

Ozdo se više ne čuje nikakav udar. Grobari su završili posao. Srpska je Kruna već sahranjena...

Ponoć je davno minula i tamu noći poče da osvaja bledilo zore. Doba je već da se mrtvi vrate u grobove.

I sen maričkoga Kralja Vukašina Mrnjavčevića, odvoji se od prozora kroz koji je videla gde je grob i druge Krune srpske, pođe kroz dvorište i prođe tiho, nečujno, kroz odškrinutu kapiju kraj dremljiva stražara. Uputi se ulicom ka Marašu a zatim Bistričinom obalom, tamo gde je čeka otvorena grobnica, gde leži ono sveto kamenje, pod kojim je sahranjena Carska Kruna Dušanova.

XXVII — Deca bez Otadžbine

A jutro kad je svanulo, svetlo ali studeno jutro, zagušio je drum koji iz Prizrena vodi u Đakovicu. Iz raznih ulica prizrenskih izviru povorke kola i naroda i stapaju se kao potoci u jednu gustu gomilu koja kreće drumom. Ali uzaći na drum, ugurati se i ući u red, mučan je i tegoban posao. Drumom idu po tri reda kola naporedo i tek daleko tamo, na sat i više iza Prizrena, ulaze postepeno u kolonu, te se obrazuje jedan nepregledan i beskrajan red kola. Pešaci su uhvatili utrine s jedne i druge strane druma i idu lagano, očekujući da se sredi kolona te da i oni dobiju mesta na drumu. Nova kola, koja neprestano pritiču iz raznih prizrenskih ulica, moraju čekati po čitav sat dok im se da prilika da uzađu na drum i tu na uzlazu je ogorčena vika i dreka, psovka i svađa.

Tu, gde ćemo čekati čitav sat dok dođemo na red da možemo uzaći na drum, na samome izlasku iz varoši, pred oronulom i pustom kućom, sedi na jednome kamenu slepi prosjak. Muslimani neće na put poći niti se sa puta vratiti da, sreće radi, ne udele prosjaku. Otuda, na izlasku iz svake varoši u kojoj ima i Muslimana, uvek prosjaci sačekavaju putnike. Od jutros nas je mnogo putnika i, mada smo bili bedni izgnanici, svako je rado spuštao paru u prosjačku kapu. I poslednji siromašak, onaj koji je polazeći u svet stegao nekoliko dinara, vadio je maramu iz nedara, drešio je čvor i vadio je otud sitnu paru da udeli.

Da li je to saučešće koje nevolja jača u čoveku ili predrasuda ili, možda jedno dublje i teže osećanje koje smo svi od jutros poneli polazeći iz Prizrena? Prizren je bio poslednja slobodna srpska varoš u kojoj smo mogli naći zaštite;

polazeći iz nje pred nama je na nekoliko sati granica Kraljevine Srbije, granica naše Otadžbine. Do Prizrena mi smo još uvek bili begunci, do maločas bićemo izgnanici, bićemo deca bez Otadžbine. Zaći ćemo u tuđinu, kucaćemo na tuđa vrata i prosićemo saučešće prema nama i prema našoj Otadžbini. To teško osećanje, od kojega niko od jutros nije bio slobodan i izazivalo je možda ono milosrđe prema prosjaku, koji nam se, na poslednjem našem koraku na tlu naše Otadžbine, ukazao na putu kao neko tužno znamenje.

— Ko zna — dodaje jedan starčić, vadeći iz marame niklenu paru da mu udeli — neću li i ja sutra ovako, na kakvom ćošku, metnuti kapu preda se?

— Prosjak sam i ja kao i ti, prijatelju — veli drugi, spuštajući mu paru u kapu — al' evo da se pomognemo. Možda ćeš i ti meni pomoći kadgod!

— Blago tebi, starče! — veli mu treći. — Bog ti najpre oduzeo očni vid pa te oterao u prosjake a evo mene tera u prosjake a ostavio mi očni vid, zar da gledam svu ovu nevolju i jad?

Malo mu je ko udelio a da nije kazao reč i dve. Svaka od tih reči bila je gorka i bolna, svaka od tih reči bila je izraz onih teških osećanja, koje smo od jutros svi poneli krećući na put izgnanstva.

Udeljujući prosjaku od reda, svako je odmicao od njega žurnije, ne osvrćući se, kao da bi da pobegne od prikaze, od znamenja, od nekoga tajanstvenoga predskazanja i bolne slutnje, koja nam se toga časa nasilno i svirepo utiskivala u dušu.

Išli smo lagano i tromo, pognute glave, bez mnogo razgovora, kao što se o pogrebu ide. Izgleda kao da se svako povukao u se te razmišlja o nevoljama koje je preturio preko glave i o onima koje mu tek predstoje a koje ne ume i ne može da sagleda niti da predvidi. Do sad smo išli nečemu određenome, sa verom kad stignemo tamo gde smo krenuli, da smo završili niz svojih nevolja; sad već idemo nečem neodređenom, nepoznatom, neizvesnom i bez ikakve vere.

Krajevi u koje nailazimo sve siromašniji, sve tužniji. Nebo bledo, malokrvno; ono malo svetlosti kojom je obasjan današnji dan, puno studi i jeze. U selima, koja se u daljini dogledaju, nigde života, ni dima iz odžaka, izgledaju mrtva kao da su napuštena. Drumom samo mi izgnanici što hodimo ili sretnemo pogdekad kakvo preplanulo lice sa ožiljcima, Arbanasa koji je sišao sa planine i posmatra nas divljačkim pogledom i ne zdraveći nas. Po zraku iznad nas nose se jata gavranova i drsko grakćući prate nas, naviknuti već da na putu, kojim mi hodimo, ostaju lešine za nama.

Begali smo iz bogatijih u sve siromašnije, iz pitomijih u sve divlje krajeve. Što smo dalje odmicali od neprijatelja sve smo bliže bili pravoj opasnosti. Za nama je jezikom neprijateljskih topova zborila smrt ali je pred nama lebdela proždrvljiva neman gladi.

Jedan otac, koji se već na prvom koraku pokajao što je sa tolikom porodicom napustio Prizren i, još se lomio da se vrati, reče mi:

— Izgledam sebi kao onaj koji skače sa šestoga sprata da bi se spasao od požara!

Glad, koja je ranije samo lebdela nad nama, javljajući nam se pogdekad, sišla je sad u naše redove i počela nas grliti svojim ledenim i jezovitim zagrljajem. Iz Prizrena se nismo mogli ničim snabdeti. Ako je ko i poneo jedan hleb, do kojega je ko zna kako došao, taj je ubrzo dotrajao. Nabaviti se nigde ništa nije moglo sem malo divlja voća kojim smo kvasili suve usne. I toga je brzo nestalo.

Muslimansko stanovništvo Metohije nije nas gledalo prijateljskim pogledom a hrišćansko se i samo pridruživalo nama i kretalo u beg, ne smejući za nama da ostane u sredini gde je do sad, možda samo preteranom surovošću režima, imalo bezbednosti. Tako je iščezlo i poslednje pouzdanje da će se u hrišćanskoga stanovništva moći isprositi koja mrva hleba. Oni, koji su iz Šumadije krenuli na kolima, opremljeni na put, te poterali kola i dalje od Prizrena, imali su još uvek dovoljno hrane ali mi, koji smo pešice hodili, te ne mogli veliki teret nositi, i od konaka do konaka snabdevali se hranom, već smo jeli poslednji hleb. Već na prvome koraku, možda na sat i dva hoda od Prizrena, počelo je da se izostaje, da se prave dugi odmori i da se malaksava. Klonuli od gladi svaki čas su sedali kraj druma i očajno gledali gomilu koja kraj njih prolazi i ide dalje. I stoka, nenahranjena, počela je već da malaksava i usporava hod.

Na jednome odmoru — priča mi jedan komordžija — mal nije prebio jednoga zarobljenika. Zaustavio se pod jednim hrastom da se odmori i da prihrani konje sa ono malo zobi koliko mu se još sačuvalo. Obesio je zobnice konjima o glavu a on se izmakao negde u stranu. Zarobljenik suvih usana i već ugašena pogleda prikrada se, obzirući se levo i desno da ga ko ne spazi i, vrši krađu. On zavlači ruku u zobnicu i krade od konja njegovu hranu i halapljivo ždere zob.

To mi priča komordžija a ja sam video još bolniju, video sam jezovito odvratnu sliku. Pred nama su išla jedna kola pokrivena arnjevima. Iz njih su se čuli ženski i dečji glasovi. Sa leve strane druma, iza kola, išao je, naslanjajući se na jednu granu, zarobljenik. Bio je bosih i raskrvavljenih nogu, dronjav i pocepan, podbula lica i podivljala pogleda. Glad mu je bila oduzela i poslednje ostatke snage. Išao je posrćući, hraneći se usput lišćem od kupusa, kukuruzom ili mesom od crkotina. On životinjski zvera i gleda hoće li mu ko pružiti što, hoće li ko ispustiti kakav zalogaj ili bar, hoće li ko baciti što što se ne jede, te da on to zbere iz blata.

Sa desne strane druma, ivicom, ide pognute glave i podvijena repa izmršaveli pas. On je krenuo za gospodarem svojim od kuće uveren da sad baš, u ovoj teškoj nevolji, ne treba gospodara da napušta. On se hrani usput od ostataka i otpadaka a kad je i njih nestalo, on kida zalogaje sa crkotina, konja i volova, kojima je drum kojim hodimo tako raskošno okićen. Nekoliko dana bavljenja u Prizrenu oduzeli su mu i tu hranu a u onoj užasnoj zgomili, koja se ukrštala i tiskala u Prizrenu, izgubio je i gospodara. Sad izgladneo, oborene glave i povijena repa, ide po tragu da ga nađe u Đakovici ili Peći.

Iz kola pod arnjevima, koja su napred išla i u kojima se porodica prihvatila malo, onim što je još iz Šumadije ponela, ispade na drum kroz zadnje platno, bačena jedna oglodana butna kost. To primetiše i zarobljenik i pas i ustremiše se jednovremeno, svako svestan da će kost pripasti onome ko do nje pre stigne. I dočepaše je jednovremeno, čvrsto, grčevito; jedan rukom a drugi zubima. Pogledaše se krvnički, odmeriše se divljim pogledom dvonožac i četvoronožac. On uloži poslednju snagu svoju i ote, upravo iščupa iz pasjih zuba kost.

— Ih! — učini jedan prolaznik. — Baš pokoji put sramota me što sam čovek!

I da je to bar jedina bolna i mračna slika na ovome putu. Puno ih je, na svakome ćeš ih koraku sresti. I kako su sve te slike raznolike, kako nevolja ume u raznim bojama i oblicima da ih predstavi.

A gomila se valja prolazeći kraj svih ovih nevolja i ne ustavljajući se i ne osvrćući se. Pa ipak naiđu pojave koje su kadre skrenuti pažnju gomile.

Na širokoj poljani, koja se prostirala pred nama, polegalo je po zemlji nekoliko onih smrtonosnih ptičurina što sipaju smrt iz oblaka.

Francuski aeroplani, koji su za dugi niz meseca revnosno vršili službu na Savi i Dunavu, povukli su se sa našom vojskom do niške ravnice da tu nastave posao. Odatle su uzleteli i pali na Kosovo, gde su se uzneli iznad Crne Gore i Šara, pa kad sa tih visina nisu dogledali da nam stiže saveznička pomoć, preleteli su Drenicu i pali ovde u ravnu Metohiju. Sad se spremaju da uzlete preko Drima i onih kršnih i visokih planina što ih on grli, te da u jednome mahu slete na jadranske obale.

Kako smo zavideli onima što će maločas, za onoliko sati preleteti preko neprolaznih planina za koliko ćemo mi dana prelaziti taj mučan i tegoban put. Svako je od nas zastao, napuštajući za trenutak one teške misli koje su mu bile nerazdvojni saputnik, i pogledao je tamo. I najumorniji i najslomljeniji sudbinom, digao je bar glavu. Bilo ih je čak koji su napustili drum i otišli tamo u polje, da izbliza vide one sretne koji neće patiti kao mi što ćemo.

Na aeroplanima zadrhtaše motori i vito se poče silno da kreće, tela im se zatresoše, prhnuše najpre poljem a zatim, jedan po jedan, poče da uzleće u zrak i uputiše se tamo ka planinama koje su pred nama.

— Hoće li ovi preko mora? — pita jedan čičica.

— Hoće bome! — odgovaraju mu iz gomile.

Čičica napravi šakama školjke na ustima, diže glavu za aeroplanima, napreže se i poče im dovikivati kao da će ga odista moći čuti i razumeti oni ozgo:

— Hoj, hoj, počujte me, krilati! Kad stignete tamo, pozdravite Jevropu. Recite neka ne žuri, dobro je nama, bolje ne može biti!

Na ovaj se čičin uzvik zaori kroz gladnu gomilu krti i studeni smeh, sličan smehu kostura kad posle ponoći ustanu iz grobova da zaigraju mrtvačku igru.

— Ama zar će istina, gospodine, oni preko mora? — zapitaće me jedan prostodušan, sredovečan čovek sa sremskim šeširom na glavi, prolazeći u taj par kraj mene.

— Pa, valjda! — rekoh.

— Ih! — učini, kao da bi hteo reći: „Blago njima!" — A i mi ćemo na more, je l'? — nastaviće on razgovor.

— I mi!

— A kud ću ja nesretnik? — pita grcajući gotovo u suzama.

— Tamo gde svi mi! — pokušavam da ga tešim.

— Opet vi... drugo... naći ćete se jedno drugom.

— Nisi ni ti tuđinac, naći ćemo se i tebi koliko i sebi.

— Jeste, al' vi se poznajete među sobom a ja...

— Svi se poznajemo sad, sve nas je nevolja upoznala i zbližila!

Bio je ratar iz Srema, obradovao se srpskoj vojsci kad je prešla Savu i pronela srpsku trobojku kroz pitoma sremska sela i ta ga radost skupo stala. Kad se srpska vojska povukla otud, morao je i on napustiti svoje njive i svoje livade, svoj mal i svoje imanje i prebeći sa porodicom u Srbiju. Potucao se tu od nemila do nedraga i živeo od milosti, koja mu je pružana, verujući uvek da će se vratiti na svoje imanje i da će njegov povratak, sa srpskom vojskom, značiti slobodu njegova sela i njegova zavičaja. Ali naiđe oluj i ponese ga sobom kroz puste planine i kroz gladne poljane. Gde će on sada, gde će sa ženom i decom, kad ga oluj nosi sve dalje od mesta, gde je sve njegovo dobro ostalo pusto a sve bliže mestima, koja mu obećavaju glad i nevolju? Gde će on sad neznan, nepoznat, pita se i teško grca u suzama govoreći o tome.

— Svi se poznajemo sad, sve nas je nevolja upoznala i zbližila! — tešim ga ja ponovo a da tu moju utehu utvrdi, prilazi mi iz redova gomile jedan učitelj, da mi odgovori na jedno pitanje, koje sam mu postavio još tamo negde, izmeđ Lipljana i Štimnje.

Sreo sam ga još na prištinskim ulicama u društvu sa jednim snažnim i plećatim seljakom, sa kojim sam ga zatim svuda viđao. Sa njim je on putovao, sa njim delio hleb i so, sa njim delio i postelju ili upravo jedno ćebe, kojim su se zajednički pokrivali. Video sam ga i one noći u Lipljanu, kraj vatre a sreo ga i na drumu, iza Lipljana, uvek i nerazdvojna sa tim svojim saputnikom. Sećam se, upitao sam ga:

— To je tvoj seljak valjda?

— Nije! — odgovorio mi je.

— Nego? — rekoh.

— Ne znam — odgovorio mi tada učitelj. — Putujemo od Prokuplja tako zajedno, udružila nas nevolja, zajedno brinemo, zajednički se snabdevamo... al' ne znam ko je. Mrzi me da ga pitam a on ne kazuje; a dobar drug, odan... baš volem što smo se namerili jedno na drugog. Kako bih sam?

A uistini je tako bilo. Pojedinac je propadao, te su se i nepoznati ljudi na ovome putu udruživali u manje grupe od četiri i pet lica i zajednički se pomagali i podržavali.

Kada mi ovom prilikom priđe učitelj, njegov prijatelj ostade na drugoj strani druma da ga očekne.

— A znaš ko je ovaj moj prijatelj i saputnik? — zapita me, obzirući se da ga onaj ne čuje.

— Koji? — iznenadih se ja, jer sam već bio i zaboravio da sam ga ma šta pitao.

— Onaj što smo se združili, što me ti ispred Lipljana pripita za njega.

— Pa?

— Zamisli, sad sam u Prizrenu čuo. To je robijaš, dvadesetogodišnji osuđenik za tri ubistva, pa kad su se svi iz kazamata razbegli...

— Pa dobro, šta misliš?

— Šta mislim, ništa. Dobar je i čestit drug, nit mogu ja bez njega niti može on bez mene na ovome putu. Tako smo se združili, eto...

I učitelj ode s robijašem dalje svojim putem, ostavljajući za sobom kao široku brazdu misao o tome, kako je nevolja veliki, glomazan žrvanj koji melje sve obzire i sve odnose ljudske, koji skraćuje sva odstojanja i ruši sve suprotnosti običnoga, redovnoga života.

Podne je već bilo prevalilo, kad se u jedan mah zaustavi tamo pred nama cela kolona. To verovatno nije nikakva smetnja pokretu, već običan zastoj potreban i stoci i ljudima da se odmore i prehrane ako imaju čime.

Kako taj odmor na podne traje duže, begunci se obično rasprte, potraži svako sebi mesta po strani, van druma, pa često i pokoja vatrica plane. Kraj jedne od tih vatri sede dve žene i muku muče da se sporazumu. Jedna je od njih u muškom vojničkom odelu a druga prosto i sirotinjski odevena sa detetom u naručju. Morao sam im prići da im pomognem sporazumeti se.

Ona sirotica, sa odojčetom na rukama, bila je Galipoljka, iz onoga Galipolja blizu Carigrada. Mala, mršava žena, oštrih crta i lica prevučena tamnom bojom. Nju olujina već nekoliko godina nosa širom Balkanskoga poluostrva i baca je sa istoka na zapad, sa Crnoga na Sinje more. Još pre pet stotina godina orkan jedan, tako čest na balkanskoj vetrometini, iščupao je iz srca Balkana, sa obala moravskih, nekoliko stotina domova, zaneo ih, zavitlao i bacio čak na obale Mramornoga mora, tamo blizu zidina carigradskih. Tu, u tuđini, u Galipolju, savili su prognanici sebi nova gnezda, tu iskopali nova ognjišta i, daleko od roda svoga i plemena, sa kolena na koleno počeli predavati samo tradiciju da su negda bili Srbi. Vekovi su izbrisali svaki osećaj o tome, pa i samu tradiciju i jedno ili dva pokolenja još, zaboravili bi već i na tu staru priču, koja je još tinjala samo kao daleko neko i tamno sećanje. Ali naiđe velika balkanska bura i zaratiše narodi od Dunava do Jegejskoga mora. U tome ratu, zlim nekim proviđenjem, doprla je srpska vojska na one krvave obale, kraj kojih je pala jedna srpska kruna i gde se začela istorija poraza srpskih. Srpska se vojska borila na obalama reke Marice i ona u toj borbi dopre do obala Mramornoga mora, tamo gde leži Galipolje. Biće da su to kapi srpske krvi, koje su kanule na jednu uspavanu tradiciju i u dušama onih, koji su već počeli zaboravljati kazivanje svojih očeva i dedova, probudile na jedan mah nov osećaj — čežnju za onom domovinom, od koje su se pre pet stotina godina odvojili. I, jednoga dana, kretoše preko širokih rumelijskih ravni čudnovati putnici. Starci i mladići, žene i deca, čitava naselja ljudi, koji su se probudili i hoće da se vrate da založe vatru na onome ognjištu, gde se ona pre pet stotina godina ugasila. Tu će podići nove kuće, potražiti nove sreće, oroditi se, vratiti nam se i naći željena mira. I tek su stigli a evo ih ova olujina ponese da ih odnese na nove obale, na daleki zapad.

Čudna sudbina! Kako smo majušna i bedna igračka njena mi! Pa ipak čovek veruje gdekad u snagu svoje volje!

— A što begaš, što nisi ostala? — pitam Galipoljku.

— Moram sa svojima, gde bi ostala! — veli.

Mlada žena u vojničkome odelu, koja je htela s njom da se sporazume, bila je Francuskinja i htela bi da joj ponudi jednu kutiju konzerve, videći je kako grize tvrd i crn hleb promešan slamom. Francuskinja je omalena žena, preplanula lica na kome se sačuvao pitom i plemenit izraz svojstven ženi njene rase. Na njoj naš vojnički šinjel zakopčan do grla i široka šajkača, pod koju je podvila svoju bogatu plavu kosu. Ona sama vodi za uzicu jedan par vočića, ujarmljenih u kola sa dva točka, na kojima je sva njena oprema za ovaj mučan put. Krenula je otud, izdaleka, iz onih pitomih i hramovima kulture i prosvete raskošno okićenih krajeva; sišla je među nas, vođena velikim osećanjem milosrđa i predano je negovala raskrvavljene junake naše, kako bi porodici sačuvala hranitelja a državi borce. Sa toga plemenitog posla poneo je olj, koji se zavitlao nad našom Otadžbinom i bacio je u ove planine te da sa nama podeli sve nevolje izgnanstva.

Kada sam joj pomogao da se sporazume sa Galipoljkom, osetio sam potrebu da joj izjavim ne samo blagodarnost, već i saučešće zbog zle sudbine koja je snašla.

— Vaša ljubav prema nama, plemenita gospo, nije trebala da bude nagrađena nevoljama, koje su samo nama namenjene.

— Verujte, gospodine, da mi nisu teške ove nevolje! — odgovori ona toplo i iskreno.

— Vama zar? Kome su one lake?

— Nisu mi teške — odgovori mi zvučnim svojim jezikom — jer ih patim sa jednim narodom, koji ih tako strpljivo, sa evanđelskim samoodricanjem, podnosi. Gledajte kako izgledaju ovi jadnici, što prolaze kraj nas, i ja još nisam čula ni reči protesta, ni glasa gunđanja, kao da je svako od njih svestan da samo patnjama mogu otkupiti svoju slobodu. Ja im se divim i to mi daje snage da podnesem ove tegobe!

Bio sam joj blagodaran na rečima, koje su me mogle bar za trenut da uteše; za trenut samo, dok se ne obazrem oko sebe i vidim ponovo svu nevolju i jad.

Rastajući se od Francuskinje da se vratim svome mestu, spazio sam opet nju — gospu u crnini. Stajala je oslonjena na jedan hrast, koji je visoko uznosio svoje gole grane, stajala je mirno i nepomično kao figura na nadgrobnom spomeniku. Poumih da joj ponudim uslugu, ako joj kakva na putu zatreba i priđoh joj.

Tek kad sam bliže prišao, pojmio sam šta ju je zakovalo za to mesto na kome je. Nedaleko od hrasta ležao je jedan svež grob sa krstićem od grančica uvezanih vrpcom. Odustao sam odmah od namere da uznemiravam gospu u crnini. Ona ne diže glavu.

Malo zatim prođe mimo nas jedan Arnautin, vraćajući se sa praznom korpom, iz koje je beguncima rasprodao jabuke divljakuše. Zapitah ga i on mi reče da je u grobu žena, juče su je sahranila njena deca a oni, Arnauti, pomogli im da iskopaju grob.

Teške me misli ophrvaše kraj svežega groba tog i skidoh kapu kao da je u tome času kogod kazivao molitvu. Bolna možda, ili obolela od gladi i zime, nesretna majka potegla je ovaj mučan put samo da spase porod svoj. Odvajala je od svojih usana, od svoje snage, od svoga zdravlja i hranila porod svoj i vodila ga kroz mraz, grejući ga materinskom ljubavlju; spavala je po drumovima, pokrivajući ga materinskom brigom. I posrnula je ovde, nasred puta, nasred druma i potražila sebi odmora, večitoga odmora, a dečicu pustila samu u planine, u patnje, u glad.

Deca su je sahranila. Nisu imala sveštenika da im opoje mater, nisu imala voštanicu da joj pripale; posula su grob samo iskrenim, detinjim suzama i tako su poslala Bogu najtopliju molitvu za dušu matere svoje. Suza je molitva najbliža Bogu, suzi je nebo otvoreno; nebo je skup suza čovečanskih. A zar je majka i mogla poželeti lepšega opela a zar je Bogu mogao biti draži, koji drugi obred od obreda, koji se suzama, iskrenim i toplim detinjim suzama vrši?

Grob joj leži na lepu i vidnu mestu, sa kojega se dogleda široka i pitoma Metohija, ograđena snežnim vrhovima, koji blešte pod nebom. Više groba joj stari hrast, koji se prikopčao za zemlju svojim čvornovatim udovima, kao orao kad zabode nokte i prikopča se kandžom za mrcinu. Njegovi se vrhovi tiho povijaju pod vetrom koji puše ozdo iz drimskih klanaca i starac stenje i ječi kao da ovaj novi, sveži grob, u koji je sahranjena jedna materinska ljubav, i njemu pričinjava bol. O, da je to prvi bol kome je on svedok! Duboke brazde na stablu njegovome kazuju da on već vekovima stoji tu kao nemi stražar na drumu, kojim su se toliki događaji valjali. Bio je on svedok možda, kada su ovim drumom, kroz ravnu Metohiju, prolazili srpski vitezovi i odlazili svetim Dečanima na poklonjenje ili se zbirali pod Prizrenom na junačke igre ili u Skoplju na zborisanje. Ovuda su nekad prošla tri mlada viteza, Miloš, Marko i Hrelja pa se spustili u vrh Dukađina, pod kulu na kojoj je boravila obesna sestra Leke kapetana. Ovuda su prohodili i Mrnjavčevići, idući svome Skadru na Bojani, ovuda i Balšići odlazeći u tazbinu.

Bio je svedok ovaj starac i kada se pre trista godina diže narod iz Metohije, te sa Patrijarhom krenu u zbeg ispred divljih Arbanasa, koji siđoše sa onih planina iza Drima i evo je svedok sad, kad taj isti narod, bega u te planine tražeći zaštitu.

Mnogo je bora na starčevom licu ispisano. Hoće li dotrajati da vidi ravnu Metohiju blagoslovenu mirom; njena zelena polja preorana i oplođena; njene bogate gore ozelenele; da vidi na tim poljima vredna ratara kako bere plod svoga truda; da vidi kitnjasta sela sa belim crkvama i školama; gvozdene puteve, koji prosecaju bogate doline i nove gradove, koji niču oko velikih i bogatih preduzeća?

Ako ne dotraje dotle, hoće li bar starac dotrajati da vidi decu, koja su se juče rastala od majke i njemu grob poverila; da ih vidi zdrave i čile, kako su došli još jednom da obnove materin grob kiteći ga utehom da je sad u slobodnoj Srbiji, kojoj se i ona vraćaju u zagrljaj?

Hoće li on, hoćemo li mi dotrajati da doživimo to? Ovo je prvi grob, što ga ovako na putu ostavismo; nećemo li na daljem putu svom sejati usput grobove i razređivati se, dok i poslednji ne ugine? O, koliko je njih od nas već pozavidelo ovom grobu, tu, na domaku granice, na poslednjem parčetu, na poslednjoj stopi srpske zemlje!

Naše će grobove već pokrivati tuđa zemlja; nama će grobnica biti nova Otadžbina!

Mi smo već danas deca bez Otadžbine!

XXVIII — Srbija u planinama

Kad smo mi iz Prizrena krenuli na sever, Kralj, Vlada i Vrhovna komanda krenuli su na jug. Da bi stigli istome cilju, krenuli smo jedni uz tok a drugi niz tok jedne i iste reke, ali su oba ova puta zatim savijala na zapad i vodila obalama Jadranskog mora.

Kada je još 13. oktobra otišao iz Niša u Vrnjce predsednik ministarstva Nikola Pašić, na pogreb svome dugogodišnjem saradniku i drugu, ministru Lazi Paču, otišao je sa pogreba u Kraljevo da se nađe sa poslanicima Engleske, Francuske, Rusije i Italije i da ih upozna sa situacijom u kojoj se zemlja nalazi od trenutka njihovog napuštanja Niša. Tada im je izjavio da bi se situacija mogla još uvek promeniti ako saveznici na vreme stignu i oslobode Skoplje, koje su Bugari već zauzeli bili. Oslobođenjem Skoplja uspostavio bi se saobraćaj sa Solunom i omogućilo bi se prebacivanje jedinica na razne frontove a veliki deo južne Srbije spasen, obezbedio bi osnovicu za buduće zajedničke operacije saveznika sa nama, radi dobijanja veze sa Rusijom preko Rumunije.

— Ako se moramo odreći te nade — rekao je poslanicima tada Pašić — vladi neće ostati ništa drugo no da se povuče u planine!

I Srbija se morala odreći i te, kao i svih ranijih nada, i krenula je u planine.

To je bio jedan od najtežih i najmučnijih trenutaka u ovoj velikoj tragediji srpskoj, polazak zvanične Srbije u planine 11. novembra 1915. godine. Prizrenci i izbeglice, koje su rešile da ostanu u Prizrenu, sa očajanjem su šaputale međ sobom vest, da je Kraljevska Vlada napustila Otadžbinu. Iako je svako znao da će to biti, da je rešeno, da je odlučeno, ipak je očajno kršio ruke:

— Dakle odoše, ostaviše nas?
— Do ovoga časa još sam u nešto verovao, ali sad...
— Do ovoga časa bio sam građanin jedne države a sad... rob, rob!

Takve su se očajne reči bacale i razmenjivale posle odlaska vladinoga i nimalo nije svet mogla umiriti okolnost što su u Prizrenu još i stari Kralj i Prestolonaslednik. Oni su vojnici, oni će s vojskom. Vlada je otišla — to znači nema više Srbije, vojska je ostala zato da se i ona povuče.

Sa starim je Kraljem opet bilo nevolje. Topovska zrna već su tresla prizrenske krovove, kada je pristao da napusti poslednji slobodan grad Srbije. Žaleći još uvek, što mu se nije dala prilika da pogine na Kosovu on se tvrdoglavo opirao da pođe iz Prizrena.

— Niko ne može da natera jednoga Kralja da napusti svoju Kraljevinu! — uzvikivao je starac uzbuđeno.

On je s nepoverenjem slušao razloge, po kojima bi njegov ostanak u stvari značio napuštanje Kraljevine, jer zarobljen Kralj, ne znači samo propast Kraljevine već i kapitulaciju one ideje koju ona u ovoj borbi predstavlja i čiji je on nosilac.

Stari Kralj je odmahivao glavom na sve te razloge i očajno uzvikivao:
— Pustite me bar da umrem ovde, na vratima Srbije.

Vlada je otišla 11. novembra a on je ostao u Prizrenu još četiri dana za tim. Najzad, kad je već poslednji trenutak bio nastupio, te je morao i sam uvideti da drugače ne može biti, otišao je najpre u crkvu — to je bila nedelja 15. novembra — i odstojao je celu službu, moleći se Bogu za one koji su krenuli i za one koji ostaju. Iz crkve, Kralj je pošao peške na put, zdraveći usput i praštajući se sa očajnicima koji su ostali i koji su ovaj mučni prizor gledali sa prozora svojih kuća ili sabrani u prestravljene gomilice pod strejama prizrenskih kuća.

Kralj je sa teškim suzama u očima, okretao se levo i desno i mašući rukom, pozdravljao:
— Zbogom, deco! Zbogom!

Kad je izašao daleko van grada, on je seo u automobil i uputio se ka Ljum-Kuli.

Na Ljum-Kuli, dokle se stizalo kolima i automobilima, čekali su mali tovarni konjići, sa kojima će se poći dalje. Kola i automobili, koji su dovde dovezli Kralja, Vrhovnu komandu i Vladu, ovde su nemilostivo uništavani. Kola, pošto je sa njih skinut tovar i ispregnuta stoka, bacana su u ambis; automobili prelivani mašinskim zejtinom i benzinom i paljeni. Drugi su opet šoferi namenili lepšu smrt, jednu vrstu samoubistva, svojim automobilima. Na visini, do koje se ovde prizrenski drum penje, gde se diže Ljumska Kula, obala je kamena i odsečna, i Drim teče dole pod stenom u grdnoj dubini. Oni su dovozili svoje automobile do ivice ovih stena, pustili su motor u pokret i otkočili kočnicu. Motor je zatutnjao, kola krenula i strmoglavila se ozgo sa užasnim tutnjem, kršeći se o stenu i sručujući se u ambis.

Odatle, od Ljum-Kule, nastaje uska staza kojom se uputila duga povorka begunaca i natovarenih konja, sve jedno po jedno, sve jedno za drugim. Ta povorka se vije po usečenoj stazi kao duga, beskrajna zmijurina, koja se čas gubi među kamenje, čas pojavljuje na okukama. Staza ova ide iznad provalije, na dnu koje Drim pomamno juri i urla kršeći se o stene.

Stari Kralj je prvo veče zanoćio na Ljum-Kuli a sutradan krenuo sa tri svoja oficira i šest vojnika Kraljeve garde. To mu je bila sva pratnja a pratila su ih još i tri konja, koje je Kralj pogdekad uzjahao, ali je radije išao peške, mada je bio nemoćan a staza teško prohodna, još više zbog leda i mraza.

Vojvodu Putnika poneli su vojnici na ramenima. Njegova teška bolest nije mu dozvoljavala ni po ravnome putu da hodi a kamoli po ovome bespuću. Sagrađena je, njega radi, jedna drvena karaulica koja je nošena na motkama. Ta karaulica ličila je po obliku na srednjevekovne plemićke nosiljke a inače je bila od običnih dasaka, sa sedištem unutra i prozorom, kroz koji je prodirao vazduh i svetlost u drvenu kućicu. Vojnici, koji su nosili ovu kućicu, smenjivali su se i često puta odmarali jer im uzina staze nije uvek dozvoljavala da je nose na ramenima, već su je morali pogdekad spuštati na ruke.

— Možete li, vojnici? — upitao bi pogdekada stari vojvoda, zamoren bolešću i zlom sudbinom.

Treći starac, ministar predsednik Pašić, pojahao bi pogdekad konja, ali je išao takođe radije peške, oborene glave i podržavajući se jednom batinom. On nije govorio, nije razgovarao usput. Do njegovih ušiju dopirala su gunđanja i izrazi nezadovoljstva gomile, koja je sve svoje nevolje njemu pripisivala i na njega sručivala. Iskusni starac znao je da nevolji valja oduške, da narod svakoj nedaći traži krivca, i nosio je strpljivo svoj krst, uveren da je pozvan i dužan nositi ga. Ostali ministri išli su tako isto, ko peške a ko na konju, ko izmakao a ko izostao a svaki brinući tešku brigu i izmenjujući razgovore samo pogdekad, na odmorištima, ili gde bi se staza toliko proširila da bi mogli poći uporedo.

Ove tri grupe, Kraljeva, Vrhovne komande i Vladina išla je svaka za se, nisu čak svakad ni noćivale na istome mestu, niti su za isti broj dana i noći prešli ovaj teški put do Skadra. Sa njima, pred njima i za njima, išla je masa begunaca, vojske i naroda. Bile su to činovničke i oficirske porodice, pa onda veliki broj nadleštava, činovnika, strane misije i naša sirotinja. Sve je to krenulo naročito tim putem što je Kralj tuda krenuo, računajući na veću zaštitu i tek se ovde u planini uverilo da je cela Kraljeva zaštita tri oficira i šest vojnika.

Što se dublje u planinu zalazi, put je sve strmenitiji, sve teži, jer je go kamen i u njemu urezana uska staza, pod kojom zjapi provalija. Hladnoća sve jača a poledica i sneg ometaju korak te se klizaju ljudi, klizaju konji.

Kralj ne može, njemu i inače klecaju kolena. Kliza i pada. Dižu ga, on polazi pa opet kliza i pada.

— Padam često! — veli.

— I mi Veličanstvo! — teši ga ađutant, podmećući mu svoja snažna pleća.

— I vi, al' se vi dižete, a mene mora da dižu.

Na konja su ga još manje smeli popeti, to je bilo još opasnije. Zastaju kod prve širine, da ne bi zakrčili put. Kralj seda na kamen i navlače mu preko čizama debele seljačke čarape, ne bi li mu pomogle da ne kliza. Al', pouzdanije nego to, ađutant mu podmeće pleća, on ga grli, i tako nastavljaju put.

— Ovo je strašno! — žali se jedan građanin majoru koji je pred njim. — A tek je prvi dan putovanja; na šta li ćemo naići sutra, a na šta prekosutra?

Major ćuti, ne obzire se i korača dalje.

— Ovo je pravo Napoleonovo odstupanje sa Moskve! — gunđa dalje građanin.

— Gore je ovo, drukčije je ovo! — okrete mu se major. — Napoleonova je vojska odstupala kao pobedilac a ne kao pobeđena. Napoleonova je vojska 1812. sačuvala svu formu odstupanja tako da je ruski generalštab i dalje pravio planove o mestima gde će se Francuzi zadržati i primiti borbu a Francuzi su i sami verovali da će primiti tu borbu. Pa onda, 1812. godine odstupala je kroz smetove i močari jedna vojska a nije narod i, što je najglavnije, francuska se vojska, odstupajući, vraćala u Otadžbinu i svaki korak koji je njen vojnik učinio, ma kako težak put bio, znao je da ga vodi bliže Otadžbini. A mi idemo sve dalje od Otadžbine, mi napuštamo Otadžbinu; mi ne znamo kuda ćemo!...

— Ne znamo bogme! — dodaje očajno građanin i nastavlja dalje put predajući se sudbini.

A put sve teži, staza pogdegde uska i strmena, da se jedva može proći. Smetovi leže po okolnim planinama i stegao užasan mraz.

Posrće se sve više i sve češće, konji padaju a ljudi malaksavaju i izostaju. Počinju već puzati i ljudi i stoka. Na pojedinim opasnim okukama, pod kojima su provalije, konjima vezuju oči ili im pomažu hvatajući ih za ular, za grive, za rep. Ljudi se hvataju za ruke te obrazuju kolo, da bi jedan drugog zadržali; žene ciče i ne smeju da prođu. Već je pao u ambis jedan konj tamo negde pozadi, pao je još jedan. Vele da je ovaj poslednji povukao sa sobom i čoveka.

Prvi konak posle Ljum-Kule bio je Spas, gde izbija klanac kojim je nekada išao put za Đakovicu i gde se na desnoj obali Drimovoj uznose razvaline Leke kapetana vojvode Dukađinskog. Tu je, u jednoj pustoj dolinici, koja se spušta do obala Drimovih, usamljen han na putu a ko zna gde je selo toga imena, valjda negde u planini.

Kod hana se već skrhala masa ljudi i stoke a pridolaze sve nove i nove grupe, koje su jutros ranije krenule. Sve prostorije posednute a i nema ih mnogo. Han je obična, kamena, dvospratna zgrada; na donjem je spratu ar a na gornjem dve prazne sobe. Sobe su zauzele porodice oficira Vrhovne komande a dole se strpalo sve što je zarana stiglo. Ovo, što sad pridolazi tiska se oko hana, razgrće sneg i blato i nanosi drva, te sprema vatre oko kojih će probditi noć.

Kralj će stići docnije i neće naći mesta za sebe. Kada mu se učini ponuda da se na gornjem spratu načini mesta za njega, on će odbiti.

— Neka ih, neću da uznemiravam žene i decu. Ženama i deci treba krova, mi vojnici možemo i ovako!

I kad je rekao to „mi vojnici" pogledao je sa zadovoljstvom na nekoliko starčića iz trećega poziva, ostatke onoga trećega poziva, koji je onako slavno izginuo, braneći odstupanje mlade vojske sa Kosova.

Badava se navaljivalo na njega da se skloni pod krov, badava mu je obraćana pažnja na mraz koji je sve više stezao, starac je uporno ostao pri tome da on neće da se odvaja od svojih vojnika, da hoće da pati zajedno sa njima. I, dok su trećepozivci nanosili drva i spremali vatru za sebe i svoga Kralja, dotle se on setio da obiđe bolesnoga vojvodu Putnika, koji je već ranije stigao u Spas.

Dva klonula starca, Kralj bez kraljevine i vojvoda bez vojske, dugo su, dugo razgovarali o zloj sudbini koja ih je postigla.

Kada se već razbuktala vatra u zavetrini, iza hanskoga zida, Kralj je seo među svoje drugove da tu, kraj vatre, probdije noć.

I večerao je tu međ njima. Uzeo je, kao i oni, krišku hleba u ruku i malo kuvanoga pasulja kojim su ga ponudile izbeglice sa gornjeg sprata hanskog.

— Zlo, nesreća! — veli Kralj, sedajući međ svoje nove drugove.

— Veliko zlo, gospodaru! — odgovaraju starci praveći mesta Kralju.

— Sam kamen i pustinja! — nastavlja Kralj. — A kako je kod nas sve pitomo i lepo...

— Eh! — učini jedan trećepozivac, koji je sedeo prema Kralju. — Nema nigde ono. Ne bih dao ja jednu moju njivu za celu ovu planinu.

— Pa dao si je, eto si je dao! — dobacuje mu drugi.

— Pa... dao sam, al' ne daj Bože da ostane ovako. Da l' će ovo dugo ovako, gospodaru?

— Neće valjda — teši ga Kralj. — Neće. Da nismo daleko i od Francuza i od Rusa, stigla bi nam pomoć te ne bi ovako postradali.

— Bome, postradali smo mnogo.

— Je l' vas mnogo izginulo?

— Pa jeste, prepolovili nas.

— Šteta, a borili ste se baš čestito, hvala vam!

— Izgibe sam domaćin, gospodaru.

— Znam, znam! — učini Kralj i uzdahnu. — Nisu mi dali a tražio sam i ja da ostanem tamo, da se borim sa vama starcima i da poginem.

— Kud bi ti, Gospodaru?

— Tražio sam, al' nisu mi dali! — ponovi Kralj.

— Moraš se ti čuvati, Gospodaru, trebaš ti nama.

— Treba vama kuća vaša i deca vaša; treba vama zemlja vaša i treba vama Otadžbina vaša, a ja... šta ću vam ja? Danas jesam, sutra nisam; ako nisam ja, biće drugi. Nije zlo izgubiti kralja kad imaš Otadžbinu, ali je zlo, braćo moja, izgubiti Otadžbinu a sačuvati Kralja.

— Pa ono jeste... — odgovara kao ubeđeno trećepozivac.

— Biva, da umre domaćin a kuća ostane — nastavlja Kralj. — Nije ni to dobro, ali opet kuća je tu, imanje je tu, naći će se ko će prihvatiti imanje i kuću; ali je naopako, moj brajko, kad vidiš domaćina bez kuće, bez ognjišta, bez njive, bez livade, bez stoke.

— E to jeste!

I tako se među starcima nastavlja razgovor duboko u noć, dok umorni ne klonu glavama na grudi.

Pre četiri ili pet dana, ovako su isto kod ovoga hana sedeli oko vatre i ministri, koji nisu ni noćili na Ljum-Kuli već odmah nastavili put. Oni su prenoćili u hanu ali su dugo sedeli na utrini, oko vatre, da se prihvate i da se razgreju pre nego što legnu. Po licima, osvetljenim plamenom, među kojima se naročito ističe lice ministra predsednika uokvireno sedom bradom, videlo se da vode brižne razgovore. Sa lica je Pašićevog iščezao onaj izraz mira i hladnokrvnosti, sa usana mu se izbrisao onaj osmeh, koji je kroz pedeset godina političkoga mu života igrao na njegovim usnama, pa ipak on se držao tako kao da još uvek veruje u nešto, kao da se još uvek nada nečemu. Nije klonuo ili bar nije dozvolio da se to na njemu primeti. Na licima je ostalih njegovih saradnika bio mnogo jače izražen otisak opšte nevolje.

Razgovori su se vodili o velikim brigama koje su ležale na vladi. Vojska je zašla u planine bez hleba i bez ikakvih drugih potreba. Posle dvomesečne neprekidne i očajne borbe, posle nečuvenih napora, ta se premorena vojska povlači u planine gde je očekuje glad. I kad stigne u Skadar, čime će tamo biti prihvaćena? Ima li tamo hrane ili bar, može li se doneti?

Saveznici su bili primili na sebe snabdevanje srpske vojske i, prema obaveštenjima koja je vlada imala, ta se hrana već nalazila u Medovi. Sva je briga dakle bila, kako bi se i na koji način ona mogla prebaciti iz Medove u Skadar, dok niko nije ni slutio da i u Medovi nema nijednog zrna savezničkog obećanja.

— Valja što pre stići u Skadar — šapće Pašić — pre no što se vojska počne skupljati tamo.

— Tamo su valjda već stigli saveznički poslanici?

— I da nisu stigli, iz Skadra ćemo moći dobiti veze sa savezničkim vladama.

— Mogla bi se, verovatno, umoliti talijanska vlada da ustupi kakav brod koji bi prebacivao hranu iz Medove.

— Treba stići u Skadar što pre! Kako stoji sa rasporedom putovanja? — okrete se Pašić jednome činovniku, koji mu je stajao za leđima.

— Prema obaveštenju kapetana Redžepa, sutra možemo stići u Arsit-Han, prekosutra u Čeret.

Esad-pašin kapetan Redžep i još nekoliko Esadovih čauša, pratili su našu vladu, za kojom je išao i jedan odred zanatske čete. Kapetan Redžep je i ranije bio u vezi sa nama i znao je srpski, te je on služio najviše kao tumač a i kao vođa po ovim teškim putevima.

— I kad bi onda stigli u Skadar? — zapitaće jedan od ministara.

— U svemu treba nam još tri dana, ako gospoda ministri mogu da izdrže te da ne budemo prinuđeni da pravimo manja odstojanja.

— Kad mogu ostali... — zausti neko da kaže.

— Ostali neće tako putovati. Vrhovna komanda ne može zbog vojvode. Sa njegovom je nosiljkom vrlo teško praviti ta odstojanja. Neće moći ni Njegovo Veličanstvo.

— Mi moramo! — prekide Pašić.

Tako su, ovi razgovori i savetovanja, bili u neku ruku ministarska sednica, držana oko vatre, među smetovima i usred planine.

Od Spasa put napušta obale Drimove i vodi u unutrašnjost planina dukađinskih kroz jedan niz provalija, klanaca i stena pokrivenih snegom i smetovima. Hladnoća sve više steže, mraz sve oštriji. Begunci i inače iznureni trudnim putem, nespavanjem i glađu, uvijeni u krpe i dronjke, u ćebad i šatorska krila, klonulo gaze smetove i očajno pogledaju putem preda se, koji ih vodi u sve dublju i dublju bedu.

Vlada žuri da po rasporedu stigne večeras u Arsit-Han a zatim što pre u Skadar. Danas su pala dva vladina konja s tovarima i skrhala se u ambis. Kažu da je tu bilo dokumenata koji su zauvek propali.

Oficiri Vrhovne komande ne mogu tako da žure, oni lagano idu, stopu po stopu, prateći nosiljku svoga šefa, starog vojvode. Vojnici, koji je nose, nigde skoro da naiđu na širinu da bi je mogli poneti na ramena te pružiti korake, već je nose na ruke a ruke im se skočanjile od zime te se svaki čas menjaju.

Kralj već malaksao. Jučeranje naporno pešačenje od Ljum-Kule do Spasa, noćašnje bdenje kraj vatre i današnji težak i studeni dan, oduzeli su mu i poslednje moći. On poguren, umoran, poprskan blatom i neizbrijan naslanjajući se jednom rukom na batinu a drugom na rame svoga ađutanta, korača lagano i svaki čas zastaje da uzme malo vazduha.

Putem se već sretaju oni koji su malaksali koji su klonuli, pa napustili svoje društvo i ostali kraj puta; sretaju se već i samrtnici, koje je glad i mraz savladao i koji su se kraj druma povukli i predali laganoj smrti, koja ih već grčevito grli; sretaju se već i mrtvi, koji su tu ostali juče i prekjuče i čije je telo sneg već zavejao, a u snegu se obeležio kurjački trag, koji su namirisali lešinu, obišli je, pa će noćas, kad planina bude pusta i mirna, doći da je rastrgnu. Što dublje u planinu, ta je pojava sve češća; mrtvi ljudi i mrtvi konji sve češće kite staze, tako da klanci, kroz koje begunci hode, već počinju ličiti na kosturnice.

Stari Kralj sa teškim bolom, skidajući kapu, prolazi pored ovih žrtava, skrećući pogled sa nesretnika koji su posejali drumove. Da bi ugušio osećaj koji mu je legao na dušu, skretao bi govor ili pažnju na drugi koji predmet.

— Možeš li, sine? — pripitao bi kakvog dečka koji je prolazio kraj njega, spuštajući mu ruku na rame.

— Mogu! — odgovara dečko i ne sluteći da je to Kraljeva ruka na njegovom ramenu.

— A hoćeš li upamtiti sve ovo što vidiš?

— Hoću! — odgovara dečko.

— Ako, upamti, treba da upamtiš pa da pričaš, svima da pričaš.

Što se dalje ide, put sve teži a glad i zima sve više stežu i sve ih više ostaje usput. Noći su bile naročito strahovite, a već se nigde nije moglo naći drva. Padali su usput ljudi kao mušice, padali su i dizali se ili su ostajali tamo da grobovima svojim obeleže put kojim je Srbija prošla.

Vlada je uvek napred žurila, i stigla je kao što se u Spasu ugodilo, petoga dana po podne u Skadar. Kralj je duže putovao, čitavih osam dana do Lješa i još tri zatim do Tirane. Spavao je kao i ostale izbeglice, kraj vatre, pod krovom kakve arnautske seoske udžerice, po hanovima; jeo je suvi hleb ili gdekad, ako bi gde zatekao kakvu komandu, što su mu odvojili pogdešto iz kazana.

Šestoga dana putovanja, Kralj je sišao u Drimovu dolinu, gde put opet slazi na Drimove obale. Tu, kod Gomsića, gde Drim valja prebroditi pa ući u skadarsku ravnicu, već dopire blaži vetrić, već se dogleda sunce koje sja na Jadranskim obalama i daleko tamo naziru se planine koje grle Skadar.

Tamo svi željno pogledaju, tamo ima sunca, tamo ima hleba — tako bar svi misle i ne sluteći da će po skadarskim ulicama padati kao snoplje i umirati od gladi.

Poslednje te večeri, pre no što će se povući pod krov da legne, Kralj je prišao jednoj vatri, oko koje su posedali vojnici. On sutra neće nastaviti put za Skadar, on će se sutra rastati od vojnika, pa je rad još malo s njima da progovori. On će sutra samo donekle poći skadarskim putem, zatim će pregaziti Drim i otići u Barbalušu a odatle u Lješ. Vojnici i izbeglice nastaviće put pravo za Skadar.

Veče je bilo vedro i ovde, u dolini, nije tako naglo osvajala noć, kao tamo među smetovima i stenjem. Nešto je blago lebdelo u vazduhu naglašujući blizinu obala na kojima sunce greje. Zvezde su jasnije sjale i boja neba nije bila više onako sumorna. Sve što je verovalo u smrt, počelo je ponovo verovati u život. Oh, kako je za malo ta vera trajala!

Kralj je bio razgovoran. Ukazujući na modre planinske mase, koje se oko Skadra uznose i koje vedra noć jasno ocrtava i izdvaja, on veli vojnicima oko vatre:

— Eno, vidite li, deco, i tamo smo lili krv, po onim brdima.

— Kako se zovu ona brda? — pita jedan ostariji vojnik.

— Ono tamo, u dubini, što uznosi vrh, biće da je Taraboš a ova manja brda, ovamo levo, tu je Brdica.

— Je l' to Brdica? — zapita jedan čičica iz trećega poziva, kome pri pomenu ovoga imena prelete namah taman oblak preko čela.

— To će biti!

Čičica se zagleda tamo, pomno se zagleda i zaigraše mu suze u očima. Zatim prošaputa više sebi:

— Tamo sam sina izgubio!

— Onda, je l'? — pita Kralj.

— Jes', onda! — dodade čičica. — Pa evo sad došao sam da mu obiđem grob.

Svi se ućutaše, osećajući dužnost da ne remete svečanost trenutka, u kome se u očevoj duši budi ponovo tuga, na dogledu sinovlja groba. Čičica je dugo, dugo gledao one modre povijarke, gde toliki mladi srpski životi leže, pa se onda okrete vatri i dodade:

— Ko zna da nije Bogu bilo drago da me dovede dovde te da i ja u blizini sinovljoj legnem u zemlju. Evo, kako sam iznemogao, daj Bože da sutra i do Skadra stignem.

— Što je bilo mučno i teško prešli smo već — teši ga Kralj — ovo sad do Skadra lakši je put, možemo i mi starci.

Zatim se zapodenu razgovor i o Skadru. Kralj je pričao vojnicima da je u mladim godinama odlazio u Skadar i kazivao im je da je lep i bogat grad.

— A je l' to naše? — pita vojnik.

— Naše je, naši su ga kraljevi zidali — veli Kralj — tri brata, Vukašin, Uglješa i Gojko, i mnogo su muka videli dok su ga nazidali. Sve što bi oni za dan nazidali, zla bi vila za noć porušila. Je l' zna ko onu pesmu o zidanju Skadra na Bojani?

— Znam ja — reče jedan mlađi vojnik iz grupe.

— E, je l' tako kaže pesma: „Sve što braća za dan nazidala, zla bi vila za noć porušila"?

— Jes', tako! — odgovori onaj.

— Ama, zar je to moglo uistini da bude? — zapitaće jedan trezven starčić, koji je dotle samo slušao razgovore, zabavljajući se ušivanjem rukava na šinjelu koji je negde usput zakačio i iscepao celom dužinom.

— Koje to? — pita ga mladić.

— Pa to što pesma kazuje. Zar je bilo nekada tako zlih vila pa da za noć poruše sve što bi kraljevi za dan nazidali.

— Bilo je — dodade stari Kralj — bilo je a ima ih i sad.

— Sad? — učiniše nekoliko njih.

— I sad još! — nastavi Kralj bolno mašući glavom. — Eto, zar ne vidite moju sudbinu. Sve što za dan sagradim, zla mi vila za noć poruši. Koliko smo se svi mučili da sagradimo ovu državu, pa eto... poruši vila za noć, poruši do temelja...!

Kralj prekide i duboko se zamisli. Svi ućutaše povedeni i sami razmišljanjem o zloj vili, koja ruši sve što Srbin zida.

Noć poče jače da osvaja, a zima jače da steže. Kralja opomenuše da mu valja leći.

XXIX — Istorija jednog zarobljenika

Zarobljenici idu za nama kao ajkule za morskim brodom. Izmoreni, izdrpani, podbuli, počađali i izblesaveli od gladi. Idu za nama i čekaju da kogod baci prljavu koru od sira, spoljni list od kupusa, kožicu od krompira i saginju se, te dižu te otpatke iz blata i žderu. Kad iz kakvih kola ispadne oglodana kost oni je grabe i glođu, kad ispadne prazna kutija od konzerve oni je ližu i krvave jezik na oštroj tenećki.

Niko ih ne goni, niko ne sprovodi, niko im ne bi branio da ostanu i sačekaju svoju vojsku, pa ipak oni idu za nama. Šta je to što ih vezuje za našu sudbinu? Razumem one, među njima, koji su Sloveni i u kojih se rasni osećaj još više razvio otkako su u našoj sredini, ali su nam se pridružili i drugi. Bilo je i Nemaca sa dalekih strana, iz Virtenberga, Saksonske i Bavarske. Da ih nije gonilo da nam se pridruže uverenje da pobedioci nose sobom glad ili možda odvratnost prema krvoločnome poslu koji već godinu i po dana bez odmora vrše?

Žalio sam ove bedne ljude, ali im pomoći nisam mogao jer sam i ja već svoj obrok brojao na zalogaje. Ako sam ponudio kome cigaru duvana, ja sam već dovoljno žrtvovao a i njemu dovoljno učinio. I koliko sam za to malo dara sreo blagodarnosti kod ovih nesretnika, koji su već onemeli od gladi. Jedan mi je izjavio glasno, rečima:

— Hvala ti, brate i rode!

Bio bi lep i stasit momak po uzrastu, ali ga ispila glad i napor, te mu potamnelo lice iz kojeg sjakte dva utonula mladićka oka.

Iznenadi me čistota i naglasak njegov te mu priđoh.

— Ti si Srbin, rođače?

— Srbin! — odgovori mi pripaljujući cigaretu koju sam mu dao.

— Pa otkud ovde? — zapitah ga začuđeno.

— A gde bi bio, već sa vama? — odgovori i poče žurno da srče cigaretu koju je pripalio.

Ipak mi je bio čudan njegov položaj. Znao sam da su Srbi zarobljenici izjavili dobrovoljno da će stupiti u redove boraca i stupili su. Da li je ovaj jedan pretpostavio biti srpski zarobljenik tome da bude srpski vojnik?

On je verovatno pogodio šta sam ja premišljao pa nastavi nepitan:

— Bio sam ja, gospodine, tamo gde je trebalo biti, nisam izostao, ali... eto!

A kad mu se učinilo da je ipak sreo u mome pogledu sumnju, on brzo dodade:

— A vi valjda, što vidite na meni ovo austrijsko odelo, pa zato ne verujete?

Nisam mu rekao da li verujem, te on sam objasni:

— Obukao sam ga sad, u Prizrenu, u bolnici.

Prekinuli smo dalji razgovor jer sam se zaustavio pred jednom mučnom slikom kraj druma, gde se beše okupila čitava gomilica izbeglica. Pod tovarom, koji je nosio na leđima, ležao je na zemlji Nemac, zarobljenik, a kraj njega je stajao jedan građanin očajna lica i vajkao se:

— Pogodio sam ga da ga hranim a on da mi nosi ovaj tovar. Pa kad mu dadoh na podne komad proje a on je ne pojede kao čovek, nego je proždra, proguta je. I od tada zanemože pa evo sad gde će da me ostavi nasred puta!

Građaninovo vajkanje nije činilo utisak saučešća prema nevolji zarobljenikovoj već pre sebično jadanje, što je pao u očajan položaj da tovar sam ponese dalje.

Nesretnik je ležao na zemlji lica zarivena u blato. Oči mu iskočile iz duplja a na usnama mu vri pena. Ispod raskopčane bluze i prljave, podrte košulje, nadimaju se rebra na kojima i nema mesa već samo tamna a prozračna, zategnuta koža.

— Izgladnelo pa bitisalo! — reći će jedan iz gomile.

— A možda ga i teret ubio! — dodaće drugi.

— Nije, brate, teret — pravda se onaj građanin. — Nema ovde ni trideset kila. Poneo bih ja to i sam al' ne mogu, imam sipnju.

On ponudi pod istim pogodbama zarobljenika, koji je maločas sa mnom razgovarao, ali ovaj odbi:

— Ne mogu, ranjen sam — odgovori on — ne mogu ni toliko poneti koliko je ovaj!

Najzad građanin se sam natovari i krenusmo dalje. Onome nesretniku nije bilo pomoći; ostavili smo ga tamo kraj druma da čeka smrt koja će, ako ne ranije, noćas kad stegne mraz izvesno nastupiti. Zaspaće od mraza lepim, slatkim snom i videće u tome snu svoju daleku Otadžbinu i svoju porodicu. Umreće bar sa osmehom na usnama a ujutru, prvi koji naiđu, gurnuće telo dole u potok da se ne bi na drumu raspadalo.

Pade mi na pamet onaj konj što je tamo negde ispred Štimnje posrnuo vukući top, te ga ispregoše i ostaviše kraj druma da čeka smrt. Ovako isto i njega smo posmatrali, ovako isto o njemu progovorili reč-dve i ovako isto, ostavljajući ga samom sebi, krenuli smo dalje bez uzbuđenja, naviknuti već na te pojave, koje će sve češće i češće bivati što dalje idemo.

— A odakle si ti? — zapitah posle izvesnog vremena onoga zarobljenika koji mi se opet pridružio.

— Otuda, sa Dunava, blizu Dalja.

— Imaš li roditelja tamo?

— Imam živa oca, majku, dve sestre i jednog bratića. Ih, kad bi oni znali gde sam ja sad?

A posle maloga razmišljanja, dodade:

— A ko zna gde su oni?

— A što oni?

— Eh, što! — reče, pa brzo dodade: — Veruj, nisu ih ostavili na miru. Otac mi je dobar gazda i onako... bio im je uvek trn u oku. Kad ono bio Zagrebački proces, odvedoše ga u Varadin te ostade tamo pet meseci. A nisu mu ni inače davali mira.

Ponudih mu još jednu cigaretu, jer je onu prvu odavno posrkao i žudno bacao poglede na moju.

— U nas — nastavi on svoje kazivanje — bio veći srpski barjak no crkveni, pa kad dođe Carev dan te se okite kuće a naš barjak s krova pa do zemlje. Prolaze žandari pa reže a ne mogu mu ništa, Carev je dan. Da vidite u našoj kući zidove, rekli bi srbijanska kuća; tu slika Kralja Petra uvijena u trobojku, pa tu Kosovska večera, pa Blagoveštenski sabor, Sv. Sava, pa „Uzô deda svog unuka", pa onda Gligor Komita i već sve redom. Kad dođe slava a moj otac sve te slike kazuje gostima i tumači. Ih, da čujete o slavi kad babo kazuje zdravicu pa pomene svetoga, pa onda Cara Dušana i Obilića i Marka, pa spomene kosovsku večeru, pa ustanak, pa četresosmu, pa onda narodna prava i pragmatiku, pa završi kako mi Srbi moramo još jedanput liti krv i lićemo je, veli, ali ne više za drugoga već za sebe. Ćesar nas je slagao, veli, pravo je da sad i mi njega slažemo. A nećemo ga, veli, ni slagati, on zna da mi svoja prava tražimo te zar smo mi krivi što se ta prava mogu naći samo pod srbijanskim barjakom. Eto, tako je zborio moj babo!

Mada je sve to govorio sa malo gordeljivosti, glas mu je pogdegde zadrhtao, verovatno potresen sećanjem na kuću i roditelja o kome je pričao. Pošto je osetio da je u meni našao strpljivoga slušaoca a imao potrebe valjda, da se u ovoj nevolji podržava toplim uspomenama na tihi život u kući i međ svojima, on nastavi dalje kazivanje:

— A koliko je puta babo tako spustio ruku meni na rame pa rekô: „Eh, nek da Bog samo da odrasteš, viš' onog tamo", pa mi pokazao sliku Kralja Petra, „njegov ćeš ti vojnik biti!" On je išao i u Beograd, išao je o krunisanju Kralja Petra, pa onda o Vidovdanu i pričao nam je mnogo o svemu i svačemu. „Ih, da vidiš srpsku vojsku", kazivao je meni, „sve sam soko; vidiš mu iz očiju da je Srbin! A još kad čuješ da mu Srbin komanduje: 'Mirno, levo, desno, u red, napred!', pa ti slatka ona srpska reč, i ja bih star ovako, uzeo pušku i stao bih tamo u red. Pa još kad marširaju a muzika svira a narod viče 'Ura!', a meni ovolike suze na oči. Plačem i ne mogu da se ustavim pa eto ti!" A kad god babo ode u Beograd on donese otud nove slike i pesmarice, pa ih posle svi gutamo. Jedanput, kad je bio o Vidovdanu, doneo meni šajkaču. Eh, Bože, da čudne radosti!...

On na jedan mah prekide priču pa će me upitati:

— Ja ovaj, razvezao a ne znam da vam ne dosađujem?

— Ne, ne dosađuješ mi, slušam ja!

Uistini slušao sam ga sa pažnjom. Bilo mi je čak prijatno ovo njegovo naivno kazivanje koje me je razgaljavalo kao blaga, tiha struja u vrtlogu olujine koja nas je nosila. On ohrabren, nastavi:

— Tu šajkaču nisam smeo nositi ulicom, nije mi dao babo, nego samo u kući. Pa kad dođe slava a ja šajkaču na glavu pa dočekujem goste i sve salutiram. Tek dođe gospodin popa, ja salutiram, pa u ruku, a on pita baba: „Koj ti je ovo more?" A babo veli: „Petrov!" „E, kad je Petrov", reći će gospodin popa, „treba da ga blagoslovim. Posvetila ti se, sinko, desnica kojom ćeš, daj Bože, poslužiti Kralju Petru!"

Jedanput, o Vidovdanu, vodio me babo u Frušku, u Ravanicu. „Ajde", veli, „da celivaš Cara Lazara!" Ej, Bože, moje sreće! Koliko su jurili putem naši vranci, sve se nosala i povijala kola s jedne strane druma na drugu, pa meni je opet sve izgledalo da lagano idemo; da mi je što pre da stignemo u Ravanicu! A kad stigosmo, imao sam, bome, šta i videti. Tamo se slegao silan narod, čini mi se ceo Srem je bio tu. Čitav logor kola, pa šatori, pa svirači na sve strane. „Došli su i srbijanski svirači", veli babo, „vodiću te posle da ih čuješ, al' prvo ajde u crkvu!" U crkvi je, znate, svetac. Jeste li bili kad u Ravanici?

— Jesam.

— E onda znate!

Odmori se malo od kazivanja, jer smo se baš peli uz neku tegobnu uzbrdicu, pa kad se ispesmo a on danu i nastavi:

— Kad smo ušli u crkvu a babo meni veli: „Eto vidiš, to je srpski car Lazo, što je poginuo na Kosovu polju. Ajde, sinko, celivaj sveca!" A meni zadrhta duša i naiđoše mi suze na oči. Nije šala celivati cara srpskog. I babu pune oči pa mi samo šapće: „Upamti, sine, ovo!"...

On opet zastade u pričanju, verovatno obuzet uspomenom na ovaj svečani trenutak iz svoga detinjstva.

Sunce, koje se duboko naglo zapadu, još je slalo zrake ali su oni već bili studeni a osećao se već i mrazni večernji vetrić, koji tako nemilo miluje obraze.

Rekoh mu da požuri ako može, kako bi svečeri mogli stići bar do koga sela. On uravna svoj korak sa mojim i nastavi svoje kazivanje:

— Posle me odvede babo u gomilu, tamo gde su svirali srbijanski svirači. Svirali su i pevali neku pesmu a babo izvadi iz špaga peticu, pa priđe jednome od njih i reče mu glasno, tako da su svi mogli čuti: „Deder, prijatelju, Kralja Petra marš!" Svirači zasviraše a meni poče srce da raste, kao da sam slušao svetu liturgiju u crkvi; dođe mi gotovo da se prekrstim. Kad svirači svršiše a babo opet njima peticu, pa veli: „Kaži: Avaj, Bosno, sirotice kleta!" Svirači zasviraše i zapevaše a ceo narod što je slušao, poče da plače. U moga babe ovolike suze a i meni se steglo grlo. Posle pođe babo i još neki prijatelji iz Bačke, da se popnemo na Vrdnik, do vrdničke kule. Rekoše, odande se lepo dogleda sva Fruška gora. Kad smo bili gore, kraj kule a mene tek babo za ruku, pa pokazujući drugom rukom, reći će mi: „Vidiš li tamo, hej tamo dole, onu reku što belasa?" „Vidim!" „To je Sava, sinko, a ono iza nje je Srbija." Dugo smo posle ćutali i gledali tamo, one plave i modre planine, gledali smo kao neku svetinju, kao da je ono tamo sveta zemlja Jerusalim!

Prekidoh mu priču nudeći mu opet duvan, ne bi li ga privezao za sebe. Godila mi je njegova priča baš sa svoje naivnosti i dobroćudnosti; odvlačila me je od teških misli, koje sam kao teret nosio na ovome putu, te sam se osećao odmoren.

— A ja zapeo, pa sve kazujem što mi padne na pamet! — izvinjava se on, bojeći se da nije predugačak svojim kazivanjem.

— Ako, ako, kazuj ti meni sve čega se sećaš, volem ja to da slušam.

— E, ako volete, onda...

On ućuta kao da pribere sećanje pa malo zatim nastavi:

— Prošle godine, kad će se zaratiti, ja sam u jesen punio devetnaest godina, sad mi je tek dvadeset prošlo. Kažem ja jedared babi: „Babo sad u jesen će i mene regrutovati te ću biti austrijski vojnik!" Babo se zamisli, zamisli se, video sam da su i njega morile te brige, pa tek diže glavu i reče: „Čekaćemo jesen da prođeš kroz komisiju. Može te kojom srećom mimoići, šta znam ja!" Nije mi više ništa kazao al' sam ja vidô iz njegovih očiju šta je mislio. Srbija nije daleko a Sava nije široka, te ako ću služiti koga, bolje onda svoga srbijanskoga Kralja da služim. Ali dođe juna meseca iznenadna mobilizacija i nas, koji smo na jesen trebali da se regrutujemo a od proleća ove godine da služimo, dočepaše iznenadno te ajd' u Vinkovce, u kasarne. Pa još što je najgore, rat sa Srbijom, sa onom našom Srbijom.

Uh, kako je mome babi bilo, kao da si mu svu čeljad po kući poklao. U Srbiju se nije moglo više ni misliti, moralo se u kasarnu. Kad su me opremali da pođem u Vinkovce a majka samo uzdiše i krije se po kući, da joj ko ne vidi suze a babo seo pred kuću, puši lulu za lulom a niko mu reč ne sme progovoriti, niti odgovara kome kad ga zdravi. Najzad, kad bi vreme, ja izađoh pa ga upitah: „Hoćemo li, babo?" „Hoćemo kad moramo!", odgovori on, pa se diže i uđe u dvorište.

E, već, kako je bilo dok sam se opraštao sa majkom, sestrama i bratićem, ne umem vam kazati. Plakali su, eto, a i šta bi drugo! Bojali su se svi što me je ratna godina uhvatila kao regruta. Majka me čak uvukla u sobu, dok su se drugi majali oko mojih stvari a babo prezao kočije, i tutnula mi u ruke deseticu, izljubila me i blagoslovila me...

Tu prekide zarobljenik priču, jer mu reč zaigra u grlu, glas mu zatreperi i dve krupne suze ovlažiše mu oči. Uzdržavao sam se ma čime da uznemirim ovaj lepi trenutak prijatnoga uzbuđenja, kada materinska ljubav i milošta prelazi preko gora i planina, preko ponora i krševa i kao sećanje miluje svoje čedo. Tim smo se uspomenama svi mi hranili i održavali u ovim teškim nevoljama i zalagivali svoje goleme bolove.

Kada se malo pribra on sam nastavi:

— Kad smo izašli u dvorište, kola su već bila upregnuta i moje stvari natovarene. Ajde, rekoh ja, i uzeh da se praštam a mali bratić otrča da otvori vratnice. Babo stao pred konje, pa ne gleda ovamo nego okrenuo glavu i sve nešto psuje konje. Uskočih ja u kola, uskoči i babo, prekrsti se a vranci potegoše svom snagom i izneše kao perce kola iz dvorišta.

Babo ni reči usput nije govorio a šibao je sirote vrance iako su kao strele leteli. Jednako ih je šibao i psovao ih, pa smo očas stigli u Borovo. Tu se zaustavismo pred birtijom i tek tu babo progovori. Natoči vina i sebi i meni i kucnu se: „Ajde", veli, „u zdravlje! Pa Bog neka ti bude u pomoći! Ja se nadam brzo će ovaj rat, još vi nećete ni iz kasarne izaći a rat će biti svršen. Šta je Srbija prema jednoj carevini, ne može sirota... a vama treba bar šest meseca u kasarni, ne mogu vas povesti u rat pre neg naučite pušku držati." Pa onda ispi čašu baš do dna i poćuta poduže, pa opet će reći: „Drukče sam ja mislio al' eto, vidiš, ne biva onako kako hoćeš nego kako moraš. Što ćeš!" Pa opet ućuta a ćutim i ja, sve čekam hoće li još što reći. On ispi i drugu čašu, pa dodade: „Ne umem te, sinko, ničemu naučiti što ćeš i kako ćeš. Neka te Bog i tvoje srce nauči!"

Posle već stigosmo i u Vinkovce, te ja u kasarnu. Tri meseca su nas muštrali od rane zore do mrkloga mraka. Niko za to vreme od mojih nije dolazio da me obiđe. Od drugih sam bio čuo da je u selu zlo; uzeli su nam konje, uzeli nam volove a babu opet nešto terali žandari no se vratio al', vele, sprema se da pređe s kućom u Bačku, jer ga, vele, onde neće ostaviti na miru.

Naši oficiri svaki dan nam čitaju novine kako naši napreduju u Srbiji. Vele nam: dobro se tuku Srbijanci ali carska vojska još bolje. Uzeli su, vele, Šabac, Loznicu, Valjevo a samo još koji dan pa će i Beograd pasti. Proteraše jednoga dana kroz Vinkovce i zarobljenike srpske i nateraše nas sve da izađemo da ih vidimo, ali ih ja nekako izvarah. Zar srpske vojnike, vojnike Kralja Petra prvi put da vidim pa tako, kao robove? Ne, bogami, no sam se sakrio da ne čujem ni njihov hod kad prođu kraj naše kasarne.

Pa onda, prođe malo vremena i okitiše varoš zastavama i poče gomila kroz ulice da se dere, muzike da sviraju i iskupiše nas sve i pročitaše da je Beograd pao. Morali smo da se veselimo i mi, a kako je meni bilo u duši to ja znam. Jedino me je tešilo što su svi govorili: sad je rat svršen. Za nekoliko dana pa će nas pustiti kućama a kad se vratim, svratiću kući koliko da se vidim sa svojima, pa odoh ja preko Save i nikad me više neće Car videti.

Tako sam ja mislio. Ali se rat ne svrši, kako se međ nama govorilo, nego još kanda obrnu naopako. Niko nam ništa nije govorio nisu nam ni telegrame više čitali, ali se videlo po njima da u Srbiji nešto ne ide dobro. Svi obesili glave, svi neveseli i ne smeš pred njima da pomeneš Srbiju. A ranjenici prolaze svaki dan, puni ih vozovi, i čuje se od njih da su Srbijanci poterali naše pa ih mlate i gone da se osvrnuti ne mogu.

A jednoga dana, dođe iznenada naredba da i mi krenemo, al' ne kažu na koju stranu. Jedni govore na ruski ćemo front, drugi na francuski a treći vele na rumunski front da čuvamo granicu. Bojao sam se samo da ne bude na srpski front a ono tako je i bilo. Odvedoše nas u Bosnu i prebaciše preko Drine gde su još trajale borbe...

On prekide pričanje jer svi obratismo pažnju na jednoga konjanika koji nam je dolazio u susret, jašući na mršavome i znojem oblivenom konju. On je iz Moravske divizije koja odstupa sa Kosova Drenicom i zadržala se kod sela Kijeva te traži veze i obaveštenja od Vrhovne komande, koja je već daleko van granice Kraljevine Srbije. Konjanik je morao strahovito žuriti, na konju mu raskrvavljene usne, noge mu se tresu od umora a znoj se oblacima puši sa njega kao sa dogorele vatre. On je čuo već od prvih begunaca, koje je sreo, da je Vrhovna komanda otišla iz Prizrena ali ne sme na golo kazivanje gomile da se vrati s puta na koji ga je starešina uputio. Okupili smo se svi oko konjanika da čujemo što a u stvari, mi smo njemu kazivali jer nam on nije imao šta reći, toliko samo, da borbe više nema, da se sad samo povlači i da se arnautska sela u ovoj okolini neprijateljski drže prema srpskoj vojsci, te je na pojedinim mestima bilo i puškaranja.

Jedan međ nama, sa detetom na leđima uvezanim tkanicama, zamaja brižno glavom:

— A mi još idemo u Đakovicu, u gnezdo njihovo.

— Pa mi nismo vojska, neće valjda nas — dodaje drugi.

— Pitaju te oni, jesi li vojska ili nisi. Njima je do pljačke — vajka se onaj prvi.

Konjanik obode konja i pođe dalje, put Prizrena, a mi nastavismo put zabrinuti vestima, koje smo čuli. Zarobljenik mi se pridruži opet, ali ne nastavi da kazuje, bojeći se da će njegovo kazivanje biti suvišno kraj brige, koju nam je doneo susret sa konjanikom.

Valjalo ga je odobrovoljiti još jednom cigaretom i dajući mu ja ga ohrabrih:

— Dakle, prebaciše vas preko Drine, pa onda?

— Plakao sam od žalosti — prihvati on — ali sam krio suze da me ko ne vidi. Zar tako ja ulazim u Srbiju, onu Srbiju koju sam toliko želeo? Ulazim sa puškom u ruci, kao neprijatelj; ulazim da ubijam moju braću s kojima sam mislio zajedno braniti Srbiju. I ove planine, na koje sa penjemo i koje ćemo zaliti krvlju svojom, to su baš one planine, koje sam onda sa Vrdnika dogledao, onda, kada sam celivao srpskoga cara. Kako bi teško proplakao moj babo, sad da me vidi? Toliko mi je obećavao povesti me u Srbiju pa evo kako me je poslao!

I kako mi je bilo kad sam morao da opalim prvu pušku? Izgledalo mi je kao da sam njome gađao Srbiju, kao da sam gađao samoga Kralja Petra. Zar ja da ubijem brata Srbina; zar ja da poginem od srbijanske ruke? Došlo mi je da bacim pušku, da poletim u srbijanski lanac i da zagrlim sve one, sve one, što pucaju na mene! Oh, kad bih smeo, ali ne smeš pusto, paze te kao zvera!

Ništa nisam video oko sebe kad sam ispalio prvu pušku. Zamaglilo mi se pred očima i pucao sam dalje. Činilo mi se toga časa, kao da tonem duboko u vodu, sve dublje i dublje i počeše da mi se javljaju sve neke lepe i čarobne slike, baš kao davljeniku. Za trenut mi izađe pred oči car Lazar i čuo sam, lepo sam čuo onu pesmu srbijanskih svirača: „Aoj, Bosno, sirotice kleta!", pa mi se javi majka, pa vidô i onaj veliki barjak naš, pa slike na zidu, Kralja Petra i vojvodu Gligora i Kosovsku večeru i čuo sam reči babove, kako mi Srbi moramo liti krv još jedanput ali ćemo je liti sad za sebe a ne za drugoga; i čuo sam reči gospodin-popine, ama sasvim sam ih jasno čuo: „Posvetila ti se, sinko, desnica kojom ćeš, daj Bože, poslužiti Kralju Petru!" I još mnogo, mnogo slika mi se javilo i bata i sestre i naš vinograd i naše dvorište i naši vranci i sve, sve što sam proživeo i što sam kad god video i čuo.

Neko me trže za rukav i probudi iz toga bunila. Bio je drug do mene i on mi šanu: „Ne pucaj, nesrećniče, u vazduh; eno oficira za našim leđima sa revolverom u ruci, ubija koga god primeti da puca u vazduh!" Trgao sam se i osvrnuo i, odista sam video oficira za našim leđima a ja nisam ni znao da sam pucao u vazduh. Učini mi se čak da je oficir baš mene gledao. Utom zasvira, daleko za nama, juriš i nastadoše uzvici i psovke oficira i pucnjava njihovih revolvera, kojima su gađali u naše redove. Skočismo svi i pođosmo na juriš. Srbijanci su nas dočekali na bajonet. Tada sam prvi put sreo srbijanskog vojnika. Eto, tako smo se sreli a kako sam ja nekad mislio i kako je moj babo mislio!

    Osećao sam tešku groznicu, telo mi je gorelo kao žeravica, oči se usijale a obrazi upalili. Trčao sam napred, ispred sviju, trčao sam kao lud. Naši su oficiri mislili valjda da je to hrabrost, ali je to bila groznica, groznica od straha valjda, jer mi je to bila prva borba u životu, pa odmah juriš. A možda je bilo i nešto drugo, možda i zato što mi je jednako bilo pred očima da treba svojom rukom da ubijam srbijanskoga vojnika... Uskočili smo u rov i otpočela je krvnička borba noževima, kundacima, rukama, zubima. Ja sam napao na jednoga ranjenoga Srbijanca; desna mu je ruka bila krvava a levom je držao pušku i iznosio je više glave te se branio njome od udara. Uhvatili smo se u koštac i počeli smo se rvati. Branio se zubima i izujedao mi je ruke i grlo i cepao mi je zubima odelo. Meni se navuklo nešto na oči i ništa ne vidim nego izmahujem. Ja nisam video šta je oko mene bilo, nisam video da su naši već izmakli napred i napali drugi red rovova i da smo ja i Srbijanac ostali sami, među mrtvima i ranjenima u rovu. Mi smo se borili i dalje, dok on nije malaksao od mnoge krvi, koja mu je tekla iz prebijene ruke, te smo se iskrvavili i ja i on. Klonuo je najzad te ga ja oborih, sedô mu na grudi gotov da mu zabodem nož sa puške u grkljan. U tome času on jeknu: „Ne, kumim te Bogom i Svetim Jovanom!..." Te reči me najedanput probudiše, probudiše me tako kao u snu kad koga iznenada hladnom vodom poliješ. Ujedanput sam progledao i video, video sam oko sebe sve i znao gde sam i znao sam šta radim. Pomenuo mi je Svetoga Jovana, a to je i naša slava, ona slava kad je moj babo uvek držao zdravicu i pominjao i Dušana i Lazara i Miloša. Pa eto tu slavu sad pomenu i prizva je u pomoć ovaj srbijanski vojnik, koga sam ja potegao da zakoljem. I kako mi je rekao? Rekao mi je srpski, rekao mi je mojim rođenim jezikom, rekao mi je onim istim, kojim se moja majka moli Bogu, a moj babo zdravi zdravicu o Svetome Jovanu. Briznule su mi suze na oči, bacio sam pušku i počesmo onako krvavi da se ljubimo. Plakao je i on. Zatim se kao braća dogovorismo šta ćemo i kako ćemo. Sedećemo tu u rovu, ako ko naiđe pravićemo se da smo mrtvi ionako smo iskrvavljeni.

Skoro će noć pa će nam ona pomoći; on će me odvesti, odvešće me među Srbe, među braću moju.

Dok se mi tako dogovaramo, tek čujemo srbijansko: „Ura!", i vidimo, Austrijanci odstupaju. Istina, bore se, ali odstupaju korak po korak. Šćućurili se mi u jedan kraj rova, ućutali se i mislimo u sebi: daj Bože da Srbijanci toliko poteraju one, da prođu naš rov samo, te da se mi oslobodimo. I pogoniše ih, bome, dobro ih pogoniše, te protrčaše mimo nas i ne osvrćući se i bacajući puške za sobom a Srbijanci lete za njima te nas i oni prođoše.

Ih, Bože, moje radosti! Pomogoh onome drugu, te se osloni na mene i pođosmo u pozadinu. Izvedoše me pred jednog srbijanskog oficira. Pita on mene za ime, prezime, pa odakle sam i kad smo došli na front; pa onda pita ko nam je komandant i sve tako redom pita, a ja mu redom odgovaram i kazujem, kao što bi ocu i majci kazivao.

Odvedoše me zatim u logor, sa ostalim zarobljenicima, a bilo ih mnogo. I koga ti sve nije bilo tu i Mađara i Švaba i Čeha i Jevreja, od svake vere i od svake ruke. Stajali smo dugo, vrlo dugo, pa nas onda prebrojaše i narediše da krećemo praćeni starcima iz trećega poziva.

Mene teško nešto zabole u duši i poče neka tuga da mi se svija u grudima. Ama zar ja, Srbin, pa idem sad pod stražom, kao srbijanski zarobljenik, u red sa Švabama i Mađarima? Zar ja da idem ovim drumovima i kroz ove planine, koje sam gledao sa Vrdnika, kao rob, i da me prati straža sa puškom? Sramota me je bila od samoga sebe, sramota me bila i od onih, koje sam sretao usput; mislio sam svi znaju da sam Srbin; izgledalo mi je kao da me svi sa prezrenjem gledaju.

Kad smo prošli kroz Milanovac a ono, otvorili se prozori na kućama i izašao silan svet na ulicu, pa nas sve to gleda, nas Austrijance, nas neprijatelje. Naiđoše mi suze na oči, pa oborio glavu i natukô kapu na oči. Sramota me, teška sramota, ta voleo sam sto puta da sam poginuo tamo u rovu, no ovo što doživeh. Priđe mi još i jedno dete, drpnu me za šinjel, pa me pita: „Švabo, more, šta ti radi Franja?"

Prošao sam kroz Milanovac kao kroz šibu a tako sam prošao i kroz Kragujevac. Rekli su nam, vode nas u Niš. Jedva sam čekao da stignem tamo, računao sam kad stignemo u Niš, izdvojiće nas, reći će nam: „Dete, ko je brat Srbin, neka stane u stranu!" Tako sam ja mislio i tešio se, ali sam se ljuto prevario. I u Niš kad smo stigli te nas smestili, ostao sam i dalje srbijanski rob...

On danu da se odmori, a ja upotrebih tu priliku da se raberem o jednoj čudnoj pojavi, koju sam već odavno zapazio pred nama i ubrzao sam korake ne bi li je stigo. Bio je to zarobljenik podrpanoga ali potpuno krvavoga odela. I kapa na glavi i podrte cokule na nogama i bluza i košulja, sve je to bilo umrljano krvlju a sem krvi isušila se po odelu i bela polja od sluzi pa osvetljena večernjom svetlošću, prelivaju i sjakte kao raznobojna staklad.

— Što se ovaj čovek ovako okrvavi, pobogu brate? — pitam moga saputnika.

— Ko ga zna... — poče on, pa se doseti. — A znam, viđao sam ga noćas.

— Šta je radio?

— Pomogô se, pomogô se kako je znao da ne bi premrzô. Mi smo noćas spavali ovamo u polju, izvan Prizrena. Bila je grdno studena noć a vatre nismo imali... mnogi su i promrzli pa ostali, nisu mogli od jutros da krenu, a ovaj grešnik, rasporio mrtva vola, izbacio mu utrobu pa se on uvukô unutra, u vola, i tako je prospavao.

— A nisi se bojao — reći ću onome krvavom nesretniku, koga smo već bili stigli — nisi se bojao jutros u zoru, i vo se morao ishladiti i promrznuti; nisi se zar bojao u snu da se i ti ne smrzneš?

Očajnik me pogleda tupo, nekim staklenim pogledom koji je sjaktio iz krvlju umrljanoga lica.

— Jesi li zamolio koga prijatelja da te probudi ujutru? — nastavih ja da ga pitam.

— Probudili su me psi! — jedva odgovori. — Znao sam da će oni ujutru doći da jedu crkotinu i da će me probuditi.

Toliko samo i na sva dalja pitanja, koja sam pokušavao da mu postavim, nije mi odgovarao. Kad sam i njemu pružio jednu cigaru, on je čisto neverice pružio ruku da je prihvati i blesasto me je gledao i ne blagodareći mi.

Kad smo izmakli malo od ovog nesretnika, moj saputnik nastavi svoju istoriju:

— Robovao sam i tugovao sam. Teže mi je bilo no onim Švabama i Mađarima, jer oni su bar robovali tuđinu a ja svome rođenome bratu. Pisao sam mojima ali ko zna jesu li to pismo dobili. Nisam im kazao da sam rob, nego samo onako, kazao sam da sam u Nišu i da mi je dobro. Jednoga dana, neki naši kad se vratiše sa rada, i oni koji su radili po kancelarijama, saopštiše nam da su naši Srbi zarobljenici tražili od komande da ih prime u srpsku vojsku. Ej, blago meni, rekoh, samo daj Bože da to bude!

O da znate, gospodine, kako mi je bilo kad sam se i ja javio i kad su me primili, bilo mi je isto onako kao kad smo bili u Ravanici. Ta eto, doživeo sam da mi se prizna da sam Srbin i eto, neću više biti srbijanski rob. Pade mi na pamet i babo i poželeh baš, kao nikad, da mi je da se stvorim pred njega, koliko samo da mu kažem: „Babo, ja sam srbijanski vojnik!"

A kad sam se obukao i metnuo šajkaču na glavu a ja salutiram svakom redom, kao ono kad sam bio mali pa o slavi dočekivao goste pod šajkačom. Pa da znate još kako sam plakao, kad nas izvedoše da se zakunemo Kralju Petru. Kad sam izgovarao one reči iz zakletve, kako ću biti veran, ja sam se toliko drao, čini mi se da se moj glas čuo iznad svih ostalih.

I kako sam se drukče osećao kad nas povedoše u borbu. Idem ja sad da se borim ali ne kao pre, za tuđina, nego za svojega. Baš mi je bilo milo i voleo sam što pre da bude borba. Osećao sam da ću biti hrabar i zamišljao sam već na grudima Obilićevu medalju. Ih, pa kad se vratim jednoga dana u selo, u naše oslobođeno selo sa tom medaljom na grudima, ko će tada sa mnom! Kad izađem pred babu a on me poljubi najpre u čelo a zatim celiva medalju na grudima; pa kad odem u Ravanicu da celivam cara a meni Obilić na grudima! Voleo sam što pre da bude borbe, al' bi mi žao bilo poginuti a ne doživeti sve što sam zamišljao.

I, bogami, kad smo stupili u borbu sa puškom srpskoga Kralja u ruci, izgledalo mi je to kao praznik neki a ne kao rat. Sad ne moram pucati u vazduh, moja će puška pogađati sad moje i naše krvnike. I borili smo se, bogami, mi dobrovoljci. Neću da se hvalim, al' eto tu smo pa pitajte, borili smo se kao pravi Srbijanci. A kad narediše starešine juriš a nama čisto milo da podviknemo ono srbijansko: „Ura!".

Opet borba na nož, opet prsa u prsa, kao ono pre a nema sad za nama oficira sa revolverom u ruci da nas gađaju, već i oni sa nama zajedno, bacili sablje a uzeli puške i revolvere pa se bore kao i mi što se borimo.

Namerio sam se na jednoga mladog dečka, koji se dobro branio. Pokušavali smo dva-tri puta da jedan drugom sjurimo bajonet u grudi pa uvek odbijem ja njegov a on moj udarac. Najzad ja okrenem kundak, dignem ga u vis i udarim ga svom snagom u rame, te mu ispadne puška iz ruke. Sad je moj, rekoh i potegoh još jednom kundakom u vis da mu raspolutim glavu. A on vrdnu i zavapi: „Ne, brate, ne udri tako krvnički!" Opet Srbina treba da ubijem. Izgubih snagu, spustih pušku na zemlju i rekoh mu: „Begaj, sklanjaj mi se s očiju!"

On se skloni a ja ostadoh, ali nema u meni više one volje za borbu, nema one hrabrosti sa kojom sam pošao. Stajao sam usred borbe nepomičan a oko mene se borilo i krvavilo. Niti sam se uklanjao niti sklanjao. Zabole me, teško me zabole u tome času zla sudbina naša; s koje god strane se boriš Srbina ubijaš. Ko zna da među onima, koje ja treba sad da ubijam, nema i rođaka mojih, jer porodica naša je vrlo velika, ima nas i po Bačkoj i po Sremu!

Hvala Bogu, naiđe odnekud jedno zrno te mi prošiša ruku, evo ovde, i povredi mi malo kost. Al' ako, dobro je, jer me spase muka...

On prekide priču i zamoli me da mu dam još jednu cigaretu.

— Nije što mi se puši — veli — nego i glad mi utoli.

Dao sam mu od sveg srca, jer sam znao da u Đakovici Arnauti prodaju duvan otvoreno i javno, te ću moći nabaviti za dalje putovanje. On savi cigaretu, pripali je, povuče dva-tri dima pa nastavi:

— Bio sam nekoliko dana u niškoj bolnici, pa posle u prištinskoj a odatle u Prizren. Rana mi se brzo oporavljala i evo već krećem rukom. Istina imam još bolove ali evo, mogu da krećem i neće mi ostati sakata ruka.

U Prizrenu sam ostao sedam-osam dana, sve do sinoć, u onoj velikoj bolnici gde je bila gimnazija. U bolnici je bilo puno ranjenika, nije ni bilo mesta za sve. A dolaze gomile sve nove i nove i dreždje pred vratima po ceo dan, previju se pa odlaze dalje. Mnogi i padaju, ne mogu dalje; digli se iz bolnice neozdraveli, neobučeni i neobuveni, pa prozebli usput i padaju niti se mogu više dići.

Jednoga dana, doneše na volovskim kolima nekolicinu teških ranjenika. Jedva smo ih skinuli. Pomagao sam i ja ovom mojom zdravom rukom, koliko sam mogao i koliko da se nađem na pomoći. Među tim ranjenicima bio je i jedan mladić, moj vršnjak a potporučnik. Dopao mi nekako baš on da mu pomognem, te mu pomogoh sve dok ga nismo uzneli na krevet. Bile su mu obe noge prebijene. Posle nekoliko reči što ih progovorismo a mi se sprijateljismo, te ostadoh kraj njegove postelje da mu se nađem. Bio je i on otuda, s naše strane, iz Erduta. Bio je austrijski oficir pa je prebegao prošle godine sa celom stražom i primljen je kao srpski oficir kod dobrovoljaca.

Tri dana, koliko sam još ostao u bolnici, nisam se micao od njegove postelje, nego sam ga pazio i dvorio ga. Žao mi ga je bilo onako mlada a tako osakaćena. Dok su svi ostali ranjenici u velikoj sobi, gde su ležali, ječali i stenjali, on je samo ćutao i grizao usne. Ja bih sedao obično na kraj njegove postelje i pričao mu sve ovo, što sam i vama sad kazivao a on je slušao, zanimalo ga je. Ali on meni nije mnogo govorio, sem to što mi rekô odakle je i kako je prebegao.

Juče po podne kad sam mu prišao i seo po običaju, on mi prekide priču, manu rukom da ućutim, pa će mi reći:

— Izgleda mi da smo opkoljeni i spasa nam nema; nego... spremi se i begaj.

— A vi? — zapitah ga.

— Ja ne mogu, jedva sam i dovde!

Zatim poćuta, poćuta pa će tek reći:

— A predati se ne smem. Što bi mene ovako obogaljenog obesili, najmanje mi je, ja ionako nisam više za život; ali što će mi celu porodicu namučiti i iskoreniti, to mi je.

— Pa šta ćete?

— Šta? — zapita me on i pogleda. — Čim čujem da je neprijatelj ušao u Prizren, ubiću se. Spremio sam se već!

I pokaza mi pod jastukom dršku od revolvera.

Pogledam ga, mlad kô rosa a teški bolovi ispili mu obraze. Žao mi ga bilo kao rođenoga brata.

— Mogu li da vam pomognem, da vas ponesem?

— Nećeš moći ni sebe da nosiš. A možeš mi pomoći samo tako, ako te posluži sreća te izneseš glavu iz ovoga okršaja i dođeš kad god u svoje selo. Ne požali tad, pođi do mojih, raspitaj tamo za Laziće. Naćeš valjda koga, pa odnesi im pozdrav od mene. Imam majku i dve sestre, imam i verenicu — i kad to pomenu a njemu naiđoše suze na oči, te ih obrisa i nastavi dalje. — Pozdravi ih i reci im: pozdrav vam od vašega Mirka...

— Šta još da im kažem?

— Ništa... to... da sam se ubio... ubio sam se da otklonim zlo koje bi njih moglo postići. Neka mi ne traže grob, neće ga naći. Ubio sam se u Prizrenu, grob mi je u Prizrenu... toliko im samo reci.

Kad beše sinoć da krenemo, te odoh da mu kažem zbogom, on mi reče:

— Skini to srbijansko odelo, eno maločas je umro jedan austrijski zarobljenik pa obuci njegovo.

— Zašto?

— Ako je istina da smo opkoljeni, mogli bi te uhvatiti u srbijanskome odelu pa ako te poznadu, obesiće te i ovako, zateći će te kao zarobljenika...

— Znam, ali... — uzeh ja da se predomišljam.

— Ako nećeš sebi za ljubav, učini meni za ljubav. Ja bih voleo da izneseš glavu, da odeš tamo, da pozdraviš...

Poslušao sam ga i eto zašto je na meni opet austrijsko odelo...

Tu prekide zarobljenik priču i obojica zaćutasmo i zamislismo se. Posle dužeg ćutanja zapitah ga:

— A šta misliš, je l' se ubio onaj, kad je ušao neprijatelj?

— Ubio se! — odgovori on ubedljivo i pouzdano.

Nastavismo put ćuteći. Dan je već počeo lagano da se gasi a večernji, studeni vetrić da pali obraze mrazom.

XXX — Ko je ona?

Kako se jutrom mučno i teško rađa dan a kako, kad mine podne, brzo tone i gasi se, naročito zimi i međ planinama. Čim utrne sunce, tama se spušta brzo kao ono crno porozno platno na pozornici što ti pogledu otima i udaljava predmete nad kojima se zastire. Sa danom gasi se i sav život prirodin; vetrić se pritajava, izumire i onaj tihi šum koji je on pronosio, grane na drveću prestanu se nijati i povijati, šiblje se i žbunje umiri; ptice, koje su nas pogdekad o danu nadletale, skriju se a bubice i crvići, koji su ti se kretali pod nogama, zavuku se u gustu travu i u žbunov koren. Ako si u svetlosti dana i dogledao pogdegde u planini pokoju kućicu, iščezava ti sad i ona pogledu. Daleko oko tebe, sve dokle ti pogled dopire, ugasio se život; izgleda ti čak i da se vazduh razredio i tajanstvena neka tišina osvojila. Kao da putuješ drumom kroz neke omađijane predele, kao da se nalaziš u nekome mrtvome carstvu gde sve, i ljudi i priroda, spava magijskim snom. I guši te to mrtvilo, onako kao što te guši tišina i razređen vazduh u tamnici ili u dubokim kanalima.

Kroz tu tišinu čuje se još samo bat naših nogu, pljaskanje opanka po blatu, stenjanje i škripa kola. I među nama život sve više usahnjuje. Nema više žagora, nema ni glasnoga razgovora. Šapće se i klonulo se ide nogu pred nogu. Noć nas sve više obavija, sve više se gube konture pojedinaca i sad već izgledamo kao tamna, jednostavna masa, koja se valja drumom.

A mraz već pali obraze i mrznu ti prsti i uši a blato se steže pod nogama. Daleko, na dnu druma, jedva se dogledaju neke vatrice koje trnu kao plamen u kandilu. Tu je valjda selo ili logor izbeglica, jer se ove noći ne može dalje ići, mora se prenoćiti negde na putu te sutra zorom nastaviti. Što bliže onim vatrama, njihov se broj sve više množi, prostor po kome su se rasule sve se više širi, tako da već izgledaju kao kiša zvezda popadalih po zemlji.

Još malo, pa se već dogledaju nejasne senke koje se kroz noć kreću izmeđ vatri i čuje se potmulo, prigušeno dovikivanje, kao taman glas davljenika, zatim, daleko negde, jek sekire i tresak posečenog drveta.

A još malo, pa smo već među vatrama, među gomilama izbeglica koje su, po utrinama oko jedne i druge strane druma, popadale da probdiju ovu mraznu noć.

Sve polegalo po vlažnoj zemlji ili čučnulo kraj vatre. Izgleda čitavo more ljudi, jer se one krajnje vatre gube daleko tamo pod planinama. Ne vidiš oblike, izgleda ti sve kao jedna, jednostavna masa iz koje proviruju osvetljena lica. Izmeđ vatri kreću senke; neko nosi drva, drugi vodu, treći zašao od vatre do vatre i traži svoju, od koje je maločas odmakao, pa sad ne može više da je nađe.

Žagor na sve strane i praštanje glamnje pod sekirom i puckaranje suve grane na plamenu. Po drumu još gmiže masa, koja jednako nadolazi; čuje se pljaskanje blata, dovikivanje i krčanje kola, koja skreću da pređu na utrinu gde će zanoćiti.

— Ovamo je šanac, ne može! — čuje se ozdo s druma.

— Teraj, teraj još naviše! — odgovara neko odovud gde su vatre.

— Zapadoše točkovi, ne može ovuda! — opet uzvik s druma.

— Pa što si pošao tuda, što ne pitaš!

— Daj, bre, tu glamnju s vatre i koju granu, zapadoše i volovi!

I kroz mrak prođe vazduhom upaljena glamnja, kao baklja. Odneše je tamo gde su zapala kola u blato i otuda se čuju višeglasni uzvici: „Drži, drži, drži! Aj, ua, trista ti bogova tvojih!... Drži, deder.. a.. a.. ai!" To već iznose iz gliba zapala kola.

I drugači uzvici dopiru ozdo, s druma.

— Iz koje ste divizije more? — viče neko iz sveg grla.

— Gde je druga poljska? — viče drugi.

— Koja? — odgovara mu neko iz gomile oko vatri.

— Drinska! — opet onaj s druma.

— Todore, o, Todore! — dovikuje neko iz daleke tamnine a niko mu se ne odziva.

I tako to jednako ide i jednako pridolaze, dovikuju se, traže i lutaju izmeđ vatri; a noć sve dublja i crnja.

Teško je bilo naći suva mesta, gde bi se moglo prileći ili bar zakloniti, ako bi nešto noćas studen vetar dunuo. Što je bilo mesta, kraj taraba seoskih, zauzeli već oni koji su ranije stigli; drugi opet preko kola razapeli šatorska krila ili ćebad te napravili zaklone; treći se pribrali uz kakvu živu ogradu ili trnjak, te će ih to štititi koliko-toliko. Koji su još zarana, za dana, stigli iskopali su rupe za vatru, poboli motke u zemlju, naneli suvo granje i nabacali, te načinili sebi kućicu. Mi, koji smo dockan stigli, moramo se zadovoljiti i sa vlagom pod uvelom i uganženom travom koja je vriskala pod stopalom.

Izabrali smo mesto u blizini jednih volovskih kola, ispod kojih je već spavala jedna engleska misija i, prva i najvažnija briga bila nam je nabaviti drva. Valja zaći od vatre do vatre i pitati gde su ih oni, što se već greju, nabavili, jer nigde u blizini šume. Ako je i bilo koje drvo kraj druma ili u polju, oborila ga je već sekira i samo još svež koren viri iz zemlje. Ali svako koga zapitaš, odmahuje glavom i pokazuje ti selo utonulo u potpunu tamu. Zalaziš u pusto selo, nigde svetiljke, nigde života. Krhaš se i padaš u rupčage izlokanoga seoskoga puta, napadaju te ogromni arnautski psi, cepaju ti odelo i ti se boriš i jedva spasavaš. Svi su oko vatri nabavili još za videla drva od seljana, milom ili silom. Sad je već duboka noć i Arnauti su se povukli u kuće zamandaljili vrata i spremili puške bojeći se da njih, gole i bose, kogod ne opljačka.

Najzad, nailazimo na budna Arnautina koji, sa puškom u ruci čuva svoj plast sena koji bi inače planuo. Prilazimo i nudimo novac za malo drva. Bili smo valjda prvi koji smo ponudili novac, inače bi bila nerazumljiva gotovost Arnautova da nam da i sam sobom donese drva ovamo, na drum. Više nego to, kad je video našu neveštinu da naložimo vatru, seo je kraj nas, pošto ga je na straži kraj plasta zamenio sin, i naložio sam vatru pa, grejući se i sam, upustio se i u razgovor. Bio je visok, koštunjav čovek, snažnih i neobično dugih ruku. Od celog njegovog lica osvetljenog vatrom, videle su se samo obrve, kosti, nabrekle žile i dva živa oka, koja su nas za vreme razgovora sve redom preletala ne zadržavajući se ni na kome duže.

— A od koje to sile begate? — pita nas Arnautin.

— Od Austrijanaca i od Nemaca i od Bugara. Tri su cara udarila na nas.

— Tri? — učini on iznenađen, pa onda dodade, posle izvesnog razmišljanja: — Za jednog znam, čuo sam!

— Za Austriju?

— Jest'! — veli on. — Za nju sam čuo a za ove druge nisam čuo — on dunu ponovo u vatru, snažno kao iz mehova, pa kad diže glavu on će: — Koj sve ratuje? Kažu mnogi carevi i kraljevi?

— Mnogi, svi!

— I Moskov?

— I on!

— On ima mnogo vojske?

— Mnogo, al' je daleko, ne može da stigne.

— Ako on stigne, vi će da se vratite?

— Vratićemo se!

— I opet će ovo vaša zemlja da bude?

— Naša, dabome!

On se zamisli duboko, kao da se nečega doseća, pa će reći:

— Ima u nas Arnauta jedna reč: onoga je kuća, ko mnogo znoja prolije u njene temelje i onoga je carstvo, ko mnogo krvi u njegove temelje prolije. Kad neko olako dobije kuću ja li carstvo, ne može dugo da ga drži.

On nas pogleda sve redom, pa kad u svačijem pogledu srete odobravanje, on dodade:

— A ovde, u ovoj zemlji, ima mnogo vaše krvi, od birzemana.

— I mnogo suza! — dodade neko od naših.

Utom prolomi tišinu brektanje automobila. U tamnoj noći zasjaše dva svetla oka punom, snažnom svetlošću. Nekada, u bajkama koje sam slušao u zimske noći kraj babina kolena, zamišljao sam tako ognjevita zmaja, kome oči svetle plamenom a brekće i frkće i teško diše kroz nozdrve, vraćajući se uveče u svoje dvore.

Arnautin je sa velikom pažnjom, ne skidajući pogleda, posmatrao silu koja je protutnjala drumom i otišla dalje u noć.

— Čudo, veliko čudo! — reče više sam sebi, pa se onda okrete nama.

— Šta ga tera?

— Sila! — odgovori neko. — Zar nisi ranije vidô?

— Juče i danas prođoše mnogi ovim drumom sve bez konja. A vidô sam danas i one što lete. Je l' istina da i oni ratuju?

— Istina.

— Kažu da bacaju vatru ozgo?

— Bacaju bombe i pucaju iz mitraljeza.

On pogleda tužno pušku koja mu je ležala na kolenima.

— Šta veliš, puška bi da prođe, a?

— Hoće da ostane za zajčeve! — dodade on sa puno rezignacije.

Dok je on i dalje, sa velikim interesovanjem, raspitivao o svima novim mašinama za ubijanje ljudi, mene pogled odvede u tamu gde leži drum, jer mi se u tome času učini, da sam opazio tamo usamljenu jednu poznatu mi sliku. Digoh se od vatre da vidim je li to odista ona, čija se crna silueta stapala sa tamom, te se jedva nazirale konture gospe u crnini.

— Ako nemate gde da se zgrejete — rekoh joj kad priđoh drumu — u mene je ovamo dobra vatra.

Ona klimnu glavom blagodareći mi i priđe vatri te joj napravismo mesta. Arnautin je i dalje razgovarao o oružju; raspitivao je mogu li automobili da nose top; može li sa aeroplana da se nišani; koliko može da se drži u vazduhu i bezbroj još takvih pitanja.

Žagor oko vatri postaje sve tiši; dimovi koji su se u početku uznosili kao plastovi sena, osvetljeni u srcu crvenom svetlošću visokih plamenova, počeli su se razvejavati u jednostavan prostran oblak koji je pao kao pokrivač nad crnom masom izbeglica što je posejala zemlju. Još se samo čuje tužno rikanje gladne stoke koje prodire kroz noćnu tišinu.

Mraz poče jače da steže i vedrina da osvaja. Kroz prljavi veo, koji je pokrio nebesko plavetnilo, poče da žmiruca zvezdica jedna, pa onda dve i tri. Jedna gospa iz one engleske misije, što spava blizu nas, promrzla valjda, izvuče se ispod kola, diže se i priđe našoj vatri da se zagreje. Negde u daljini puče puška te svi obratismo pažnju na tu stranu, ne bi li čuli čiju dreku ili da se ponovi pucanj. Arnautin se diže i ode da obiđe svoj plast sena i sina kojega je ostavio na straži.

Oko naše vatre izumre razgovor i zavlada tišina. Gospa u crnini, sem toga što se lakim poklonom javi svima, sedajući kraj vatre, ni reči ne progovori, savladana umorom od puta, mrazom i onom tugom koja kod nje izgleda uvek sveža i koja kao da je stalan izraz njenoga lica. Engleskinja je sela i ne zdraveći se i sva se predala brizi da se zagreje, ne obraćajući pažnju ni na koga. Kad se bude zagrejala ona će se tako isto dići, ne zdraveći se, i zavući se ponovo pod kola da nastavi spavanje. Svi ostali oko vatre klonuli, jer mraz koji je počeo da steže, nasrtljivo je nametao san, te je jedan po jedan obarao glavu na grudi ili je naslanjao drugu na rame.

Ja sam pokušavao da se borim sa tom nevidovnom silom i jogunasto sam se opirao snu, uznoseći glavu kada bi klonula na grudi i otvarajući sa naporom oči. U jednome trenutku, kada je san već pretio da me šćepa, čuh šapat gospe u crnini.

— Spavate li?

— Ne — trgoh se ja. — I ne bih želeo da zaspim.

— Koje je ovo selo?

— Rogovo ili Rogača, tako nekako reče onaj Arnautin što je maločas bio ovde.

— Je li daleko odavde granica?

— Jedan sat, ovako kako mi idemo, inače mnogo manje.

— I onda?

Nisam razumeo šta je htela poslednjim pitanjem. Ona to vide i dodade sama:

— I onda, nema više Srbije?

— Nema!

Ućutasmo. Njene bolne reči, „I onda nema više Srbije", povedoše me čitavom nizu teških misli. Učini mi se da u ovome trenutku preživljujem jedan od najtežih časova i da se u mojoj duši valja jedan od najtežih bolova.

Još samo jedan čas i Srbije više nema i taj čas je tu, evo ga pred nama! Mi smo tu istinu znali, ali je evo sad pred nama cele celcate, u gruboj njenoj stvarnosti; mi smo je slutili, mi smo je predosećali, ali nam je evo sad svirepa stvarnost izvodi pred oči u njenom pravom obliku.

Kao ono kad ti ko najdraži umre; ti znaš da je mrtav, vidiš ga pred sobom mrtva ali te još uvek nešto teši sve do grobnice. To nije uteha, to je obmana, ali je u času teške tuge dovoljna i ona. Teši te i obmanjuje to što je on tu, što je njegovo telo još tu, što ga još, ma i mrtva, možeš grliti i ljubiti. To nije više on, ruke su njegove studene, čelo bledo a oči ugašene. Ali on je tu, ipak je on tu! A kad već dođe poslednji čas, da to drago telo spuste u grobnicu, tek vidiš celu celcatu istinu u svoj grubosti svojoj; onda tek vidiš, kako ti se otima zagrljaju i pogledu i ona posledna obmana. Ti cikneš, teško cikneš, i tim cikom kazuješ sve što ti je ostalo u duši; kazuješ poslednji bol, posle kojega ti duša ostaje pusta i prazna kao napuštena kuća u kojoj je i poslednji stanovnik izumro.

Tako i ovoga časa, provodimo poslednju noć i poslednji čas na tlu svoje Otadžbine. Slutili smo mi još u Prištini i videli smo već u Prizrenu njen slom, ali je ona bila tu. Nije postojala više, ali je bila tu, mogli smo je i mrtvu grliti. Kralj je bio tu, vojska je bila tu, narod je bio tu. To nije više onaj Kralj i nije više ona vojska i onaj narod, ali su tu, ipak su tu! A sad, ovoga časa, ovoga poslednjega časa, eto je pred nama cela celcata istina u svoj grubosti svojoj, eto nam se otima pogledu i poslednja obmana. Ostaje nam da ciknemo, teško da ciknemo, i tim cikom iskažemo sve što nam je ostalo u duši, da iskažemo i poslednji svoj bol, posle kojega će nam duša ostati pusta i prazna kao napuštena kuća u kojoj je i poslednji stanovnik izumro.

Engleskinja, pošto se dovoljno zagrejala, diže se i ode pod svoja kola. To je bio jedini šum, jedini poremećaj teške tišine koja je ležala na ovoj mrtvoj poljani, na kojoj nesretna i izgnana deca, prespavljuju poslednju noć na grudima svoje majke Otadžbine. Vedrina je već osvojila, nebo se obogatilo čitavim rojem bledih zvezda a mesečina počinje da se označava senkama koje predmeti ocrtavaju za sobom. Na vatri se plamen sasvim pritajio i utrnuo a žar se rumeni kao rastopljeno gvožđe i iz nedogorelih glamnja penje se dim tankim mlazevima iz kojih se razvijaju neke tajanstvene slike, isprepletane mesečinom, i lebde nad nama. Što ih više pratim sve me dalje odvode, odvode u neke mistične predele, u carstvo bez granica i bez prostora. To je već valjda polusan koji je mnome ovladao i koji mraz tako uporno i tako drsko nameće čoveku.

Trže me iz toga polusna opet njena reč.

— Dakle još jedan sat puta?

— Da! — rekoh, otimajući se snu.

— To znači još jedan sat života?

Pogledah je da bih je bolje razumeo.

— Za mene znači to! — reče odlučno. — Gde ću dalje? Našu granicu obeležava duboka i plaha reka, nad kojom se uznosi most vrlo visokoga svoda. Dotle, do visine toga mosta, koja beleži sredinu reke, mogu još ići, treba još da idem, a dalje...

— Zašto? — zapitah je, osećajući da je to samo bol, težak bol koji svi ovoga časa podjednako osećamo i koji je u njenoj duši, slomljenoj i obesnaženoj za ma kakav nov napor, izazvao mračne odluke.

— Zašto? Pitajte me pre zašto da živim? Decu sam izgubila, kuću razorila... Pa ipak, išla sam dovde, vođena nekom praznom verom u nešto. Najzad dovde sam i mogla ići i donde još, do obala one reke, ali dalje...

Zaustih da kažem nešto ali me ona ne sačeka već nastavi:

— Ja nisam slaba žena, ja nisam malodušna. Ja sam natčovečanski podnela sve bolove koji su se sručili na mene. Meni je malo bilo to, ja sam zašla po razbojištu — jer Srbija koju smo prelazili nije bila ništa drugo do razbojište — i zbirala sam u svoju dušu i tuđe bolove. Zasuzila sam nad tuđom nevoljom, zaplakala sam nad tuđom nesrećom. Moja je duša bila nabrekla jadima i nevoljama koje sam saosećala kao svoje, i u nesreći koja je snašla Srbiju, ja nisam izdvajala svoju ličnu nesreću. Ja sam je naprotiv unela u onaj zajednički bol i unela ga sveg u moju dušu. I, nosila sam ga i podnosila po mučnim putevima, po mraznim noćima, jer mi je taj put predstavljao izvestan razlog za život.

— I zašto on više ne predstavlja to?

— Jer... — zausti i zamisli se, dugo se zamisli, pa nastavi. — Bol traži sebi hrane, kao i svaki drugi osećaj. U praznoj duši bol zvoni lažnim zvukom, zvukom neiskrenosti. A hrana to je vera, vera u ono što ima doći i radi čega se podnosi bol; vera u nešto, vera u ma što. Donde, do sredine onoga mosta, koji se uznosi nad graničnom rekom, ta će vera već dogoreti, ukoliko je još ima u meni. Ona trne u mojoj duši već odavno i dogoreva kao kandilo u kome je dotrajalo ulje ali, sad se već gasi... Ja vidim smrt, vidim je očima kao što sam nekada život videla i, ona nema više ono odvratno, studeno lice i požudni pogled ptice grabljivice, kao što ga je imala onda, kad mi je tako često u pohode dohodila. Ona se preobrazila, njen je pogled blag, ona se toplo smeši, smeši se materinskim osmehom; njene se grudi nadimaju saučešćem i zagrljaj joj obećava utehu!

Gospa je sve ovo govorila sa nekim zanosom i uzbuđenjem; govorila je kao da se u tome času budilo u njoj nešto moćno, nešto snažno, nešto što je dotle bilo van nje i počelo se unositi u njenu dušu, kao nov nepoznat joj osećaj, osećaj jači od smrti. Proširene zenice u očima joj kazivale su da je ona u ovome času dogledala nešto, što možda mi ostali smrtni ne vidimo i ne možemo dogledati. Njena crna silueta, izdvojena iz tame bledom mesečinom, imala je u tome času nečega tajanstvenoga; njeno belo, voštano lice, po kome se zaigravala laka i bleda purpurna svetlost, što se razlivala sa crvene žeravice, izgledalo je nekako svetiteljski. Njena mi figura, u tome času, poče dobijati nov oblik; ona poče u mojim očima da dobija neko naročito i novo značenje koje su polusan, koji mi se stalno nametao, i mističan zrak mesečev, dopunjavali tajanstvenošću i čarobnošću.

Ko je ona?

Nije li to bol sviju nas smešten u jednu dušu, izražen u jednoj osobi; onaj bol, sazdan i sabran iz suza i krvi koje su kao dve silne reke potekle našom Otadžbinom; nije li to tuga sviju nas, sazdana iz dubokih rana, kojima smo svi iskrvavljeni a predstavljen u jednoj osobi? Ko je ona? Nije li to ona što raskrvavljene duše i iscedena srca slazi ozgo sa obala savskih i dunavskih, prelazi Bukulju i Rudnik, zalazi Šumadijom i Moravom, penje se na Kopaonik i slazi na Kosovo te prebraja grobove onih što su pali i pribira one što su ostali živi i doji ih na nedrima svojim verom i pouzdanjem. Nije li to ona, majka nas sviju, čiji se život svršava tu, na sredini onoga mosta koji se uznosi nad rekom, jer se tu svršava granica jedne države koja ne postoji više?

Ko je ona?

I, jesam li ja budan ili je ovo priviđenje koje mi je u polusnu izatkalo iz one gomile misli koje je maločas, već svojim prvim pitanjem, izazvala u meni gospa u crnini? I, ako je to priviđenje, zašto osećam jednu neodoljivu potrebu da joj govorim, da je zadržim na putu koji vodi smrti? I zašto osećam potrebu da joj govorim jednim novim, jednim drugačim jezikom, jezikom kojim se iskazuju samo veliki, samo istinski osećaji?

— Ne, gospo, vi ne smete, vi ne možete, vi nećete umreti. Duboke su vaše rane, bezgranični su vaši bolovi, ali ih vi morate preživeti. Mi možemo ginuti, možemo umirati, ali vi morate živeti. Niste vi ona majka što daje život deci da bi je deca preživela, već ona, koja mora preživeti svoju decu. Vi morate živeti, jer bol koji je u vama mora živeti, on ne sme umreti, on ne sme iščeznuti. Iz toga bola mora nići naše pouzdanje, naša snaga, naša krepost! Bol jednoga naroda je oganj, u kome se njegova snaga prekaljuje. Vi morate živeti, jer u bolu koji je u vama, leži jedna velika misao a ta misao ne sme umreti, ona se naprotiv, umivena našom krvlju i suzama našim, mora uzneti čistija, svetlija još. Videli ste one silne grobove što su ostali za nama, u njima su deca vaša; vidite li ove snežne planine koje se oko nas uznose, i u njima su deca vaša. I jedna vas i druga zovu sebi i jedna i druga išću majku. Ona u planini da ih zadoji pouzdanjem ona u grobovima da im busa grobove i pali svećice, i preliva ih materinskom suzom. Pođite najpre za živima, mrtvi će vam to oprostiti, mrtvi će čekati. Pođite tamo u planine, podržite, prihvatite onog ko posrne, zasuzite nad onim koji klone; priberite decu rasutu po tuđim planinama, zadahnite ih novom verom i dovedite ih opet na naša polja. Kraljevi nemaju tu moć, vojskovođe to nisu kadre ali vi ste osećaj, vi ste misao; a osećaj i misao su kadri i mrtve iz grobova da vrate u život. Kad taj posao završite, vratite se tamo gde su grobovi, vratite se tvrda srca kao Jugovićka, i obiđite ih sve; obiđite ih i prekadite dahom duše vaše, prelijte ih suzama očiju vaših, neka bi i mrtvi osetili suze one majke, za koju su oni živote svoje dali; neka bi im tako zemlja bila laka!...

Vatre već dogorele i još samo topao pepeo pokriva zemlju, vedrina potpuno osvojila i probila tamu. Selo, koje se do maločas, pri svetlosti vatre i tamnoj noći, nije ni videlo, počelo se ocrtavati i za njim visoke planine sa snežnim vrhovima. Kroz tišinu koja još vlada, kao glas gladnih vukova, prodire arlaukanje Arnauta i pronosi jezu kroz vazduh. Mora da je bliže zori no ponoći, te su se izbudili i dovikuju se da čuvaju selo.

Skromna vatrica, koju smo tako mučno stekli, nije nam mogla ogrejati promrzla tela a još manje dušu, oko koje se svakoga dana hvatao sve deblji sloj leda. Nismo ni spavali, to je bio samo polusan koji nam je nametao mraz, upornije no umor. Mada je još dosta do zore valjalo je kretati, jer zao je to san koji mraz nameće, valja ga se pokretom otrgnuti.

— Ajde, ustajte!

XXXI — Most uzdaha

Zoru tek naglašava vodnjikasta neka svetlost pod kojom se oblici, koji su do sad činili jednu celinu sa mrakom, počinju nazirati ali ne još i razlikovati. Na sivome nebu dogorevaju zvezde kao kandila u kojima je dotrajalo ulje. Mesečina još tajanstveno prodire te se pod neodređenom svetlošću, koja se rađa iz susreta dana i noći, prikazuje sve uveličano: drva daleko bacaju senke, žbunovi veliki kao šume a jele, koje su okitile podnožja Prokletije planine, izgledaju kao gorostasni skeleti opruženih ruku.

Drum pust i gubi se u jutarnjoj magli koja je kao tanak prozračan veo pokrila lice zemljino i kroz koju izgleda sve što se dogleda vrlo udaljeno. Tim drumom poći će maločas velike povorke izgnanoga naroda, koje će sad uskoro prva zora probuditi.

Tišina kao u grobu, sve spava. Spava i sila koja je zavitlala kosom nad našim glavama, spavaju i naši bolovi. Iz daljine samo, iz planinske dubine, čuje se arlauk vuka i prodire ti kroz dušu kao krik smrti. Na taj se arlauk poslednjom snagom svojom, celim telom stresa usamljen konj, koji već dva dana napušten od svojih i osuđen na smrt, nepomično stoji kraj druma, bez jela i pića, tupo gledajući preda se i podajući se smrti koja ga postepeno osvaja.

Što bliže magli, u koju nas drum vodi, to se ona sve više razređuje i na kraju tamo, gde se drum u njoj gubi, dogleda se usred ravnice, kao kamilina grba, visoki kameni most koji paše Drim i beleži granicu Kraljevine Srbije. Donde još gazićemo po svetome tlu svoje Otadžbine, donde još bićemo na svome domu a, kad taj most pređemo, bićemo izgnanici, bićemo beskućnici, bićemo deca bez Otadžbine.

Kao što smo na dalekome putu dovde svakoga dana brojali po jedan nov gubitak naše Otadžbine, koja se sve više i više sužavala, tako odavde sad već svakim korakom koji učinimo, osećamo kako se bližimo gubitku i poslednjega slobodnoga parčeta njenoga. Kao osuđenik na smrt što broji najpre dane a kad svane dan izvršenja presude, broji sate i minute svoga života, tako mi sad već brojimo korake i brojimo stope.

I koliko smo do sad na ovome putu uvek tromo i sporo kretali, iako je trebalo žuriti ispred neprijatelja, toliko mi je sad izgledalo kao da suviše brzo prolazimo kraj pospalih gomila begunaca, kraj ogolelih drva, kraj mrtvih žbunova. Lakše, lakše, ne napuštajmo tako brzo još ovo stotinu metara slobodne Srbije! Koliko je to maleno, koliko sićušno, koliko beznačajno, pa ipak drago je, naše je, slobodno je!

Još malo dalje, kad dopremo do obala Drimovih, neće više biti slobode do onoga parčeta koje pokriva naša stopa i koje ćemo, praštajući se od svoje Otadžbine, celivati i zaliti ga suzama. Još malo dalje, kad dopremo do obala Drimovih, za nama će već biti naša krvava Otadžbina a pred nama daleki i neznani putevi bolova i stradanja. Još malo dalje, kad dopremo do obala Drimovih, sagledaćemo granice do kojih su dopirale naše nade a iza kojih nastaje jedna beskrajna i bolna čežnja.

Lakše, lakše, ne napuštajmo tako brzo još ovu stotinu metara slobodne Srbije, ne žurimo da sagledamo kraj dela u koje je jedan narod skrhao sto godina nečuvenih napora, za koje su se nekoliko pokolenja krvavo žrtvovala. Lakše, lakše, ne žurimo, stići ćemo!

I stigli smo!...

Kroz duboke obale sa hukom se lomi Drim pod nama. Njegov huk se pronosi kroz noćnu tišinu kao neko kazivanje burne i beskrajne priče. Čas hukom tim, čas tihim žuborom, Drim vekovima tako kazuje tu čudnu priču onima koji mu dođu na obale; priču o sebi i o bratu svome, koji se u raznim utrobama rađaju i zalaze kroz polja i gore tražeći se da se zagrle smrtonosnim zagrljajem, zagrljajem u kome će oba uginuti. Ovaj slazi sa Suve Gore i Rugova i žuri kroz plodom blagoslovena polja i zato ga valjda zovu belim bratom, onaj drugi ističe iz čarobnih ohridskih voda i dere kroz puste zemlje, kroz krvavo stenje i kamenje i zato ga valjda zovu crnim bratom. Oni prodiru, nadiru, žure, svrću u planine i u doline, zalaze gde ima i gde nema puta tražeći se i, najzad, kad se nalaze, grle se, a u tom zagrljaju i umiru. Zagrljeni beli i crni brat odriču se zajednički svoga bića, oni se iz poljupca ne rađaju, oni u poljupcu umiru.

To je ta čudna priča što je Beli Drim kazuje o sebi i svome bratu Crnome Drimu. Seli smo kraj njegovih obala i slušali smo je.

Mi njemu nećemo kazivati svoju dugu i bolnu priču. On teče tamo odakle smo mi došli, videće usput nevolje naše a kada bude prošao kroz Podrimlje da primi Bistricu, pre no što zagrli Paštrik, približiće se zidinama carskoga Prizrena i saznaće da smo u njemu iskopali grob još jednoj srpskoj kruni.

Zora se sve više naglašava, predmeti se sve jasnije izdvajaju i snežni vrhovi planine počinju već da bleše. Zbeg se još nije izbudio i nije krenuo otud od Rogače te mi, usamljeni, na pustoj poljani na drimskim obalama, izgledamo kao noćne senke, kao zli duhovi koji se spremaju da izvrše neki zločin. Nije li to zločin možda, napuštati Otadžbinu?!

A već je vreme da je napustimo. Ovo što smo zastali pred mostom dovoljno nam je bilo da se odmorimo. To je bio poslednji odmor na grudima Otadžbine i sada valja preći most koji će nas rastaviti od nje.

Tužan je to rastanak bio, tužan kao kad se deca praštaju od majke napuštajući joj krilo materinsko. I kako svako na svoj način taj bol rastanka iskazuje: uzdahom ili suzom ili nemim ćutanjem, koje je kadro i najveći bol da izrazi. Eno ga jedan, klekao na kolena, polegao i ljubi zemlju, eno ga drugi, krsti se i moli Bogu.

I ja sam se sagao i šakama iskopao pregršt zemlje te vezao je u krajičak jedne marame i metnuo u nedra. To je ta zemlja na kojoj smo nikli, koja nas je hranila i koju smo branili; to je ta zemlja koju je prelila krv i suza tolikih pokolenja i koja u svojim nedrima krije tolike žrtve za njenu slobodu; to je ta zemlja koja pokriva i siše mlado i nežno telo mojega jedinca.

Ponećemo te u nedrima, u krajičku maramice o pregršti zemlje srpske! Ponećemo te u nedrima svojim, ponećemo te Otadžbino, sobom! Kao što nam je nekada, o pričešću, kapljica vina sadržavala u sebi svu veličinu jedne vere i jednoga nauka; tako će ova pregršt zemlje sadržati u sebi svu veličinu jedne slobode i jedne ljubavi koju sobom iskazuje Otadžbina. Kraj te ćemo pregršti zemlje paliti kandilo, kraj nje ćemo slaviti i preslavljati, iz nje ćemo odvajati mrvice i bacati ih u grobove koje budemo kopali u tuđini; na toj ćemo se pregršti zemlje kleti, na njoj zavetovati, iz nje crpeti potkrepljenja u danima tuge i snage u danima pouzdanja i vere.

Nad tom pregršti zemlje, i danas u izgnanstvu, u trenucima teškoga bola, kaplju moje suze!

Naoružani bolom, ali i snagom da ga možemo poneti, mi krećemo dalje i stupamo na most, koji pod našim koracima gluvo odjekuje. Drim hukom dere pod njim, kao da bi da zagluši uzdah, poslednji uzdah prognanih. Zora još ne osvaja, ona kao da namerno kasni danas, ne bi li naše bolove poverila noći. A ipak, tamo daleko, pervaze se rumenilom hrbine planinske, daleko i nejasno kao nada koju nosimo u duši.

Osvrnusmo se još jednom za sobom. Gluva noć još strasno grli Otadžbinu, koju smo mi napustili, zora koja pokušava da probije tminu i razredi je uspeva samo da u tamnu boju noći unese neku tajanstvenost i ta tajanstvenost i tišina izražavaju najsilniju melodiju tuge i duša ti se ponovo stresa od tih bolnih akorda koji je plave i osvajaju. Okrećeš glavu da ne gledaš više tamo, za sobom, a pred tobom se uzdiže most koji ti izgleda kao kapija pakla i, pred suzama zamagljenim očima izgleda ti da iznad mosta, u plamenom luku trepere reči: „Lasciate ogni speranza".

Most jednim svega svodom paše celu reku, te se na sredini penje do vrlo velike visine, do koje se treba sa naporom peti a zatim slaziti. Na mostu nema nikakve ograde a širok je koliko je dovoljno kolima da prođu. Svi idemo sredinom mosta, jer je stranama njegovim jezivo proći nad rekom koja se dole u dubini valja i huči. Na vrhu tamo, gde se most prelama, na samoj ivici njegovoj, stoji nepomično, kao kameni kip, jedna silueta. Izgleda kao sen žene koja je negda, u drevno doba, bila uzidana u svodove ovoga staroga mosta, izašla sad iz kamenog obitališta svog da onde, sa vrha mosta, mami prolaznike u smrt.

To je ona!...

Ledena slutnja mi opeče dušu kada sam je spazio tu, na ivici, gde je dovoljan samo jedan drhtaj duše, jedan trenutak slabosti duševne, jedan nehotičan pokret pa da se ode u smrt.

Miran i pouzdan pogled kojim me je srela, kada sam se uspeo na vrh mosta, umirio me je. Taj pogled kao da je kazivao: „Ostavite me, ne uznemiravajte me u ovome velikome trenutku. Pođite napred sa verom da ću ja živeti, jer moram živeti, ali ne zahtevajte od mene da ne nadahnem dušu najvećim bolom!"

I ja sam pošao i — prešao most.

Napustili smo Otadžbinu!

* * *

Venecijo, čarobna nevesto Jadranska! Nad tvojim kanalima uzdiže se jedan most kojim iz inkvizitorske sudnice, gde mu je presuda izrečena, vode nesretnika u tamnicu, gde će se presuda izvršiti. Sa toga mosta on poslednji put sagleda svetlost dana, poslednji put on srče zrak Božji, poslednji put sagleda nebo svoga zavičaja i upućuje mu poslednji uzdah svoj. Zato se taj most i zove Mostom uzdaha.

Nije li to ime i ovome mostu koji smo ovoga časa prešli? Sa njega smo poslednji put sagledali svetlost slobode, poslednji put srkali zrak te slobode, poslednji put sagledali nebo svoga zavičaja i uputili mu najbolniji uzdah svoj?

XXXII — Peć

Tri dana, od Prizrena, klonulo, tromo, malaksalo, kreće se beskrajna gomila naroda.

Prešli smo i Đakovicu, prešli smo i ono selo od kojega vekovima strepi cela Metohija i u kome je i danas svaka kuća tvrđava toliko puta topovima opsađivana; pregazili smo i Bistricu i zaglibili se u debela blata i nanose, zapali u duboke proloke, tragove, silne poplave koje je brza reka, slazeći nabujala s planina, razoravajući drum i rušeći mostove, ostavila za sobom.

To nam usporava put i ko zna, hoćemo li stići do večeras u Peć. Pa ipak idemo, jer se na ovim drumovima ne sme zanoćiti. Idemo ćuteći i oborene glave od gladi i umora. Kad nastane tako čas teškoga umora, pred kraj dana, prestaje i svaki žagor, svaki razgovor, svaki uzvik. Obore i čovek i stoka glavu i lenjo i misle i koračaju, samo se još čuje škripanje točka i tiho stenjanje stoke koja posrće. Ućuti se u to doba nekako i sama priroda, kao da se i ona umorila. Jedva na odmorištu, kad se ustavi cela povorka, te na drumu umukne škripanje kola i topot kopita, ako se čuje žubor kakvoga kišom nabujaloga potoka ili lavež psa ispred arnautske kolibe, tamo u dnu gole šume.

Na jednome, poslednjemu odmorištu, pre no što će početi da se gasi sunce, gde smo od umora popadali kao pokošeni po zemlji, probudi nas iz teške duševne klonulosti jedan novi šum, novi zvuk, koji nam već davno nije dopro do uha a koji se oštro pronosio kroz razređeni vazduh, u kome se već osećao dah ljutoga večernjega mraza. Bio je to zvuk zvona, koje je negde u daljini tiho jecalo. Kako je sunce već nisko sišlo tamo negde iza planina, biće da to večernje glasi.

Svi digosmo glave, svi se u tome času setismo Boga i svima nam se na usnama ispisa gorak osmejak, jer svak od nas pomisli: „Gde si, Bože, sećaš li se i ti nas?"

Zvuk zvona dolazio je iz jednoga uskoga i šumovitoga klanca s leve strane druma, gde leže povučeni Visoki Dečani, čiji se metalni krov jedva nazire kroz ogolela drva.

Kako taj zvuk zvona i sa toga mesta, čak i u duši koja je obamrla, budi uspavana i tužna osećanja? I kako ta osećanja — koja nam kao daleki glas prošlosti svojim muklim i prigušenim glasom kazuje ovo zvono koje je salilo cvetno doba naše istorije — izazivaju u nama bednima, koje je usov sadašnjosti nemilosrdno pretrpao, težak bol u duši i gorak osmejak na usnama. Kao godinama izlomljenome i bolešću ispivenome samrtniku, kada u trzaju i ropcu, zazvoni u duši topli akord i sevne pred očima blistava slika njegove mlade prošlosti, te umire sa bolom u duši i gorkim osmehom na usnama!

Od večernja, koje nam je dečansko zvono objavilo pa do noći, tako je brzo minulo da nas je gust i neprovidni mrak obavio daleko još od Peći. U tome mraku, koji je kao ugljeni oblak ležao na zemlji, jedva se nešto pred sobom nazirao drum i sa strane jednostavne crne planinske mase spojene sa tamom te bez oblika i ivica.

Mnogi su svratili u Dečane da zanoće a ostaci se ovih što su nastavili put, razredili i rasuli po noći te se i ne dogledaju. Mraz stegao kao o Božiću i duše oštar vetar te reže kao nož a ne možeš ni lice uvući u jaku ni ruku skloniti u nedra, jer nosiš odapetu pušku i obziraš se na sve strane. Ovo je jedan od najopasnijih puteva od arnautskih razbojnika koji i danju ne propuštaju da pljačkaju begunce a kamoli neće nas ovako usamljene i noću. U našim redovima se od jutros mnogo govorilo o pljačkama koje su Arnauti izvršili nad beguncima, koji su pre nas prošli i, ne razbirajući kako je taj glas mogao do nas doći, mi smo obazrivo i sa zebnjom nastupali kroz noć.

U noći put izgleda uvek duži. To čine ona usamljenost, tišina u prirodi i tama koja sve izjednači, te ti izgleda kao da predmeti i ne promiču kraj tebe ni ti kraj njih. Krećeš, ideš, prolaziš i uvek ti izgleda da si još tamo odakle si krenuo; niti kroz tamu dogledaš predmet kome ideš, niti za sobom onaj od kojega se udaljuješ. I to sve još više umara, te klonulo nastavljaš put bez nade da ćeš ma kad stići tamo gde si pošao. Ta beskrajnost i duboka tama koju prosecaš, sve ti više stvara utisak pučine, i ti već osećaš strah od dubine koja je pod tobom i od neizvesnosti koja je pred tobom. Otud kad ugledasmo daleko, daleko tamo tinjanje neke blede svetlosti, koja se pričinjava kao zvezda koja je dogorela pala s neba, u nama ta pojava izazva isto osećanje kao u mornara, koji su se burom zavitlani borili bez nade sa tajanstvenim silama iz morskih dubina i najzad dogledali svetiljku koja kazuje gde je obala.

Svi dižemo glave ohrabreni, jer sad bar dogledamo nešto, osećamo da idemo ka nečem što je pred nama, vidimo očima svojim izvestan cilj i napušta nas ono teško osećanje beskrajnosti koje nam je do sada pritiskivalo dušu.

I šapćemo međ sobom, bojeći se da ne probudimo ono mrtvilo prirodino koje nam je istina ispunjavalo dušu zebnjom ali u kome smo mi ipak osećali neku zaštitu. Šum je za nas bio veći razlog strepnji no mrtvilo na koje smo se već svikli.

— Ko zna, biće vatrica? — uzesmo nagađati o onoj dalekoj svetlosti.

— Vatrica, ali možda u planini!

— Ne, ono je nisko, biće da je kraj druma!

— I ko zna da to nisu begunci, oni pred nama?

— Zar da zanoće u ovoj planini?

— Možda samo da se odmore, da se zagreju. Ne mogu valjda dalje, vidiš kakav je ovo zao mraz! Ja ne znam i mi kako ćemo, ja već ne mogu dalje!

A ipak idemo. A ona vatrica tamo, u koju smo svi uprli poglede, biva sve jasnija i jasnija, sve punija i punija.

— Nije ono vatrica, vidiš kako je sve veća.

— Ono će biti veća vatra.

— Onda je to možda logor?

— Kakav logor?

— Možda naš logor iznad Peći.

Što dalje krećemo ona tajanstvena svetlost sve šira i šira biva. Sad već izgleda kao niz vatri logorskih koje se izdaleka vide spojene te izgledaju kao vatrena zmija koja je polegla po kosi jednoga uzvišenja koje se, osvetljeno, izdvaja iz one tamne mase.

— Da li je to Peć?

— Šta može biti drugo? Ima već četiri sata kako pešačimo od Dečana, mora da smo blizu!

— Al' te vatre?

— To su logori oko varoši, šta može biti drugo nego logori.

— Mnogo vatri, mora da je silna vojska tamo.

— I vojska i narod!

Kad smo preturili još nekoliko stotina metara, već je sve drukče izgledalo. Jasno se videlo da je to nekakav požar koji se širio i u širinu i u visinu, te je izgledao kao vatrena šuma.

— Ono je požar! — uzviknu neko među nama glasno i prolomi tišinu koju smo do sad šapatom svi štedeli.

Ustavljamo se! Pred nama se ukazuje čudan prizor. Strašan i veličanstven sjaj rasprostire daleko oko sebe svetlost i jezu. Nekoliko plamenih stubova, kao kolone klasičnih hramova, nose na sebi krov od gustoga dima te u tamnoj noći, koja kao crni dekor čini strane i zaleđe slici, požar ovaj izgleda kao čarobni dvorac iz istočnjačkih bajki. Pod tamnim kubetom nebeskim valjaju se crni klobuci dima pa se zatim rasplinjavaju, pretapaju jedno u drugo i obrazuju teške mase koje zatim lagano plove kao velike okeanske lađe.

— To gori varoš! — uzvikujemo prestravljeno svi i zaustavljamo svaki pokret, te se sabiramo u gomilu osećajući potrebu da se zberemo i združimo. Izlaze iz kola žene s decom, koja su do sad, uvijena u ćebad preko glave, ležala u kolima predajući svoju sudbinu našoj zaštiti.

Nas je svega desetak, od kojih pet ili šest oružanih. Bili smo nepoznati jedan drugome ali nas je ona tamna noć i zajednica nevolje združila. Izjednačeni tamom izgledali smo kao senke, kao neke utvare sišle iz tajanstvenih prašuma ovih velikih planina koje se uzdižu nad nama i sabrale ovde na satanski zbor.

Zabrinuto smo i nemo posmatrali plamenu strahobu koja je buktala pred nama i svi smo u tome trenutku jedno isto mislili i jedno isto slutili.

— Neprijatelj je upalio varoš! — odvaži se jedan među nama da glasno kaže slutnju sviju nas.

— Ili smo je mi upalili pri evakuisanju! — dodaje drugi.

— Ili je možda bombardovanjem upaljena!

— To može! — dodaje onaj prvi. — I to će najpre biti!

— Šta je da je, tek dobro nije! Mi ne smemo ni koraka dalje!

I na jedan mah svi pretrnusmo pred tom pomišlju iako nam je svima lebdela pred očima.

— Zašto? — upitaće ipak jedan iako je izvesno, kao i svi ostali, znao zašto.

— Peć je u neprijateljskim rukama ili je u plamenu.

— A oni koji su izmakli ispred nas?

— Oni su već zarobljeni!

Svi poraženo ućutaše iako je svima na usnama lebdelo pitanje: pa šta sad?

— Natrag u Đakovicu ne možemo — nastavlja da razmišlja glasno jedna senka. — Onaj konjanik što nas predveče sustiže, reče da i tamo već prašti puška. Po našem izlasku iz varoši došlo je do krvi izmeđ Arnauta meštana i naše vojske, te ima već mrtvih i oficira i vojnika.

— I da nije došlo do krvi, u Đakovicu se više ne bi moglo! — dodaje druga senka. — Prizren je pao i Bugari napreduju ka Drimu, sutra već mogu biti u Đakovici.

— Pa kuda ćemo? — prestravljeno prošaputaše gotovo svi, poraženi težinom situacije.

Pred nama je bila varoš u plamenu koju je neprijatelj vatrom ništio, za nama krv koja se lije đakovičkim ulicama i neprijatelj koji se tom mestu već primiče a oko nas gorostasne mase nepristupačnih planina. Osetismo se kao ulovljena ptica i svaki pokušaj bio bi samo lupanje krila o zidove klopke koja niti se može probiti niti iz nje pobeći.

Nastadoše teški trenuci; svako je sa užasom pogledao na svoju porodicu koju je povukao otuda čak sa obala Dunava, Morave ili Vardara, preturio preko glave hiljadu briga i nevolja, podnosio glad i stud, borio se sa opasnostima i teškoćama i sve to zato da jedne mračne noći, nasred pustoga druma, ovde u čeljustima divljih Arnauta bude zarobljen, preklan, puškaran ili obešen.

— Ja ću svoje sve pobiti ovde, pred vama, braćo, pa ću onda sebe! — huknu jedan roditelj očajno. Majka dečja zatrese se celim telom i zacvokota zubima pa grčevito stište porod na grudi.

— Ja ću u planinu, evo pravo ovako! — pokaza jedan na one tamne mase spojene sa nebom. — Sâm sam, koga sam imao ožalio sam ga već a meni kako Bog da. Volem vuci neka me rastrgnu, nego...

— Ljudi, da potražimo koje arnautsko selo pa da se predamo Arnautima na milost i nemilost. Biće valjda i u njih srca kad vide ovu čeljad.

Niko ne odgovori i niko ne predloži ništa drugo i nastade mučna tišina za vreme koje je možda svako premišljao o sebi i o svojim najbližima.

U gomilici koja je na ovoj mraznoj noći, na pustome drumu, uvijena gustom pomrčinom, vodila jezovite razgovore, bilo ih je koji su sklonjeni u stranu ćutali kao zaliveni i čak ne dizali glave da čuju razgovor. Da li su to bili oni koji su već doneli odluku o sebi te ne žele da ih ma čije mišljenje pokoleba ili su to oni koji zaneme i izgube moć razmišljanja pred velikim opasnostima i predaju se sudbini ili volji drugih? Jedan od tih najzad preseći će ipak dugu pauzu razmišljanja i tišine.

— Rešavajte, ljudi, što ćemo! Ne može se stajati u mestu, promrzosmo!

Svi se prenuše i setiše da treba odista nešto učiniti, da se treba na nešto odlučiti.

— Kako bi bilo da krećemo napred pa šta nam Bog da! Gde su toliki što su pred nama izmakli nek budemo i mi, što je njima nek bude i nama! — predloži onaj što maločas reče da će u planinu.

— Ne tako! — reći će druga senka. — Bolje će biti da vas pet-šest koji imate oružje, pođete još jedno pet-šest stotina metara napred da vidite kako je tamo, je li neprijatelj već u varoši ili je samo bombardovanjem uništio. Možda možemo još noćas proći kroz varoš, te poći dalje...

— Zar da mi ostanemo ovde nasred druma sa ženama i decom a bez oružja? Ne biva to, nego svi da krenemo; svi ovako kako smo, pa šta nam da Bog!

I žene pristadoše uz taj predlog bojeći se da ostanu na drumu bez oružane zaštite. Pristaše i svi ostali i kretosmo polako, obazrivo i sa grozničavom zebnjom u duši. Plamen, onaj pomamni plamen tamo u daljini, koji je u prvome trenutku bio naše pouzdanje, svetiljka koja nam je brodolomnicima označavala obalu spasenja, sad postade vatra pakla koja je lizala iz krvožednih čeljusti koje su očekivale da nas prožderu. Prozebli, što smo bliže išli toj ogromnoj vatri, sve smo veću stud osećali i u duši i u telu.

Svako je od nas koračao ćuteći kao što se u smrt korača. Svako je izvesno valjao u pameti teške misli o onome, što njega i njegove čeka za koji čas i za koji trenut možda.

„Ne mora me ubiti", razmišljao je u sebi zabrinuti roditelj, „ali me može odvojiti od porodice i poterati, kao što sve građane tera, tamo negde u nepoznata mađarska sela. I gde će mi ostati porodica, u Peći; tamo gde ni u redovnim prilikama nije čoveku obezbeđen život? I zašto sam onda kretao, zašto sam napustio kuću, zašto se lomio i zebao i gladovao i strahovao i zlopatio se i mučio?"

„Ako sam već trebao mreti", razmišljao je drugi, „onda je bolje bilo da sam ostao u svojoj kući, da umrem na svome pragu. Ovde mi se grob neće znati, rastrgnuće me zveri."

Jedan je jecao. Odvojio se u stranu i verovatno pod navalom teških misli, pod teretom brige za nezbrinutom porodicom, jecao je.

— I zašto sve to? — uzdahnu jedan glasno nastavljajući verovatno red misli koje je dotle u sebi preturao.

— Zato da patiš! Tako ti je suđeno pa eto ti! — odgovara drugi koji je potpuno razumeo prednje pitanje jer ga je i sam sebi postavljao.

— More ljudi — reći će treći — da pobacamo puške. Ako nas Austrijanci ovako s puškama pohvataju, streljaće nas!

— Ne još! — odgovara četvrti. — Bacićemo ih, moraćemo ih baciti al' kad se približimo.

— A ako nas pohvataju iznenada, ovako s oružjem.

— A kud smem opet bez oružja, ovde usred planine?

Opet nastade ćutanje, duboko ćutanje i teške misli sa kojima se svako borio. Iz tih misli probudi nas glas jednoga koji je bio izmakao nešto napred:

— Ama pogledajte, ljudi, vidite li vi?

— Šta? — upitaše svi prestravljeno, misleći da je tu već ono što je svako slutio, od čega se svako plašio i strepio. Pokret se zaustavi.

— Ja bih rekao... pogledajte, pogledajte malo bolje... ne gori varoš.

Pogledasmo svi tamo. Požar je sad izgledao još silniji, kao gora u plamenu od kojeg se i nebo zapalilo. Pod svetlošću, koju je požar rasipao daleko oko sebe, ukazivala se u jednoj dolini gomila krovova.

— Da li? — zapitasmo se ipak svi.

— Da pođemo još koji korak, eno tamo se penje drum, otud ćemo bolje videti!

Pođosmo i uspesmo se nešto malo. Otuda još jasnije sagledasmo masu tamnih krovova izmeđ kojih se iznose minareta i ogolela drva. Požar koji je buktao iznad varoši, na jednom uzvišenju, osvetljavao je onu mrku gomilu krovova pod sobom nekom toplom i lakom svetlošću, kao ono mesec u zimske noći. Dok su krovovi u prvi mah izgledali kao jednostavna modra masa, kao gomila crnoga kamena sručena u dolinu, što smo se više bližili sve su se više ocrtavali, odvajajući se jedan od drugoga te se sve jasnije i jasnije izražavala kontura varoši koja mirno počiva u dolini.

Svi danusmo dušom. Sad nam je već jasno bilo da varoš ne gori a ono što plamti nad njom nismo više ni brinuli šta je. Za nas je dovoljno utehe u tome bilo da će nas varoš moći da primi noćas pod svoje krovove koliko da se ogrejemo, koliko da se odmorimo, koliko da se priberemo, pa ako onaj požar iznad varoši kazuje blizinu neprijateljevu, ako su to njegovi meci koji donde stižu te nište i pale — krenućemo sutra dalje.

U nama se pribraše poslednji ostaci snage i krenusmo življe dalje, mada nas izvesna zebnja nije napuštala sve dok se ne spustismo u puste ulice mrtve ali požarom osvetljene varoši, nad kojom već počiva ponoć. Iako je plamen u ovome trenutku bio nešto malaksao, ono more žara kao iz ogromne zažarene peći sipalo je toliko svetlosti da su ulice bleštale i kamen u kaldrmi se belasao kao pod punim podnevnim suncem a kuće su bacale preko ulica jasno ocrtane senke iznad kojih su se isticale senke jablanova i minareta. Ono strahovito vatreno ognjište, koje smo sad iz blizine posmatrali, izgledalo je kao neka ogromna lomača pripremljena da na njoj bude spaljen čitav jedan narod zbog jeresi vere u slobodu. Rekao bi čovek da se zemlja upalila ili još pre, kao da je od silnoga plamena koji joj je buktao u utrobi, naprsla pa iz toga ždrela sad izvire žar i plamen. Iz toga žara, kao da ga neko činovskim žaračem podstiče, rasipaju se pogdekad čitavi usijani snopovi i bezbrojni rojevi varnica, kao najraskošniji vatromet, uznose se u mračne oblake dima kojima je zastrto nebo te se otuda vraćaju kao vatrena kiša.

Iako nas je umor slomio, nismo mogli ne zastati u mestu prikovani posmatrajući sa zaprepašćenjem ovaj neobičan prizor koji je za nas još bio zagonetka. Trgao nas je bat konja na kome je jahao oficir pred patrolom. Srećom mladi oficir bio je moj poznanik, jedan od onih mladih i inteligentnih ljudi koji je za vreme mira pokušavao i perom da se posluži. Rekoh mu svoju i nas sviju nevolju i on posla dva vojnika iz patrole da zakucaju na razna vrata te pripitaju ne bi li nas ko pod krov primio.

— A šta je ono tamo? — zapitah ga pokazujući na požar iznad varoši.

— Krematorijum srpske države! — odgovori oficir glasom kroz koji je zvonio dubok bol.

— Ono smo mi upalili?

— Da mi, da bi sagoreli sve što nam je još ostalo.

I uze mi kazivati šta je sve poždrao taj plamen. Kola komorska i topovske kare, lafete, automobile, šatore, alate, bolničke opreme, arhive, računske knjige i akta raznih kancelarija i mnoge, mnoge druge skupocene predmete koje smo mučno i godinama tekli.

— I vidite li — dodade oficir — kakva je to igra sudbine, kako je to fatalno, da se baš ovo mesto gde sagorevamo poslednje ostatke srpske države, zove Peć.

— Zašto je i donošeno dovde, što to nije svršeno u Prizrenu gde se i otpočelo?

U Prizrenu je sagorelo sve što je trebalo da krene za Ljum-Kulu. Znalo se da se može poneti samo još sat hoda od Prizrena pa onda baciti. Deo koji je namenjen da se ponese ovim putem imao je pred sobom dva dana druma, pa se ponelo.

— Zar nije bolje bilo tamo? — ponovih ja.

— Pokojnik je u stvari još u Prizrenu preminuo a od Prizrena dovde bio je samo prenos mrtva tela da bi se sahranio ovde, u porodičnoj grobnici!

Ove je reči oficir izgovorio očevidno potresenim glasom a zatim je brzo prešao na neka obična pitanja, želeći da izbegne dalji razgovor o tome.

Maločas dođoše i oni vojnici što su zašli da nam nađu stan. Meni i mojoj porodici pripade malo krova u jednoj niskoj, bednoj udžerici. Ustupiće nam domaćin jedan kraj svoje odaje ali nema vatre da se ogrejemo. No ko bi i poželeo što bolje, sad, posle ponoći. Popadaćemo ovako obučeni po podu, zbićemo se kao zmije u klupče, grejaćemo se sopstvenim dahom a težak umor, koji nas je već pretukao, pomoći će da savladamo i zaboravimo svaku neugodnost.

Pa i pod tim okolnostima ja nisam mogao dugo i dugo da zaspim. Zvonile su mi jednako u ušima reči oficireve: „Pokojnik je u stvari još u Prizrenu preminuo a od Prizrena dovde bio je samo prenos mrtva tela da bi se sahranilo ovde, u porodičnoj grobnici!"...

XXXIII — Ropac

U Peć se nije dobeglo kao u pribežište gde bi se moglo skloniti i koje bi moglo dati zaštite; kroz Peć se samo prolazilo i zadržavalo pre no što se krene u neprohodne planine. Stoga je ono, što još nije uništeno u Prizrenu, predato ovde plamenu. Od Prizrena do Peći još je i bilo druma i, mada je svako svoju imovinu još u Prizrenu rasturio, država je još pokušala, vojska je još pokušala, da ponese bar ono što je najpotrebnije, što je najvažnije, što bi se po svaku cenu moralo spasti. Ali, iza Peći uzdizao se već visok i neprohodan planinski zid, gde se kolima nije moglo, gde su i konji posrtali i krhali se u ambise, gde se po uskim i usečenim stazama i pešice teško hodilo, te se pred ovim izgledima moralo i sa poslednjim ostacima spasenoga raščistiti. Ogroman požar, koji je noćas buktao iznad Peći, gutao je državne arhive, novčane knjige, sudska dokumenta pa onda kola, automobile, topovske kare, municiju, bolničke krevete, poljske apoteke i sanitetski materijal, šatore, alate, sve, sve, sve što se nije moglo poneti, gutao je proždrljivo noćašnji plamen i sve je progutao.

Legao sam sinoć pod utiskom onih reči da je pokojnik još u Prizrenu umro a samo je prenet ovde da se u porodičnu grobnicu sahrani; i probudio sam se jutros pod utiskom tih reči. I kad sam izašao na ulicu toga jutra, po onome što sam video i sreo, nije se taj utisak izmenio. Peć je uistini ličila na jednu veliku grobnicu, kroz koju su lutale senke bivših ljudi. To su bili ili vojnici ispijeni glađu, ugašena pogleda, lica obrasla u dlaku, podivljali ili ranjenici u traljama, podnadula lica, bez izraza, staklenih očiju kao u smrti, oblesaveli. I među njima i oko njih begunci, bivši ljudi, iznureni, izgladneli, podrpani i izbrljani, zbunjena ili životinjski apatična pogleda; bez čovečanskoga izgleda, bez volje, bez namere i bez izraza. Ne možeš poznati dojučerašnjega prijatelja dok ti se ne kaže.

Sreo sam jednoga takvoga poznanika, kojega sam još u Prištini viđao i nisam ga poznao — osedeo je. Za mesec dana od kad se nismo videli, osedeo je i ostario. Na njegovome, gotovo starački izbrazdanome licu, videlo se da je za to vreme preživeo najsvirepije duševne patnje. Gledao je rastrojeno, pitanja sam mu po nekoliko puta ponavljao dok ih je shvatio, a i kad ih je shvatio, odgovarao je na njih nepouzdano i neodređeno.

— Misliš li da krećeš?
— Kuda?
— Pa dalje.
— Dalje? Šta ću dalje?
— Misliš valjda da ostaneš ovde, u Peći?
— Ovde? Šta ću ovde?

Tek kad sam ga zapitao za porodicu njemu grunuše suze, okrete glavu od mene i ode dalje, ode u onu gomilu živih leševa što lutaju po ulicama pećkim ili stoje pribrani u gomilice ne govoreći među sobom, ne interesujući se ni za što, ne raspitujući se ni o čemu.

Pođi, gde hoćeš, zađi u koji hoćeš sokačić pa ćeš uvek sresti istu sliku: ljude dronjave i u ritama, umazane blatom koje se sasušilo na odelu, prljavih ruku, prljava lica, neumivene i izgladnele. I sve to luta kroz ulice i traži hleb. Ide od dućana do dućana i lupa i moli da mu se otvori ili preti da će razbiti vrata ali nema snage da to učini.

A dućani zatvoreni i debeli kapci spušteni. Jedva pokoji dućan drži otvoren prozor i otud, iza gvozdenih šipki, prodaje užad i kolane, što se u velikoj količini kupuje zbog tovara na konjiće, koji se na pijaci prodaju po basnoslovno visokoj ceni. Ali nisu dućani jedini u kojima se kupuje i prodaje. Prodaje se na sve strane, u svima ulicama i na svima ćoškovima. Prodaju vojnici i prodaju izbeglice sve što stignu, sve što im je izlišno ili do čega su odnekud došli. Prodaje se sve i svoje i državno i košulja, koju je vojnik sa sebe skinuo pa obukao bluzu na golo telo i državni vo, kojega je vojnik iz zaprege kakve kolone izvukao.

Po ulicama vatre, logori i vašar. Onde vidiš prašti sekira i seče fijaker te podlaže vatru, koja nasred kaldrme bukće i oko koje se promrzli greju; u drugoj ulici skupila se gomila meštana i rastočava državna municiona kola, noseći svako po jedan deo svojoj kući; u trećoj ulici vidiš izručen u jarku, kroz koji teče potok, sanitetski materijal ogromne vrednosti a Cigani se skudili i probiraju; u četvrtoj ulici polegali gladni državni volovi i zakrčili ulicu. Ovamo vojnik prodaje šatorsko krilo, čizme, ćebe; drugi opet tamo zaklao državnoga vola, raščerečio ga, stao na jedan ćošak i seče sekirom i prodaje na oku, koju rukom odmerava; treći vuče za uzicu državnoga konja i prodaje ga, četvrti konzerve, peti sedlo, šesti nudi čitava kola.

I kroz svu tu gomilu prodavaca promiču generali, narodni poslanici, vojnici, ranjenici, izbeglice, strane misije, crnogorski žandarmi i Arnauti, koji kao kupci zalaze od gomile do gomile i za sitne pare nose svojim kućama dragocene stvari.

Uz bedu, nevolju i rasulo, javlja se i najrođenija sestra obest. Naravi u ovako teškim katastrofama ili klonu i utonu u apatiju ili podivljaju. Eno otud vuku, užetom čvrsto vezanog vojnika, osam njegovih drugova sa puškama na ruci. On je sav krvav, iscepan, gologlav, iskolačenih očiju, opire se i sad još iako mu je uže zaseklo u meso iako je, vidi se, posle očajne borbe savladan a puščane mu cevi uprte u grudi. Ko zna kakav je zločin učinio, izvesno je ubio koga! Pa onda, eno nasred pijace kapetan puca iz revolvera na potpukovnika, jer mu je ovaj kazao bezočnu reč, pa eno... Niko više ne ceni ni svoj ni tuđ život ni za šta!

A ovo je tek polovina puta a kako je tek duga i kako teška ona druga polovina nevolja, koje nas očekuju? I kako će ti ljudi slabe duše podneti te veće nevolje, kojima ćemo poći u susret? O tome sam se pitao, gledajući ove ružne slike u Peći, o tome je svako sebe zabrinuto pitao.

Ta briga se vrzla svakom u pameti i svako se brinuo šta će i gde će? Iz Peći vode dva puta za Andrijevicu, jedan preko Čakora a drugi preko Rožaja. Prvi mnogo teži, kroz samu stenu, kamen, klance i preko velikih visina ali kraći; drugi nešto blaži ali duži. I jedan i drugi pusti i jedan i drugi neprohodni, opasni, surovi. Postoji i treći put, na Plav i Gusinje pa pravo na Skadar ali bi se retko ko odvažio da tim putem pođe. Svet se zabrinuto lomio, raspitivao se kod meštana, raspitivao se kod vlasti, trčao od jednog do drugog i savetovao se, kupovao konje, kupovao samare, užad, ćebad i nabavljao sve druge potrebe. Valjalo je krenuti na put na kome će se usred planina spavati na snegu, valjalo je krenuti na put, kojim se živa duša neće sresti, gde se neće ništa moći nabaviti, ništa dobiti i gde će patnje zahtevati mnogo i mnogo i fizičke i moralne snage te da se mogu podneti. Otuda vidiš na svima licima duboku brigu, vidiš preplašenost, uzneverenost.

Jedan pita Arnautina:

— Bio si, prolazio si aga Čakorom?

Onaj nećka glavom u znak odobravanja.

— Može li se proći?

— Pa... može...

— Je l' i zimi može?

— Jok! — odmahuje onaj. — Ne hodi se zimi tuda.

Drugi uhvatio crnogorskog žandarma, koji se hvali da je sve puteve i sve staze prošao pa bi znao usred noći ko usred dana ići.

— A kako je preko Čakora?

— E tu ne znam, tuda nisam hodio.

— A šta misliš, kad bih udario na Plav i Gusinje?

— Nisam ni tuda hodio ali vele ne valja. Zli su oni Arnauti a ne valja ni put.

— Pa jesi li hodio na Rožaj?

— Tuda jesam!

— Pa kako je tim putem, može li se?

— Ne valja — veli — težak put ali ako se mora onda što ćeš.

I onaj što je pitao Arnautina i onaj što je pitao žandarma, odvajaju se od njih nerešeni, neodlučni kao i ranije što su bili, i idu drugom, idu trećem.

— Ja idem, u ime Božje, koliko sutra! — veli jedan.

— E, rešio si se, kojim putem? — pita ga drugi.

— Idem na Čakor. Teže je al' kraći put. A treba grabiti dane, šta znam kakva me mećava može zahvatiti negde u planini. A ti?

— Ja se nisam još rešio — veli onaj drugi.

— Pođi, brate, i ti na Čakor, raspitao sam se, opet je bolje.
Sutradan, sretaju se ista dvojica:
— Pa zar ti ne ode danas?
— Ne bome! — odgovara onaj prvi.
— Što?
— Tako. Hteo sam poći pa me odvratiše. Ono je, brate, nesreća onaj Čakor. Ni vuci ne idu tamo, a gde ću ja. Predomislio sam se.

Drugi je opet tako odlučio da ide na Rožaj pa u poslednjem trenutku ostao, predomislio se, kazali mu, odvratili ga.

A dok smo se mi tako neodlučno rešavali, lomili i odugovlačili sa polaskom, dotle su se događaji oko nas nemilostivo valjali. U Đakovici, koja je ostala za nama, došlo je do puškaranja izmeđ stanovnika i naše vojske; na Kolašinu se već vode poslednje borbe i Austrijanci prete da siđu u Berane i Andrijevicu te da nam preseku sve puteve. Treba žuriti, treba već sutra krenuti jer prekosutra može biti dockan. Te zle vesti o prilikama za nama i pred nama, udvajale su nam brigu i ubijale u nama i poslednje ostatke volje i snage.

Sutra bi zorom ipak zagušili drumovi ka Beranama i Čakoru ali, večeras, kad već pade prvi suton, na jedan mah, niti znaš otkud je došao, ni ko ga donese, prosu se po Peći čudan i iznenadan glas, koji nam osveži zamrčene duše i razvedri dubokim brazdama preorana čela. Kao usred teške omorine kad malakše i duša i telo, a puhne svež planinski vetrić te ti rashladi čelo i otvoriš sane i malaksale oči ili, kao iza bure i nepogode kad se raznobojna duga obeleži nebom te svako digne glavu verujući u znak Božji, koji obećava svetlost sunca.

Ta vest, koja se šaputala i glasno kazivala, koja je proletala i derala kroz varoš i kroz redove izbeglica, kao bujica, kao poplava, kazivala nam je da će ostatak srpske vojske, koja još nije stigla u Peć, obustaviti svoje odstupanje, pribraće se još i svi ostali delovi vojske, koji su se rasuli, obrazovaće se jedan jači odred, eventualno armija i ponoviće se slavni novembar 1914. godine. Otpočeće ofanziva, kojoj se, sad već rastrojeni Austrijanci ni ovom prilikom neće moći da odupru; srpska će vojska jednim očajnim naletom povratiti Kosovo te naterati i Bugare da napuste Prizren. Ako je još francusko-engleska pomoć stigla do sad u većem broju na južnome frontu, ova se akcija može i dalje prostreti i, ko zna kakve značajne i sudbonosne posledice doneti.

Kao ono u staroj istočnjačkoj bajci što vila čuvarica jednom čudotvornom rečju probudi okamenjene viteze, te se domaločašnji kamen počne da kreće i živi, tako i ova čudotvorna reč probudi nas, koji smo do maločas bili okamenjeni. Uskomeša se svetina i pođe na sve strane da raspituje, da se obaveštava, da veruje ili ne veruje i — da se nada. Nada je bio poslednji među osećajima, koji je na ovome teškome putu napustio nesretne begunce i evo, prvi je među osećajima, koji se opet javlja.

I sad se već ne šapće više pogruženo kad se sastanu gomilice, već se govori glasno i ne ide se slomljeno kao maločas, već dignute glave. Ljudi se pozdravljaju među sobom, rukuju se, pitaju se i sabiraju se u gomilice, ali su te gomilice sad već žive a ne kao juče i danas mrtve i neme.

— Ama, je l' to istina? — pita prijatelj prijatelja iako je već desetoricu do sad pitao i svi mu odgovorili da je istina.

— Istina je! — tvrdi mu i jedanaesti.

— Ko kaže, od koga si čuo? — pita onaj ne bi li saznao što više no što je saznao od prve desetorice s kojima je razgovarao.

— Čuo sam od čoveka koji pouzdano zna.

— Ama baš rešeno? — navaljuje onaj.

— Rešeno! — odgovara odlučno jedanaesti.

— A gde je rešeno?

— Tamo... u štabu!

U drugoj gomilici neko drugi opet daje obaveštenje o izvorima, iz kojih je čuo ovu važnu vest. Pojedine gomilice čak se uputile arnautskim mahalama da prođu kraj kuće, u kojoj je smeštena prva armija, ne bi li primetile tamo kakav pokret; ne bi li zapazile da su kancelarije više osvetljene no obično, ne bi li ma šta videle što bi im potvrdilo saznanje i potkrepilo još više nadu.

Štab prve armije bio je smešten u kući nekoga bega, u jednoj od krivudavih i tesnih ulica pećkih. To je velika zgrada sagrađena od kamena, kao i većina begovskih kuća i kula u ovim krajevima. U zgradu se ulazi na veliku drvenu kapiju, na koju se s obe strane naslanjaju visoki kameni zidovi, koji ograđuju dvorište. Na zidu, kraj kapije, piše krupnim štampanim slovima: „Štab prve armije".

Pred tom kućom, u uzanom sokaku, stoje nekoliko automobila, među kojima su šoferi naložili vatru koju raspaljuju sipajući na nju, s vremena na vreme, mašinski zejtin. Oko vatre, na praznom benzinskom sanduku, na dovaljanom kamenu, na praznoj petrolejskoj kanti, posedali šoferi, podoficiri iz štaba i žandarmi i vode duge i žive razgovore. Poneko od njih secka oštrim nožićem tanke korice tvrdoga hleba i gricka; drugi turio u vatru džezvicu da mu uzavri voda za kafu ili šerbet a treći presvlači košulju.

U dvorištu, kad se uđe u kapiju, licem okrenuta ulazu, sagrađena je mala, spreda otvorena šupa, od koje dve strane čine drveni zidovi a kao treća služi kameni zid susednoga dvorišta. Na sredini te šupe gori vatra, oko koje sede štabovski žandarmi i razgovaraju sa zarobljenicima, koji su uoči toga dana pohvatani od naših izvidnica. Zarobljenika ima desetina, a među njima i Nemaca. Svi su promrzli, pocepani, modri i podnaduli. Oni sede mirno oko vatre, odgovaraju ponizno na svako pitanje i zalažu se parčadima bundeve, koju peku na vatri i jedu je.

Iz dvorišta ulazi se, na levoj strani, u zgradu na jedna velika vrata, u mračnu i veliku prostoriju, koja zauzima celo prizemlje a služi kao štala za konje. Od vrata s desne strane štale, izvedene su uzane stepenice, koje vode na prvi i drugi sprat. Stepenice za prvi sprat uzlaze u jedan dugačak hodnik pretrpan sanducima i šatorskim krilima. Na tim sanducima vojnici kuvaju čaj i svaki čas unose u kancelarije, kojih na ovome spratu ima tri: jedna mala gde je štabni telefon, druga takođe mala za vojnike i treća, najveća, gde spavaju oficiri i ađutant štaba. Na spratu iznad ovoga, u sobi koja je upravo nad ovom, stanuje komandant prve armije vojvoda Mišić, sa svojim načelnikom štaba.

U tu zgradu i u tu sobu komandanta prve armije, sabrale su se, šesnaestoga novembra pred podne, vojvode i đenerali komandanti, koji su se zatekli u Peći da, na osnovu naredbe Vrhovne komande, kojom je prvoj, drugoj i trećoj armiji i Odbrani Beograda određen pravac povlačenja Peć-Andrijevica-Podgorica-Skadar, utvrde detaljni raspored povlačenja. Komandanti su na toj sednici utvrdili da se odmah, jednim delom već sutra, sedamnaestoga novembra, otpočne povlačenje ka Andrijevici, i to ovim redom! Druga armija putem na Čakor a prva armija i Odbrana Beograda preko Žleba na Rožaj. Treća Armija, koja će se zatim i sama povući preko Rožaja, ostaće poslednja kao zaštita armija koje se povlače pred njom.

Celo to popodne, posle ovih zajedničkih odluka, komandanti i njihovi pomoćnici, svako u svojoj kancelariji, razrađivali su ove odluke kao naredbe za svaku jedinicu i sa toga posla, koji nisu završili čak ni kad je pao mrak, diže ih ponovan i hitan poziv vojvode Mišića da se, pre no što bi svojim trupama izdali definitivne naredbe za odstupanje, još jednom sastanu u štabu prve armije. Izvesna obaveštenja, dostave, izveštaji, telegrami i druge pojedinosti, do kojih je vojvoda od podne do predveče toga dana došao, činili su sasvim drugačom situaciju no što je bila danas do podne, kada su đenerali rešavali o povlačenju, i to je nagnalo vojvodu Mišića da ponovo sazove komandante na sastanak.

Celo to popodne, posle prvoga sastanka đenerala, načelnik štaba prve armije, ispitivao je svakog ponaosob i sve zajedno one zarobljenike što sede sa žandarmima pod šupom, grejući se oko vatre. Ispitivao ih je dugo i svestrano, zapisivao je odgovore i dopunjavao ih, vraćao se na pitanja koja je već jednom bio postavio i uopšte, činio je sve da što tačnije i što pouzdanije sazna stanje neprijateljske vojske koja nastupa za nama. Zarobljenički iskazi bili su manje-više jednaki; svi su oni tvrdili da su neprijateljske snage koje slaze sa Kosova, vrlo male jer su utrošile veliki broj vojske na obrazovanje garnizona po osvojenim mestima, ne osećajući se bezbednima u osvojenoj Srbiji. I te slabe sile, koje nastupaju s Kosova, ne predstavljaju vojsku boljega kvaliteta a sem toga, prati ih glad jer nisu zatekli plen koji su očekivali a zašli su u krajeve gde je vrlo otežano snabdevanje iz severnih, bogatijih krajeva. Arnautski elemenat, na koji su Austrijanci tako mnogo računali, nije ih dočekao ni oduševljeno ni prijateljski, naprotiv, indiferentan je i lukavo se ponaša, računajući pouzdano na privremenost austrijske vladavine, te se ne može računati ni na ishranu vojske od stanovništva. Ni o moralu trupa austrijskih nisu zarobljenički iskazi bili povoljniji a sa ovim su se slagali i izveštaji Arnauta sa naših predstraža.

Malobrojnost neprijateljske vojske potvrđivali su i neki Pećani, Arnauti, koji su jutros stigli iz Mitrovice i koji vele da na putu nisu videli nikakvu vojsku već samo neke patrole.

Sav taj materijal i još neke izveštaje pojedinih komandanata, proučavao je sve do mraka vojvoda Mišić, baveći se jednako nad đeneralštabnom kartom ove i susednih oblasti i beležeći po njima neprijateljske položaje i pravce kojima se on kreće.

Pre godinu dana, kada su Austrijanci pod Poćorekom poplavili zapadnu Srbiju, ovako je isto, istoga meseca i istoga dana u mesecu, vojvoda Mišić u jednoj kući u Gornjem Milanovcu, sedeo za stolom studirajući iskaze zarobljenika i položaje neprijateljske i tada se, u času kad niko više nije verovao u spas Srbijin, rodila u njemu misao o slavnoj novembarskoj ofanzivi, koja je Austriju stala žrtava i srama a nama donela slavu vojničkoga naroda. Da li vojvodi u ovome času nije pao na pamet čudan sticaj prilika: isti dan, isti mesec, iste okolnosti: jedna vojska koja veruje da je pobedilac i predaje se pobedničkom zanosu i nemaru i jedna vojska, za koju svi već misle da je pobeđena, pribira poslednju svoju snagu i satire svoga pobedioca. Nije li to mig istorije koji ga odvodi na one iste misli koje su pre godinu dana, u času kad ih je iskazao, izgledale nemoguće, pa ipak postale slavno delo?

U tim mislima, nadnesena nad đeneralštabnom kartom, zatekli su vojvodu đenerali, praćeni svojim pomoćnicima štabova, kada su se počeli predveče, na njegov poziv, zbirati u vojvodinu kancelariju.

Ta kancelarija predstavlja jednu prostranu, pravougaonu odaju, pretrpanu krevetima i oficirskim sanducima. Nasred odaje nalaze se dva uzduž sastavljena stola oko kojih su poređane stolice. Sedi se i na krevetima i na sanducima jer nema dovoljno stolica oko stola.

Razgovori se najpre vode o poslednjim vestima, o odlasku Kraljevom, Vrhovne komande i vladinom iz Prizrena i o borbama francuske vojske na jugu Srbije. U toku toga razgovora, vojvoda Mišić izloži opširno svoje saznanje o stanju u austrijskoj vojsci, isnese sve podatke, sve iskaze zarobljenika, građana, izveštaje sa predstraža, predoči položaje na kojima se neprijatelj nalazi, njegov moral i njegovu brojnost. Iznese zatim depešu, koju je po podne primio sa Cetinja, od našega vojnog delegata, po kojoj nemački zvanični komunike objavljuje da Nemačka smatra svoj cilj postignutim, te prekida dalje operacije protiv Srbije i drugi telegram, istoga delegata, u kome saopštava radio-telegram iz Liona, po kome Nemačka već povlači vojsku iz unutrašnjosti Srbije. Ovaj je telegram dopunjavao i potkrepljavao i izveštaj komandanta Dunavske divizije, koji vojvodu izveštava da izbeglice koje dolaze sa neprijateljske strane pričaju, da su im austrijski vojnici, Bosanci, rekli da neće ostati u Srbiji već moraju da se vraćaju jer Rusi silno nadiru.

Izloživši sve te okolnosti, vojvoda predloži da se obustavi naredba o odstupanju, da se vojska pribere i preduzme ofanziva.

Svi se sabrani komandanti iznenadiše ovome neočekivanome predlogu. Mislili su, vojvoda ih je Mišić pozvao jer je pribrao neke nove podatke koji bi imali veze sa rasporedom odstupanja i zahtevali možda izmene u tome rasporedu. Mesto toga, vojvoda Mišić pred samo izvršenje odstupanja, za koje su već izdate naredbe, predlaže ofanzivu.

U prvome trenutku iznenađeni đenerali izmeniše poglede među sobom i upreše ih zatim svi u vojvodu Stepu Stepanovića koji je, oslonjene glave na ruku, sedeo za stolom kraj samoga vojvode Mišića. Vojvoda Stepa oseti i sam da je pozvan prvi da uzme reč i on diže glavu:

— Ne govoreći o tome — reče vojvoda — da li smo u mogućnosti da preduzimamo ofanzivu i pored svih prilika koje nam je vojvoda Mišić izneo o stanju austrijske vojske, ja se prethodno pitam i pitam vojvodu: nalazi li on da bi bilo oportuno, u momentu kad Kralj i Vrhovna komanda napuštaju zemlju, uvereni da se više ništa ne može učiniti, preduzimati jednu tako neočekivanu akciju?

— Vrhovna je komanda naredbom od 12. novembra ostavila slobodnu inicijativu nama komandantima — uze da brani svoje mišljenje vojvoda Mišić i diže sa stola naredbu koja je ležala među hartijama i u kojoj je on debelom crvenom pisaljkom podvukao mesto na koje se poziva.

— Koliko je meni poznata naredba — dodade vojvoda Stepa — ta se sloboda inicijative odnosi isključivo na povlačenje i ne može se tumačiti ovako kako je vojvoda Mišić tumači. Ali, i kad bi prešli preko te naredbe i njenoga značenja, ja ipak ne vidim krajnju korist takve ofanzive?

— Krajnja korist? — upade plahovito u reč vojvoda Mišić. — Krajnja korist je očigledna: valja se dočepati glavne komunikacije sa Solunom te, ako se i mora odstupati, odstupati putem kojim se može spasti državna imovina i ovoliki narod koji je krenuo u bežaniju.

Već od prvih reči videlo se da će dvoboj u ovoj diskusiji voditi vojvoda Stepa i Mišić, đenerali Jurišić i Živković malo su uzimali reč postavljajući samo pogdekoja pitanja.

— Dobro, primam te razloge kao opravdanje krajnje koristi — nastavi vojvoda Stepa posle izvesne pauze. — Primam i verujem i da je stanje austrijske vojske takvo kakvo je izložio vojvoda Mišić ali, ne verujem i da je stanje bugarske vojske takvo. Iako su ih borbe na Timoku i na giljanskome frontu dovoljno izlomile, ipak su oni tek mesec dana u ratu i, kako drugih frontova nemaju, celokupna je njihova snaga prema nama. Kad budemo izbili na Kosovo, jer vojvoda Mišić predlaže ofanzivu prema Mitrovici, srešćemo njih i onda ćemo se opet skrhati a pitanje je hoćemo li tada imati slobodan i ovaj jedini put za odstupanje, jer Bugari se verovatno neće zadržati u Prizrenu već će poći ovamo. I onda našto ceo taj pokušaj?

Vojvoda Mišić zadrža pravo da o tome govori kad se bude prešlo na rešavanje o mogućnosti i uslovima za ofanzivu, on za sad moli da se reši pitanje: imaju li komandanti pravo da reše ofanzivu kad je Vrhovna komanda napustila zemlju?

Đeneral Jurišić stade uz gledište da komandanti imaju pravo na ovu inicijativu pod promenjenim okolnostima. Đeneral Živković nije iskazivao svoje mišljenje ali se videlo da je i on uz to gledište.

— Mogu imati prava primajući na sebe i svu odgovornost! — dodade i vojvoda Stepa.

— Kakve bi tu odgovornosti moglo biti? Ako se uspe nema je a ako se ne uspe, šta je to što ćemo izgubiti kad je već sve izgubljeno? — reći će vojvoda Mišić.

— Ima je ima! — šapće vojvoda Stepa više sebi.

Svi ga pogledaše očekujući da nastavi.

— Ima je, velim! — ponovi vojvoda glasno. — Kako da nema odgovornosti? Zar povesti ljude na klanicu kad uslova za ofanzivu nema i to ljude desetkovane, premorene i bez hrane; zar se za to nikom ne odgovara? Drugo je, ako zbilja uslova ima, u tom slučaju evo ja sam prvi koji pristaje da primi svu odgovornost.

— Još jedno pitanje — upade đeneral Jurišić. — U slučaju takve akcije mi bi se svi vratili svojim komandama. Akcija bi bila zajednička, svih jedinica, ukoliko ih imamo. Šta je to što bi obezbedilo jedinstvo akcije? Ako se svako od nas može slobodno i po svome nahođenju kretati pri povlačenju, ne može svako na svoju ruku činiti pokrete pri nastupanju, Vrhovna komanda je van zemlje, s njom smo bez ikakve veze.

— Obrazovaćemo novu Vrhovnu komandu! — preseče vojvoda Mišić spreman na to pitanje. Zatim uze reč i poče u detaljima da razlaže mogućnost ofanzive, pogledajući uvek pri tome na vojvodu Stepu kojega je želeo ubediti. On iznese plan kome bi krajnji cilj bio oslobođenje saobraćaja sa Solunom, što bi nam u slučaju daljih neuspeha, dalo bar mogućnosti za jedno pravilno odstupanje i spasenje ogromnog ratnog materijala koji bi se inače morao sav uništiti, ako se nastavi odstupanje u ovome pravcu kojim se pošlo. Da potvrdi mogućnost takvoga rezultata, vojvoda se pozva i na poslednje izveštaje Vrhovne komande iz Prizrena, po kojima su izvesna francuska odeljenja primila borbu na srpskoj teritoriji, na Moglenu. Znači da u Solunu već ima dovoljno savezničkih trupa koje bi mogle stupiti u akciju, ako bi ta akcija bila prihvaćena sa severa.

Vojvoda Mišić govorio je rečito i sa nepokolebljivim uverenjem koje je osvajalo. Na licima prisutnih, koji su predlog u prvi mah dočekali sa nepoverenjem, sa čega se diskusija često puta i zaoštravala do sukoba, poče da se ispisuje neko pouzdanje i vera u ono što je vojvoda predlagao. Vojvoda je nastavio, on je izneo u detaljima i način kako bi se naša ofanziva izvela i pravac kojim bi se kretala. Uzeli su učešća u tome i svi ostali, pretresali su sve mogućnosti, razmatrana je i karta, ispitivani su ponovo izveštaji naših predstraža, o položajima na frontovima našim i stranim i najzad, došlo se do zajedničke načelne odluke, da se pristupi ofanzivi.

Vojvoda Stepa, koji je i sam pristao uz ovu odluku, ali još uvek ostao nedovoljno zagrejan poverenjem prema predlogu vojvode Mišića, dodade posle donete odluke:

— Ali, pre no što donesemo i definitivnu odluku, mi moramo biti tačno obavešteni sa kolikim brojem vojske razpolažemo, jer to u ovome času niko od nas ne zna pouzdano; dalje, moramo znati kakvo je stanje i raspoloženje u vojsci, naročito posle napuštanja zemlje od strane Kralja, vlade i Vrhovne komande; pa onda, moramo znati sa koliko i kakve municije raspolažemo i najzad, imamo li uslova za ishranu kad ih i neprijatelj nema?

Svi usvojiše ove napomene vojvode Stepe i svako primi na sebe da do sutra pribere sve ove podatke. Zatim je sastavljen i protokol sednice komandanata armija, po kome je imalo: da se obustavi jutrošnje rešenje komandanata o odstupanju i saopšti odmah komandantima divizija da pripreme trupe za ofanzivu i preduzmu pripreme za preformiranje pešadijskih jedinica prema njihovom brojnom stanju.

Sednica se svršila dockan uveče, oko devet časova. Mlađi oficiri i drugo osoblje iz štaba prve armije, koje se u sobi pod vojvodinom naročito iskupilo i čekalo na odluku, znajući o čemu se u sednici rešava, radoznalo je i sa nestrpljenjem pogledalo na izlazak đenerala i njihovih pomoćnika, ne bi li sa lica njihovih pročitalo odluku. I sa lica njihovih se odista moglo pročitati ono što su u donjoj sobi tako žudno očekivali. Raspoloženje, upravo oduševljenje, zavlada odjednom među svima i nađe se odnekud i piva i vina i šampanja da se to oduševljenje potkrepi.

Dok se u donjoj sobi oduševljavalo dotle se gore, u vojvodinoj sobi, izrađivale hitne naredbe svima komandantima da ne dozvole dalje uništavanje materijala, da jave brojno stanje i raspoloženje vojske, količinu municije i da učine sve pripreme za eventualnu ofanzivu.

Kao i u prvoj, te se iste naredbe izrađivale te noći i u svima ostalim armijama i komandama a osim toga, preduzeta su još iste noći na svima frontovima daljna konjička izviđanja. Komandant druge armije preduzeo je još i mere da što pre uhvati vezu sa komandom trupa novih oblasti i da sazna što bliže o događajima kod Đakovice, odakle su bili stigli uznemirujući glasovi.

Još te noći glas je prohujao kroz Peć a sutradan zorom, već se vedra lica bude oni što su legli klonuli i iznemogli; dižu se sa verom oni koji nisu ni u šta više verovali; ustaju sa nadom oni koji su svaku nadu napustili. Lica, koja si juče sretao bezizrazna, tupa i blesava, danas vidiš sveža; čela koja si sretao izborana i zabrinuta, danas vidiš vedra a u očima, koje si sretao ugašene, vidiš sad kako se uždio zrak. Kao da su se mrtvi probudili.

Vera, silna vera obuzela je ljude; drugače se sreću, drugače pozdravljaju, drugače razgovaraju. Jedan viši činovnik, koji je juče govorio da smo toliko pretučeni da sto godina nećemo dići glave, veli danas:

— Znao sam ja, takvi smo mi... Pretuci nas koliko hoćeš, ostavi u nama samo jedan živac pa ćemo iz njega opet da izrastemo!

Drugi jedan, koji je zajaukao kad je čuo da mu je kuća opljačkana i tvrdio onda da je Srbija zanavek propala, veli danas:

— Ne propadamo mi lako; ko hoće da nas proguta treba da ima gvozden stomak. Platiće nam oni to, sve će nam platiti, sve do poslednje čivije!

— Idem i ja da se borim! — reče mi jedan koga je već pre pet godina minula svaka obaveza ali u kome se od jutros razbuktalo mladićko oduševljenje.

— Nije to za vas! — velim mu.

— Zašto da nije. Predstojalo mi je da ginem u ovim planinama, gubeći Otadžbinu, pa zašto ne bi ginuo oslobađajući je!

Sreo sam i onoga mladoga oficira koji mi reče da je pokojnik još u Prizrenu preminuo a ovo dovde, do Peći, da je bio samo prenos mrtva tela radi sahrane u porodičnoj grobnici.

— Vidite li šta se učini od pokojnika, diže se iz mrtvih?

On sleže zadovoljno ramenima pa dodade:

— Šta ćete, ima i prividnih smrti!

Niko više nije ni mislio na dalje povlačenje iz Peći, za koje se dotle sve grozničavo spremalo. Razvezali su se denjkovi, odrešile se torbe i počelo se jesti ono, što se mukom nabavilo i čuvalo za najveću nevolju, koja nas je čekala u planinama. Bilo ih je čak koji su skupo plaćene konjiće nudili da prodadu po male pare.

U štabovima armijskim nastavilo se sutradan do podne žurno pribiranje izveštaja, koji su stizali sa raznih strana. Ti izveštaji, mada nisu bili potpuni i iscrpni, davali su ukupno ovakvo obeležje stanja u vojsci: vojska premorena, malaksala i rastrojena, ali bi se ofanzivom podigao u njoj duh; municije nema, hrane nema. Iz izveštaja se videlo još da je nedovoljan broj vojske kao i da nema više ni komore ni profijantskih odeljenja.

Osim toga, stigao je izveštaj komandanta Moravske divizije drugog poziva, da još u toku današnjega dana mora napustiti Đakovicu i izveštaj komandanta Šumadijske divizije prvog poziva, kojim javlja da je neprijatelj napao Timočku diviziju drugog poziva i da se XIII puk povlači u neredu.

Kada su se toga dana po podne opet sastali komandanti u štabu prve armije, već je na licu svakoga od njih bilo ispisano drugače raspoloženje no što je bilo ono koje su sinoć poneli polazeći odavde. Vojvoda Mišić ostao je i dalje uporno pri svome predlogu za ofanzivu, zahtevao je da se još ne donosi protivna odluka, da se najpre izveštaji dopune i priberu izvesni podaci, koji su nedostajali. Vojvoda Stepa, uz kojega su sad već i svi ostali pristajali, zauzeo je danas odlučniji stav, jer odlaganje odstupanja moglo je biti od nesretnih posledica. On je čak, braneći svoje gledište, bacio u oči vojvodi Mišiću nekoliko grubih reči, te je sukob u jednome trenutku pretio čak da pređe u razračunavanje. Najzad, vojvoda Mišić, kad se osetio potpuno sam, a razloge kojima je još uvek branio svoj predlog nije mogao, kao juče, da potkrepi pouzdanim podacima, morao je klonuti. Tako je doneta i potpisana odluka da se odustaje od svakog pokušaja ofanzive i da se vraća u važnost rešenje komandanata od 16. novembra pre podne a to je značilo, da se odmah pristupi povlačenju po redu utvrđenom na toj prvoj sednici.

Kada je posle te odluke povedena reč i o artiljeriji, koja ne može dalje iz Peći, već se mora tu uništiti, vojvoda Mišić je bolno uzviknuo:

— Kad već ne može biti ofanzive onda, pre no što je uništite, dajte mi svu municiju, koliko je ima, da je ispucam, da oglasim smrt Srbije!

Pre no što će se još generali rastati sa ove poslednje sednice, setili su se da su ova njihova rešavanja unela toliko vere, toliko pouzdanja u građanstvo, da je ono odustalo od svojih odluka da se sklanja. Kada bi sad vojska odjednom počela da se povlači to bi unelo veliku pometnju. Stoga je nađeno za shodno da jedan od komandanata — vojvoda Stepanović — izda naredbu i nađe načina kako će s njom i građanstvo upoznati a kojom će naredbom pozvati izbeglice da odmah kreću na put, kako bi olakšale odstupanje vojsci.

Naredba se ova brzo rašču i tako se i poslednja nada ubrzo pretvorila u poslednje razočarenje. Više se nije moglo ničim zavaravati, valjalo je kretati u planine.

I na jedan mah, kao da si magičnim štapićem zavitlao preko gomile i izgovorio čarolijske reči, sve se opet skameni; sve se izmeni i sve se vrati svome pređašnjem raspoloženju. Na svima se licima ispisa, ponovo se duboko ispisa beda i nevolja, s tom razlikom samo, što je utučenost bila sad još veća i još teža.

— Verujte mi, prijatelju — veli mi jedan poznanik — imam gvozdene živce. Preturio sam teške brige i nevolje u životu i tamo gde bi svako drugi poklecnuo, ja sam čak imao snage druge da tešim. Sad već više nemam ni ja snage i, evo priznajem vam, danas mi je prvi put u životu došla na pamet misao o samoubistvu.

Drugi jedan, o kome sam se negda ja lično uverio da je čovek čelične volje i ogromne duševne energije, reče mi sa suzama u očima:

— Čujem hoće da unište svu municiju. Ama gde su ti đenerali? Hoću da ih nađem i da ih zamolim, sutra u zoru nek izvedu topove tamo na onu čistinu ispod Patrijaršije, pa da se iskupimo svi mi begunci, nek saspu u nas svu municiju, nek nas sahrane pa nek kreću dalje! Bogami, to ću da ih zamolim!

Sreo sam i jednoga poznatoga profesora, za kojega znam da nikad nije obilovao religijskim čuvstvima. Vraćao se otud iz Patrijaršije.

— Bio sam tamo — pokaza mi rukom crkvu — pomolio sam se Bogu, pripalio sam sveću...

— Za mrtve? — zapitah ga sa saučešćem.

— Ne! — veli profesor. — Oni su se već udostojili Božje milosti. Za nas žive, prema kojima je Bog tako nemilostiv!

Ućutao sam da ne uznemirim duboki osećaj pobožnosti koji se u času ove teške nevolje vraćao u dušu iz koje je bio izagnan. I profesor je ćutao izvesno vreme pa onda dodade, više kao razmišljajući, više sebi i poluglasno:

— Idem putem, otud, i mislim o nesretnoj sudbini ovoga naroda. Odatle, iz te iste Patrijaršije, krenuo je naš narod pre tri stotine godina u zbeg, u tuđinu; pa evo sad se opet ponavlja to i sa istoga mesta.

— Da! — odgovorih mu. — Samo pre tri stotine godina srpski je narod odavde, od Patrijaršije, krenuo u bekstvo ispred arnautskih nasilja, tražeći zaštite u hrišćanske Austrije a sad, posle tri stotine godina, odavde od Patrijaršije, kreće opet u bekstvo ispred austrijskih nasilja, tražeći zaštite u Arnauta.

Profesor se zamisli, teško uzdahnu i zanjiha brižno glavom:

— Zar se točak istorije unatrag okreće?!...

Sreo sam i nju — gospu u crnini. Sa njenoga sam lica najjasnije pročitao koliko je teškoga bola zadalo dušama sviju nas ovo poslednje razočaranje. Kada sam je upitao šta misli, šta će, ona mi ni reči nije odgovorila, bacila je samo pogled na snežne planine koje su bile pred nama. To je bilo moje poslednje viđenje s njom!

Kada je pala noć, poslednja noć pre no što ćemo krenuti u planine, nastala je jedna tužna svečanost. Pod svetlošću ogromnoga požara iznad Peći, koji je proždirao kare, lafete i svu ostalu opremu srpske artiljerije, tamo iza pećkoga groblja, nedaleko od Patrijaršije, vojnici su kopali duboke rake. Tu, u tišini, pod strogim stražama da se ko ne bi približio i video, vršena je sahrana topovskih cevi, sahranjivani su topovi okićeni slavom sa Kumanova i Oblakova, sa Jedrena i Bregalnice, sa Cera i Jagodnje.

To je bio duboko tužan obred. Vojnici su se, spuštajući topove u raku, praštali sa njima kao sa svojim najrođenijim, kao sa drugom, kao sa roditeljem, kao sa detetom. Milovali su ih, grlili i ljubili ih i plakali su za svojim drugovima sa kojima se nisu rastajali za sve vreme teških dana borbe i slave. Samo ko zna koliko je top pouzdanje srpskome vojniku i samo ko zna koliko se srpski vojnik srodi i orodi sa oružjem svojim, taj može pojmiti žalost njegovu kada se mora sa tim oružjem i na ovaj način rastati.

— Zar ja da ti svojom rukom iskopam raku — veli artiljerac svome topu. — Milošu moj!

Tepali su im, nazivali ih milosnim imenima i plakali su, gorko su plakali.

Oficiri su okretali glavu da sakriju suze koje su i njima vrcale na oči.

Ponoć je duboko prevalila a posao još nije bio svršen. Prostrane su rake, veliki je broj topova. Treba zatim zemlju ugaziti, treba je izravnati da se trag ne pozna, da neprijatelj ne nađe srpske topove.

Ponoć je odavno već prevalila, vatra koja je gore u brdu žderala kare, lafete i svu ostalu opremu srpske artiljerije, dogorevala je već; mrak je sve dublje osvajao i jedino dole, pod drumom, što su se dogledali, kao dogorele zvezdice, slabo osvetljeni prozori crkve Patrijaršije. Niska kubeta te srpske svetinje ocrtala su se u noći i dogledala se iz daljine. Patrijaršija iz koje je nekada, u dalekoj prošlosti, nikla srpska vera, jedini je noćas nemi svedok tužnoga čina sahranjivanja srpske vere.

I sahranjena je već! Pukovnik koji je rukovodio sahranom srpskih topova pošto je pregledao dovršene radove i bacio još poslednji pogled na groblje srpske artiljerije, reče potresenim glasom i sa dubokim bolom u duši:

— Svršeno je, sve je svršeno!...

Svršeno je, svršeno je sve!...

Nad grobnicom je zemlja utapkana, trag je uništen; na spalištu su vatre dogorele, pepeo se razvejao; iz duša je nesretnih begunaca nada izbrisana i bol se ponovo zacario.

Svršeno je sve i ovladala je duboka tišina mrtve noći, nigde traga od života. Još jedino, kao i maločas, što se dogledaju kao utuljene zvezdice, bledo osvetljeni prozori crkve patrijaršijske. To svetle kandila nad ćivotima srpskih vladara i svetaca Stevana Prvovenčanoga i Stevana Dečanskoga.

Jednoga dana, kada je glas topova izmešao svoju surovu grmljavinu sa toplom i tihom jekom zvona sa usamljenih manastira, krenuli su i njih; krenuli su ih iz njihovih vekovnih obitališta, iz njihovih grobnica, gde im je tvrde metalne ćivote pokrivala duga i memljiva prošlost; krenuli su ih, jednoga čak otuda iz Studenice pod Čemernom a drugoga iz Visokih Dečana.

Žive su pokopali a njih mrtve krenuli!...

Putovali su sveci dugo i dugo na ramenima srpskih vojnika, koji su se smenjivali noseći osvećene i teške ćivote, koje su pratili kaluđeri i sveštenici sa svećama u rukama, pevajući kroz planine i bogaze tužne molitve i tropare.

Tako su sveci odstupali, tako su sa narodom i vojskom i oni prešli preko visokih planina i stigli ovde, u Peć, da budu svedoci i poslednjega čina tragedije svoga naroda. Tu, pred oltarom patrijaršijske crkve, već pet dana i pet noći leže njihovi ćivoti, kraj njih gore sveće i kandila a vladike i arhimandriti, sveštenici i kaluđeri, čitaju im molitve jutrom i večerom.

I večeras su pročitali molitve, nalili ulja u kandila i povukli se u svoje ćelije, pošto su debelim ključem tri puta okrenuli u crkvenim vratima.

Kada je minulo već daleko iza ponoći, kada više pod svodovima crkvenim nije odjekivao tupi udarac pijuka koji je negde u blizini kopao srpske topove; kada su se vladike i arhimandriti, sveštenici i kaluđeri u svojim ćelijama predali dubokome snu i mukla tišina svuda ovladala; kada je nastupilo gluvo doba u koje se mrtvi bude — debeli su kapci na metalnim ćivotima teško zaškripali, kao zarđale šarke na tamničkim vratima. Ćivoti su se otvorili i bleda svetlost kandila obasjala je tamna kao zemlja i memljiva lica svetaca. Kosti su zaklopotale i skeleti, ogrnuti hermelinima i, s kraljevskom krunom na glavi, digli su se lagano i trudno iz srebrnih svojih tamnica. Ne zboreći ni reči, ne remeteći ničim gluvu tišinu, koja je pod manastirskim svodovima carevala, kraljevske se seni uputiše oltaru i kleknuše pred ikonama Svetoga Simeuna Mirotočivoga i Svetoga Save arhipastira.

Tamnim i muklim glasom, koji kao da je iz groba dolazio, i koji je jecao kao struna na guslama, otpočeše seni molitvu Gospodu Bogu za svoj nesretni narod, molitvu toplu, iskrenu, dugu. Molili su se Bogu koji je negda Nemanjinu molitvu na zvečanskoj gori uslišio i mač mu podržao i desnicu upravio da smoždi neprijatelja i pođe putem veličine i snage naroda svojega; molili su se Bogu, koji je negda uslišao molitvu ugodnika svojega arhiepiskopa Save, te smoždio Streza nasilnika, kovarnika i hulitelja zakona nebeskih i zemaljskih; molili su se Bogu Milutinovom i Dušanovom, koji je ove mudrošću i krepošću obdario; molili su se Bogu koji je Lazara kosovskoga primio u carstvo nebesno; molili su se Bogu koji je narod srpski pet stotina godina podržao u veri, u onoj velikoj i uzvišenoj veri koja se iskazuje u ljubavi prema Otadžbini.

Molili su se još i sinu gospodnjem, jedinorodnome i jedinosušnome. Ne sinu gospodnjem na prestolu Božjem, o desnuju Boga Oca, već onome okrvavljenome Bogu, onome Bogu kome je nemilost octom žeđ gasila, u čije su se grudi koplja zarivala; onome Bogu koji je krvlju svojom otkupio nauk svoj. Molili su mu se da se smilostivi na narod jedan, koji krvlju svojom otkupljuje nauk svoj — ljubav ka slobodi.

Molile su se toplo, molile su se iskreno, molile su se dugo kraljevske seni. Molile su se za one što su ostali na domu i za ove koji su krenuli u zbegove; molili su mu se za mrtve i za žive; molile su mu se da podrži roba, da okrepi izgnanoga, da uteši ucveljenoga, da osnaži malaksaloga i da provede narod srpski kroz more patnja i stradanja.

Molile su se toplo, molile su se iskreno, molile su se dugo kraljevske seni. Kandila su dogorevajući počela da trnu već, kroz prozore je crkvene počelo da prodire rano jutarnje bledilo dana a spolja, sa druma koji prolazi kraj Patrijaršije, čuo se već žagor izgnanoga naroda koji se sa prvom zorom krenuo u planine...

* * *

Svršeno je, svršeno je sve!...

Saveznici su oprali ruke, neprijatelj je zaurlao: „Raspni ga!" Krst je već sadeljan a Golgota je pred nama. Krećemo i penjemo se na nju!

Krećemo u planine, krećemo svi i Kralj i vlada i vojvode i đenerali i vojska i narod. Krećemo u planine, u gudure, u krševe; krećemo u glad i u smrt!

Pećemo se na snežne i nedogledne vrhove i spuštati se u mračne i studene klance, gde ćemo kao prvi hrišćani bačeni u arenu, očekivati zveri da nas rastrgnu. Slavićemo svoja krsna imena po pećinama, držaćemo pomene svojim milim i dragim po vrletima; spavaćemo po snegovima i po blatima; uspavljivaće nas arlauk vukova a buditi arnautska puška. Gladovaćemo i skapavaćemo od gladi; bolovaćemo i desetkovaće nas boleštine. Zasipaće nas i pretrpavati smetovi; padaćemo u ponore i ambise; klaće nas i ubijati divlji Arnauti, sejaće nad glavama našim smrt iz oblaka sprave letilice i davićemo se u duboka blatna jezera. Vaj nama, sejaćemo svud gde prođemo neopojane grobove, po urvinama i klancima, gde će nam zveri kosti glodati. I kada dospemo tamo gde smo jutros krenuli, umiraćemo još na pustim obalama Jadranskoga mora, gde ćemo provoditi bele noći i crne dane, čežnjivo pogledajući da nam Evropa dobaci mrve hleba ili da se na zelenome horizontu pojave brodovi sa zastavama koje nose spas onome što je preostalo od čitavog jednog naroda.

Bajka, bajka, bajka, koju ćemo — ako preživimo ove teške dane — pričati svojim unucima, kao što su nama o nekadanjim zbegovima pričali naši dedovi!

I onda čak, kad pomislimo da smo spaseni, neće još doći kraj našim patnjama i našim bolovima. Hranićemo široka mora našim telesima; razmilićemo se kao beskućnici po širokome svetu i sejati grobove po tuđini, po neznanim mestima, po dalekim stranama; pogubićemo se, te će majke naricati za decom a deca za hraniteljima svojim; potucaćemo se od nemila do nedraga i kucaćemo na tuđa vrata; zaklanjaćemo se pod tuđe krovove i pružati ruke hlebu koji nam milosrđe podeli. Silni perom opevaće naše jade, silni srcem zaplakaće nad našom nevoljom a silni dušom pružiće nam tople reči utehe — ali nas to neće utešiti, neće utešiti. Gorkim ćemo suzama odbrojavati dane izgnanstva a dubokim bolom hraniti našu čežnju za Otadžbinom!

Bajka, bajka, bajka, koju ćemo — ako preživimo ove teške dane — pričati svojim unucima, kao što su nama o nekadanjim patnjama pričali naši dedovi!

I dok mi budemo trajali teške dane izgnanstva, tamo daleko, tamo preko mora i gora, robovaće trima zlima gospodarima, ono drago, ono krvavo parče zemlje na kome smo nikli, koje nas je odojilo i othranilo; robovaće naši očevi i naša deca, naše majke i naše sestre; robovaće crkve naše, robovaće škole naše i robovaće grobovi naših milih i dragih. Drumovi će opustiti a gore oživeti zbegovima i hajducima; ugasiće se vatre na ognjištima i kandila po crkvama našim; grobovi pale dece naše poželeće suzu materinsku; pragove će kućne obujmiti korov; zarđaće napušteni plugovi, ispucaće nepreorana zemlja žeđu, te će je samohrane majke suzama zalivati. Presušiće dojke u matera te će puste kolevke njihati a kletvom zameniti pesmu materinsku. Vešala će zakon zameniti; nasilje će pravdu kazivati; porok će se vrlinom zvati a sram će visoko uzneti glavu i hoditi stazama, kojima je negda čednost hodila. Doći će poslednje vreme, te oni koji umiru blagosiljaće milost Božju a oni, koji ostaju živi, zavideće mrtvima.

Bajka, bajka, bajka, koju ćemo — ako preživimo ove teške dane — pričati svojim unucima, kao što su nama o nekadanjem robovanju pričali naši dedovi!

POGOVOR

Stranci su pisali vrlo mnogo o velikoj tragediji srpskoga naroda devetsto petnaeste godine, mi smo tek vrlo malo te će ova knjiga biti prvi veći napis o tome događaju. U opisima je stranaca više posmatranja i saučešća, u našima mora biti više osećanja i bola. Mi smo podnosili, oni su samo posmatrali. Ako su, kojim udesom, i podelili tešku sudbinu odstupanja sa nama, oni su podneli samo fizičke ali ne i duševne tegobe. U tome bi imala i biti razlika između knjiga koje su oni napisali i onih koje mi budemo pisali, te i ove koju podnosim čitaocima.

Mada je ova knjiga dosta opsežna, ja nisam ni pomišljao njome obuhvatiti celokupnu tragediju devetsto petnaeste godine. Beležio sam, opažao i saosećao samo u pojavama koje su se zbivale oko mene ili doprle do mene jer, učesnik i sam u velikoj nevolji, nisam ni mogao dalje dogledati. Moja knjiga završava u Peći, jer se tu završava i tragedija naroda. Odatle dalje nastaju tragedije pojedinaca, od kojih svaka za se zaslužuje po jednu ovoliku knjigu.

Ja ovu knjigu ne smatram kao gotovo delo o velikome događaju, te se čak i pobojavam da nije nešto pretenciozan naslov koji sam joj dao. Na tome delu, koje će se nesumnjivo jednoga dana javiti, bilo kao istorija, bilo kao priča ili ep, moraće i vreme i mnogo ruku sarađivati i ja, nudeći ovim samo deo građe, mogu biti zadovoljan ako kadgod budem smatran saradnikom na tome velikome delu, koje će izložiti sve one natčovečanske napore i sve velike patnje srpskoga naroda.

Marta 1920. g.
Beograd. Pisac.

BELEŠKA O PISCU I DELU

Branislav Nušić, velikan srpske književnosti i najpoznatiji srpski komediograf, rođen je kao Alkibijad Nuša 1864. godine u Beogradu, u cincarskoj porodici. Detinjstvo je proveo u Smederevu gde se porodica ubrzo po njegovom rođenju preselila zbog finansijskih neprilika.

U gradu svog detinjstva završio je osnovnu školu i prva dva razreda gimnazije, a više razrede gimnazije u Beogradu gde je i maturirao. Postavši punoletan, zvanično menja svoje ime u Branislav Nušić.

Studije prava započinje na Univerzitetu u Gracu, ali se zbog nedostatka finansijskih sredstava tamo zadržava svega godinu dana. Školovanje nastavlja na beogradskoj Velikoj školi gde je i diplomirao pravne nauke 1884. godine.

Učesnik je kratkog Srpsko-bugarskog rata iz 1885. godine.

Zbog satirične pesme *Dva raba* objavljene u „Dnevnom listu" 1887, osuđen je na dve godine zatvorske kazne. Zahvaljujući očevoj pomoći, iz zatvora u Požarevcu pušten je posle godinu dana.

Desetogodišnju diplomatsku karijeru započinje 1889. godine, kao pisar u Bitolju, a završava kao vicekonzul u Konzulatu Kraljevine Srbije u Prištini. Službovao je i u Serezu, Solunu, Skoplju.

U Beograd se vraća 1900. kada je postavljen za sekretara Ministarstva prosvete. Nakon toga postaje dramaturg Narodnog pozorišta, a 1904. imenovan je za upravnika Srpskog narodnog pozorišta u Novom Sadu. Na ovoj poziciji zadržao se godinu dana.

Po povratku u Beograd, počinje da se bavi novinarstvom. Jedan je od prvih saradnika „Politike", gde odmah po osnivanju lista počinje da uređuje rubriku *Iz beogradskog života*. Zanimljivo je da je na njegovo insistiranje, a pošto mu se učinilo da je tema rubrike i suviše uska, otvorena nova rubrika pod nazivom *Sve je to već jednom bilo*. Nušić je svoje tekstove za ovu rubriku pisao pod pseudonimom jevrejskog mudraca Bena Akibe, koji je autor ove krilatice.

U zimu 1912. godine postavljen je za prvog okružnog načelnika Bitolja. Odatle se posle godinu dana seli u Skoplje gde je organizovao pozorište i bio na njegovom čelu do 1915.

Iz Skoplja se zajedno sa srpskom vojskom povlači preko Albanije na Krf, a zatim do kraja Velikog rata boravi u Italiji, Francuskoj i Švajcarskoj, obavljajući razne državničke poslove, među kojima i sekretara Narodne skupštine.

Nakon rata, 1919. godine, postavljen je za prvog upravnika Umetničkog odeljenja Ministarstva prosvete. Na ovoj poziciji ostaje sve do 1923. godine kada biva imenovan za upravnika Narodnog pozorišta u Sarajevu. U Beograd se vraća 1927. godine.

Za redovnog člana Srpske kraljevske akademije izabran je 1933. godine.

Autor je najznačajnijeg predratnog udžbenika retorike u Srbiji (1934) a dao je i važan doprinos razvoju srpske fotografije. Dobitnik je mnogobrojnih odlikovanja, među kojima su i Ordeni Svetog Save i Belog orla.

Preminuo je u januaru 1938. godine od posledica plućnog edema. Ostalo je zabeleženo da je toga dana fasada zgrade Narodnog pozorišta u Beogradu bila uvijena u crno platno. Sahranjen je na beogradskom Novom groblju.

Delom *Devetsto petnaesta: tragedija jednog naroda* Branislav Nušić nam otkriva sasvim novu dimenziju svog stvaralaštva. Nakon pogibije sina jedinca krajem septembra 1915. godine, Nušić sa porodicom kreće u povlačenje prema Albaniji, istovremeno pišući ovo štivo o mnogima gotovo nepojmljivoj tragediji koja je zadesila srpski narod u najstrašnijoj godini Velikog rata. Kroz sudbine malih, običnih ljudi, koji postaju simboli narodnog stradanja, ova golgota prikazana je onako kako je nijedno drugo istorijsko delo ne bi moglo dočarati. Iskrenim i bolnim opisima, pisac oslikava ne samo ratnu patnju, već i duboku povezanost sa sudbinom svog naroda, što čini ovu memoarsku prozu izuzetno živopisnom i emotivnom. U *Devetsto petnaestoj*, Nušić nam se otkriva u novom svetlu — kao otac suočen sa gubitkom deteta, kao svedok stradanja jednog naroda, ali i kao pisac koji s punom svešću o veličini događaja želi da prenese svoja iskustva budućim generacijama. Stoga ova knjiga nije samo literarno blago, već i večni podsetnik na snagu, hrabrost i neuništivi duh srpskog naroda suočenog s tragedijom zastrašujućih razmera.

Branislav Nušić
DEVETSTO PETNAESTA

London, 2025

Izdavač
Globland Books
27 Old Gloucester Street
London, WC1N 3AX
United Kingdom
www.globlandbooks.com
info@globlandbooks.com

Fotografije
Ministarstvo odbrane Republike Srbije
(https://www.mod.gov.rs/cir/vojnicka-istorija-srbije)

www.ingramcontent.com/pod-product-compliance
Lightning Source LLC
Chambersburg PA
CBHW052007070526
44584CB00016B/1649